바람의 말을 타고
: 조울증의 철학

바람의
말을 타고

로버트 S. 코링턴 지음 | 박일준 옮김

조울증의 철학:
조울증과 전일성의 추구

동연

드류대학교의 동료들에게 이 책을 바칩니다.

머리말

　이 책을 저술하는 일은 감정적으로 그리고 지적으로 엄청난 도전이었다. 비단 내 자신의 정신적 질병을 대면해야 하거나 혹은 그것이 다른 이들에게 어떻게 보일런지에 대해서 무척 부담스럽기 때문만은 아니었다. 누구도 융C.G. Jung이 자아의 그림자 측면이라 부르는 것의 속내를 들여다보기 좋아하지 않는다. 왜냐하면 그 그림자 측면은 우리가 어느 정도 인생을 살다가 힘겹게 달성했을 안정성을 늘 침범하거나 전복하기 때문이다. 조울증manic-depression과 같은 가혹한 질병의 경우, 이 침범은 압도적 힘으로 다가와 심적 경계를 산산이 부수어 놓기 일쑤이다. 바로 이것이 내가 살아오면서 거듭 거듭 겪었던 경험이고 그리고 내 일가친척에게 일어난 일이다.

　하지만 동시에 이 기묘한 심리적인 불청객은 환자의 주체를 창조성과 경계 위반의 행위들로 몰아갈 수 있다. 이러한 행위들은 이 질병을 갖고 있지 않은 이에게는 가능치 않은 행위들이다. 이 책을 쓰고 있는 필자가 갖고 있는 관심은 바로 이 역설을 납득할 수 있도록 하는 것이고, 병의 그러한 도덕적 모호성들을 부둥켜안고 살아갈 수단을 찾는 일이다.

　조울증은 많은 사람들이 추측하는 것보다 훨씬 더 일반적인 병으로서, 약 100명 중의 한 명이 이런 증상의 질병을 안고 살아가고 있다. 따라서 이 책을 읽고 읽는 사람은 조울증을 갖고 있던지 혹은 질병을 앓고 있는 사람을 알고 있을 확률이 높다. 인구 일반에 이 병이 널리 퍼져 있다는 것 그리고 이 병은 매우 파괴적인 힘을 갖고 있다는 사실은 우리로

하여금 이 무시무시한 병이 무엇인지 그리고 이 병이 개인과 집단의 역사에 어떻게 영향을 미치는지를 새로운 각도에서 조망해야 할 필요성을 일러준다. 케이 래드필디 제이미슨Kay Redfield Jamison, 자블로 허쉬만D. Jablow Hershman, 줄리안 리브Julian Lieb 등 여러 사람들의 통찰을 빌리자면, 조울증은 전적으로 천재 현상에 뿌리를 두고 있으며, 여러 가지 형태로 천재 수준의 생산성을 창출해 내는 필연적 조건일 수 있다고 필자는 주장한다. 따라서 필자가 주장하는 바, 조울증 혹은, 의학계에 알려져 있는 바로는, 양극성 정신장애는 인류 전체에 기여하는 가치를 갖고 있지만, 그 질병의 당사자인 개인에게는 파괴적인 병이다.

필자가 본인의 9번째 책이 될 이 책을 쓰고자 결심한 것은 순전히 개인적인 이유들 때문이다. 나는 내 인생에서 일어났던 일 그리고 가까운 가족 구성원들에게 일어났던 일에 대해 납득할 필요가 있었다. 더 나아가, 중증 정신질환을 배겨내는 법에 관하여 그리고 막막한 심연과 미칠 듯한 높은 곳으로 끌고 가는 이 질병의 긍정적 측면들에 관하여 내가 할 수 있는 한 모든 것을 찾아보고 싶었다. 이 연구는 나를 여러 이상한 곳들로 데려갔고 그리고 살아있거나 오래전 유명을 달리한 용감한 조울증의 인생들을 횡단하도록 만들었다. 버지니아 울프, 아이작 뉴턴 경, 새뮤얼 테일러 콜리지Samuel Taylor Coleridge, 윌리엄, 바이론 경, 찰스 디킨스, 빈센트 반 고흐, 스리 라마크리슈나, 루드비히 베토벤, (아마도) 쟌다크Joan of Arc 그리고 찰스 샌더스 퍼어스Charles Sanders Peirce와 같은 사람들이 모두 각각 개별적 형태로 조울증 증상을 겪었다는 사실에 필자는 큰 위로를 받았다. 그들의 삶과 고통을 존중하는 하나의 방식으로서 필자는 문화적으로 전혀 다른 배경을 지닌 두 명의 사람을 선택하여 상세하게 다루었다: 뉴턴과 스리 라마크리슈나. 물리학과 종교적 신비주의에 대한 그들 각각의 기여는 인류의 지혜와 지식에 엄청난 보고를 더해 주었고, 이들 모두 자신들의 삶을 관통해 왔던 이 질병이 없었다면 그들이 이루었던 일을 성취할 수 없었을 것이다.

이 책의 제목을 위해 필자가 선택한 심상은 티벳 불교로부터 빌려온 것인데, 밀려들어오는 강력한 감정의 파도들을 다루기 위해 올라타야만 하는 심리적 말horse을 가리킨다. 이는 작고한 불교 철학자 초감 트룽파Chögyam Trungpa가 발전시킨 개념이다:

바람의 말windhorse은 티벳어 룽타lungta의 번역어이다. '룽'은 "바람"을 의미하고, '타'는 "말"을 의미한다. 비밀스런 드랄라에게 기원하는 것은 곧 바람의 말을 일으켜 세우는 경험 즉 기쁨과 힘을 지닌 바람을 일으켜, 그 에너지에 올라타거나 혹은 정복하는 경험이다. 그 바람은 나무들과 건물들을 불어 넘어뜨리고 수면 위로 엄청난 파도를 만들어내는 태풍처럼 엄청난 힘을 담지한 채 불어온다. 이 바람에 대한 개인의 경험은 지금 이 현재 순간에 온전히 그리고 강렬하게 존재하는 느낌으로 다가온다. 이 거대한 바람의 힘에도 불구하고, 당신은 또한 안정감을 느끼게 되는데, 이것이 바로 말의 측면이다. 당신은 결코 삶의 어떤 혼동에도 휘둘리지 않으며, 흥분이나 우울함에 결코 휘둘리지 않는다.[1]

드랄라drala는 자아self의 외부 근원으로부터 도래하여, 에고ego를 탈중심화시켜 혼동케 하는 에너지라 여겨진다. 이 에너지와 더불어 어떻게 살아갈지를 배우는 것이 바람의 말을 타고 배우는 지혜의 일부이다. 이 에너지는 결코 완전히 파괴되거나 길들여지지 않기 때문이다. 필자는 조병mania의 상승하는 흐름 속에서 드랄라drala의 급등을 느끼게 하고 또

---

1 Chögyam Trungpa, *Shambhala: The Sacred Path of the Warrior*, ed. by Carolyn Rose Gimian (Boston: Shambhala Publications, 1988), 114.

한 영혼으로부터 모든 생명을 쥐어 짜내 산산이 부수어버리는 우울증들의 급격한 추락의 흐름들을 느끼게 만드는 이 말의 이미지, 그리하여 드높이 치솟아 오르는 강력한 준마의 이미지보다 더 적절한 이미지를 찾지 못했다.

조울증 장애의 파고들을 넘어 바람의 말을 타는 법을 배우는 것은 전일성으로 나아가는 길이다. 적절한 의학적 관리와 건전한 치유적 관계가 주어진다면, 심지어 환각이나 자살 시도 혹은 심리적 과대망상 그리고 (재정적으로, 성적으로, 사회적으로) 무절제한 형태의 행위들 같은 정신병적 특징들을 만들어내는 질병을 가지고 있더라도, 일정 형태의 전일성을 찾는 것이 가능하다고 필자는 강력히 믿고 있다. 비록 현재 조울증 치료제는 없고, 또 특별히 치료를 받지 않은 채 내버려두면 그대로 진행되는 진행성 질병일지라도, 자아를 다시금 안정시키고 기분 변화들 속에서 보다 심층적인 의미를 찾을 수 있는 많은 가용 도구들이 있다. 기분 변화는 그럼에도 불구하고 심지어 약물치료 중에도 빈번히 찾아온다.

그러나 이렇게 말하면서 필자는 여전히 자살로 많은 생명을 앗아가고 그리고 가족과 친구들에게 끔찍한 대가를 치르도록 만드는 질병을 낭만화하고자 하지 않는다. 전일성 개념에 대한 그 어떤 진지한 이해도 그 질병이 야기하는 대가와 그 전일성을 찾는데 치러야만 하는 대가를 또한 이해해야만 한다.

수년간의 연구와 성찰의 결과인 본서가 동료 고난자들fellow suffers 과 조울증 치료에 사명을 갖고 전념하는 전문가들에게 가치가 있었으면 좋겠다는 것이 필자의 희망이다. 동시에 또한 필자는 뉴턴과 스리 라마크리슈나에 대한 사례연구 속에서 학자들이 가치 있는 어떤 것을 발견할 수 있었으면 좋겠다는 희망을 갖고 있다.

이 범례적인 개인들을 연구한 이유는 그들을 "병리학화pathologiae" 하고자 하려는 것이 아니라, 이들의 용기와 치명적인 고난이 그들의 신기원적인 작품과 비전을 생산하는데 얼마나 얽혀있는지를 보여주고자 함이었다. 그들은 조울증적 장애에도 **불구하고가** 아니라 오히려 그 조울증과 더불어 그리고 그 질병을 통하여 자신들의 성과를 일구어냈다. 필자의 관점으로 보기에 이 과정에는 신비한 은총의 형식이 있는데, 신학자들뿐만 아니라 심리학자들이 많은 관심을 기울여 보아야 할 측면이라 생각한다. 다시 한 번 내 확신을 강조하자면, 만일 "정상"이었다면, 그들은 그들이 이룩한 것을 성취할 수 없었을 것이다.

마지막으로 독자들 중에 지극히 개인적으로 조울증 장애의 악마들과 천사들을 알고 있는 분들에게 직접적으로 한 마디 덧붙이고자 한다. 나는 조울증으로 인해 피폐된 많은 인생들을 보았고 또한 그 질병으로 인해 획기적으로 변혁된 인생들도 보았다. 그대들처럼 필자도 순전한 광휘의 맹목적 순간들을 경험했고, 그 순간 마치 세계가 그의 가장 심오하고 가장 내밀하게 보호받던 비밀들을 열어주는 것처럼 여겨지는 순간을 경험했다. 그리고 그대들처럼 필자는 시간이 그 궤적에 응결되고, 세계가 잿빛에 잿빛으로 변하여, 모든 의미가 정신적 블랙홀 속으로 빨려 들어가 사라지는 순간들을 경험했다. 당신들처럼 필자도 자살을 생각했었고 그리고 당신들처럼 필자도 신의 성육신 같은 것을 느꼈다.

그리고 여러분 중 많은 분들처럼 필자도 약물치료로 인해 빼앗긴 자아에 대한 애도哀悼 속에 살고 있다. 비록 내가 그것을 다시 되찾아 올수 없다는 것을 알고 있음에도 불구하고 여전히 나를 향해 손짓하고 있는 그 잃어버린 자아 말이다. 그리고 마지막으로 여러분들처럼 저도 이 질병의 광풍으로 인해 결코 침식당하지 않을 '전일성wholeness'을 찾기 위해 분투해왔다. 이 책은 내게 물려진 유전적genetic 운명에 대한 나의 응답이다. 이 책을 읽을 모든 독자들과 마찬가지로 여러분이 본서의 내용을 통해 힘을 북돋워주는 어떤 것을 찾게 되기를 바란다.

감사의 글

이 책의 작업을 하는데 도움을 많은 사람들에게 감사의 빚을 졌다. 때로는 본문 자체를 직접 도와주기도 했고, 때로는 내 인생을 보다 살만 하게 만들어 주기도 했다. 먼저, 카렌 프렌티스 박사Dr. Karen Prentiss에게 지속적인 감사의 빚을 지고 있는데, 프렌티스 박사는 힌두교와 베단타 그리고 스리 라마크리슈나에 대하여 보다 선명하게 이해할 수 있도록 도움을 주었다. 두 번째로, 캐쓰린 킴벌 박사Dr. Kathryn Kimball는 필자의 소중한 친구로서 또한 조울병 장애에 대한 나의 이해가 심화될 수 있도록 큰 도움을 주었는데, 특별히 그녀의 전공 주제들 중 하나였던 새무얼 테일러 콜리지Samuel Taylor Coleridge 사례를 통해 이해를 심화시켜주었다. 세 번째로 필자의 친구 칼 풀바일러Karl Fulwiler에게 진 빚도 그대로인데, 정신의학과 신경과학 분야에 대한 그의 통전적 작업이 큰 영감이 되었다. 네 번째로 시그리도어 구드마리스도티어Sigridur Gudmarsdottir에게 감사를 전한다. 그녀는 이 보다 더 좋고 명쾌할 수 없을 정도로 책을 다듬어 주었다. 다섯 번째로, 필자의 다른 책을 번역하기도 했던 박일준의 노고에 특별히 감사를 전한다. 본서를 편집하는 까탈스런 작업을 도와주었다. 또한 2002년 5월에 게재 출판된 "범재신론으로부터 범신론으로의 나의 전이"(Vol.3, no.2.)를 본서에 다시 실을 수 있도록 허락해 준 학술지 *The American Journal of Theology and Philosophy*의 편집자들에게도 감사가 전해지기를 바란다. 마지막으로, 필자의 아내 사라 헨리-코링턴에게도 감사를 전한다. 그녀의 존재, 정신력 그리고 연대의 공감은 언제나 가치를 매길 수 없을 만큼 소중하다.

옮긴이의 글

본서를 번역해야겠다는 결심을 하게 된 데에는 내 주변 학생들의 안타까운 모습들이 있었다. 불현듯 내 주변에 정신적 혹은 심리적 문제를 안고 학업을 수행하는 학생들이 눈에 들어왔고, 나는 그들에게 해줄 수 있는 것이 아무 것도 없었다. 내 속 깊이 나도 심리적 문제들을 안고 살아가는 것은 동일하다고 할 수도 있겠지만, 그러나 병리학적 증상으로 진단받아 그 문제를 삶으로 떠안고 살아가야 하는 이들의 심정과 괴로움, 어려움 등을 내가 속 깊이 이해할 수 없는 상태였다. 난 그들에게 선생으로서 아무 것도 도와줄 수 없었고, 그저 나처럼 다부진 의지를 가지고 극복해 나갈 용기를 가지라는 전혀 무익한 조언들을 반복하기 일쑤였다. 그렇다. 이 책의 번역은 선생으로서 나의 서툰 실패와 상처 그리고 좌절에 기인한다.

사실 드류대학교에서 박사과정 공부를 하던 시절 코링턴 교수와 나는 스타벅스 커피집을 자주 찾아가, 몇 시간이고 앉아서 여러 잡담들을 주고받았다. 지금도 우리는 만나면 특별한 주제 없이 여러 이야기 길을 두서없이 돌아다닌다. 난 그 잡담스러운 방향성 없는 이야기들로 채워지는 시간들이 그저 그런 시간이라고 느끼고 있었지만, 내 선생님과 함께 그냥 소일하는 시간이기 때문에 함께해야 한다고 생각하고 있었을 뿐이다. 20대 후반 이후 매일 알약을 10정 이상 복용해 왔던 그에게 하루 몇 시간이란 시간이 어떤 의미일는지를 나는 전혀 상상하지 못했다. 코링턴 교수의 저술들은 다른 도서들에 대한 인용이 거의 없이 자신의 주제와 연관된 필요한 인용들로만 채워진다. 왜 이 교수는 요즘 회자되고 있는 많은 서적들과 문헌들을 참고하지 않을까 의아해한 적이 있었다. 아주 나중에 알았다. 이 분은 나보다 하루의 삶이 짧다는 것을. 물리적으로 말이다. 약을 복용하고 나면 약 몇 시간 정도 멍한 시간들을 견뎌내야 한다고 들었다. 무엇을 할 수 있는 정도가 아니라, 아마도 물에 흠뻑 젖어 익사한 듯한 느낌의 멍한 시간들. 그런 시간들을 보내고 나면, 하루에 정신을 집중해서 작업할 수 있는 시간이 상당히 제한되기 마련이다. 나와 스타벅스 커피집에서 혹은 리온타카 거리 자택에서 함께 커피를 마시며 보낸 몇 시간들은 내가 활용하는 시간 개념의 몇 시간이 전혀 아니었다. 그에게는 무척 소중한 시간들이었던 것이다. 그럼에도 불구하고, 코링턴 교수는 그 잡담 시간을 무척 소중하게 여겨주었고, 한 번도 귀찮다거나 바쁜 내색을 하지 않았다. 학위를 마치고 10여 년 동안 내가 학생들과 보낸 시간들을 생각해 보면, 나는 참 나쁜 선생이었던 것 같다. 늘 바쁘다는 말을 하고, 바쁘다는 내색을 하면서 학생들과 보내는 시간에 참 인색했었기 때문이다.

코링턴 교수와 함께 학위과정을 마쳐가면서도 난 조울증을 안고 살아가는 삶의 고단함과 상처와 좌절을 잘 알지 못한다. 나와 함께하던 코링턴 교수에게서 난 소위 비-정상적인 면을 전혀 느끼지 못했기 때문이다. 내가 그의 삶으로부터 배운 한 가지는, 비록 조울증을 안고 살아가는 삶이 소위 생물학적으로 정상적인 삶의 과정과 차이를 안고 있지만, 본인의 조절 능력에 따라 얼마든지 정상적 삶을 영위하며 살아갈 수도 있다는 것이다. 그러나 나와 함께하는 그 시간이 정상적으로 보이도록 하기 위해 코링턴 교수가 상당히 많은 노력들을 해야만 했을 것이라는 사실을 본서를 처음 출판하던 때, 편집일을 맡아 원고를 읽어보면서 알 수 있었다.

이 책은 조울증의 경험이 없는 나에게 많은 도움을 주었다. 나처럼 이런 류의 삶에 무지한 이들이 본 번역서를 통해 이와 같은 사람들에 대한 이해를 증진시킬 수 있기를 소망한다. 아울러 이 질병을 안고 살아가는 이들이 코링턴 교수의 글을 통해, 삶을 다시 의미 있게 세워나갈 수 있는 용기를 얻기를 바란다.

본서는 단순히 조울증과 그의 진단 그리고 약물치료와 상담에 관한 체험적 수기가 전혀 아니다. 지금까지 조울증과 같은 정신적 질병은 약물치료와 정신분석가 혹은 상담가의 상담을 병행하면서 치유해 왔다. 하지만 우리 주변의 세계에서 이 약물치료와 상담치료의 병행만으로는 병의 치유나 경과가 그다지 성공적이라고 말하기 어렵다. 일단 특별히 과도한 증상을 약물로 억제하고, 상담치료가 진행이 되어가도, 환자들이 인생의 의미를 재발견하여 활기 있게 삶을 전개할 원동력을 얻어가는 경우는 많지 않다. 그래서 본서는 정신질환을 겪고 있는 환자들에게 철학적 통찰과 기호학적 상상력을 제시한다. 사실 증상으로 분류되지 않지만, 정상이라고 분류되는 이들도 그들 내면의 기분 동요와 상처 그리고 트라우마와 좌절을 안고 살아간다. 정도를 넘지 않아서 그렇지, 모두가 다 어느 정도 정신질환 증세가 있다고 해도 과언이 아니다. 그렇게 망가져버리고 무너져 내린 내 모습을 반성해 보면서, '우리는 삶의 의미와 목적이 무엇일까', '그런 것이 도대체 존재하기라도 하는 것일까' 하는 물음을 던지며, 삶의 시간들을 회의하고 자책하는 경우가 많다. 본서는 바로 그런 물음에 대한 조울증 환자이자 철학자인 코링턴 교수의 대답이라고 할 수 있다.

'천재genius'는 비범하고, 명민하며, 영특한 정신적 능력을 지닌 이로 추앙되지만, 다른 한편으로 비정상적인 사고방식이나 행동 양식을 보여주는 존재로 일반에게 상상된다. 생물학적으로 매 세대마다 변이를 만들어내는 자연선택의 기제는 우리가 정상으로 간주하는 경계를 넘나드는 존재를 끊임없이 창출해 낸다. 그러한 부류 중 생물학적으로 실험적인 존재가 바로 '천재 현상'의 범주에 드는 개체들이다. 이들은 개인적으로 비극적인 인생을 살아갈 가능성이 매우 높지만, 인간 종 전체로 보자면 이들의 특출한 능력을 통해 문화와 문명은 진일보해 나간다. 이들의 고난과 좌절과 상처는 의미가 있는 것인가? 개별적으로 보자면, 천재의 삶은 많은 경우 비극일 수 있다. 이 삶이 의미 있고 보람차게 간주될 수 있는 것은 이 개체가 속한 전체 집단을 함께 고려하는 경우이다. 최근 진화생물학은 집단선택group selection이 개체선택에 위반되는 부적합한 기제가 아니라, 개체선택과 유전자선택과 더불어 자연선택의 핵심적 기능임을 밝히고 있다. 이 다차원적 선택의 기제를 통해 유기체 생물 종은 '이타주의적 행동들'의 진화를 이루어 나간다. 이타주의적 행동이란 개체 자신에게는 손해가 되거나 비극이지만, 집단 전체 혹은 종 전체에게는 유익이 되는 행동들을 말한다. 그래서 모든 집단은 이타주의적 행동들을 물려주거나 학습해 나가도록 하는 생물학적 기제들을 갖고 있다. 이타주의의 진화를 다차원 선택의 관점에서 해석해 나아가는 최근의 진화생물학적 관점에서 보자면, 천재 현상과 조울증이라는 고난은 상관관계가 있으며, 인간 종 전체적으로 의미 연관성이 존재하게 된다.

여기서 더 나아가 우리는 우리가 보기에 유익하거나 뛰어난 변이들 즉 천재들뿐만이 아니라, 심각한 정신적 문제가 있는 개인들을 이타주의의 진화의 관점에서 새롭게 조명해 볼 수 있다. 즉 정상이라고 구별되는 범위 바깥의 비정상적 혹은 일탈적 개인들은 모두 근원적으로 따지고 보면, 인류 종 전체의 발전을 위해 자연선택이 작동한 결과이다. 따라서 우리 눈에 보기에 인류에게 이롭든 이롭지 않든 그들이 감당해야 하는 희생과 고통을 종 전체의 관점에서 보살펴주고 공감하며 존중해줄 필요가 있다. 그들의 고통은 결국 우리들의 정상적인 삶을 유지하고 발전시키려는 자연선택의 불가피한 결과물이기 때문이다. 그래서 예수는 특별히 비정상적인 사람들을 치유하는 기적들을 베풀지 않았던가? 그들이 하나님 나라에 먼저 들어간다고 하지 않았던가? 사회적으로 약자 혹은 장애우로 분류되는 이들을 보살피고 배려하는 사회가 되어야 하는 근원적인 이유가 여기에 있는 것이다.

본서가 우리들이 함께 더불어 공생하며 살아가는 사회를 이해하는 데 미력이나마 기여하기를 소망하며….

2018년, 사상 최고의 무더위 끝자락에
서대문 냉천동에서
박일준

차례

1장

삶의 여정과 꿈 여행
(dreamscape)

단단한 땅위를 걷고 있다고 생각했는데, 임박한 재난의 조짐을 알려주는 듯한 사나운 바람과 설명할 수 없는 맥동이 갑자기 나를 길가로 밀어내고 있는 것을 보게 된다. 내가 상기하는 이 장면은 몇 해 전 미국종교학회the American Academy of Religion 모임에 참석하고 있을 때였다. 세계 철학에 대한 미국의 고유한 기여라 할 수 있는 실용주의pragmatism를 소개하면서 철학 운동의 본성에 관한 논문을 발표하는 프로그램에 참여하던 중이었다. 학회 개막식 날, 나는 호텔 안을 홀로 배회하며, 이런 류의 학술 모임에 동반되는 극도의 불안감을 해소하기 위해 어울릴 친구를 찾고 있었다. 특별히 수천 명의 학자들이 참가하여, 각자 나름대로 매우 경쟁적인 분위기의 학회라면 더 그렇다. 밤 시간이 그럭저럭 지나가면서, 난 조울병 환자가 결코 해서는 안 되는 일을 하고 말았다; 내 고립감이 야기하는 불안을 억누르기 위해 술을 마시기 시작했다. (당시 내가 복용하고 있던) 리듐lithium과 술의 결합은 각자의 효과를 강화시키면서 시너지효과를 만들어내어, 마치 강력한 마약을 준비하고 있는 것과 같아서, 다양한 방식으로 폭주할 수 있었다. 과거에 알던 누군가와 마주쳤는데, 만날 때마다 극도의 불안감을 야기했던 사람이라 큰 도움이 못 됐다. 내가 기억하는 다음 장면은 그녀와 인사를 하고, 호텔 바로 가서 몇몇 젊은 학자들과 흥겨운 대화를 나눈 것이다.

그들이 떠난 후, 아마도 자정쯤 되었을 것 같은데, 이후 거의 모든 기억이 나질 않는다. 내가 기억하는 유일한 장면은 아주 건장한 사람이 다가와 나를 붙들고 아주 명확한 언어로 즉시 바를 나가라고 요청한 일이다. 다행히도 나는 아무런 언쟁이나 소란 없이 일어났는데, 아마도 내가 보이지 않는 선, 적어도 당시의 내게는 보이지 않았던 어떤 선을 넘어갔다는 것을 감지하고 있었던 것 같다. 심지어 아주 이상하게도 나는 이 강압적 태도가 감사하게 느껴졌던 것으로 기억하는데, 그때 내가 필요로 했던 경계선을 명확히 그어주었기 때문이다.

무슨 일이 있었지? 누가 알고 그리고 그보다 더 중요한 건, 지금 누가 알고 있지? 내가 무엇을 말하거나 한 거지? 미래 어느 모임에서 그 바의 손님들 중 누구라도 만나게 될까? 어떤 말이라도 나돌게 될까? 심지어 난 알고 싶어 하기조차 하는 걸까? 조울병 장애에 따라오는 이 기억상실증은 위장된 축복인가? 다음날 난 상처를 추스르고, 융 전공의 내 담당 정신분석가와 이야기를 하기 위해 집으로 왔다. 그는 나를 달래면서, 난 세계를 파괴하거나 내 경력을 망치지 않았고 그리고 말에서 떨어진 사람처럼, 호텔로 돌아가 논문을 발표해야만 한다고 조언해 주었다. 다시 차를 돌려 돌아가서, 바로 다음날 오후 대략 50여 명의 청중들 앞에서 엄청난 용기를 내서 논문을 발표했다. 아마도 그들 중 몇 명은 내가 최근에 조증manic 상태에 있는 모습을 보았을 것이다. 무척 다행히도 논문 발표는 잘 진행되었고, 내 글을 읽은 몇 명이 발표 후 앞으로 나와 나를 축하해 주었다. 결국 내 정신분석가 말이 맞았다. 나는 조증 이후 세계post-manic world로 되돌아, 심지어 매우 전문적인 수준에서도, 여전히 잘 활동할 수 있다는 사실을 보아야할 필요가 있었다. 하지만 그 모든 것이 일종의 꿈처럼, 즉 정상보다 얇은 어떤 실재처럼 여겨진다. 나의 논문과 나의 조증 사건episode은 서로 혼합되어 상대방의 실재를 상쇄했다. 그럼 컨퍼런스는 비겼나, 아님 보다 생산적인 순간이 이긴 건가? 논문의 내적 논리와 기억의 바깥에 머물며 이글거리는 불빛을 건네 오는 조증 사건을 연결하는 심층 논리가 있는 것인가? 역설적으로 내 논문의 일부는 철학자 찰스 샌더스 퍼어스Charles Sanders Peirce, 1839-1914의 조울병 장애와 철학 체계를 다루었다. 청중들 몇몇 사람들에게는, 내가 추정하기에, 내 논문과 내 조증 사건 사이의 이 연관성이 아주 명백했을 것이다.

그러나 알코올에 의해 (혹은 다른 물질에 의해) 촉진되었든 아니든 간에, 부풀어 오른 상태를 뒤따라오는 불가피한 추락은 무엇인가? 거의 며칠 동안 나는 자살 분위기에 깊이 빠져 있었다. 나의 자아-이미지는 다시 한 번 산산이 부서졌다. 나는 나의 전문직이 요구하는 수준을 맞추어 사는데 실패했다. 그 세계에서 살아가려면 나는 나의 자아 이상ego ideal과 초자아 속에서 천재이면서 동시에 성인이어야 했다. 조울병을 앓지 않는 사람들에게는 조증의 발작을 공적인 자리에서 겪고 난후 자신을 둘러싼 수치심의 심연을 상상하기 거의 불가능하다.

많은 조울병 환자들이 깨닫게 되듯이, 약물류처럼 얼마나 갈망하게 되든지 상관없이, 조증 상태는 우울증 상태보다 장기적으로 훨씬 더 두렵다. 우울증 상태는 공적인 자리에서 당혹감을 불러일으키는 행동을 거의 일으키지 않지만, 조증 상태는 거의 언제나 그렇다. 물론 드물게 전적으로 조증 상태나 전적으로 우울증 상태와 같은 그러한 상태들이 존재한다: (하지만) 통상적으로 소용돌이치며 돌아가는 구름처럼 함께 혼융되어, 심지어 그 중 한 상태가 부분적으로 지배적인 상태라 하더라도, 명석판명하게 그 상태들을 분리해 내기가 어렵다.

그 발작은 내게 보다 큰 이슈를 다시 대면케 하였다. 나는 이 학문적 소명을 그만두고 떠나야 할까? 이 직업은 그 구성원들의 삶과 행위에 관하여 (그의 정치적 올바름political correctness과 더불어) 거의 초-도덕적이어서 아마도 청교도적으로 엄격한 기준을 요구한다. 아마도 연기acting와 희곡 쓰기라는 나의 오래된 관심사들이 이 직업적 초자아로부터 나를 해방시킬지도 모른다.

결국 조울병 환자들을 위한 안성맞춤의 만들어진 세계가 있다면, 그건 바로 극장의 세계이다. 약을 복용하는 척 속이다 이따금 눈부시고 인상적인 폭주의 희열을 만끽해도, 세상은 끝나지 않는다. 영리하고, 매력적이고, 유혹적이 되라. 언어의 경계들에 살면서, 당신을 둘러싼 것들을 순간 응결시켜 거대한 환상들을 창조하라. 그러면 당신은 당신의 조건들이 만들어내는 바람의 말을 타고, 자유롭게 살아갈 것이다. 이것은 조증 상태의 마음이 만들어내는 또 하나의 거대한 망상 아니었을까? 아마도. 그러나 다시 한 번 주지하지만, 누구도 결코 확신하지 못한다. 30여 년의 기묘한 시간들로 엮어진 나의 조건들로부터 배운 한 가지 원리가 있다면, 그것은 곧 조울병 환자들은 징후들signs을 읽지 못한다는 것이다. 어떤 신호가 실제로 우리에게 보내졌는지, 우울하거나 편집증적이거나 조증적인 기호들의 네트워크를 통해 실제로 어떤 메시지를 전달하고자 하는지 우리는 통상 알 수 없다. 그녀가 진짜 나와 사랑에 빠진 건지, 아니면 그저 그 순간에 그녀의 눈에 빛이 비쳐 그렇게 보인 것뿐인지? 누군가 정말 나를 시기해서 매장하고 싶어 하는 것인지, 아니면 단지 내 자존심의 경계를 주지하고 있는 것인지? 9권의 저서와 50개의 논문을 쓴 사람에게, 시기심 문제는 "학문적"인 물음이 아니라, 실제적인 상처를 야기할 수 있는 문제이다. 어떻게 알지? 증거의 비중을 측정해 줄 의미의 견실한 기준들은 어디에 있는가? 그것은 영원히 우리의 범위 너머, 저 지평선 너머에 있는 듯이 보인다. 거기서 우리는 또한 우리의 진정한 자아를 발견할 것이다. 삶의 모든 불바람 아래서, 그의 모든 전일성으로 빛을 내는 자아 말이다.

철학적 용어로, 이것은 해석학의 문제이다. "해석학hermeneutics"이란 용어는 그리스어로부터 유래하는데, 라틴어 "해석interpretation"과 유사하다. 해석학 분야는 우리가 어떤 것을 해석하는 원리들을 찾는 일에 관심한다. 역사적으로 철학적 해석학은 19세기 초 성서 해석 분야의 학자들을 돕는 방법의 일환으로 계발되었다. 성서가 인간 저자들과 너무나 인간적인 필요들을 담고 있는 인간적 문서로 점점 간주되어지게 됨에 따라, 학자들은 본래의 원초적 텍스트가 보다 심층적이고 진정한 의미들을 드러낼 수 있도록 다가갈 방법을 다시금 모색하고 있었다. 예를 들어, 우리는 욥의 세계나 혹은 사도 바울의 세계를 어떻게 이해하는가? 잘 발전된 해석학적 틀구조는 새롭고 호소력 있는 방식으로 텍스트를 우리에게 다시 가져다 줄 것이다. 혹은 그렇게 생각되었다. 점점 되어가는 과정에서 해석학은 모든 텍스트들과 모든 형태의 인간의 언어적 표현들을 감당하게 되었다. 20세기 해석학은 텍스트로부터 인물들, 역사적 사건들 혹은 작품들이나 예술 그리고 인간이 발명한 그 어떤 것이든 간에 거의 모든 것을 다루는 분야로 확장되었다.

해석에 대한 이 철학적 연구가 어떻게 조울병 문제와 연관되는가? 해석자처럼 조울병 환자는 실재the real에 도달하기 위해 거짓된 신호들을 솎아내고자 노력한다. 물론 철학자에게 "실재real"라는 용어는 난점들로 가득차 있다. 포스트모더니즘이라는 현재의 철학적 풍토 속에서 실재reality 혹은 실재라는 것the real의 개념은 과거의 제국주의적 사유로 간주되어 추방되었다. 이 [포스트모더니즘의] 신조에 따르면, 우리 세계는 기호들과 상징들로 가득 차 있어서 원리적으로 그것들을 통하여 진정한 구조 혹은 진정한 실재와 같은 어떤 것으로 나아가는 것은 불가능하다.

그러나 해석학에 대한 포스트모던적 관점들의 비관주의pessimism를 거절할 강력한 철학적 근거들이 있고 그리고 이 근거들이 우리의 이야기가 전개되어 가면서 등장할 것이다. 우리의 목적 상 기호들과 상징들이 타당성을 담지한 것으로 이야기하는 것은 여전히 말이 된다. 비록 우리는 여전히 어떤 기호들이 타당하고 어떤 방식으로 그런 것인지를 결정해야하는 딜레마에 사로잡혀 있다할지라도 말이다. 기호들은 언제나 다른 기호들에 관한 것이고 그리고 부분적으로 숨겨진 대상들에 관한 것이라고 퍼어스는 주장했다. "대상object"이란 용어는 딱딱한 시공간 항목으로부터 시적 발명품, 가능성, 제국, 한 모금의 연기, 제스처 혹은 인간존재들에 의해 가리켜질 수 있는 그 어떤 것이든 무엇이든지 지시할 수 있다. 우리가 찾고 있는 것은 어렴풋이 파악된 대상들인데, 이것들은 세계에 대한 진정한 이해를 향하여 나아가는 길을 우리에게 보여준다고 약속한다.

그렇다 쳐도, 조울병 환자는 말할 것도 없고, 그 누구라도 실재the real에 즉 대상들의 영역에 이르는 방법이 있는가? 마치 대상들은 시선으로부터 몸을 숨기고, 자아와 일종의 역설적 놀이를 하고 싶어 하는 욕망을 갖고 있어서, 대상들은 그들 실재의 겨우 일부만 보여주는 듯하다. 조증 발작 이후 이어지는 길고 고통스런 후유증 속에서는 자아를 둘러싼 파편들로부터 어떤 진리도 백일하에 드러날 수 없는 것 같다. (사막의) 움직이는 모래는 걷기 힘들게 만들고 그리고 강한 바람이 대기를 모래 폭풍으로 자욱하게 채우고 있어서 시야를 가리고 의욕을 꺽는다. 조울병 환자에게 지속적인 유혹인 자살의 위험은 이 해석학적 혼동의 시기에 가장 극대화된다는 사실을 납득했다. 그때는 기호들이 도처에 존재하면서 동시에 그 어디에도 존재하지 않기 때문이다. 자아와 그의 세계는 깊은 일식 가운데 잠긴다. 욥의 위로자들처럼, 친구들은 대개 무심결에 상처에 소금을 뿌린다. 시간이 얼마나 흘렀어도 상처는 (아물지 않고) 여전히 벌어져 있는데 말이다.

실상 자살에 대한 생각은 고통스런 상황으로부터 탈출하는 간단한 문제가 전혀 아니다. 자살은 지혜의 깊은 음성처럼 인격화되어, 모든 다른 길은 막혔다고 그리고 자살은 영원히 도달할 수 없을 것 같은 통전적 자아를 향한 합리적인 그리고, 얼마나 이상하게 들리든지 간에, 치유적인 길을 상징한다는 신묘한uncanny 논리로 자아에게 말을 건넨다. 자아와 그의 기호들에 대한 조절력을 상실함으로부터 오는 이 심오한 자기-혐오와 수치심 속에서 자살은 명증하고 달성 가능한 정점을 표상한다. 이런 식의 말은 자살을 낭만화하고, 그의 비극적 실재를 제거하는가? 아니다. 이는 단지 자살의 벼랑 끝 가로 인도하는 심리적인 내적 단계들이 있다는 사실과 조울병 환자의 마음에 이 단계들은 그 순간에 현시되는 그 어떤 것보다 논리적이라는 사실을 인정하는 것뿐이다. 그렇다면 자살은 일종의 고차원적인 논리인가? 아니다. "이성reason"의 인격화된 음성으로 다가오는 자살의 힘은 기호들에 대한 가장 강렬한 오독misreading으로부터 유래한다. 우리는 한 바퀴를 빙돌아, 이제 철학자들이 해석학적 순환이라고 부르는 것으로 들어간다. 자살은 전체화하는 해석적 시스템, 즉 그 나아가는 길에 있는 모든 것을 집어 삼키는 해석의 모델을 대표한다. 극명한 용어로 표현하자면, 잠재적 자살은 기호들을 비극적으로 오독誤讀하고, 그 상황에 대한 대안적 독해를 제공할 수 있는 그 어떤 외부적 기호들을 갖고 있지 않다. 선택은 죽음 아니면 죽음 밖에 남아 있지 않는 것으로 보이고, 선택할 수 있는 것이라곤 오직 그 수단뿐이다.

생각은 언제나 마음의 음습한 곳들에 머무른다: 그 불가피한 격동은 언제 다시 되돌아 올 것인가 그리고 내 자신의 무의식은 그것을 초래하기 위해 어떻게 공모할 것인가? 양극성 장애를 다룬 의학 문헌들 속에서는 의식과 무의식 간의 치열한 변증법에 관한 불충분한 분석들만 찾아 볼 수 있을 뿐이다. 하지만 이 의식과 무의식 간의 변증법은 극단적인 '감정기복mood swing'[1]을 감당하는 두뇌와 효소 활동에서 일어나는 변화의 일부이다. 아마도 이 불충분성은 조울병의 원인을 둘러싸고 의학적 모델과 정신분석적 모델 사이의 지속적인 적개심으로부터 유래할 것이다. 물론 환자들에게 화학적 치유를 거절하고, 환자들의 질병 원인이 이전의 유년기과 청소년기의 조건들로 소급되어진다고 가정하고 싶어 하는 몇몇 잘못된 정신분석가들이 소수 존재한다. 그러나 무의식에 대한 이해가 그 증상의 화학적이고 유전적인 측면들에 대한 이해와 양립불가하다는 사실이 그로부터 따라 나오는 것은 아니다. 사실, 다수의 의사들과 정신분석 의사들은 환자의 현재 상황 속에 존재하는 방아쇠들트리거 triggers[2], 즉 엄청난 힘과 영향력을 담지한 무의식적 콤플렉스들과 연결된 (심리적) 방아쇠들의 실재에 보다 민감한 촉수를 던져왔다. 이런 유전적 증상과 더불어 산다는 것의 중요한 핵심은 방아쇠 상황들을 회피하기 위한 수단을 찾는데 혹은, 그것이 불가능하다면, 그 충격을 약화시키는 (가능한 약물들과 결합된) 완충기제를 찾는데 있다. 예를 들어, 자신의 조울병 증상에 대한 완벽한 지식을 지닌 신뢰할만한 여행 동반자들 찾는 것 말이다.

'방아쇠trriger' 개념은 무엇을 의미하는가? 개념은 실재로 간단하다. 내 무의식적 정신psyche 안에 강력한 느낌의 중심을 담지한 다수의 콤

---

1 조울병에서 나타나는 조증으로부터 우울증으로의 극심한 기분 변화를 가리키는 말이다. 〈역자주〉

2 트리거(triger)는 정신적 증상을 직접적으로 야기하는 어떤 조건이나 대상을 가리키는데, 방아쇠를 당긴다는 표현에서 알 수 있듯이, 그 상황이나 조건 혹은 대상에 직면하게 되면, 환자는 바로 이상증세를 일으킨다는 의미이다. 〈역자주〉

플렉스들을 나는 갖고 있다. 사실 스위스의 심리학자 융C. G. Jung은 그 콤플렉스들을 "정서적 색조의 콤플렉스들feeling-toned complexes"이라 가리켰는데, 이들은 자체의 중력장을 갖고 있는 작은 행성들과 같다. 예를 들어, 권력 콤플렉스power complex를 갖고 있다면, 나는 나보다 큰 권력을 대면할 때마다 이 콤플렉스를 작동시키게 된다. 그 사람이 실제로 이런 권력을 갖고 있는지는 대개 난처한 물음이다. 중요한 것은 내 콤플렉스를 그에게 투사할 때, 나는 그가 그런 힘을 갖고 있다고 가정한다는 것이다. 대부분의 사람들에게 이 방아쇠 상황은, 비록 그 과정이 고통스러운 것으로 판명되었다 하더라도, 조절 가능할 수 있다. 하지만 투사와 그 투사 대상의 실재 간의 경계들을 측량할 수 없는 조울병을 갖고 있다고 가정해 보자. 나는 극심한 우울증 속으로 던져질 위험을 감수하고 있는 셈이다. 왜냐하면 내 마음속에서 나는 단순한 무無nothing로 축소되어 버렸기 때문이다. 다시금 강조하지만, 조울병 환자들은 그 기호들을 읽을 수 없다. 그건 그저 전부 아니면 아무 것도 아닌 양자택일의 상황으로서, 중간은 없다!

일단 당신이 당신의 콤플렉스들을 알고 있는 한, 물론 이것이 적어도 불완전하게만 가능하다고 전제하는 한에서, 당신은 그 콤플렉스들이 외부 실재에 의해 접촉될 수 있는 가장 그럴듯한 상황을 상상할 수 있다. 난파를 위협하는 모래톱들을 돌아서 항해해 나가는 일이 관건이 된다. 조울병에 대한 치유책은 없다는 사실을 기억해야만 한다; 가능한 난관의 지점들을 우회해 나아가는 전술적 방책들을 무한히 이어갈 수 있을 뿐이다. 리듐lithium은 (테그레톨과 데파코트 같은 다른 약물들과 더불어) 이 과정에서 막대한 도움이 된다. 비록 제도권 의학이 우리로 하여금 믿기 바라는 만큼 마술적인 것은 거의 아니지만 말이다.

문제는 언제나 그 콤플렉스들을 가동시켜 활동케하고 싶어 안달하는 우리 자신의 무의식이 난국에 빠질 것이라는 것임을 뻔히 의식하고 있는 상황 속으로 우리를 집어던져 넣을 때 일어난다. 자아는 대개 분열되어 있어서 스스로와 싸우고 있다는 사실을 인정해야만 한다. 얼마나 많은 조울병 환자들이 손에 술잔을 들고 일어서서 앞으로 벌어질 일들을 내다보며 몰래 미소 짓고 있던가. 심지어 그들은 그 대가가 조증이 가져다 줄 쾌락보다 훨씬 더 클 수 있다는 사실을 완전히 잘 알고 있다. 리듐을 복용하는 (혹은 그 외 다른 조증 억제 약물이나 항우울제 약물을 복용하는) 환자들의 거의 50%가 약물 복용을 중단한다. 이 기초 사실을 통해 올바른 치료는 의약뿐만 아니라 정신psyche과의 집중적이고 심도있는 작업 모두를 요구한다는 사실을 나는 확신하게 되었다. 심리적 작업은 궁극적으로 약물에 대한 순응도를 높이는데 도움을 주기 때문이다. 정신분석의 기초 목표는 의식이 무의식의 간계와 협상을 하여, 개인적인 파국뿐만 아니라 사람들 간의 파국을 회피할 수 있도록 돕는 것이다.

따라서 조울증 환자가 된다는 것은 우리가 의식적 에고보다 더 엄청난 (정신) 장애를 가지고 살아가고 있음을 기억하면서 증상의 경감이 지속될 수 있도록 계속해서 노력한다는 것을 의미한다. 조증 상태에서 우리는 융이 "심리적 팽창psychic inflation"이라 불렀던 실재 속으로 진입하는데, 이 상태에서 우리는 신과 같은 존재가 된다. 진짜 조병躁病 환자의 팽창하는 우주를 좌절시킬 수 있는 세상적인 경계들이란 존재하지 않는다. 중력은 극복되고, 하늘은 거의 손가락 끝만큼 가깝다. 상당히 집단적이고 보편적인 무의식이 우리의 의식 속으로 쏟아져 들어오면서, 여기가 우주의 중심이라는 환상을 가져다준다. 우리는 우리 자신에 눈이 멀어 버리고 그리고 타인들을 압도한다. 그들이 우리를 따르기 원하거나 그럴 수 있는 한에서 말이다. 심지어 신God에게 통고

한다. 우리가 세계의 지배자의 역할을 떠맡았다는 것을. 그리고 그 어떤 간섭도 용납되지 않을 것이다. 이 경험을 가져본 사람이라면 누구나 내가 무슨 말을 하는지 정확히 알 것이지만, 그런 경험이 없는 사람이라면 이처럼 부풀려진 언어에 심히 당혹스러워 할 것이다. 조증이 아주 격앙된 상태에서 나는 모든 노숙자들의 질병을 치유할 수 있다고 확신했던 적도 있었다. 캘리포니아 버클리 거리에서 그러한 치유를 수행하며 이른 아침까지 거리를 배회했었다.

이 장의 이어지는 부분에서는 내 자신에 대한 사례연구가 진행될 터인데, 개인적 이력을 내가 발전시켜왔던 개념들과 상관하여 풀어나가고자 한다. 이는 내 병의 다소 특이한 진행과정을 일군의 심리적 철학적 개념들과 통합하는 것을 수반하는데, 그 개념들을 통해 병의 내적 외적 의미가 드러날 것이다. 우리는 조울병의 해석학적 문제들에 대한 상세한 철학적 탐구를 결여하고 있으며, 이는 전일성을 찾으려고 노력하는 과정에서 정신이 그 자신과 더불어 벌이는 투쟁과 자기 자신에 맞서 대항하는 투쟁에 대해 우리가 대체적으로 편협한 이해를 하고 있다는 것을 의미한다. 이어지는 내용들 속에서 느껴지겠지만, 융처럼 나는 이 질병의 크고 작은 난국들의 한 복판에는 전일성wholeness을 향한 고갈되지 않을 갈망hunger이 있다는 것을 수긍하게 되었는데, 이 전일성을 향한 갈망이 조증과 극단적인 우울증의 독이 든 열매들을 모아 변혁시켜 나가기 때문이다. 개별화individuation 과정에서 즉 시간 속에서 전일성을 이루기 위한 운동 속에서 이 질병의 열매들은 자아를 양육하고 안정시키는 치유적 실재들로 변용된다. 일부 조울병 환자들이 자살을 감행하긴 하지만, 다행히도 대부분은 그렇게 하지 않는다. 이 사실은 개별화의 힘에 대하여 일단의 단서를 우리에게 제공한다. 이만큼 극도의 정신병에 대항하여 살아가는 과정일지라도 말이다. 우리가 희망의 신학을 가질 수 있다면, 또한 희망의 심리학도 가질 수 있다. 즉 저 가장 혹독한 폭풍들을 버텨내고 그리고 그토록 엄청난 개인적인 고통과 인간관계의 고통을 살아낼 수 있는 희망의 심리학 말이다.

1. 삶의 여정

나의 이야기는, 이런 이야기가 늘 그렇듯이, 나의 엄마 로이스 리 Lois Lee와 더불어 시작된다. 엄마는 사우스 다코타 시골에서 가난한 가족적 환경과 씨름하며 성장했다. 나의 아버지 멀랜Murlan과 결혼 후, 오하이오로 이사를 가게 되었는데, 거기서 아버지는 수리 물리학 전공으로 대학원 공부에 전념하였다. 어머니는 즉시 연기와 글쓰기에서 엄청난 재능을 드러냈고 그리고 오하이오 컬럼버스에서 자신의 라디오 프로그램을 제작했다. 다양한 희곡들을 연극적으로 낭독하는 일을 주로 맡았는데, 그러면서 무대 연기와 영화 분야에서 보다 발전적인 경력을 꿈꾸고 있었다. 당시, 이정도의 집중력은 적절한 것이었지만, 임박한 재앙에 대한 몇몇 암시들이 있었다.

삶의 여건이 엄마와 아버지 그리고 누나와 함께 뉴저지로 가게 만들었고, 거기서 아버지는 RCA 기업에서 고등 연구원 일자리를 얻었다. 아버지는 학문의 길이 경제적으로 현실적이지 못하다는 생각에 결단을 내렸고, 이때가 1930년대 대공황의 끝 무렵이었다. 그는 공업 분야가 전도유망하다고 생각했다. 엄마는 지역 극장에서 연기를 했고, 계속해서 보다 나은 것들을 꿈꾸고 있었다.[3] 연기를 공부하고, 그 신묘한 매력에 빠진 이들이면 알듯이, 이런 열망은 아주 정상적인 것이었다.

내가 태어나던 1950년에 상황이 급변했다. 출산 후 얼마 지나지 않

---

3 당시 엄마는 뛰어난 배우였고, 한 드라마 교사의 후견 아래 있었다고 누나는 전한다.

아 엄마는 산후 정신이상을 겪게 되었는데, 그 충격이 무자비했다. 약간의 시간이 경과하자, 엄마는 이해할 수 없는 행동양식들을 보이기 시작했고, 그녀의 과대망상은 과장적인 행태에서 조증 상태로 나아가기 시작했다. 조병躁病 상태가 되면 엄마는 극단적인 폭력을 행사하여, 차를 부수거나 가구를 부수곤 했는데, 이따금 주위 사람들을 물리적으로 공격하기도 했다. 상태가 악화되면서, 엄마는 심지어 자신의 아기인 나를 다양한 수단으로 죽이려고 시도하기조차 했다. 엄마가 갖고 있던 큰 망상은 즉시 헐리우드로 이사 가서 위대한 배우가 되어 망토를 걸치는 것이었다.

우울증 상태로 떨어지면, 집안의 문을 걸어 잠그고 틀어박히기 일쑤여서, 누나와 나는 들어가지 못하곤 했다. 그러면 난 거리를 배회했고, 나보다 13세 위인 누나 조앤Joann은 학교에서 돌아오면 발코니에 앉아 직장에서 돌아오는 아버지를 기다리곤 했다. 때로 엄마는 또 다른 극단적 상태인 조병 상태를 드러내는데, 아마도 주기가 급격히 변하기도 했던 것 같다. 그럴 때면 걸린 문 저편에서 고래고래 소리를 지르기도 했다. 엄마는 희곡들의 장면들을 연기하기도 했는데, 자신의 두 자녀가 어떤 날씨에 문 밖에서 오도 가도 못하고 있다는 사실을 완전히 망각하고 있었다. 엄마는 우리를 먹이는 일에 대해서 전혀 생각이 없었지만, 다행히도 우리는 이웃들에게 음식을 얻어먹을 수 있었다. 한 번은 엄마가 분노에 사로잡혀 아버지와 격렬히 싸웠던 때를 누나는 기억한다. 누나 조앤은 아기 침대로 달려와 나를 구출하려 했지만, 내 작은 손가락들이 엄마의 살을 꽉 붙잡고 있는 통에 나를 떨어뜨렸고, 그대로 엄마는 집을 나갔다. 엄마는 결국 필라델피아에서 발견되었는데, 극도의 불안 상태에서 거리를 배회하고 있었다. 내 계모가 나를 입양하기 위해 열린 법정 심리에서 보고된 또 다른 사건 이야기를 들었는데, 엄마가 칼을 가지고 나에게 다가왔다고 했다. 누나는 엄마와 나 사이로 끼어들어 막아섰고, 휘두르는 칼에 여러 번 다쳤다. 베인 상처들이 생명을 위협할 정도는 아니었지만, 그 사건 후 누나는 다리에 칼을 차고 다니면서, 예측 불허한 엄마의 공격에 대비했다.

상처받기 쉬운 십대의 나이였던 누나는 이 가족적 비극 때문에 심한 상처를 입었다. 그녀는 이내 일종의 정신분열증schizophrenia 상태에 빠져 들었다. 아마도 다소간 정신분열증적 질환이었던 것 같은데, 정신적 이상과 감정적 이상mood disorder 모두를 겪었던 것 같다. 누나는 집안 상황으로 인한 무서운 참사로 십대 시절을 흘려버렸다. 우리가 겪어야 했던 육체적 정신적 폭력은 누구라도 겪기 힘들만큼 엄청난 것이었고, 우리처럼 유전적으로 정신질환의 잠재성을 갖고 있는 사람들에게는 두말할 나위가 없는 것이었다.

누나의 추후 몇 년은 비극으로 점철되었다. 그녀의 정신질환은 50년대와 60년대의 다소 무자비한 약물로 처방되었고, 그녀는 자신 안의 음성들이 그녀를 몰아갈 때마다 계속해서 거리를 배회했다. 세계 종말apocalypse에 대한 망상들이 자신은 위대한 가수라는 생각과 번갈아 엇갈렸다. 때로는 자신이 주디 갈랜드Judy Garland[4]라고 생각했고 그래서 다리 아래서 높은 음의 노래들을 부르곤 했다. 다리 아래서는 자신이 원하는 에코echo를 얻을 수 있었기 때문이다. 그러면서 주기적으로 병원이나 구치소를 셀 수 없이 들락날락거렸고, 그 와중에 아마도 강제 치료의 법정 시한이 만료되기만을 고대하고 있었을 것이다.

또한 추후로 누나는 지발성 디스키네지아tardive dyskinesia 혹은 지연성

---

4 주디 갈랜드는 1930년대부터 1960년대까지 활약한 뛰어난 뮤지컬 배우로서 대표곡으로 '무지개 너머'(Over the Rainbow, 1939) 등이 있으며, 〈오즈의 마법사〉(1939)와 〈스타 탄생〉(1954) 등과 같은 뮤지컬 영화에서 주연을 맡았다. 〈역자주〉

운동장애를 겪게 되었는데, 이는 강력한 진정제의 가혹한 투약으로 초래되는 상태로서, 손과 입의 지속적인 순환성 운동 증상으로 나타난다. 입 주변의 근육 경련이 너무 심해져서, 의치를 부서뜨리기까지 했다. 누나가 이 모든 일을 지성과 유머를 지닌 채 그리고 거의 아무런 불평 없이 감내하며 겪어나갔단 사실은 정말 놀라운 일이었다.

엄마와 아버지의 결혼생활은 엄마의 질병과 누나의 질환으로 야기된 상처를 감내할 수 없다는 게 분명해졌다. 이혼 조건으로 엄마는 플로리다로 이사를 갔고, 거기서 연기 공부에 전념하기 위해 대학에 등록했다. 이사 간 지 얼마 되지 않아 엄마는 극단적이고 폭력적인 조병 단계에 빠지게 되어, 캠퍼스 실험실에서 손에 잡히는 모든 것을 부숴버렸다. 엄마를 제압하기 위해 두 명의 경찰이 출동하였는데, 이는 엄마를 보다 극심한 분노 상태로 몰아가 버렸다. 그래서 거대한 판유리로 된 창문을 깨서, 큰 유리 조각을 들고 경찰들을 죽이려고 달려들었다. 소파를 방패삼아 엄마의 거대한 몸을 벽으로 밀어붙이고 나서야, 경찰들은 엄마를 멈출 수 있었다. 당시 엄마는 136킬로그램을 넘을 만큼 거대했다.[5] 엄마는 흉기를 빼앗기고 체포되어 구치소로 보내졌는데, 거기서 옷 하나 걸치지 못하고 독방에 구금이 되었다. 거기서 주 구치소로 이송되어 여러 달을 보냈다. 이후 엄마는 정신병원으로 이송되었다. 그녀의 여생은 이 병원에서 저 병원으로 옮겨 다니다, 사회복지시설에 보내졌는데, 거기서 증상이 다소 완화되었다.

1950년대 정신적 질병에 대한 치료는 헐리우드 영화에 상투적으로 등장하는 모습만큼이나 대체로 야만적이었다. 옷을 벗긴 채 차가운 독방에 구금하고, 강력한 전기 충격 치료들을 자행하고, 정신이 멍해질

---

5 이 발작의 전체 이야기는 The Times of Coral Gables, Thursday, July 31, 1958 (Vol.33, no.27), 3쪽에서 볼 수 있다.

만큼 진정제를 투여하는데, 이는 지발성 디스키네지아처럼 영구적인 흔적을 남긴다. 이 당시 엄마가 겪었을 것을 생각할 때마다, 나는 1795년 윌리엄 블레이크william Blake가 제작한 판화 〈바빌론 왕 느부갓네살〉을 떠 올린다. 그 엄청난 왕이 무지의 소굴에서 손과 무릎으로 비굴하게 기어다니는 모습으로 묘사되어 있다. 블레이크의 이미지는 다니엘서 4:33에서 유래하는데, 그 왕이 "사람들에게 내 몰려서 소처럼 풀을 뜯어먹고 있"던 모습을 기술하고 있다.

그때 당시 이러한 행위들은 거의 언제나 편집성 정신분열증paranoid schizophrenia으로 진단되었다. 조울증 진단은 거의 내려지지 않았는데, 엄마의 경우처럼 병력이 뻔한 경우조차 그랬다. 이 의학적 맹목성은 문서로 충분히 정리되어 있는데, 특별히 영국과 미국의 조울증 진단 빈도를 비교하는 분야에서 도드라진다.6 이제 우리는 정신이상의 두 형식들이 즉 사고와 기분이 편집망상, 환각 그리고 과대망상과 같은 특성들을 공유할 수 있다는 사실을 알고 있다. 비극적인 것은 심지어 우리 엄마가 올바른 진단을 받았었다고 할지라도, 리듐을 처방받을 수 있으려면 20년을 기다려야 했을 거라는 사실이다. 엄마는 전적으로 비참한 인생의 나락으로 떨어질 운명임이 너무도 명백했다.

난 분명히 엄마로부터 조울증을 유전 받았을 텐데, 아주 상식적인 유전적 고리가 있기 때문이다. 내 사촌들 중 한분이 이 병이 있었고, 나의 아버지 쪽 할아버지 또한 이 병으로 시달렸으리라는 확증이 있다. 불행히도 내 엄마에 대한 부정확한 진단으로 인해 내 병이 최초의 징후를 드러냈을 때 필요한 치료를 받지 못하고 말았다. 사실 조울증이란 개념 자체를 가족들은 들어본 적이 없었고, 기껏해야 엉뚱한 진단으로 간주

---

6 이 문제에 관해서는 *Moodswing*, by Ronald R. Fieve, M.D. (New York: Bantam Books, 1989), 179-186을 참고하라.

될 뿐이었다. 아버지는 당시 가능한 모든 치료를 시도하면서 영웅적으로 헌신했지만, 결국 수년 간 노력하다 엄마를 포기하고 말았다.

엄마가 플로리다의 구치소에 있는 동안 아버지는 우리 집을 작은 아파트로 이사하기로 결정했다. 아버지는 근처에 자신의 형제와 가족이 살고 있어서, 자기 집으로 들어와 1년간 나를 양육해 달라고 부탁할 수 있는 행운을 누렸고, 그 동안 아버지는 자신의 삶을 다시 추스를 수 있었다. 고모와 삼촌 그리고 두 사촌들과 함께 한 이 일 년은 내 취약한 정신에 극적이고 긍정적인 영향을 미쳤다고 확신한다. 고모는 내가 무엇을 겪어왔는지를 분명하게 인식하고 있었고, 그래서 나에게 모성적인 것의 긍정적 측면을 처음으로 경험할 수 있도록 해 주었는데 이 경험은 내게 여전히 범례적paradigmatic이다. 나는 이따금 따뜻한 식사를 하는 것이 무엇과 같을런지를 생생하게 기억하고 있고, 두 명의 아버지와 두 남자 "형제자매들"을 갖는 유익이 무엇일는지를 똑똑히 기억하고 있다.

아버지는 직장인 RCA 사무실에 근무하는 한 여인과 데이트를 시작했고, 이윽고 그녀에게 내가 소개되는 순간이 왔다. 나는 완전히 뒤죽박죽된 감정을 경험해야 했다. 왜냐하면 고모를 보내줘야 한다는 생각을 대면하면서, 어렴풋이 난 신뢰받지 못할 거라는 느낌이 헤아릴 수 없이 몰려왔기 때문이다. 그 두려운 순간이 왔고, 나는 아버지와 함께 그녀의 집으로 걸어갔는데, 어떤 알 수 없는 깊은 무의식적인 이유 때문에 나의 모든 두려움과 불안이 그녀의 샴 고양이에 쏠렸다(일종의 악한 전이대상이 된 셈이다). 난 그 고양이가 위험하고 그래서 나를 공격할 것이라는 두려움에 소리 내 울기 시작했다. 내 어머니가 될 분과 아버지는 최선을 다해 나의 기묘한 행동을 이해하고자 했지만, 그들의 태도는 이내 재밌다는 태도에서 분노로 바뀌었다. 그 순간 내 마음속에서 어떤 것이 찰칵하고 켜졌고, 나는 앞으로 모든 일이 고통스러울 것이라는 사실을 알았다.

나의 계모는 그저 가혹하게 내적 상처를 입은 아이를 떠맡아, 고모가 했듯이 나를 양육할 수 있는 준비가 안 되어 있었다고 말하는 것이 공정할 것이다. 그녀는 그저 모성애적 본능을 갖고 있지 않았는데, 심지어 8-9세의 어린 나이의 나조차도 그것을 알고 있었다. 우리의 추후 관계는 언제나 엄청난 긴장감이 팽배해 있었고, 그녀의 도덕주의자적인 기질은, 후일 깨달은 사실이지만, 알코올중독과 결합하여 작동하고 있었고, 이는 기만적인 모성적 근원으로부터 나를 더 멀리 몰아가고 있었다. 술에 취했을 때 ―말년에는 거의 매일 저녁마다 그랬다― 그녀는 상상할 수 있는 가장 불쾌한 말로 나를 야만적으로 공격했고, 나의 자존감을 침해할 수 있다면 그녀가 할 수 있는 모든 힘을 동원해 무엇이든지 했다. 그녀는 나의 남성 친구든 여성 친구든 누구든 간에 광적으로 질투해서, 어떤 관계든 빨리 끊도록 조치를 했다. 그녀에게 위협으로 간주되기 때문이었다. 한 사건을 기억하는데, 엄청난 속도로 마을을 가로질러 ―아마도 취한채로― 차를 몰고 와, 내 친구의 집 앞에 끼익 소리를 내며 세우고는 나보고 즉시 집으로 돌아올 것을 요구했다. 불행히도 아버지는 때로 그녀의 광기에 휘둘려, 잠재적 여자 친구의 부모에게 전화를 해 관계를 끊도록 만들곤 했다.

나의 계모는 그녀만의 좌절들을 겪었으리라 확신한다. 그녀는 패션 디자이너가 되기 위해 대학에 진학했지만, 당시의 가부장적 문화는 말할 것도 없고, 그녀를 둘러싼 경제적 현실들이 그러한 꿈을 포기하고 비서로서 직업을 갖도록 강요했다. 그러나 나를 향한 그녀의 행동은 가족들 중의 그 누구보다도 훨씬 나빴고, 이 당시를 되돌아보면 언제나 엄청난 분노와 (씁쓸한) 괴로움으로만 채워져 있다. 담배 중독이 비극적으로 그녀의 생명을 요구했다. 그녀의 나이 아직 60대였을 때였다. 아버지에 대해서는 짙은 공감을 느꼈던 것과는 달리, 그녀의 죽음에서 나는 어떠한 회한도 거의 느낄 수 없었던 것을 기억한다. 그러나 장례식을 둘러싼 일정들이 거의 마쳐갈 무렵, 아버지는 그 상황에 대한 자신의 괴로움을 드러낼 수 있었고, 이를 통해 우리는 조금 가까워질 수 있었다.

나의 유전자 시계는 자궁 속에서부터 똑딱이기 시작했다. 알람이 꺼져, 9세 혹은 10세 경 경조병적 활동력과 (내게 "연애 소년loverboy"이라는 별명을 가져다 준) 강렬한 추문 그리고 조울병의 초기 착수단계를 동반하는 주의력 결핍 장애가 나타났을 때, 아무도 그 경보를 듣지 못했다. 고등학교 후반기 극단적 증상의 불안과 우울증을 키워가기 시작했는데, 이따금 경조증적 황홀경은 나에게 과대망상을 키워주었다. 나는 미국의 가장 위대한 작가가 되어, 시와 소설을 창작해야만 했다. 나는 출판 승인을 받을 요량으로 환타지 작가 래이 브래드버리Ray BradBury에게 내가 쓴 시 몇 편을 보내기도 했다. 그는 아주 친절한 답변을 보내왔지만, 그러나 이것은 내가 갈망하던 온전한 보증을 제공하지 못했다. 이상을 감지하고는 아버지는 나를 심리치료사, 정신과 의사, 일반 의사 그리고 내과 의사 등에게 보냈다. 심전도 테스트, 뇌전도 테스트, 포도당 내성 테스트 등을 비롯한 그 외 많은 테스트를 시도했지만 아무 소용이 없었다. 모든 테스트들과 분석의 결론으로 나는 신경안정제 바륨Valium과 경련진정제 다일랜틴Dilantin을 처방받았다(내 누이가 간질로 고통 받았기 때문에 의사들은 그 점에 대해서 극도로 주의를 기울였다). 처방된 치료들 중 어느 것도 도움이 되지는 않은 것 같다. 결국 나는 약을 끊고, 내 스스로의 방식으로 이겨나가기를 배워야 했다.

이러한 질환에 특징적인 '감정기복들'에 이어 성급함과 분노의 시기가 따라오는데, 이 기분들은 환경적 실재와는 무관하다. 나는 이 엄청난 부정적 에너지를 육상과 권투에 쏟아 붓고자 시도했다. 불행히도 심각한 정강이통 부상으로 인해 육상 경력은 끝났고, 부분적으로 허탈된 폐collapsed lung는 권투를 불가능하게 만들었다. 병원의 서투른 의사가 내게 양쪽 폐가 언제든 붕괴 혹은 허탈할 수 있고, 그럴 경우 생존가능성이 전혀 없다고 말했을 때, 나는 잔인하게 죽음을 떠올리게 되었다. 그 이야기를 들었을 때가 겨우 17살이었다. 다행히도 다른 의사가 이 황당한 진단을 교정해 주었고, 나는 다행히 어떤 미래를 그려볼 수 있게 되었다. 그럼에도 불구하고, 폐들과 연관된 통증을 느낄 때면, 그때의 공포가 다시금 돌아오는 것을 받아들여야만 했다.

나는 일찍이 죽음을 동반자로 만났다. 엄마로부터 받았던 끔찍한 유아살해의 분노가 내 골수로 들어와, 세상을 신뢰하는 것을 불가능하게 만들었다. 이 초기 조건에 실재적 혹은 추정된 신체 조건을 더한다면, 죽음이 지평 내 모든 것을 뒤덮을 심리적 구상이 숙성될 수밖에 없었다. 조울증에 대한 성향은 강렬하고 외상적인 경험들에 의해 가속화될 수 있는데, 이는 이윽고 이 질병에 개인적이고 고유한 취향이 더해진다는 사실이 설득력 있게 다가온다. 각 사람은 그 자신에 고유한 콤플렉스들을 갖고 있는데, 이 콤플렉스들이 조울증의 일반적 특징들을 유발하여 모습을 드러내도록 만든다.

대학 생활은 유명한 자가-약물 처방을 깨우쳐 주었다. 내 경우 그 자가-처방은 술이었는데, 그 전까지는 애써 피해왔다. 마리화나를 좀 피우기도 했었지만, 아주 강렬한 형태의 망상증을 경험하고는 몇 달간 하다 계속할 수 없게 되었다. 내가 보다 강력한 약물들을 멀리하게 되었다는 사실에 지금 나는 무척이나 감사하게 생각한다. 그때 당시를 되돌아보건대 이는 결코 사소한 일이 아니었다. 그러는 동안 나는 무언가 잘못되었다는 것을 알았지만, 그게 무엇인지 딱 꼬집어내기 어려웠다. 우리 가족의 내력 속에는 어떤 형태든 정신적 질병에 대한 두려움이 납득할 정도의 수준에서 자리 잡고 있었고, 나는 엄마와 같은 종말을 맞이할 까봐 죽을 만큼 두려워하면서 많은 시간을 소진하고 있었다. 그래서 난 공부에 집중하고 있었다. 다소 온건한 형태로 모습을 드러낼 경우, 조울증이 가져다주는 역설적 혜택들 중 하나는 바로 조울증이 지적 생활을 향상시켜준다는 것이다. 나는 인문학 분야들 중 가장 어려운 분야, 즉 철학을 전공하기로 결심했다. 그의 지적인 요구가 나에게 부담을 주고, 나의 기질을 시험하기 때문이었다.

다행히 나는 바라던 전공을 공부하도록 허락받았다. 비록 철학이 수입을 가져다주는 전공은 아니라고 여겨지긴 하지만 말이다. 나는 템플 대학에서 이 광대한 영역의 몇몇 분야에서 훌륭한 지적 훈련을 받았고, 아주 유능하고 전문지식이 탁월했던 내 선생님들을 자랑스럽게 생각한다. 하지만 나는 또한 내 갈 길을 나아갔다. 그 대학에서 가르쳤던 영국 분석철학 전통은 내게 매력이 별로 없었지만, 곧 대륙 실존주의자들을 발견했다. 하이데거는 내 (사유의) 중심인물이 되었고, 그의 주저主著『존재와 시간』을 깨우치기까지 분투했었던 때를 기억한다.『존재와 시간』이 나를 매료시킨 이유들 중 하나는 인간 과정의 기본적 박동으로서 '죽음을 향한 존재being-toward-death'의 중심적 역할을 강조했다는 사실이다. 우리의 모든 투사들, 우리의 모든 예상들 그리고 우리의 모든 결심들은 더 이상 전혀 존재하지 않을 궁극적 가능성을 가리키고 있음을 인식하면서, 하이데거는 인간이 된다는 것이 무엇인지에 대한 심층 논리를 드러내 보여 주었다. 난 본능적으로 그것을 이해할 수 있었다.

물론 이 집중적인 공부가 진공 속에서 이루어진 것은 아니었다. 우울증이 계속 나를 전염시켰고, 그럴 때면 면도도 하지 않고, 심지어는 수업 토론에 전혀 아무런 기여도 하지 않은 채, 며칠씩 보내곤 했다. 의학적인 의미에서 내가 우울증을 앓고 있다는 사실을 난 전혀 몰랐다. 그저 실존주의자들을 따라 세계의 어두운 그림자 속을 탐구하고 있다고 생각하고 있었다. 철학이 가져다주는 강렬한 위험과 기쁨들 중 하나는 바로 철학은 잡식성이어서, 그 무엇이든 아무런 방식대로 말할 수 있다는 것이다. 철학 이외에 혹은 철학에 필적할만한 담론이 있을 수 있다는 생각은 당시의 나에게 속물적인 것이라 여겨져 거절되었다. 결과적으로, 그 어떤 감정기복mood swing도, 그 어떤 조급증도 철학적 이해 속에 ─말하자면, 내 자신의 고유한 세계-내-존재의 형식으로─ 포장되어 있었다. 달리 표현하자면, 나의 지적 세계 속에는 어떤 병리적인 것에 대한 개념이 자리할 여지가 없었다.

예를 들어, 과목에서 살짝 낮은 점수를 받았을 때처럼, 나의 지적 여행에 실패가 있을 때마다, 나는 조병躁病 manic적인 의미로 나의 독특한 재능을 이해하곤 했는데, 이를 나는 천재 신화라 부른다. 학문적 자질을 지닌 내 주변의 모든 사람은 단지 뛰어날 뿐이지만, 난 그들과는 다른 류의 피조질서에 속한 사람이었다(고 생각했다). 당연히 이런 관점이 나를 매번 호감 있는 사람으로 만들어주지는 않았다. 특별히 내가 수업과제를 잘 해냈을 때 말이다. 난 닥치는 대로 읽고, 상태가 온전할 경우, 내 주변 사람들 앞에서 장황하게 설명할 수 있었고 그래서 사람들을 매료시키곤 했다. 우울증이 작동하면, 난 가장 단순한 산문조차도 거의 읽을 수가 없었다. 그래서 들키지 않기 위해 재치를 발휘하곤 했다. 하지만, 다시금 말하지만, 난 심리학적인 용어로 이런 상황의 어떤 것도 이해하지 못했다. 미치는 것에 대한 가족의 비하와 두려움이 나로 하여금 여전히 이 상황에 대한 올바른 이해를 찾아가지 못하도록 막고 있었다.

나의 20대 초반을 되돌아볼 때, 내가 이렇게 전개되어가는 증상의 힘을 그만큼 잘 협상해 나아갔다는 사실에 놀라곤 한다. 난 언제나 내가 초-자아라 부르는 것 때문에 최악으로 시달려 왔는데, 그 초-자아는 수많은 방식으로 분출하고 사라지곤 하는 상념들에도 불구하고 나로 하여금 계속 공부하게 만들었다. 1973년 철학 전공을 우등으로 졸업할 수 있었지만, 보다 깊은 심연의 심리적 바다로 이끌려갈 것이라고는 조금도 생각하지 못했다. 학점제로 몇몇 대학원 과목들을 수강했지만 거의 흥미를 갖지 못했다. 이윽고 그만두고, 유럽으로 이사 갈 돈을 마련하기 위해 매력적이지 못한 다양한 일들을 하며 돈을 벌었다. 당시 내 생각은 유럽, 아마도 네덜란드 정도로 이사 가서, 내 속에 담겨 있다고 생각되는 것들을 저술하여 위대한 책으로 만드는 것이었다. 그 조병적 망상에 빠져서, 네덜란드 정부가 나에게 거주자 신분을 내 줄 생각이 전혀 없을 수도 있다는 생각은 전혀 하지 못했다.

재능 있는 화가였던 나의 첫 번째 아내와 나는 미국에서의 생활보다 훨씬 풍성한 삶을 마련할 희망으로 유럽으로 떠났다. 그때가 1970년대 중반이었고, 나는 반미anti-American 정서에 빠져 있었다. 유럽은 나의 천재성을 알아보고, 특전을 베풀어줄 거라고 생각했다. 암스테르담에 조그만 아파트에 거처를 마련한 후, 나는 그 위대한 작품을 저술하는 일에 착수했다, 혹은 그렇다고 생각했다. 동시에 나의 천재 신화에 사로잡혀, 암스테르담 도처에 영어로 진행하는 유료 강의 포스터를 붙였다. 대학들과 교회들을 찾아가 이런 제안들을 제시했지만 아무런 소용이 없었다. 당연히 내 강의에는 아무도 오지 않았고, 나는 우울증으로 내던져졌다. 그 고상한 실험은 네 달 만에 끝났고, 우리는 뉴욕으로 돌아왔다. 이 모든 조병 활동들이 그의 전적인 무익함을 전혀 의식하지 못한 채 이루어진다는 뒤늦은 깨달음이 독자들을 섬뜩하게 할 것 같다.

우연한 기회에 우리는 뉴저지 남부의 작지만 살짝 뉴-에이지 성향의 센터를 발견했는데, 이름이 문화의식센터the Center for Cultural Awareness였다. 거기서 우리는 거처를 찾을 수 있었고, 나는 강의도 할 수 있었다. 모든 게 하루 벌어 하루 먹고사는 정도였다. 강의에 청중들이 꽤 온 날은 며칠 치 식료품을 장만할 수 있을 정도였다. 이는 얼핏 목가적 상황으로 보이기도 한다. 그 집에는 우리 말고 두 사람이 더 살고 있었는데, 사실상 센터를 운영하는 사람들이었다. 우리 모두는 친한 친구들이 되었다. 하지만 다시금 예전의 악령들이 출현하기 시작했다. 아무런 이유 없이 심하게 울부짖는 에피소드를 겪은 것 같은데, 뜬금없는 혼란스런 행동은 모든 사람들을 움츠리게 만들었다. 우리 넷이 함께 경마장에 가서 소량의 돈을 모아 말에 걸었던 적을 기억한다. 나는 대략 20달러 정도의 고액을 땄고 그리고 부풀려진 자아의식 속에서 말을 고르는 법을 터득했다고 생각했다. 결코 놓치고 싶지 않은 거의 신적인 직관의 느낌이 들었다. 도박은 조울증 환자들이 애용하는 여러 달콤한 해악들 중 하나다. 하지만 무슨 이유에서인지 이 해악은 나에게 아주 최소한의 매력밖에 지니고 있지 않았다. 그럼에도 불구하고 나는 그 조병적 허풍의 특별한 맛을 생생히 기억하고 있다.

센터에서 생활하던 우리 네 사람은 뿔뿔이 흩어졌고, 내 아내와 나는 변화의 필요성을 느꼈다. 마음 한편에 여전히 해결되지 않은 대학원이라는 문제가 걸려 있었다. 당시 사정으로 보면, 박사학위 없이는 내 작품이 주목받지 못할 것이라고 결론을 내렸다. 여러 전망들을 탐색하고 나서, 난 드류대학교Drew University로 갔는데, 거기서는 철학과 심리학 그리고 신학을 동시에 탐구할 수 있었기 때문이었다. 난 학제적인interdisciplinary 분위기를 원했다. 이전에 철학만을 공부하고 난 뒤, 완전히 한 분야에 쳐 박혀 질식당하는 것처럼 느꼈기 때문이다. 감정 기복이 찾아오면 사회적이고 개인적인 경계들을 위반하곤 했던 엄마처럼, 난 그 경계들이 추앙받아야할 것이 아니라, 넘어서야 할 것이라고 느꼈다. 유럽과 문화 센터에 작별을 고한 후, 27살의 나이에 나는 박사학위를 따기 위한 고된 일에 착수했다.

아내와 나는 이 아름답고 지적으로 번성하고 있는 뉴저지 북단의 캠퍼스에서 본격적인 일을 시작했다. 이 대학은 오랜 전통의 탁월한 대학원 교육체계를 갖고 있는데, 20세기 초반으로 거슬러 올라가는 전통으로서, 보다 창의적이고 학문분야 경계에 덜 길들여진 대학원생들에게 매력이 있었다. 아마도 내 생애 처음으로 집에 있는 느낌이었다. 나는 하이데거, 융, 틸리히, 에머슨, 쉴라이에르마허, 비트겐슈타인, 훗설 그리고 비교종교학의 논쟁들을 아주 집중적으로 토론할 수 있었다. 교수들은 탁월성을 기대했지만, 학생들에게는 자신들의 교과과정과 종합시험을 설계할 자유를 허락했다. 모든 대학원생들은 2년에 걸친 수업교과를 마쳐야 할 뿐만 아니라 불어와 독일어 시험을 합격해야만 했다. 오랜 시간을 보낸 후 마침내 나는 내 마음가는대로 내 앞길에 놓여있는 어떤 경계선도 넘어갈 수 있게 되었다. 내가 학부시절 익혀야 했던 분석철학의 내용과는 전혀 달리 이 교차 학문의 바탕은 깊이가 있었고, 지금도 여전히 전개되어 나가고 있는 중이다. 또한 이 교차학문의 바탕은 학계 바깥에서도 적합성을 갖는다. 왜냐하면 교차학문적 풍토는 사회적 변화와 개인적 성장을 위한 함축성들을 갖고 있기 때문이다.

이전에 그랬듯이, 이 처음의 열정은 이내 내 마음속 보다 어두운 리듬에 길을 내주고 말았다. 나의 결혼생활은 심각하게 불안정으로 치달

왔고, 이혼하고 곧 재혼했다. 나의 오랜 조병 발작이 다시 찾아들어, 나는 천재성을 공표하고, 플라톤, 하이데거 그리고 헤겔의 관념들을 탐구해 들어갔다. 마치 내가 그들과 완전한 동급이라는 듯이 말이다. 때로 술이 취하면, 나는 파티에서 화를 곧잘 냈고, 거의 주먹질에 가까이 가곤했는데, 그 이유는 대부분 무의미한 것들이었고, 이미 오래전에 기억 속에서 사라졌다. 그럼에도 불구하고 나는 수업과 종합시험에서는 대단히 뛰어났고, 우수한 성적으로 첫 번째 철학 석사M. Phil를 취득하였다. 조울증을 겪는 사람들은 학부 보다는 대학원에서 학업성취도가 높은데, 그 이유는 대학원 공부가 보다 큰 자유와 자기-계도를 허용하기 때문이라고 생각한다. 이러한 학업 성취가 나로 하여금 우울의 리듬들과 춤추는 나의 경조병 상태들과 잘 어울려 나갈 수 있도록 해주었는데, 학문하는 모델은 이것들과 썩 잘 공명하는 듯하다.

당연하게도 해석학적 쟁점들이 나를 매료시키기 시작했다. 본능적으로 나는 다른 사람들의 내적 상태 혹은 내 자신의 내적 상태를 잘 읽어내는 사람이 아니라는 것을 알았다. 어떻게 그 표지를 그토록 자주 놓칠 수 있는가? 어떻게 해야 내 자신의 강렬한 투사들을 지나, 내게 전일성의 의미와 실재에 대한 약간의 의미라도 알려줄 현자의 돌을 찾을 수 있을 것인가? 해석 이론은 내가 어렴풋이 거기 있다고 감지하고 있는 어떤 것에 보다 가깝게 데려다 줄 수 있을 것이라고 생각했다. 결론적으로 나는 내 박사학위 논문 주제로 조시아 로이스Josiah Royce의 해석학을 잡았는데, 로이스는 하버드 대학의 위대한 절대관념론자로서, 또한 퍼어스와 함께 작업했었다. 로이스에 관하여 논문을 쓰면서 그리고 그의 입장을 19세기 초의 관점들과 비교하면서, 나는 모든 진실한 해석은 해석자들의 공동체에서 일어난다는 사실을 이해하게 되었다. 해석자들의 공동체는 기호들과 상징들을 여과하여, 진정한 의미들이 출현할 수 있도록 하는 역할을 감당한다.

한편으로 박사학위 논문은 잘 알려지지 않았던 미국적 전통을 유럽적 사유와 경쟁할 수 있는 수준으로 부활시킬 것을 목표로 한 학문적 기획이었다. 다른 한편으로, 그 논문은 투사들과 콤플렉스들을 넘어서서 대타자the Other의 진정한 마음과 얼굴을 향하여 나아가는 길을 찾으려는 나의 노력이었을 것이다. 로이스는 내 자신을 다른 사람들과 연결하는 대비들과 정체성들 속으로 진입하는 방법에 관해서 내가 필요로 하는 단서들을 제공해 주었고, 혹은 더 나아가서 내 자신의 무의식으로 진입하는 방법에 대한 단서를 제공해 주었다. 여기서 그때까지 이름조차 알지 못하던 내 조울증의 요구들과 변덕들 주변에 철학과 심층심리학을 함께 연결하는 기획이 시작되었고, 지금도 계속되고 있다.

1982년 박사학위를 마치자, 일자리 찾기가 시작되었다. 대학원 5년간의 생활은 나를 풍성하게 숙성토록 만들었다. 나는 근처 여러 대학들에서 가르치면서, 수업하는 요령을 터득할 수 있었다. 그러나 대학 임용 문제가 엄습해 왔다. 당시 임용 시장은 아주 힘들었다. 한 자리를 놓고 수백 명의 사람들이 지원을 했고, 임용은 언제나 전국적 공모를 통해 진행이 되었다. 이러한 분위기에서 어떻게 교수 자리를 얻을 수 있다고 상상할 수 있을까?

조울증 질환의 재능들 중 하나는 경조병hypo-manic 단계에서 모습을 드러내는데, 그때 고도의 창조성이 정신을 의미 있는 작업으로 몰아간다. 난 대학원을 다니는 동안 5편의 논문을 출판했는데, 그 논문들 중 하나가 당시 유명한 펜실베니아 주립 대학(본원) 철학과의 주목을 끌었다. 한 친구의 추천이 있었고, 이는 1년짜리 단기직을 위한 인터뷰로 이어졌다. 어쨌든 간에 난 그 자리를 얻었고 그리고 아주 다른 종류의 삶이 시작되었다. 일 년짜리 단기직은 정년계열로 전환되어야 했는데, 이는 또 한 번의 전국 공채를 이겨내야 했다. 물론 나는 내부의 후보자였다. 그러나 이 "특혜"는 거의 혜택을 주지 못했다. 그 이전과 이후로 나는 그처럼 극심한 심리적 압박에 놓여 본적이 없었다. 내 생각에 나는 모든 것에 최고가 되어야 했다: 수업, 저술 그리고 출판, 학과 내 정치, 대학 내 정치 등. 학과는 직무 내용에 대해서 불확실했고, 그것을 어떻게 채워야 할지에 대해서도 정해진 바가 없다는 것을 알 수 있었다. 나는 마치 움직이는 표적을 따라 경쟁하고 있는 듯한 느낌이었다.

그 자리에 내정된 누군가가 있었다는 한 번의 소동이 지나고, 나는 그 자리에 임명되었다. 이제 '출판이냐 도태이냐'(publish or perish)[7]의 경주가 본격적으로 시작된 것이다. 경조병 상태가 도래할 것인가 아니면 우울증에 사로잡히게 될 것인가? 물론 그때 당시 나는 이런 용어들을 사용하지 않았다. 그러나 나는 정년직 심사위원회의 다양한 요구들을 충족시키기에 충분한 업적을 만들지 못할 수도 있다는 엄청난 두려움에 사로잡혀 있었다. 뜬금없이 내 박사학위 논문에 깊은 관심을 갖고 있었던 출판사 편집장으로부터 편지 한 장을 받았다. 박사 학위 논문을 출판사 기획시리즈의 하나로 출판할 생각이 있는지. 그 기획시리즈 편집자는 박사학위 논문을 발행인에게 보냈고, 발행인은 그 논문을 평범하다고 거절했다. 이건 명백히 박사학위 논문이고, 이것을 출판하려면 다시 써야 한다고. 내 생각도 다르지는 않았고, 그래서 편집자와 나는 수정본 초고를 위한 계획을 세웠다. 몇 달 간의 집중적인 작업을 거친 후 초고는 발행인에게 넘겨졌고, 외부 평가자는 강력히

---

7 미국 대학에서 정교수가 되기까지의 과정을 표현하는 통속적인 말로서, 학술 논문이나 업적을 지속적으로 출판하지 못한다면, 그 자리를 지키기 어려운 현실을 적나라하게 표현한 말이다. 요즘은 한국도 그렇다. 〈역자주〉

출판을 추천해 주었다. 그렇게 나의 공적인 경력이 바야흐로 시작된 것이다.[8]

이 극심한 압박이 가해지던 기간 내내, 나는 좀 완곡하게 표현해서 자가-약 처방[9]을 계속했다. 그러다 어느 땐가 술기운에 심한 조병 발작이 있었고, 그래서 이런 식의 자가 약 처방을 3년간 그만 두었다. 그때 당시 술은 학생들과 교수들 사이에서 아주 일상적인 것이었고, 당연히 나의 술 마시는 버릇도 당대의 규범에 어긋나는 행동은 아니었지만, 그러나 나는 심지어 아주 작은 양의 술에도 취약하다는 것이 그들과 달랐을 뿐이다. 조울증 환자에 대한 이 약 처방(술)이 담지한 어두운 논리가 있는데, 말하자면, 한두 잔의 술은 우울증으로부터 끌어내 기분을 고양시키고, 자아-수용self-acceptance의 느낌을 만들어 내는데, 이 기분이 한 시간 이상 지속된다. 그러나 이 질환은 그의 섬뜩한 일을 계속하기 위해 보다 더 많은 량의 독주를 요구하고, 그때 소위 "의지"라는 것은 그 소비를 늦출 수 있는 위치에 있지 않을 것이다. 이 싸움은 처음에 "원죄"라는 기독교 교리가 심리학적으로 심오하다는 사실을 나에게 납득시켜 주었다. 혹은 틸리히Tillich의 용어로 표현하자면, 우리는 우리 자신의 존재의 근거와 뿌리로부터 소원하게 되었다는 사실

---

8 이 책은 1987년 『해석자들의 공동체: 미국 철학 전통에서 자연과 성서의 해석학』(*The Community of Interpreters; On the Hermeneutics of Nature and the Bible in the American Philosophical Tradition*, [Macon, GA: Mercer University Press])라는 제목으로 출판되었다. 1989년 미국종교학회(the American Academy of Religion)는 11월의 연례 모임에서 이 책의 내용들을 토론하는 일반 세션을 열어주었고, 거기서 네 개의 논문들이 발표되고 내가 논평을 맡았다. 1995년 같은 출판사에서 이 책의 두 번째 편집본을 페어퍼백으로 출판하면서 서문을 새롭게 실었다. (〈역자주〉본서는 박일준 역, 『미국 철학적 전통에서 본 자연주의적 성서해석학과 기호학: 해석자들의 공동체』 [서울: 동연, 2018]으로 출판되었다.)

9 자가 약처방이란 의사가 처방해 주는 약이 아니라, 본인이 심리적으로 이상을 느낄 때마다 술을 마셨다는 것을 완곡하게 표현하는 말이다. 〈역자주〉

그리고 이 소원estrangement은 인간 자유의 산물이 아니라는 사실을 납득시켜 주었다. 조울증 질환은 그 자신만의 형식으로 소원을 수행하고, 또 이 질병이 인간의 자유나 혹은 그의 사용 혹은 남용과 아무런 관계가 없다는 사실을 이해하지 못하는 그 어떤 접근 방법도 작동하지 않는다.

주립대학에서 가르치는 일은 그 자체로 도적적인 과제들이다. 어느 날 철학교수는 기업윤리를 배우러 온 190명의 학생들을 맞이한 수업에서 엄청난 저항감을 맞닥뜨릴 수 있다. 마이크를 들고 적대적인 청중들을 맞이하는 것은 젊은 조교수에게 이상적인 꿈은 아니다. 또 다른 경우 대학원 세미나에서 겨우 7명의 학생들을 맞이할 수도 있다. 앞 상황의 도전은 시험들 사이에 수업이 잘 진행될 수 있도록 하는 것이라면, 후자의 경우가 던져주는 도전은 최첨단의 관념들을 다루어야 하고, 그로 진입해 들어오는 전이와 콤플렉스를 다루는 것이다. 대학원 수업은 내가 좋아하는 것이기도 하고 지금이야 나의 거의 유일한 일감이지만, 그것은 매우 흥미로운 심리학적 암류들로 가득 차 있다. 동시에 대학원 수업은 주제 분야의 경계로 당신을 몰아가, 이전의 작업을 반복할 여유를 주지 않는다. 소위 수업과 연구 간의 갈등이란 인위적인 구성물이라는 주장이 설득력이 있다고 생각한다. 책과 논문들을 출판하면서 나는 보다 나은 선생이 되었고, 가르치면서 나는 내 철학적 관점의 새로운 형식들을 시험하고, 출판에 앞서 그것들의 유익을 헤아려보곤 한다.

철학은 학문 분야들 가운데 다소 독특한 분야이다. 왜냐하면 그의 주된 목표는 속 깊이 개인적 특징들을 담지한 관점들을 생산하고 전파하는 것이기 때문이다. 한 번은 한 친구가 자신의 전형적인 과장법을 사용해 표현하기를, "오직 한 명의 철학자만 존재할 수 있다"고 했다. 철학적 관점이 포괄적이고 널리 만연하기를 시도한다는 사실을 그 친구는 그 말을 통해 지적한 것이다. 가장 최악의 해석으로 풀어본다면, 그 말은 모든 다른 관점들은 오류임에 틀림없거나 또는 자신의 관점의 단편들에 불과하다는 것을 의미한다. 최선의 해석으로 풀어보자면, 한 사람의 관점은 비평을 익사시키지 않고도 동의를 이끌어 낼 수 있는 여지와 풍성함을 지녔다는 것을 그 말은 의미한다. 개론적 작품들을 저술하는 배후의 목적은 공동체를 활성화시켜, 그 공동체로 하여금 바로 그 관점을 명시적으로 풀어내고 고치도록 하는데 있다. 이 고대적 모델을 전제로 할 때, 많은 철학자들이 대학원 수업을 가장 잘 한다는 것은 결코 놀랄 일이 아니다. 이는 일종의 고차원적인 나르시시즘인가? 대체로는 그렇다고 볼 수도 있지만, 다시 한 번 말하자면, 최선의 경우 풍성한 철학적 틀 구조는 그에 선행하는 심리적 조건들을 초월한다고 생각한다.

1980년 대 중반 아이를 갖는 문제가 나와 두 번째 아내 사이에 불거졌다. 직업적 불안정성에도 불구하고 지금은 그럴 때라고 생각했고, 따지고 보면 직업에 대한 걱정으로부터 누군들 자유롭겠는가. 그러나 얼마 후 무언가 문제가 있다는 사실이 분명해졌다. 이런 상황에 처해본 사람들은 다들 잘 알듯이, 우리 둘 다 굴욕적인 테스트를 여러 번 오랜 동안 치렀다. 유능한 전문가와 치른 테스트들을 통해 우리는 문제가 나에게 있다는 것을 알게 되었다. 내가 불임이고, 내 경우는 너무 상태가 나빠서 그 어떤 시도도 할 수 있는 게 거의 없다는 말을 병원에서 전해 듣던 그 순간을 결코 잊지 못한다. 내가 6개월 정도 클로미드 약물10을 복용하기로 우리는 결정했다. 비록 그 약물을 실험적으로 사용할 경우 간에 이상이 생길 수도 있다는 위험에도 불구하고 말이다. 6개월 후 테스트 결과는 전보다 더 나빴다. 난 내 생물학적 미래의 죽

---

10 남성불임검사 약물. 〈역자주〉

음이라는 실재를 대면해야 했다.

그 당시 내 삶에서 일어났던 모든 다른 일들처럼, 나는 이 잔인한 사실에 잘 대처했던 것 같다. 그 당시 내가 미처 몰랐던 것은 내가 서서히 나의 생식 에너지를 나의 작업에 투사하기 시작했다는 사실이었다. 나의 정자는 문자 그대로 죽었다할지라도, 아마 나의 정신적 그리고 영적 정자는 아니었다. 사실 이렇게 생각하는 중세의 강력한 전례가 있는데, 말하자면, 영과 일종의 고등한 정자 즉 "pneumos spermatikos" 사이의 연관성을 주장하는 전례 말이다. 난 영의 자궁이 열매를 맺도록 하기 위해 이 문구를 사용할지도 모른다. 나의 저술들은 내 아이들이 될지도 모른다. 비록 이런 일은 어쨌든 안 일어나겠지만 말이다.

나의 불임과 연관된 훨씬 복잡한 또 다른 문제가 있었다. 그 때 당시 나는 조울증을 아직 배우지 못했고 그래서 내가 그런 질병을 갖고 있으리라고는 전혀 상상하지 못했다. 이 질병이 유전을 통해 전달된다는 사실도 알지 못했다. 결과적으로, 아이를 갖게 되면, 또 하나의 조울증 환자를 세상에 데려올 위험을 감내하는 것이라는 것도 알지 못했다. 유전 암호들에 대한 지식이 증가함에 따라, 조울증 유전자를 테스트할 수 있을지도 모르고, 아주 끔찍한 상상이지만, 만일 그런 유전자가 발견되었을 때, 인공유산을 하겠냐는 질문을 강요받을지도 모른다. 난 여러 차례 이 문제의 양 편에 서 보았다. 때론 그런 조건 하에서는 낙태를 해야 한다고 생각하다가도, 다른 한편으로 그런 질병을 일으킬 성향에 대한 시의적절한 정보가 주어져, 아이가 십대 시절 증상을 드러낼 때 쯤 그 부모가 적절한 치료법을 찾을 수 있도록 도움을 받을 수 있을지도 모른다는 생각이 들기도 한다. 아주 고통스러운 것은 어쩔 수 없지만, 대체로 나는 내가 불임이라는 사실에 지금은 감사하다. 하지만 여전히 나는 어떤 갈망을 가지고 아이들을 쳐다보게 되기도 한

다. 내가 아이를 가졌다면 지금쯤 18세 정도가 되었을 것이다.11

　수업, 저술, 학회 논문발표들 그리고 일상의 성가신 위원회 업무를 따라가며, 그 외 수만 가지 다른 일들을 수행해 나가던 중, 남아프리카의 소름끼치는 상황을 알게 되었다. 거의 눈 깜짝할 새 갑자기 대학가에 주식 매각 문제가 집중 조명되었다. 다른 많은 거대 기관들처럼 펜실베니아주립대학도 남아프리카에서 사업을 하던 몇몇 회사 주식들을 갖고 있었다. 주식 매각 캠페인이 시작되어 대학이 이 주식을 팔아, 프리토리아12의 정부에 강력한 신호를 보낼 수 있도록 강제하자는 운동이 시작되었다. 나는 학생 임원들이 다른 학생들로부터 지지를 얻고, 결국 대학본부 빌딩 앞에 시위텐트촌으로 장사진을 치며 절정을 이룬 일련의 과정들을 주변에서 지켜보고 있었다. 나는 정년직 트랙에 있지 않았기 때문에 그러한 투쟁에 말려 들어가는 것에 대해 조심하면서도, 대학은 강력한 싸움 없이 굴복하지 않을 것이라는 사실을 감지하고 있었다.

　1984년 10월 남아프리카의 상황들에 대한 데스몬드 투투 주교의 설교/강연을 들으러 갔을 때, 내 삶은 바뀌었고, 난 아직도 그 느낌들을 간직하고 있다. 이때가 노벨상 위원회가 노벨평화상 수장자로 그를 지명한 직후이자, 성공회 대주교라는 현재의 직책에 올라가기 전이었다. (강연이 열린) 뉴저지교회는 만석이 되었고, 텔레비전 카메라가 도처에 설치되어 있었다. 아주 강렬한 기대감으로 가득 차 있었다. 그가 무슨 말을 할지 그리고 그가 어떻게 우리를 각성시킬지 등. 명불허전이었다. 그는 인종분리정책의 참상들에 대해서 그리고 그를 제거하기

---

11 본서가 2003년 출판되었음을 고려할 때, 이 가상의 아이는 지금쯤 33세 정도 되었을 것이다. 〈역자주〉

12 남아프리카의 행정수도 〈역자주〉

위해 조력하는 교회의 역할에 대해서 감동적인 서술을 안겨 주었다. 만일 주식 매각에 대해서 지지 입장 표명을 한다면, 체포되어 옥살이를 하게 될 것이라고 그는 말했다. 그래서 남아프리카의 법을 우회하는 어법을 사용하여, 사람들이 주식 매각에 찬성하도록 유도하는 논증들을 전개하였다.

설교를 이어가다 중간에 그의 목소리는 돌연 침묵으로 바뀌고, 그 때 그의 몸을 통하여 일어나고 있는 심오한 변혁을 볼 수 있었다. 팔을 위로 올려 휘두르면서, 눈을 감고, 그는 각성상태altered state로 들어갔는데—아마도 신비적이라고밖에 서술할 말이 없었는데— 말하자면, 영이 직접 살아있는 모습을 드러낸 상태라고 해야 할 것이다. 그는 공동체들을 변화시킬 수 있는 사회적 힘으로서 성만찬의 능력에 대해서 이야기했다. 우리들 대부분은 예언자적 전통으로부터 자라나서, 마틴 루터 킹 주니어처럼, 말씀the Word을 강조한다. 성만찬에 대해서 듣는 것은 새롭고 감동적인 경험이었다. 이는 앞으로 도래할 치유적 혁명을 미리 맛보는 것과 거의 같다고 해야 할 것이다.

주식 매각과 사회적 실천에 대하여 딱히 마음을 결정하지 못한 상태로 나는 펜실베니아주립대학으로 돌아왔다. 그러나 추는 이미 기울었다. 그 일에 뛰어들기까지 거의 일 년이 걸렸다. 동료들의 조언을 뒤로하고, 어떤 대가를 치러야하는지도 미처 깨닫지 못한 채, 나는 주식 매각 싸움에 뛰어들었는데, 동료 교수들 중 한명은 내가 "죽음 충동death with"을 갖고 있다고까지 말했다. 여기서 문제는 특별히 까탈스럽게 되었다. 나의 주식 매각 투쟁은 얼마나 정의를 향한 진정한 관심으로부터 비롯된 것인가 그리고 얼마만큼이 우울증을 배겨내기 위한 일환으로 강렬한 경험과 헌신을 통해 에너지를 전환해야 할 나의 필요 때문에 비롯된 것인가? 지금까지도 나는 이 차원들을 구별해내지 못했고, 앞으로도 구별해낼 것이라고 생각하지 않는다. 조울증과 같은 질병들조차도 긍정적인 열매를 맺을 수 있다. 아마도 이 질병이 없었다면 나는 그렇게 공개적인 방식으로 맞서 일어나, 감히 표적이 될 용기를 갖지 못했을 것이다. 그리고 아마도 이 질병이 없었다면 나는 여전히 펜실베니아주립대학에 여태 있었을 것이다.

나의 참여는 천천히 시작되었다. 많은 시위와 세속의 경험을 갖고 있는 내 대학원생이 나의 스승이 되었다. 그의 정치 이론은 철학자 푸코에게 빚을 지고 있었고, 위대한 진보 진영의 꿈이나 좌파 진영의 꿈 같은 것엔 조금의 동정심도 없었다. 나의 시각은 기독교 진보 진영의 예언자적 전통으로부터 유래했고 그래서 표면적으로 우리 둘은 관점이 거의 일치하지 않았다. 그럼에도 불구하고 우리는 전략적 결정들에서 그리고 시위의 상징적이고 공공적인 측면에서 무척 공통적인 토대를 찾을 수 있었다.

1986년 초 동료 교수 한명과 더불어 나는 전체 교수진 단식을 제안했다. 3일 동안 모든 음식을 끊는 단식이었고, 우리는 행정 본부 빌딩 앞에 테이블을 배치하였다. 우리는 진상보고서를 나누어 주었는데, 학술적 필수사항인 각주들로 완결된 보고서였다. 처음 단식은 교수 65명이 함께 했는데, 보수적인 분위기에서 내가 기대한 것 이상이었다. 지역 신문에 실리게 되고, 곧 케이블 방송을 탔다. 난 간단한 인터뷰에 익숙해졌고, 전국적인 인지도를 얻었다.

간디의 활동 때문에 단식이라는 전략을 택했었다. 단식을 하는 것은 먼저 자기의 자아를 낮추고, 결과적으로 내부의 남아프리카 백인[13]

---

13 남아프리카 백인(the Afrikaner)는 남아프리카 공화국의 백인을 가리키는 말인데, 여기서 이 백인을 언급하는 이유는 누구나 자기에게 유익하면, 차별적 구조에 침묵하고 동조하는 측면이 있다는 것을 내면에서 발견하게 된다는 말이다. 〈역자주〉

을 찾기 위한 일(백인 진보주의자들은 반드시 해야만 하는 일)이면서, 동시에 대학 조직에 창조적이고 비폭력적인 압박을 가하기 위함이었다. 양편에서 얼마나 즉각적으로 그리고 얼마나 강하게 반응이 나올지를 나는 알지 못했다. 단식은 우리의 많은 관계들을 의문에 처하게 만들었고, 음식은 우리가 알고 있는 가장 강력한 상징들 중 하나였다. 하지만 심지어 여기에도 애매성이 존재한다. 아주 오랜 후에야 나는 조울증 환자들은 종종 식사 패턴과 연관된 이상한 실험들에 참여하곤 한다는 사실을 깨달았다. 기분변화mood change가 일어날 때 단식은 흔치 않은 행동이 아니었다. 나의 단식은 영적인 저항의 형식이었을까, 아니면 조병이 일어날 때 발생하는 무의식적 소망의 일부였을까? 결국 내 동료는 옳았던 것인가? 말하자면, 나는 죽음 축동을 갖고 있다는 것 말이다. 이 문제들은 해결 불가인 채로 남아있다. 이러한 상황들에서 나는 실용주의에 의존하여 다음과 같이 묻곤 한다: 그 결과물들은 자아와 그 공동체들에게 좋았는가? 만일 그랬다면, 그 행동은 옳은 것이다. 불행히도, 실용주의는 동기들을 분별하고, 무의식의 작동들을 탐구하는데 많은 도움이 되지 않는다.

난 교수들 중에서 새로운 친구들을 만났고 그리고 오래된 친구들 일부를 잃었다. 일부 교수들은 수업시간에 내가 한 일을 때로 조롱하곤 했다. 또 다른 경우 나는 긍정적 투사의 대상, 즉 일종의 정치적 전이transference의 대상이 되기도 했다. 다른 행동들이 뒤따랐다: 성토 대회, 행진, 인종분리정책의 희생자들이었던 초청연사들, 소위토14에서 희생된 사람들을 위한 촛불 농성 등. 특별히 상징적인 행위로서 나는 교수와 교직원 그리고 학생들이 대학 본부 건물을 둘러싸고 손을 맞잡을 것을 제안했다. 이 제안은 즉시 호응을 얻었다. 나는 비속에 서서

---

14 남아프리카 공화국의 요하네스버그 남서쪽에 위치한 흑인거주지역 지명이다. 〈역자주〉

손을 맞잡은 날, 긴장한 대학 임원들이 아주 절도 있게 건물을 포위하고 있는 이 집단을 창문 밖으로 응시하던 순간을 생생히 기억한다. 우리는 사고 없이 해산했다.

다음해 모든 것이 중대한 국면으로 접어들었다. 여러 지도자들이 7일 동안 단식을 결행하자는 나의 제안에 동의를 했고, 이것이 대학 본부에 최고 압박을 가할 것이라고 생각했다. 이것은 우리의 필사적인 조치였다. 그리고 이번에 우리는 어떤 일이 생길 수도 있다는 마음의 준비를 하였다. 첫 번째 필요한 것은 교수협의회의 찬성 투표였다. 이것을 우리는 해냈다. 두 번째는 뉴스 매체들을 불러 모으는 것이었다. 이것도 필요 이상으로 해낼 수 있었다. 단식이 진행되는 도중에 우리는 헬리콥터가 착륙하는 소리를 들었다. 그 헬리콥터는 주요 언론사인 NBC 계열사의 것이었고, 이 대학에서 벌어지고 있는 주식 매각 캠페인 전체를 진지하게 조명하기 위한 취재 준비를 했다. 여러 교수들과 학생 주동자들과 더불어 나도 인터뷰를 했다. 내 수업의 일부는 심지어 녹화되기도 했다(모든 단식 농성자들은 대학과 맺은 계약 상의 의무를 이행할 것을 우리는 주장했다). 묘하게 역설적으로 아름다웠던 상황은 내가 역차별에 대해서 강의하는 장면들이 영상에 담겼는데, 우리는 남아프리카 공화국의 국민들을 위해 단식 농성하고 있었다! 하지만 그런 역설이 없는 저항이 있는가? 영상은 전국으로 방송되었다. 어느 날 아침 7시 경 전화 벨 소리에 깼던 것을 기억한다. 내가 전국에 방영되는 텔레비전에 나왔다고 장모가 수화기에 대고 외치는 전화였다. 이게 얼마나 큰 충격을 야기했는지, 이는 내가 단식 농성 4일째라는 현실로 인해 더욱 악화되었다.

단식 농성 주동자들은 7일째 되는 날 마치면서 멋진 식사를 나누었다. 소진한 몸에 부담을 주지 않기 바라면서 우리가 나눈 것은 스프가 전부였지만, 그 만찬은 눈부시게 아름다웠다. 우린 성공했나? 무엇이 이루어진 것인가? 그리고 우리는 이 여정의 끝에 가까이 간 것인가? 대학 본부가 단식농성으로 인해 심한 상처를 입었다는 것은 즉시 명백해졌다. 처음으로, 혹은 우리가 그렇게 생각했던 바, 대학 본부는 방어적 자세를 취했다. 이 두 번째 단식은 대학 신문에 나갈 청원서에 자발적으로 서명했던 90명가량이 참여했다. 우리의 운동은 힘을 더해갔고, 도덕적 권위를 선점하고 있었다.

이 단식을 하던 중간에 우리들 중 몇몇은 남아프리카 공화국 정부의 한 고위 공직자를 만났다. 남아프리카 정부가 우리를 긴밀히 주시하고 있었다는 것을 나는 분명히 알게 됐다. 소위 남아프리카에서 온 "관광객들"이 단식 테이블에 와서 사진을 찍고 가기도 했다. 남아프리카 정부의 공직자는 얼굴이 붉으락푸르락 해져가지고, 아프리카 민족회의African National Congress, ANC의 모든 공산주의자들에 대해서 침을 튀겨가며 말을 쏟아내기 시작했다. 우리의 반대 논리들은 아무 소용이 없었다(기술적으로 옳다고 해도 말이다). 내게 이 일은 충돌하는 세계들의 경험이었다.

단식 이후 사태는 품위 있게 지나가지는 않았다. 교수들의 노력에 안타까워하던 학생들은 이사회 모임을 습격하기로 결정했는데, 이 전술에 나는 반대했다. 비록 먼발치에서 지지를 보내긴 했지만 말이다. 이 모든 전략들이 실행된 이후에도, 수백 시간의 잉여 시간들이 소진된 이후에도, 그 모든 희생들이 이루어진 이후에도, 주식 매각은 이루어지지 않았다. 역설은 바로 새로운 주지사가 주의회에서 선서를 하고 대학이 주식을 매각할 것을 요구하고 나서야 투자 철회가 이루어졌다는 것이다. 주지사는 우리가 갖고 있지 않은 회초리를 갖고 있었다: 그는 주 정부의 자금지원을 삭감할 수 있었다. 1987년 주식 매각이 이루어졌고, 이사회는 그 공을 다투고 있었다. 그렇게 위대한 실험이 끝났고, 그를 통해 많은 사람들의 삶이 심오하게 변화되었고, 많은 비참여자들은 자신들이 용기를 내지 못했다는 사실을 의아해하며 남겨졌다.[15]

나에게 이 사건은 내 생애 가장 위대한 도덕적 실험으로 남아 있다. 문제는 분명했으며, 결단을 위한 필연성도 마찬가지로 분명했고, 그 결단의 영향력도 남아프리카 공화국에 살고 있는 생명들에게 긍정적인 효과를 미쳤다. 하지만 나에게는 약간 공허한 느낌이 남아 있었고, 개인적으로 치러야 할 대가가 아직 남아있을 것이라는 사실을 감지하고 있었다. 그 동안 나는 출판을 이어갔고, 지평선 위로 장대한 것들을 계속 꿈꾸고 있었다. 나의 두 번째 책이 진행되고 있었는데, 보다 거대한 형이상학적 기획에 대한 일종의 서문 격으로 쓰였고, 희망을 품을 몇몇 이유들이 있었다. 그럼에도 불구하고 어떤 냉담함이 나와 학과와의 관계 속으로 기어들어오고 있다는 느낌을 감지하게 되었다. 난 편집적 망상증을 겪고 있는 것인가? (이는 조울증 환자에 대한 학문적 물음이 아니다). 정년교수직을 향한 나의 분투는 매우 공적이었던 이 활동 이후 결국 어떻게 진행될 것인가? 사실 그 활동의 상당 부분은 대학 고위직 결정권자들을 당혹스럽게 만들었다.

결정적 순간이 도래했고, 나의 정년직이 거부된데 대한 어떤 이유

---

15 주식 매각 투쟁에 대한 다양한 서술들을 1986년 3월21일 자부터 시작하는 *The Centre Daily Times*(State College, Pennsylvania)에서 찾아볼 수 있다. 특별히 중요한 호는: 1986년 3월 24일자 1면, 1986년 3월 25일 1면, 1986년 8월 29일 B1쪽, 1986년 10월 7일 1면, 1986년 11월 8일 1면, 1987년 3월 1일 1면 그리고 1987년 9월 19일자 신문이다. 또한 *The Chronicle of Higher Education*, 1986년 6월 18일, 1986년 8월 6일 그리고 1986년 10월 1일을 참고하라(이 모든 기사는 철학자 시드니 훅Sidney Hook과 나의 논쟁을 다룬 '편집자에게 보내는 서신' 면에 실려 있다). 아울러 *The Pittsburgh Press*, 1986년 3월 30일자도 참고하라.

도 제공되지 않았다. 난 단지 우편함에 간단한 형식의 편지를 받았고, 그 편지는 대학이 더 이상 나의 근무를 필요로 하지 않는다고 말할 뿐이었다. 화이트칼라 직(혹은 사무직)의 해고와 정년직 거절 사이에는 차이가 있다. 사람들은 낙인stigma없이 해고될 수 있지만, 정년직을 거절당한 사람은 그의 남은 이력 동안 오점이 따라 다닐 경우가 많다. 그에 더하여, 학계가 얼마나 좁고 동종적인지를 고려할 때, 나쁜 소식들은 아주 빠르게 퍼져나간다. 며칠 동안 나는 동료들의 전화를 받았는데, 모두 경악을 금치 못했다. 나를 위해 강력한 추천서를 써 주었던 사람들은 분노했고, 다른 한편으로 친구들은 그러한 일이 심지어 일어날 수 있다는 사실을 믿지 못했다. 다행히도 상황을 잘 알고 있는 누구나 내가 심하게 부당한 피해를 당했다는 사실을 이해해 주었다.

10년도 더 지나 되돌아보면, 주식 매각을 둘러싼 정치적 이슈들에 더하여 그 정년직 결정에서 나의 질병은 어떤 역할을 했을지 의아해 하지 않을 수 없다. 아마도 동료들과의 상호교류에서 어떤 측면들이 거절당한 채 있었고, 그것들이 또한 나의 정년직 신분에 대한 최종 결정을 하는데 작용하고 있었다. 회고해보는 것이 고통스럽긴 하지만, 진단 이전의 나의 행동을 솔직하게 생각해 볼 필요가 있다. 내게 이것은 미결 문제로 남아있다.

정년직을 거절당한 경우의 사람은 1년 연장 계약을 맺는데, 그 동안 다른 자리를 알아본다. 물론 정년직을 거절당했다는 낙인은 구직 과정을 힘들게 한다. 구직 인터뷰를 진행하던 한 팀은 정년직을 거절당할 만큼 잘못한 일이 무엇이었는지 알고 싶어 했다. 결국 그들은 나의 이력서와 추천서들을 살펴보았고, 두 개의 전혀 다른 실재들을 연관지을 수 없었다. 그 마지막 해가 지나가기 전에, 난 다른 자리, 아무튼 좀 빈약한 자리를 윌리엄앤메리대학the College of William and Mary에서 찾았다. 그래서 나는 한 학기 일찍 펜실베니아주립대학을 떠날 수 있었고, 그 모든 고통을 뒤로 남겨 둘 수 있었다 혹은 그렇다고 생각했다. 오늘날까지 펜실베니아주립대학에서의 삶에 관한 생생한 악몽들을 꾸곤 하는데 그리고는 공포 속에 잠이 깨어 내가 무엇을 잘못했는지 의아해하곤 한다. 그 꿈들은 해고, 굴욕 그리고 추방을 통상 동반하곤 한다.

이 시기 가장 고통스런 역설들 중 하나가 내가 새로운 일자리를 향해 운전하고 갈 때 일어났다. 차의 라디오가 켜져 있었고, 그때는 1989년 12월이었는데, 아나운서는 데스몬드 투투 대주교가 나를 막 표류시킨 대학에서 주요 연설을 할 것이라고 말했다! 과거였다면 그는 펜실베니아주립대학교에서 연설하지 않을 것이다. 주식 매각을 하지 않은 대학이기 때문이다. 물론 대학 본부는 그의 연설로 인한 모든 이익을 맛보았다.

내 아내와 나는 버지니아의 건축학적으로 아름다운 이 대학의 교수진에 합류했다. 예를 들어, 철학과는 크리스토퍼 웨렌 빌딩에 자리 잡고 있었다. 비록 거기 철학과에서는 나에게 '겸임adjunct' 교수 직위만을 제공해 주었더라도(이는 월급의 극심한 삭감과 연금 혹은 복지혜택의 상실을 받아들여야 했다는 것을 의미한다), 난 정중함과 존중을 받았다. 그 전에는 결코 내 연구에 그렇게 관심을 기울이고, 하나의 학과로서 함께 일한다는 것이 무엇을 책임져야 하는지 이해하는 동료들을 만나지 못했다. 윌리엄앤메리대학에서 보낸 시간은 나에게 언제나 가장 흐뭇한 기억들 중 하나로 남아있다. 그 시절의 어두운 이면이 있다면, 나의 두 번째 결혼이 위기에 처한 것인데, 이는 부분적으로 나의 조울증 때문이었다. 그리고 우리가 부부로서 계속 관계를 유지하지 못할 것이라는 것이 우리 부부 모두에게 분명해졌다. 다시금 자가-약물치료가 내 세계의 일부가 되었고 그래서 난 심화되어가는 내 질병의 힘에 맞서 분투해 나가야 했다. 조울증은 진행성 질병progressive disease이라는 사실을 충분히 고려하지 않으면 안 된다. 치료를 받지 않거나 혹은 알코올류와 같은 민간 치료법을 통해서 치료를 받는다면, 이 병은 통제불능으로 소용돌이치기 시작한다. 자살에 대한 생각들이 과대망상과 번갈아 일어난다. 그럼에도 불구하고 다시금 나의 제국주의적 자아 이상ego ideal은 나로 하여금 정상적 삶을 지탱해 나가도록 해주고 있었다. 난 두 번째 저서를 완결 짓고 그리고 출판사를 찾는 과정에 착수했다. 책의 범상치 않은 형이상학적 틀 구조, 즉 "탈자적 자연주의ecstatic naturalism"라는 내 자신의 관점 때문에 몇몇 학술서적 출판사들은 기존 학파에 들어맞지 않는다는 이유로 거절했다. 다행히도 포드앰대학 출판부Fordham University Press가 책에 대해 열광적인 찬사를 보냈고, 약간의 사소한 수정들만을 거쳐서 출판했는데, 이는 이제 다른 출판사들과도 반복되는 경험이기도 하다.[16]

1990년 봄 학기가 중간 정도 지나갈 즈음 미국종교학과 구인란에 한 광고를 봤다. 내가 대학원 공부를 마친 드류대학교의 철학과 신학 분야 자리였다. 지원해야 할까? 자기 학교 출신을 그들이 고용할까? 현격히 신학적인 분위기 속에서 활동할 수 있을까? 그리고 최종적으로 나는 그 엄청난 압박과 조병에 시달리는 삶을 겪었던 곳으로 돌아갈 수 있을까? 이런 생각들이 엄청난 압박감으로 내 머리 속을 달려가고 있었다. 몇 분 새 나는 이력서를 보내기로 마음을 결정하고, 치열한 경쟁을 하는 자리인지 알아보기로 했다. 그 자리는 대학원과 신학교의 수업을 수반하지만, 학부 수업은 진행하지 않는 자리였다. 바로 이점

---

16 *Nature and Spirit: An Essay in Ecstatic Naturalism*(New York: Fordham University Press, 1992).

이 내게 강한 매력을 끌었다.

　나는 최종 후보자 명단에 올랐는데, 통상 3-4명의 후보자가 올라가고 인터뷰를 위해 직접 방문할 것을 요청받는다. 그건 분명히 오랜 전통의 동문 방문 주간 행사는 아니었다. 내 일정에 따라 배치되었고 그리고 내가 이제껏 경험했던 것 중 가장 철저하고 집중적인 인터뷰를 받았다. 두 명의 학장들, 여러 교수들 그리고 대학원과 신학부의 학생들은 일련의 질문들을 내게 쏟아냈다. 내 글들이 인용되고 그리고 난 나의 연구 작업을 변호해야 했다. 이 전체 과정들이 내게 얼마나 이상하게 느껴질지 상상할 수 없을 것이다. 난 모든 일이 "확실하다"는 약간의 확증을 가지고 버지니아로 돌아왔다. 일주일 혹은 그 얼마 후 신학부 학장이 전화를 했고, 내게 그 자리를 제시하였다. 난 사실상 전화기에 대고 "네"하고 소리를 질렀다. 월급은 심지어 문명적이었는데 주립대학이 지급하던 것보다 훨씬 좋았고, 연금과 복지혜택을 다시 받게 된 것은 좋은 일이었다.

　나의 아내는 남부에서 정년직 계열의 교수직을 제시받았고, 이는 우리가 마침내 결단의 순간을 마주해야 한다는 것을 의미했다. 그녀는 그 자리를 받아들였고, 사실 그게 온전한 정신으로 내릴 수 있는 유일한 가능성이었다. 그러나 그때 우리는 여러 가지 다른 이유들 때문에 일단락 지을 시간임을 알고 있었다. 좀 익살스럽게 표현하자면, 대학들은 교수 부부에게 각각 일자리를 제공해야 할 것이라고 생각한다. 왜냐하면 두 교수가 동일한 학교에서 가르칠 확률은 거의 제로에 가깝기 때문이다. 그러나 문제는 단순한다: 배우자를 받아들일 학과는 어디에도 없다. 오히려 새로운 사람을 찾기 위해 전국 공채를 하기를 더 선호할 것이다. 아마도 교수는 종신직을 받은 후에야 결혼해야 할 것이다.

고향으로 돌아오는 것은, 특별히 월급 받는 현실적인 사람으로서 돌아오는 것은, 마음 들뜬 경험이다. 나는 수업 환경에 빠르게 적응했고, 거의 열병처럼 달아오른 정점에서 글쓰기에 몰두하고 있는 내 자신을 발견하게 되었다. 나의 세 번째 책은 엄청난 확신으로 전개되어 나갔다.[17] 네 번째 책과 다섯 번째 책도 그 직후 곧바로 잇따라 출판되었지만, 자아에 관한 주제를 전개하는 다섯 번째 책은 일련의 감정기복들로 인해 중단되기도 했었다.[18] 나는 대학원 수업을 잘 진행했고, 마침내 세계 속에서 내게 딱 맞는 적소_niche_를 찾았다는 느낌을 가졌다. 나의 우울증들이 잠시간 걷혀졌고 그리고 난 앞으로 나아가기 위해 내 자신과 싸우지 않아도 됐다. 그리고 이내 나는 한 여성 교수와 시간을

---

17 *Ecstatic Naturalism: Sings of the World, Advances in Semiotics*(Bloomington, IN: Indiana University Press, 1994).

18 *An Introduction to C.S. Peirce: Philosopher, Semiotician, and Ecstatic Naturalist*(Lanham, MD: Rowman & Littlefield, Pub, 1993). 이 책은 *Ecstatic Naturalism* 이후에 썼지만, 두 출판사의 서로 다른 출판 일정으로 인해 출현 순서가 뒤바뀌었다. 다섯 번째 책은 *Nature's Self: Our Journey from Origin to Spirit* (Lanham, MD: Rowman & Littlefield, Pub, 1996)이었다. 여섯 번째 책은 *Nature's Religion* (Lanham, MD: Rowman & Littlefield, 1997)이었다. 7번째 책은 *A Semiotic Theory and Theology and Philosophy* (Cambridge: Cambridge University Press, 2000)이다 (이는 로버트 코링턴, 『신학과 기호학』, 장왕식 · 박일준 역 [이문출판사, 2007]로 번역출판되었다). 8번째 책은 *Wilhelm Reich: Psychoanalyst and Radical Naturalist* (New York: Farrar, Straus & Giroux, 2003)이다. 나의 철학에 대한 개관에 관심있는 독자들은 Todd A. Driskill, "Beyond the Text: Ecstatic Naturalism and American Pragmatism," *American Journal of Theology and Philosophy*, Vol.15, No.3(Sep. 1994); Roger A. Badham, "Windows on the Ecstatic: Reflections upon Robert Corrington's Ecstatic Naturalism," *Soundings*, Vol.82, No.3-4 (Fall/Winter 1999); 그리고 Nam T. Nguyen, *Nature's Primal Self: An Ecstatic Naturalist Critique of the Anthropocentrism of Peirce's Pragmaticism and Jasper's Existentialism, Doctoral Disseration at Drew University*(2002)—이 책은 *Nature's Primal Self: Peirce, Jaspers and Corrington* (Lexington Books, 2011)로 출판되었다—를 참고하라.

보내고 있는 내 자신의 모습을 목격하게 됐는데, 대학원생 시절 그러니까 10년 전에 그분의 강의를 들은 적이 있었다. 우리 상호간의 이끌림은 내 동료들의 경계어린 시선 하에서도 금방 꽃을 피웠고, 이내 우리 사이를 인정해 주었다. 이제 모든 것은 제자리를 잡아가는 듯 싶었다.

유감스럽게도 상황은 다시 한 번 변하기 시작했다. 개인적이고 직업적인 안정성과 행복을 누릴 때조차도, 심연 아래 놓여있는 질환은 대가를 거두어 가겠다고 주장했다. 나의 우울증들이 돌아오기 시작했고, 조병적 도취들이 점점 더 강렬해지기 시작했다. 나는 또 다른 (비정치적) 단식을 마친 어느 날 저녁을 기억한다. 모든 것이 풀어 헤쳐지기 시작했는데, 그게 한 100번째쯤인 것 같았다(술은 전혀 마시지 않았다). 텔레비전으로 영화를 보고 있었는데, 내 마음이 달음질치기 시작했다. 돌연히 "평범한mere" 교수로서의 일을 그만두고, 세익스피어 이래 가장 위대한 극작가가 될 운명으로 태어났음을 알게 되었다. 영국으로 이사 가서 (내가 좋아하는) 위대한 영화감독 스탠리 큐브릭Stanley Kubrick 과 함께 살면서, 함께 극을 무대에 올리고 영화로 만들고 해야 할 것 같았다. 난 테네시 윌리암스Tennessee Williams의 환생이 되는 것에 대하여 투덜거리고 있었고, 난 가능한 모든 장르의 희곡을 쓸 수 있다고 생각했다. 난 광적으로 지하실의 인공물들로 달려가, 상징적인 것들을 위층으로 가져와 큰 반원 형태로 배치했다. 모든 책, 대상 혹은 글들이 심오한 우주적 의미를 담지한 채 나의 궁극적 승리를 가리켜주고 있었다. 이는 나의 궁극적인 해석학적 순환이었다! 하느님은 내게 최소한 나의 사명이 무엇인지를 계시해 주었다. 오직 이 둔하고 절망적으로 느린 세계가 이해할 수 있다면 말이다. 난 탈자脫自 ecstasy[19]의 위대한 원으

---

19 코링턴이 사용하는 탈자(ecstasy)는 신비한 합일의 경험 보다는 오히려 ec-stasis 즉 out of state의 상태 즉 자아 바깥으로 나아가는 상태를 가리킨다. 물론 이것이 '신비한

로 들어가, 존재의 근거가 담지한 치유하는 물결로 목욕할 것이다.

이 속에서 나는 내 운명으로부터 나를 지켜주고 있던 모든 경계들이 산산이 부서지는 경험을 했다. 그 환상vision은 한 번의 격렬한 에너지 폭발로 도래하였다. 이제 그것을 세계에 알리고 새로운 삶을 시작할 시간이었다. 이 환상으로부터 풀려나는 것은 거의 그 환상 자체만큼이나 빨랐지만, 그것은 그로부터 깨어난 일상의 의식에 엄청난 파편을 남겨 놓았다. 하지만 이 환상이 부분적으로는 타당하다는 생각이 신기하게 존재한다. 그때부터 나는 희곡을 쓰기 시작했고, 내 첫 번째 희곡의 낭독은 반응이 좋았다. 직업적 소명에서 가장 창조적이어야 하는 많은 사람들처럼, 내가 교수가 되는 것의 부담감을 인지하면서 불안해하고 있었다는 징표일 것이다.

칼 융c. G. Jung의 사유와 삶에 대한 나의 오래된 관심은 이러한 문제들을 함께 풀어나갈 융 전공의 정신분석가를 찾도록 만들었다. 난 유사한 학문적 배경을 가지고, 내가 하고 있는 류의 일을 존중해 줄만한 사람을 찾을 수 있었다. 융의 세계에서는 분석적 관계로 진입하기 전에 꿈들을 듣고 그 전조들에 귀 기울이는 것이 중요하다. 분석가와 나는 다섯 번씩 만났고, 세심한 주의를 기울여 이 시기의 나의 꿈들을 검토하였다. 시험 기간이 끝나고, 심리psyche가 우리를 전이로 예인해서 무의식과 심도 깊은 작업을 시작하기 원한다고 우리는 판단했다. 추후 나는 또 다른 융 전공 분석가와 7년 동안 작업을 함께 했는데, 심오한 재능을 지닌 직관적인 여성으로서, 무의식의 반대-성별의 측면들을 열어 주었다. 이 계속적인 분석적 항해를 통해 거듭 출현한 꿈

황홀경'의 상태를 동반하지 않는 것은 아니지만, 자신 혹은 자아 바깥으로 나아가, 자신과는 전혀 다른 상태로 나아가는 것을 가리킨다는 점에서 탈자(脫自)라고 번역한다. 〈역자주〉

들은 내 인생의 가장 중요한 시금석들로 남아 있다. 추후에 가장 중요한 몇몇 꿈들을 제시할 것이다. 왜냐하면 그 꿈들은 나의 조울증과 그것이 심리적 성장과 맺는 관계에 빛을 비추고 있기 때문이다.

치료 시 나는 일과 경력에 관한 구체적인 문제를 다루면서, 보다 포괄적인 의미의 자아를 향하여 나가기 위한 의미 지형을 찾고자 노력하였다. 하지만 내 직업의 불안한 본성이 남아 있었다. 꿈꿔왔던 가능성을 위해 지평의 끝에서 충동적으로 일을 그만두는 행동은 조울증 환자의 영구적인 충동이다. 지금까지는 그 유혹에 저항할 수 있었다. 학문 분야에서 대안적인 일자리가 희소하다는 것을 잘 알고 있었기 때문이다. 엄청 폼 나지만, 할 일은 느슨한 일자리가 자비로운 신의 은혜로 내 입에 굴러 떨어지는 경우는 거의 없다는 것은 두말하면 잔소리다. 하지만 거기에는 이 질병의 호기심 쩍은 불안감이 상존한다. 그 불안은 실재the real를 선명하게 비추거나 아니면 현재 상황의 의심스런 부적합한 면들을 조명한다. 게다가 편집적 망상이나 박해 불안이 흔히 조울증에 동반되며, 그렇게 되면 현재 직업이 어떻게 심각한 흠을 갖고 있는지 그리고 내외로 어떻게 공격을 받고 있는지를 쉽게 볼 수 있(다고 생각한)다. 결국 내 동료들은 나를 대적하고 있었을 것 같고, 나 몰래 학교에서 나를 몰아내고 싶어 하는 것같아 보인다. 그렇다면 그 기호들은 어떻게 읽은 것인가? 즉 당신이 "발견했든" 아니든 간에, 묘한 억양이나 몸짓들을 도대체 어떻게 읽어내고 있는 것인가? 마음속 깊이 당신은 동료들과 같은 류가 아니라고, 그래서 그들은 진짜 전문가들이지만, 당신은 아무런 능력 없이 필사적으로 매달려 안 잘리기 위해 아등바등하고 있다고 생각한다.

각각의 조병 에피소드는 몇 주간에 걸쳐 자신의 미래와 연관된 망상을 불러일으킨다. 객관적인 행위상의 변화가 아니라 오직 시간의 경

과만이 이 감시를 받고 있다는 느낌이 야기하는 고통, 즉 악의적인 초
-자아의 감시의 눈길 아래 있다는 느낌이 가져오는 고통을 덜어줄 수
있을 뿐이다. 결국에 두려움과 불안은 걷히고, 기호들은 정상으로 돌
아간다. 세계는 당신이 저지른 (혹은 저질렀다고 생각하는) 죄 때문에 당
신을 죽도록 공격하지 않는다. 그 죄책감은 당신이 그렇다고 자각하고
있는 만큼 강렬할 뿐이다. 이 모든 것은 다음 에피소드 때 규칙적으로
반복된다.

목전에 거의 재난에 가까운 사건이 하나 더 있어서, 이 재앙을 가속
화시켰다고 하면 독자들이 쉽게 믿지 못할지도 모르겠다. 그것은
1990년대 나의 고용 조건들과 관계있었다. 내 자리의 직무 내용 설명
서는 공식적으로 휴직 중인 누군가를 2년간 대신하는 자리였다. 인터
뷰 당시 그 사람이 다시 돌아오지 않을 것이고, 그래서 그 자리는 거의
영구적인 자리가 될 것이 분명했었다. 물론 이는 재차 전국적인 공채
과정을 거칠 것이다. 자리의 '성격nature'이 바뀔 것이기 때문이다. 그래
서 난 장기간 그 자리를 꿰차고 있을 거라 생각하고 있었다.

돌연히 휴직 중이던 그 사람이 결국에는 다시 돌아오기로 결심했다
는 사실을 학장들 중 한 사람으로부터 전화로 통보받았고, 잠정적인
모든 안정성이 일거에 무너져 내렸다. 게다가 불행히도 이 사태는 또
한 심각한 일 년치 예산의 위기를 초래할 것인데, 이제 그 추가된 자리
즉 그 전공계열의 자리를 위해 계획된 재정이 전혀 없었다. 대학 바깥
의 사람들은 학자에게 이 '전공계열'이라는 말이 얼마나 신비한지를
이해하지 못할 것이다. 어떤 학과나 대학도 겨우 몇 개의 전공계열을
갖고 있을 뿐이고, 누가 은퇴를 하거나 혹은 다른 학교로 자리를 옮기
게 될 경우, 그 계열은 쉽사리 없어질 수 있다. 이 '계열들'이 종신직으
로 이어지기 때문에, 대학은 한 자리를 개설할 경우, 백만 불 혹은 그

이상의 재정을 할당한다. 따라서 한 계열을 더한다는 것은 특별히 90년대 예산에 민감한 상황에서 전대미문의 일인 것이다. 오히려 자리를 없애버리는 것이 훨씬 더 상식적인 일이었다.

이 소식을 들었을 때, 나는 이전에 전혀 경험하지 못했던 방식으로 무너졌다. 나는 문자 그대로 내 두개골의 내적 체계가 부서져 내리는 듯한 느낌을 받았고, 어느 으슥한 어둠 속에 놓여 있는 듯한 변화를 겪었다. 난 바닥에 있었고, 날카롭게 뚝 부러짐을 느꼈는데, 마치 내 척추가 둘로 갈라진 듯 했다. 내 아내 사라sara는 친구 목회자에게 늦은 밤 전화를 했고, 그는 우리 집까지 몇 마일을 운전하고 찾아와 내가 안고 있는 전적인 버림받음의 느낌을 극복할 수 있도록 도와주었다. 나중의 치료 과정에서 깨닫게 된 사실이지만, 내게 대학이란 진정으로 **모교**alma mater, 즉 나를 보호하는 일종의 위대한 어머니와 같았다. 그 대모가 한계를 갖고 있다는 사실을 알게 되었을 때, 나는 깊이 흔들렸다. 난 대학 자체에 전이transference 감정을 발전시켰던 것 같다.

몇 달 동안 두 분의 학장님과 일군의 다른 사람들이 나를 교수진으로 고용하기에 충분한 자금을 마련하기 위해 배후에서 함께 분주히 움직였다. 40대 중반의 나이에 또 다른 자리를 찾아 정착할 확률은 낮고, 그래서 이때가 아주 결정적인 순간이라는 것을 알고 있었지만, 그의 반향들을 당시에는 결코 온전히 파악하지는 못하고 있었다. 마침내 사태가 원만하게 해결될 것이라는 소식을 들었고, 나는 새로운 종신직 트랙의 자리를 위한 공식 인터뷰를 준비해야 했다. 물론 학교 밖의 다른 학자들이 심사에 불려왔고, 이 학교에 가치 있을 것으로 여겨지는 고유성을 적절히 모두 갖춘 진짜 진정한 슈퍼스타가 있다면, 고용될 것이라는 말을 전해 들었다. 나의 논문과 두 번째 인터뷰는 잘 진행됐고, 난 공식적으로 그 자리를 제의받았다. 이 경험으로부터 깨닫게 된

한 교훈은 어느 사람이나 기관에 너무 많은 전이 에너지를 쏟아 붇는 것은 위험하다는 것이다. 내 경우 엄마의 대리들substitute mothers은 언제나 말썽을 일으켰다!

이 질병과 연결된 위기는 1994년 2월에 정점에 이르렀다. 방금 기술한 경험과 같은 상상적 거절과 멸시가 이어져 웅장한 점점 빠르기 템포로 구성되기 시작하면서, 나의 세계는 완전한 붕괴의 운명을 맞이할 것이라는 확신을 갖게 되었다. 어느 날 저녁 아내가 잠자리에든 이후, 강렬한 감정들이 혼합된 상태로 떨어졌는데, 이 세상에서 내가 당한 실패들로 인한 깊은 슬픔과 성마른 조급증이 결합한 상태였다. 이 기분이 (여러 번 수행했던) 긴 단식의 끝에 찾아왔고, 그래서 몸은 이미 취약한 상태에 있었다. 나와 분석가가 "죽음이라는 이름의 어머니death mother"라 이름 붙였던 존재의 현존을 경험하기 시작했는데, 그 죽음이라는 이름의 어머니는 내 의식 속의 핵심으로 들어와 자리 잡는다. 그녀는 내 엄마의 화신incarnation이지만, 그러나 우주적 규모로 존재한다. 그 죽음이라는 이름의 어머니가 내게 아주 확신에 찬 시나리오를 말해주는데, 말하자면, 나는 이 세상에서의 삶과 일을 다 마쳤고 이제 진정한 세계로 귀향해야만 한다는 것이다. 그녀는 실제 음성으로 말하는 것이 아니라, 일종의 인지적 현존knowing presence으로서 말한다. 그녀가 말하는 것에 대해 논박하는 나의 모든 논증은 그녀의 보다 심층적인 논리에 의해 논박 당한다. 그녀는 내가 귀향하기를 원했고, 그래서 나의 좌절된 삶이 적절히 종료될 수 있기를 바랐다.

다행히도 난 이 자살성 사고suicidal ideation[20]의 한복판에서 친구에게 전화를 했고, 그녀는 자신이 아는 의사를 소개했는데, 이런 생각과 느낌들을 다룬 경험이 있는 의사였고, 나보고 연락하라고 재촉했다. 난

---

20 자살에 대해 심사숙고하거나 자신을 죽음으로 이끄는 사고작용을 가리킨다. 〈역자주〉

완전히 알아볼 수 없을 만큼 상처받은 에고를 가지고 그 새 의사 사무실로 찾아갔던 것을 생생히 기억한다. 그는 내게 끝없이 이어지는 일련의 질문들을 물었는데, 나의 가족에 대해서(음주, 성 생활, 잠자는 패턴 등), 내 행동에 관해서 그리고 나의 병력에 관해서 물었다. 진료 시간이 끝나던 참에 그는 아주 슬픈 표정으로 나를 쳐다보며, 내가 조울증을 갖고 있는 게 확실하다고 말했다(이전에 들어본 적이 있는 용어였다). 비록 나는 장기간 부정의 단계에 있었지만, 그 진단은 딱 맞아 떨어졌고, 그래서 나는 조울증이라는 점에서 고유할 수도 있다고 생각해 보았다. 이 병은 치료제가 없고 경감치료만 가능한데, 내가 리듐을 복용하고 술을 삼가고 그리고 그 어떤 형태의 자가 약물치료도 자제할 것을 전제로 했다. 극도로 심각하게 다루어져야 할 엄청난 힘을 지닌 어떤 것과 내가 씨름하고 있다는 사실이 또한 아주 분명해졌다. 왜냐하면 나는 거의 30년 이상 동안 진단받지 않은 채 지냈고 그래서 그 질병은 내 시스템 안에서 보다 강력해질 시간을 충분히 가졌기 때문이다.

난 헌혈을 좋아하지 않는다. 별로 극심하지도 않을 고통이나 심지어 다소 큰 바늘과 혈액 용기 등 때문은 아니다. 나의 원초적인 거부감은 나의 존재와 그토록 깊게 일체화되어 있는 어떤 것을 완전 낯선 사람들에게 준다는 것 때문이다. 이는 분명히 격세유전적인 느낌이지만, 그러나 그 진화적 뿌리는 내외의 경계들과 위반의 형식들에 대한 우리의 감수성에 관하여 무언가를 말하고 있다. 진단 후 첫 번째 혈액 추출은 다양한 내부 기관들과 계통들을 확인하여, 콩팥, 간 혹은 갑상선에 문제가 없다는 것을 살펴보기 위함이었다. 혈액 추출 후, 나는 첫 약병을 사러 약국에 가야했다. 내 생각에 여생동안 해야 할 일이고, 치료 중에 병의 어떤 심각한 진전도 일어나지 않도록 하기 위함이었다. 약사에게 한 장의 파란 종이를 건네주는 느낌이 얼마나 기묘하던지,

그 종이 한 조각이 나를 영원히 단순 소금류와 연결시켜 이 질병이 초래하는 끔찍한 상황으로부터 나를 구원해 줄 것이고, 일종의 평화를 가져다 줄 것이다. 내가 단순히 다소 특이한 실존적 절망이 아니라 이제 정신병자로 규정될 것이라는 사실을 자각하는 것은 그보다 더 오싹한 느낌이었다.

부인否認 denial 문제는 이 질병의 기본적 문제이다. 나의 철학적 훈련이 무의식적 저항이라는 개념에 열려 있던 것은 아니었다. 왜냐하면 철학자에게 모든 것은 검토와 분석을 위해 "앞에 놓여" 있어야만 하기 때문이다. 내가 정면으로 응시하고 있는 증거를 적극적으로 그러나 무의식적으로 폄훼할 수 있다는 사실을 받아들이는 일은 나의 철학적 정신에 낯선 일이었다. 그리고 물론 질병을 지닌 사람들 **중**에서 독특한 상태를 가정할 수도 있다. 다른 환자들처럼 행동해야 하는 의무감으로부터 자유로운 상태 말이다. 따라서 나의 새 정신과 의사가 옳다는 것 그리고 내 삶에 대한 중요한 해석의 열쇠를 받아 쥐는 행운의 은총을 받았다는 사실을 알고 있다 해도, 진단은 내가 다양한 방식으로 싸워 이겨내야만 하는 어떤 것이었다. 조울증으로 진단받은 모든 사람들이 진단 받은 대로 적절한 치료를 받기 전 그 끔찍한 지옥을 한두 번 더 겪어내야 한다는 사실을 잊지 말아야 한다. 이에 더하여, 진단을 받은 사람들 가운데 대략 절반가량이 약 복용을 중단한다는 사실을 위에서 언급한 바 있는데, 부인의 힘을 목격하는 것은 그다지 어렵지 않다.

이 때문에 이 질병은 정녕 애매하다. 병을 경감시킬 수 있는 약이 있지만, 많은 사람들은 그런 사실을 듣지 않으려 하는 한편, 보다 많은 사람들은 여전히 치유 단계에 머무르기를 거절한다. 약을 끊는 이유는 사실 무척이나 단순하다: 조병적 상태 혹은 경조병적 상태를 그리워하는 것이다. 어떠한 이유에서인지 우울증은 잊혀진다. 예를 들어, 리듭은 체중 증가, 어지럼증, 졸음, 메스꺼움, 손 떨림, 피부 발진을 야기하고, 입에 불유쾌한 금속성 맛을 느끼게 한다. 의사의 입장에서 이 정도 부작용은 (약 복용을 통해) 얻게 될 이득과 비교하여 상당히 사소한 것이다. 하지만 바람의 말을 타고 날아오르던 상태에서 심해深海 생물처럼 가라앉은 느낌으로 떨어진 사람에게 그 변화는 극적이다.

나의 경우 (후에 기술될 한 가지 예외의 경우를 제외하고는) 약을 복용하고 혈액검사들을 받는데 통상 성실하게 임하는 편이었다. 하지만 약을 복용한다는 생각이 눈물이 날만큼 서러운 순간들이 있다(현재는 데파코트[21], 쎄로켈[22] 그리고 웰부트린[23]을 복용하고 있다). 이는 마치 무언가에 영원히 사슬로 매인 것 같은 기분, 그래서 상황에 대해 감사한다고 해도, 거기에는 또한 불가피한 분노의 감정이 자리 잡고 있다. 놓여 있는 다양한 약병들을 바라보면서, 나는 나의 자율을 그리고 자아의 감각을 빼앗긴 듯하다. 나는 내 마음의 안정성을 허물어뜨리고자 하는 정신이상을 갖고 있고, 그것이 내 안에서 점점 더 강하게 자라나기를 "바라고 있다." 이따금 난 다음과 같은 비합리적인 느낌을 받을 때가 있는데, 만일 잠시 동안 약을 끊고 약병으로부터 그 정령을 나오게 한다면 어떨까하고 말이다. 이 질병은 자신의 할 일을 다 할 것이고, 나는 조병에피소드 이후 혼자 남겨질 것이다. 이 생각은 단지 마술적 상상력에 불과하고, 그 결과는 아마도 생각과 정반대가 될 것이다. 그것은 보일러로부터 증기를 나오게 하는 것이 아니라, 오히려 탐식하는 동물에게 날고기를 먹이로 주는 것과 같을 것이다.

내 첫 번째 분석가가 강력히 추천했던 진단을 받은 후에도 나는 여

---

21 Depakote: 발작관련 약물치료제. 〈역자주〉
22 Seroquel: 비정형항정신병 약물로서, 정신분열증, 양극성 장애 관련 약물. 〈역자주〉
23 Wellbutrin: 항우울 처방과 관련된 약물. 〈역자주〉

전히 자가-약물치료와 씨름하고 있다. 많은 날이 지나가고 어느 날 몇 잔의 술을 마신 후, 조병의 전형대로, 전화기로 달려가 귀를 빌려주는 누구에게나 대고 떠들어댈 것이다. 경조병 상태 즉 하이포-매닉hypo-manic 상태에 붙잡혀 있을 때는 소통하고 싶은 깊은 욕구가 있고, 전화는 조울증 환자가 탐색할 수 있는 광활한 우주를 선사한다. 아마도 전화회사는 통화량 증가 때문에 조울증 환자에게 할인을 해 줘야 한다고 생각한다. 이 시기를 되돌아 볼 때면, 내가 그토록 친구들을 탐닉적으로 찾았다는 사실에 놀랄 따름이다. 여전히 나는 부분적인 부인否認 상태에 있었고, 나는 창조적인 천재여서 나의 내적 삶을 풍성하게 강화시켜줄 감정기복들moods wings을 갖고 있다고 생각하고 있었다. 내가 이 질병에 대한 문헌들을 읽어가기 시작하면서, 특별히 케이 레드필드 제이미슨Kay Redfield Jamieson의 놀랍고 획기적인 작품에서 시작하면서, 나는 나를 불안케하는 자화상들을 거의 발견하지 못했다. 나는 이 책 저 책의 이쪽 저쪽마다 등장하며, 세상에 노출되어 있었다. 난 예측가능한 분석표를 지닌 통계주의자가 되어 있었다.

나는 계속해서 자살의 악마 즉 나의 죽음이라는 이름의 어머니와 씨름하고 있었는데, 그 악마는 나를 자매들의 의식 세계로부터 데려가기를 원했다. 특별히 융 전문가에게 자매들 문제는 곤혹스런 문제이다. 내 삶의 경험을 돌아보건대, 내 누나는 엄마의 유아살해적 광기로부터 나를 보호해 주었다. 슬프게도 누나는 중증 심장마비로 62세의 나이로 돌연히 죽음을 맞이했는데, 어린 시절 필라델피아 거리를 방황하던 때의 고생이 이른 죽음을 재촉했을 것이다. 지역 병원은 바로 당일 신속하고 피상적인 검사를 거친 후 바로 퇴원시켰다. 누나는 가슴에 통증 때문에 도움을 받으러 그 병원에 들어갔었다. 누나는 내가 아는 세계 바깥에 살고 있었고, 나와는 생애 후반부에나 겨우 교류할 수 있었다. 누나는 자신보다 몇 년 앞서 죽은 엄마와 사회복지시설에 살았다. 누나는 화장되어 뉴저지 하돈필드Haddonfield에 묻혔는데, 거기서 누나가 결혼하고 집을 떠나기 전 짧은 시간동안 우리는 함께 살았었다.

자매들the sisters은 융 학파의 사람들에게는 "아니마anima"의 현현으로 인식되는데, 보호와 확증을 제공한다. 융에 따르면, 생물학적 남성들에게는 심층적인 여성적 원형이 있는데, 그 원형 속에서 생물학적 여성들을 대하는 모든 태도가 형성된다. 생물학적 여성들에게는 "아니무스animus"라 불리는 반대 성의 원형이 있는데, 이것이 생물학적 남성들에게 투사된다. 물론 여성성에 대한 융의 이해는 가부장적인 왜곡들과 명백한 어리석음들로 채워져 있다는 사실이 간과되어서는 안 될 것이다. 그 왜곡들과 어리석음들이 정신 내의 이성적 구성 요소들과 젠더 문제를 은폐하고 있기 때문이다. 하지만 그럼에도 불구하고, 만일 우리가 그의 범주로 진입하여, 각 젠더가 내부에서 그와 반대되는 성을 어떻게 다루는지를 조명하는데 성공한다면, 융의 범주들은 탈-가부장적post-patriarchal 세계에서 재구성될 수 있다. 내 경우로 보자면, 이 내부의 치유하는 타자라는 의미가 누나에게 투사되어, 죽음이라는 이름의 어머니를 가까이 오지 못하게 했을 것이다. 물론 이 투사는 실재 상황에 기원을 두고 있고 그리고 내게 미치는 지속적인 영향력은 문자 그대로 나의 죽음으로부터의 탈출 경험에서 유래하는 것이다.

따라서 나의 개인적 신화는 이 시기에 아주 강력하게 만들어졌다. 그 신화에는 죽음이라는 이름의 어머니, 구원자 누나 그리고 먼발치에 떨어져 있는 아버지가 있다. 누나들은 보호하고, 엄마들은 무조건 파멸시키고자 하며, 아버지들은 이러한 것들을 경찰로부터 듣는다. 내 누나는 베개 밑에 WW II 독일제 군용 단검을 들었다. 그 칼은 동네

군용 가게에서 구입했다.[24]

자연스레 나의 가장 가까운 친구들은 대개 여성인데, 치유의 힘을 아니마로 투사하려는 나의 선천적 욕구 때문에 그렇다. 이는 나의 여성 친구들이 그저 백지 같아서, 그 위로 나의 투사들을 드리울 수 있다는 말이 아니라, 내 여성 친구들의 삶이 지닌 풍성함과 이 반대 성의 존재들이 담지한 지혜의 현존이 없을 때 느껴지는 나의 불완전성에 대한 느낌 사이에 깊은 공명관계가 있다는 말이다. 아주 뻔한 위험은 투사를 이상화하고 그리고 나와 관계하고 있는 살아 숨 쉬는 자아를 놓치는 위험이다. 그러나 정직honesty은 투사를 실재the real로부터 분리하는데 도움을 준다. 그 누나들은 희망을 제공하고 그리고 이 희망은 내 삶이 본질적으로 필요로 하는 것이었다. 내가 또 다른 굴욕적인 조병 에피소드의 한 자락을 집어 들어야 할 때마다, 혹은 우울증이 내 죽음이라는 이름의 어머니의 귀환을 위한 자리를 마련하려고 할 때마다, 나의 여성 친구들은 강건하고 배려심 많은 현존이 되어 주었다. 그녀들은 또한 나의 꿈들에 필요한 때마다 나타나, 실재 세계의 전이 문제나 딜레마를 해결하는데 도움을 주었다.

약 복용과 관련된 나의 최악의 경험 중 하나는 캐나다에서 열렸던 학회에서 논문을 발표한 직후 찾아왔다. 당시 극심해진 감정기복 때문에 나는 하루 1,800밀리그램의 리듐을 복용해야만 했다. 나는 거의 책을 읽을 수도 없었고 그래서 위에 언급한 다수의 부작용들을 겪고 있었다. 그래서 내 손으로 직접 해결책을 찾기 위해, 돌연 그 **어떤** 종류의 약도 중단하고, 아무에게도 말하지 않았다. 한 일주일 정도의 기간 동안 나는 내 몸에서 엄청난 무게가 빠져 나간 것처럼 가뿐하게 느껴졌

---

24 이 칼을 누나는 낮에 다리 정강이에 매고 다녔는데, 앞에서 언급한 것과 같은 종류의 칼이다.

고, 그래서 내 혈류에 이 강력한 약물을 주입하지 않고도 살아갈 수 있을 것처럼 느껴졌다. 그때 극적인 상전벽해와 같은 변화가 있었고, 나는 내가 지금까지 경험했던 그 어떤 것보다 최악의 자살의 소용돌이 속 아래로 곤두박질치기 시작했다. 다행히 내 정신과 의사와 정기 검진 약속이 잡혀 있었다. 그는 아주 빨리 상황을 전해 듣고는—내가 리듐 복용을 중단했다는 사실을 발견하고는— 즉시 내 아내와 분석자에게 전화를 했다. 그토록 강압적으로 그리고 신속하게 처치하는 그의 모습을 본 적이 없었다. 그는 자신의 입장을 절대적으로 분명하게 딱 잘라 말했다: 누군가 나와 24시간 동안 하루를 같이 있을 것이라는 완전한 보증을 자신에게 주든지, 그렇지 않으면 한 시간 내로 병원에 입원하든지 하라고. 그는 나에게 운신할 여지를 전혀 주지 않았다. 앞의 것도 하나의 선택사항이었기 때문에 우리는 병원 입원을 하지 않았다. 이제 나는 자살 감시suicide watch[25]에 놓여 있었다.

우리(의사와 나)는 약을 약간 바꾸기로 결정했다: 그 만큼 많은 양의 리듐을 복용하는 상태로는 다시 돌아갈 수 없었기 때문이다. 다행히도 의사는 웰부트린Wellbutrin이라 알려진 새로운 항우울제를 추천할 수 있었는데, 조울증 환자에게는 프로작Prozac[26]보다 훨씬 안전한 약이다. 조병 에피소드를 유발할 가능성이 덜하기 때문이다. 이 신약을 (자살 시도를 할 유혹을 받지 않을 정도만) 소량 처방받아, 리듐 처방량을 줄일 수 있었다. 이 새로운 식이요법은 웰부트린 150밀리그램과 리듐 900 밀리그램을 함께 복용하는 것을 수반한다. 이 약물 조합은 배겨내기가 한결 나았다. 비록 여전히 잘 넘겨내야 할 감정기복이 찾아오긴 하지만 말이다. 사실 가장 최근 연구가 밝혀주는 바에 따르면, 심지어 약을

---

25 자살할 위험이 있다고 판단되는 환자를 감시하는 것을 말한다. 〈역자주〉
26 세계적으로 많이 쓰이는 우울증 치료약물이다. 〈역자주〉

복용하더라도 감정기복은 언제나 일정 부분 이 질병의 예후가 되며, 일부 감정기복은 여전히 가혹하게 찾아온다.

이렇게 고생 고생해서 지혜를 터득했다면, 이제 내가 그 질병의 최악의 작용들을 제어할 수 있었을 것이라고 생각할지 모르겠다. 그러나 나는 아직 그 질병의 가장 까다로운 측면을 대면하지 않았다. 그것은 바로 자가-약물처방이라는 영구적인 문제였다. 조울증 진단을 받기 이전과 마찬가지로 나는 계속해서 술을 마셨는데, 혼합된 혹은 경조병 상태로 기분이 올라갈 때 특별히 그랬다. 우울할 때에는 거의 술을 마신 적이 없지만, 정신이 휘저어질 때면 한 잔의 맥주나 포도주를 본능적으로 찾았다. 내 인생 최악의 경험은 단연코 술과 약의 치명적 혼합으로부터 왔다.

대학 캠퍼스에서 열린 파티에 가서 학생들과 더불어 술을 마시기 시작했다. 불행히도 난 한두 잔으로 멈출 수가 없었다. 파티가 끝나고 '애프터'가 곧 만들어졌고 거기서 더 마시게 되었는데, 이때 보드카를 곧장 '스트레이트'로 마셨다. 나는 술에 술을 마시면서 앉아 있었고, 점점 더 조병 상태가 되어, 다음날 오후 논문을 발표해야만 한다는 사실을 그냥 무시해 버렸다. 새벽 4시 30분이 되어서야 나는 집으로 갔고 침대에 쓰러졌다. 다음날 논문 발표를 해내고, 심지어 다른 때보다 낫다는 생각이 들기도 했지만, 그러나 직후 끔찍한 우울증 상태로 빠져들었다. 난 끔찍한 사람이라고, 이마에 가인의 표를 받은 사람이라는 생각이 들었고, 따라서 성서의 유다처럼 내 삶을 목을 매닮으로서 끝내야만 한다는 확신이 들었다. 난 주도면밀하게 계획을 짰고 실행에 옮길 준비가 되어 있었다.

어떤 이유에서인지, 지금도 내게는 여전히 신비로 남아있는 이유지만, 나는 내가 의도하는 바를 아내에게 말할 용기를 냈다. 그래서 즉

시 주변 병원 응급실로 가서 관찰 상태에 들어가야 한다고 우리는 결정했다. 내 정신과 의사와 분석가에게 전화 메시지를 남긴 후, 우리는 병원으로 차를 몰았다. 내 의도의 전적인 심각성 때문에 밤새 관찰실에 입원했다. 옷을 모두 벗고, 병원 가운을 입었다. 대기할 만한 적절한 장소가 없었기 때문에 아내는 집에 돌아갔다. 아침에 다시 오기로 결정했다. 문이 쿵하고 닫히고 나를 넣어둔 방 열쇠가 돌아가는 소리가 들렸을 때 훨씬 더 나쁜 상태가 찾아왔다. 내가 살아있는 한 나는 결코 그 소리를 잊지 못할 것이다. 관찰실은 큰 옷장 크기보다 더 크지 않은 정도인데, 번쩍이는 형광등과 내 모든 움직임을 감시하는 TV 카메라가 설치되어 있다. 불과 몇 시간 새 나는 멋진 논문을 발표했다는 생각으로부터 미친 동물처럼 우리에 갇힌 신세로 전락한 셈이 되었다.

아침에 아주 감수성이 풍부한 사회복지사와 다소 퉁명스런 의사가 나를 면담했다. 사회복지사는 예전에 중증 우울증이 찾아왔을 때 입원했던 나를 기억하고, 나를 존중하며 대했지만, 정신과 면담에는 다소 신출내기 같아 보였던 여의사가 곧장 사실들로 직진하기를 원했다. 물론 나는 약물의 가능성을 솎아내기 위해 중독성 물질 검사를 받았다. 상담 결과 나의 동의하에 정신과 감금 병동에 며칠 동안 두고 관찰하면서 추후 테스트들을 시행해 보기로 했다.

이전에 "위층에" 지냈던 적이 있었고, 그래서 직원들과 시설들을 알고 있었다. 내 경험에 그들은 친절하고 유능했고, 그렇기에 내가 처한 상황에 더 이상의 압박감을 더하지 않을 것으로 생각됐다. 내가 미처 준비가 되어 있지 않았던 것은 그 다음에 도래할 의학적 가설이었다. 일련의 혈액 검사들이 가리키는 바, 내 간은 제대로 기능하고 있지 않았고, 아마도 어떤 손상이 있을 것으로 추정되었다. 통상 나는 하루에 두 잔 정도의 술을 마셨기 때문에(나중에 안 사실이지만 나에게는 너무 많은 양이었다), 난 어떤 심각한 것도 생각하고 있지 않았다. 간에 영구적인 손상이 있는지 알아보기 위해 초음파 검사가 시행되었다. 결과가 나오기까지 이틀 동안 근심하며 기다렸고, 심각하게 잘못된 것이 없다는 사실에 안도했지만, 그러나 알코올 남용의 효과는 분명했다.

마침내 약물남용 전문의가 나와 마주 앉았고, 내가 음주 문제가 있다는 것 그래서 내가 그것을 대면하지 않는 한, 나는 조울증에 대처할 수 없다는 것을 분명히 했다. 건강한 간을 다시 되찾기 어려운 것은 말할 것도 없었다. 나의 알코올 의존증 때문에 그녀는 "집중적 외래 환자 치료"라는 것을 강력히 추천했다. 처음에 나는 그녀가 과도하게 열심이고 그래서 이러한 방식의 충고는 그녀가 하는 일의 일부에 속한다고 단순히 생각했다. 그럼에도 불구하고, 다른 병원에서 (말하자면, 기분 장애mood disorder와 약물의존에 대한) 이중 진단 전문가를 찾아가는데 동의했다. 그 진료소에서 내가 대면했던 것은 내가 상상했던 것 보다 더 극적으로 내 눈을 열어 주었다.

거기를 찾아갔던 첫째 날(우리는 하루 저녁에 세 시간씩, 일주일에 3일 저녁을 만나야 했다), 내가 알코올중독인지를 확인하기 위해 서면 검사를 했다. 놀랍게도, 나는 그럴 가능성이 아주 높은 점수를 기록했다. 이제 나는 내가 전혀 통제할 수 없는 어떤 것에 중독되었다는 객관적 지표를 갖게 되었다. 이는 나의 제왕적 자아의식에 두 번째 큰 타격이 되었다. 조울증 환자가 되는 것만으로는 충분치 않았다. 거기에 더하여 나는 알코올중독자라고 판명된 것이다. 부인 과정이 즉각 시작되었다. 우리 서로를 소개하는 밤의 예식들이 있을 때면, 나는 의례적으로 "안녕하세요, 저의 이름은 로버트이고, 술을 끊고 싶어 하는 조울증 환자예요"라고 말하곤 했다. 상담자는 잠자코 이런 식으로 내가 계속하도록 내버려 두었고, 결코 문제를 강요하지 않았지만 그러나 아마도 내 태도가 어떻게 변할지를 보기 위해 기다리고 있었던 것 같다.

수업은 한 시간의 강의나 비디오 시청에 이어 그룹 모임으로 구성되어 있었다. 강의들은 통상 아주 듣기 거북했다. 왜냐하면 나의 부인을 조금씩 갉아내면서, 계속해서 알코올중독이라는 질병이 얼마나 치명적인지를 보여주었기 때문이다. 전체 재활과정 동안 우리 모두는 그어떤 향정신성 약물도 금해야만 했는데, 정기적인 소변검사들이 있었기 때문에 그 금욕은 강화되었다. 나는 술을 끊는데 전혀 문제가 없었다: 단지 나는 알코올중독이라는 진단을 내 자신에게 적용하는데 어려움을 겪었을 따름이다. 어쨌든 난 음주운전을 한 적이 없었고(사실 술 먹고 운전한 적이 있다고 생각되지 않는다), 그래서 그룹 모임에서 들은 정도의 양을 결코 마신적도 없었다. 음주 문제에서는 난 그저 아마추어에 불과했다.

내 삶에서 있었던 개인적 격변들(세 번의 결혼)과 거친 행동들의 대부분(유럽으로의 주저 없는 비행)은 술과 관련이 있었다는 사실이 내게 점차로 분명해졌다. 하지만 나는 여전히 천재 신화의 로맨스를 술과 연관 짓고 있었다. 마치 내가 취리히나 파리 주변을 비틀거리며 방황하면서 금세기 최고의 작품을 쓴 제임스 조이스와 같은 사람이 되길 바라는 듯이 말이다. 술에 대한 보다 깊은 이해와 내 병의 극심한 고통과의 관계를 나는 어떻게 이해할 수 있게 되었는가?

내 생각에 음주의 의학적 효과에 대한 강의를 듣는 중에 진리의 순간이 내게 도래했다. 알코올이 야기하는 다양한 병리현상들이 어떻게 관계하는지를 상세하고 생생하게 설명해 주었다. 간 손상에 대해서는 알고 있었지만, 신경 손상에 대해서는 전혀 들어본 적이 없었는데, 대부분의 손상은 영구적이고, 어떤 약물을 선택했느냐에 따라 야기된다고 들었다. 나처럼 자부심이 강한 사람에게는 이것이 해머로 내려치는 것 같았다. 계속해서 술을 마실지에 대해 의구심이 든다면, 이 내용은 해답을 내려주었다. 그런데 어떻게 계속해서 맨 정신인 상태를 유지할 수 있을까? 상담사들은 수년 동안 보아온 사실 즉 할 수 있는 가장 강력한 단호한 어조로 다시는 결코 술을 마시지 않겠다고 약속하는 사람들을 보아왔지만, 결국 그들 중 다수를 재활병동에서 또 보게 된다는 사실을 우리에게 주지시켜 주었다.

이 심리적이고 의학적인 투쟁과 평행하여, 세계 안에서 의미를 찾으려는 종교적 탐구가 있었다. 그 세계에서 상황들은 계속 변화하고 그리고 신의 도움은 특별히 저 멀리 있는 것처럼 보인다. 극단적인 우울증의 상태 속에서 사람은 세익스피어의 **이아고**Iago[27]의 느낌 즉 악한 신이 존재한다는 느낌과 함께 남겨지거나 아니면 세계의 궁극적 실재는 맹목적이고 혼돈스런 실존에의 의지라는 그래서 목적이나 인간의 가치 같은 어떤 것을 위한 여지를 찾을 수 없다는 사실을 확신한 쇼펜하우어의 감수성과 함께 남겨진다. 조병 인플레인션manic inflation이라는 반대쪽 극단에서 사람은 자기-신격화self-divinized되어, 자아를 마주하거나 대적하는 절대적 힘의 필요성을 느끼지 않는다. 핵심은 성스러움의 어떤 느낌을 발견하는 문제인데, 이 성스러움이 실재적으로 확증되면서도 동시에 심리적 팽창의 유혹들을 회피할 수 있어야 한다.

대부분의 작가들처럼, 나도 글쓰기 행위를 통하여 즉 주제-이전적prethematic이고 무의식적인 소재를 의식의 빛으로 가져오는 '드러냄들'disclosures의 행동을 통하여 기본적인 개념적 감정적 구조들을 만들어냈다. 이 과정에서 나는 철학적이고 신학적인 관점을 발전시켜 올 수 있었는데, 이를 나는 **탈자적 자연주의**ecstatic naturalism라 이름했다. 탈자적 자연주의는 자연과 정신psyche의 어둡고 과묵한 구조들을 존중하

---

27 세익스피어의 희곡 『오델로』에 등장하는 음흉하고 사악한 인물. 〈역자주〉

면서, 또한 내가 "성스러운 주름들sacred folds"이라 부르는 의미-수여의 관점들을 긍정하는 입장이다. 이 주름들folds은 자아 속에서, 자연 속에서, 중요한 역사적 순간들 속에서, 관계 속에서 그리고 인간의 위대한 발명 작품들 속에서 발견될 수 있다. 앞으로 3장에서 논증할 내용이지만, 창조성과 천재의 작업들은 성스러운 주름들로서, 종교 생활과 조울증 환자들의 삶에 특별한 적합성을 갖는다. 왜냐하면, 앞으로 서술해 나가겠지만, 대부분의 천재들은 특별히 조울증을 겪는 소수의 사람들 가운데서 나왔기 때문이다.

이러한 문제들을 개인적으로 그리고 공적으로 작업할 특별한 종교 공동체를 찾다가, 예전에는 개신교회였지만, 지금은 탈-기독교 운동을 전개하는 유니테리언 유니버설리즘Unitarian Universalism을 찾는 행운을 누릴 수 있었다. 유니테리언의 본래적 충동들은 16세기 유럽으로 거슬러 올라갈 수 있지만, 북아메리카에 존재하는 형태의 유니테리언은 19세기 초 뉴잉글랜드 지역에서 출현하는데, 하버드 대학의 다수의 진보적 신학자들은 청교도 신앙선배들의 보다 보수적인 회중교회Congregational Church와 갈라서기로 결심하였다. 유니테리언 운동은 그때부터 동력을 얻어 최근까지 가장 빨리 성장하는 교단들 중 하나가 되었다. 공식 신조를 갖고 있지 않기 때문에, 이 교회는 다양한 신학적 (혹은 반-신학적) 관점들을 지닌 사람들로 붐빈다. 그 제일 원리는 자유로운 자아들은 아무런 방해 없이 근본적인 물음들에 대하여 제약 없는 탐구에 참여할 수 있어야 한다는 것이다.

여전히 나는 쉴라이에르마허Schleiermacher로부터 폴 틸리히P. Tillich로 이어지는 개신교적 사유의 웅장한 진보적 전통의 천재성을 수긍하고 있지만, 다른 한편으로 우리의 사회 질서에 그토록 엄청난 손상을 창출하며 횡행하고 있는 부족적 이기주의들tribalisms을 극복할 수 있는 탈

-유일신론적 세계 신학을 점점 더 생각하고 있는 편이다. 각 종교의 신비한 마음속에서 깊은 비밀의 핵심이 발견될 수 있고, 또 21세기의 과제는 그 심층-논리를 논리정연화하는 것이라는 것이 나의 점증하는 믿음이다.

이 믿음과 더불어, 다양한 유니테리언 유니버설리스트 회중의 한 사람으로서 그리고 평신도 설교자로서 참여하는 일은 서구 유일신론들의 기존 가부장적 구조들을 넘어갈 수 있는 성스러움의 의미를 탐색하기 위해 내가 필요로 하는 범위와 자유를 가져다주었다. 조울증과 알코올중독과 벌이는 나의 이중의 투쟁을 통해 배운 교훈들은 우선 성스러움은 악마적이면서 동시에 거룩하며, 단편적이면서 통합적이고, 인간의 필요에 냉담하면서도 또한 인간 변혁을 위한 자극이 된다는 것 그리고 결국 인간 과정은 세계의 심연에 대한 이해를 얻고자 한다면, 이 놀라운 복잡성 모두에 참여해야만 한다는 것이다.

지금 현재 나는 새로운 약물치료와 분석을 계속하고 있다. 분석은 더 이상 융 심리학이 아니라 몸과 에너지 활동에 초점을 두고 있다. 부인否認denial은 산이라도 덮을 수 있지만, 그러나 이 질병에 대한 반복적인 망치질을 거쳐야만 한다. 이 질병을 확인하는데 따른 두 번째 위험은 보다 대처하기 어렵다 왜냐하면 이 전략은 일종의 자기-연민self-pity으로 작동하기 때문이다. 그러나 조울증이라는 질병의 파괴적 힘 배후에는 일종의 목적이 있을 수도 있다는 생각에 나는 서서히 설득당하고 있다. 이는 곧 이 병을 개별화(individuation, 전일성wholeness을 향한 운동)의 관점으로부터 이해할 수 있다는 것을 의미한다. 이에 대한 최선의 증거는 꿈 소재에서 찾아볼 수 있는데, 꿈은 의식의 태도에 대한 보상을 표현한다.

진단 이전과 이후 모두 나의 많은 꿈들은 조울증의 내적 논리를 가리키고, 그 질병이 어떻게 정신 내에 통합될 수 있을지에 대한 일단의 실마리를 제공한다. 여기서 나의 굳건한 확신을 다시금 반복해서 강조해야 하는데, 리듬(혹은 그에 등가하는 약물)이 없다면, 이 질병의 통합도 있을 수 없다. 약물치료와 더불어 정신은 일종의 심층적 긴장-속-균형을 향하여 나아가는 길을 모색하고자 한다. 그 균형 속에서, 이후의 장들에서 보다 상세하게 토론될 바이지만, 이 질병의 은혜들gifts[28]이 보다 풍성한 삶을 약속하는 방식으로 정신에 진입할 수 있다. 그러면, 다음에 이어질 내용들에서 나는 여러 개의 꿈들을 검토할 것이다. 그 꿈들이 질병과 또한 보다 거대한 심리적 구조 모두를 조명해 주기 때문이다. 이 꿈들의 해방적 힘들을 통하여 그리고 그와 같은 더 많은 꿈들의 해방적 힘들을 통하여, 내가 이 질병에 걸리는 것도 그리고 또한 그보다 강할 수도 있다는 것도 가능하다는 것을 알게 되었다.

2. 꿈 여행

꿈은 무의식의 아직 오염되지 않은 생산물을 대표한다. 꿈은 원망 충족의 형식들이 아니며, 또한 기호적 소음의 무작위적인 비트들이 아니다. 꿈은 무의식 상태 자체에 대한 정확한 지도이면서 또한 무의식과 의식 사이의 관계에 대한 정확한 지도이다.[29] 일반적으로 꿈은 일방적인 의식적 태도를 보상하면서, 에고ego에게 그의 현재 형태의 맹

---

28 gifts를 '은혜'로 번역한 것은 개신교적 용어를 빌려온 것이지만, 이 말은 여러 가지 함의가 있다. 말 그대로 '선물'이란 뜻도 있는데, 예를 들어, 신으로부터 물려받은 재능이 선물이라는 뜻도 있고, 어떤 무언가를 일구어낼 재능들이라는 의미에서 '은혜'라는 의미도 회람된다. 〈역자주〉

29 꿈에 관한 가장 좋은 책 중 하나는 원래 수련 중인 분석자들을 위해 쓰여진 책으로서, *Dreams, A Portal to the Source*, by Edward C. Whitmont & Sylvia Brinton Perera (New York: Routledge, 1989)이다.

목성을 극복할 기회를 준다. 심지어 알고 있는 사람들이나 사건들이 꿈 속에 등장하는 곳에서도, 꿈은 에고가 대면할 필요가 있는 어떤 보다 심층적인 의미를 가리키고 있다. 꿈을 해석할 때, 이미지들과 증폭들이, 구체적인 해석을 선택하기에 앞서, 그 소재로부터 흘러나올 수 있도록 하는 것이 언제나 중요하다. 만일 어떤 꿈이 빈약하게 해석된다면, 추후의 꿈이 그 해석에 도전할 것이고 그리고 보다 적절한 해석들을 불러일으킬 것이다. 꿈은 연속된 것의 일부로 다루어질 때 가장 잘 해석된다. 그 어떤 꿈도 홀로 온전히 이해될 수는 없고, 그래서 그 꿈 시리즈의 다른 꿈들을 앞뒤로 가리켜야만 한다.

프로이드s. Freud는 꿈에 관해서 여기서 사용될 관점과는 완전히 다른 관점을 갖고 있었다. 나의 꿈 해석 모델은 그의 옛 동료였던 융c. G.Jung의 사유에 보다 근거한다. 실제로는 1900년 출판되었던 자신의 1899년 작품 『꿈의 분석』(The Interpretation of Dreams)에서 프로이드는 그 자신의 많은 꿈뿐만 아니라 그의 자녀들의 꿈과 그의 환자들의 꿈 일부에 대한 상세한 분석을 제시해 주었다. 그는 꿈을 단편적인 조각들로 분해하여, 그 각각을 실제 꿈을 꾸기 전날에 겪었던 의식적 경험과 관계시킬 수 있는 방법을 발전시켰다. 나중에 그의 1901년 작품 『꿈에 관하여』(On Dreams)로 응집되고 대중화된 이 작품 속에서 프로이드는 그의 유명한 구별, 즉 잠복 꿈 사유와 현현된 내용 간의 구별을 시도했는데, 잠재적 꿈 사유는 언제나 원망願望 wish에 의지하고 있으며, 현현된 내용은 감추어진 그래서 거절될 수 있을만한 원망의 위장이다. 정신분석의 기능은 현현된 꿈 내용을 둘러싼 저항들을 지나, 잠복된 소재가 보여질 수 있도록 작업하는 것이다. "꿈 작업dream work"이라는 개념은 잠복된 원망願望이 현현된 내용으로 번역되는 과정을 가리킨다.

마찬가지로 유명한 개념이 검열 기제censorship mechanism 개념인데, 이를 통해 혐오스런 꿈-원망이 맨 정신이 받아들일 수 있다고 생각할 내용으로 치환된다. 그의 논증은 정확하다:

검열 현상과 꿈-왜곡 사이의, 마지막 구체적인 사항까지 바닥까지 추적할 수 있는, 상응관계는 그 양자를 위한 유사한 선행조건들이 있다고 가정하는 정당성을 우리들에게 가져다준다. 따라서 우리는 두 정신적 힘들(즉 흐름과 시스템) 개인 안에서 꿈-배치의 창시자들이라고 가정할 수 있을 것이다: 이 형식들 중 하나가 꿈에 의해 발설된 원망을 형성하고, 다른 하나는 꿈-원망 위에 검열을 부과하여, 이를 통해 그 표현을 왜곡한다.30

프로이트는 꿈이 위장된 원망들을 나타낸다는 그의 이론에 다양한 꿈 소재들을 가져다 맞추면서, 다양한 해석적 왜곡들을 거쳐야 했다. 프로이트는 자신의 방법을 해독decoding 작업과 비교했는데, 어느 정도 자격 요건들이 필요하긴 하지만, 해독 작업에서 꿈의 각 구체적인 요소들은 마치 분석자가 접근하고 있는 숨겨진 코드에 기여하고 있는 듯이 조사된다. 이 모델을 풍자화하기는 어려운 일이 아니지만, 프로이트는 적어도 꿈꾸는 사람 각각은 그 자신의 자아 속에서 고유하다는 사실을 이해하고 있었고, 이는 자신의 글 속에서 몇 번씩이나 강조했던 핵심이다. 그리고 그는 꿈 상징과 그의 암호 사이의 그 어떤 적합성도 섬세한 감수성과 인내심을 동반한 주의를 가지고 작업되어야만 한다는 사실을 이해하고 있었다.

---

30 *The Interpretation of Dreams*, by Sigmund Freud in a new translation by Joyce Crick (based on the original 1899 edition) (Oxford: Oxford University Press, 1999), 113. 이 새로운 번역본은 또한 Ritchie Robertson이 쓴 중요한 서문을 담고 있다.

꿈 자체는 본래적 원망(아마도 외디푸스적 원망)의 치환displacement의 결과인데, 이는 또한 압축과 수정을 동반한다. 로버트슨Robertson이 주목하는바, 프로이트는 시각적 이미지 자체보다는 꿈 속에 나타나는 언어적 놀이에 보다 강조점을 두었다. 하지만 융은 이 비중을 부분적으로 역전시켰다.31 프로이트의 이러한 강조는 우리의 예감을 강화시켜 주는데, 즉 본문 속에 표현된 꿈의 일부는 임의적이고 그래서 꿈 자료들과 그 상징들에 대한 해석적 개방성을 보여주기 보다는 오히려 프로이트 자신의 언어적 기술을 위한 단편들을 보여주는데 기여한다는 예감 말이다.

1901년 꿈 이론이 대중화되면서, 프로이트는 억압이라는 논제를 강조했는데, 이는 압축condensation, 왜곡, 치환displacement 그리고 (꿈-원망으로 읽혀지는) 잠복적 사유의 회화적 번역 등의 개념들에 그가 몰입하면서 구성되었다. 그는 논증하기를:

그렇다면, 꿈 내용의 불명료성과 어떤 꿈 사유들에 대한 억압 (의식에 대한 용인불가) 상태 사이에는 인과적 관련이 있다고 그리고 꿈은 불분명해서 금지된 꿈 사유들이 노출되지 않도록 해야 한다고 결론 내리지 않을 수 없다. 따라서 우리는 "꿈 왜곡"이라는 개념으로 나아가게 되는데, 이 개념은 꿈 작업의 산물이면서, 위선이라는 목적 즉 위장이라는 목적에 기여한다.32

결과적으로, 분석가의 역할은 특권화된다. 왜냐하면 그/녀는 "위선"을

---

31 *The Interpretation of Dreams*, xviii.

32 *On Dreams*, by Sigmund Freud, translated by James Strachey, from the Standard Edition (New York: Norton, 1952), 57.

넘어 잠복된 꿈-원망 자체의 핵심을 들여다보는 특별한 자리에 있기 때문이다. 말할 필요도 없이, 억압이 많으면 많을수록 분석가의 해석적 움직임에 대한 저항도 그만큼 많을 것이고 그리고 이는 꿈 해석의 가정을 길게 연장시킬 뿐이다.

프로이트와 반대로, 융은 꿈들이 위장되지 않은 온전한 형태로 출현한다고 주장했고, 그래서 꿈 해석 과정은 꿈의 구성요소들을 잠복적 사유나 원망으로 환원하기보다는 오히려 시각적 상징적 소재의 증폭을 동반한다고 주장했다. 다른 용어로 표현하자면, 융의 관점에서 무의식은 그의 내적 소재가 의식에 활용될 수 있기를 바란다. 심지어 그 내적 소재가 비언어적 형태들의 심층-구조들로 덮여 있다하더라도 말이다. 생각을 이미지로 번역하는 일은 위선의 과정이 아니라 창조성을 풍성하게 창출해가는 과정이어서, 무의식의 메시지들을 보다 강력하게 대면할 수 있다.

프로이트는 과학적 사고를 꿈의 구성과 해석의 실제 기제들에 적용한 최초의 사람들 가운데 하나이지만, 그의 범주 체계로 인해 꿈 생활의 보다 심층적인 리듬들을 탐구하지 못하고 말았다. 이어지는 내용에서는 보다 폭넓은 해석적 틀이 사용될 것인데, 이는 대면된 꿈이 억압된 꿈-원망의 신화에 의해서가 아니라 꿈 자신의 용어로 보다 더 많이 말할 수 있도록 하는 해석적 틀이 될 것이다. 분석의 중심에는 "목적론적 관점teleological perspective"이 자리 잡고 있는데(과거지향적이라기 보다는 미래지향적인) 이 목적론적 관점은 꿈이 의식을 위한 보다 포괄적인 관점을 가리킨다고 가정한다. 왜냐하면 의식은 무의식을 반영하고, 그의 보다 어두운 운동들을 보상하기 위해 분투하고 있기 때문이다.

첫 번째로 토론될 꿈은 1993년 10월 14일에 일어났다. 위에서 언급했던바, 그 기간 동안 나와 분석자는 꿈 분석을 해야 할지를 결정하는 과정 중에 있었다. 따라서 이 특정한 꿈은(이 "현시하는presenting" 꿈은) 치료의 시작을 다루고 그리고 분석자와 피분석자에게(즉 환자 혹은 의뢰인에게) 정신적 상황에 대한 첫 번째 일견을 가져다 준다:

> 난 상업용 제트기의 조종석에 있다. 조종사들은 어느 언덕과 계곡 위를 아주 낮게 비행하고 있었다. 무전기 너머로 관제탑이 보다 높은 고도로 상승하라고 그들에게 외치고 있다. 조종사들은 충분히 높다고 주장한다. 거대한 언덕이 앞쪽에 어슴프레 나타나고, 조종사들은 할 수 있는 한 힘껏 비행기를 상승시키려 하지만, 그러나 비행기는 언덕 꼭대기에 충돌한다. 흥미롭게도, 그 누구도 그 충돌로 상처를 입지는 않은 듯이 보인다. 비행기는 아무런 손상이 없었고 그래서 탑승객들을 위한 일종의 피난민 구호소로 활용된다.

어떤 번쩍거리는 원형들로 달아나기 보다는 개인적 연상들로 시작하는 것이 언제나 중요하다. 비록 개인적 연상들 역시 꿈 소재 속에 상당히 현시되어 있다고 할지라도 말이다. 처음의 개인적 연상은 비행에 대한 나의 태도와 관계가 있었다. 청소년기 이래로 나는 비행에 매료되어 있었고, 그래서 가족들과 이따금씩 비행기 타는 것을 즐겼다. 하지만 나의 감정기복이 심화되는 동안에, 특별히 펜실베니아주립대학에서 가르치던 시절에는 비행기 타는 일에 겁을 먹고 있었다. 영국으로 날아갈 때는 전혀 떨지 않을 것이지만, 그러나 국내선 비행기나 작은 비행기를 좋아하지 않는다. 내 생각에, 비행은 이제 조병 에피소드들의 위험과 불가피한 심리적 충돌의 실재에 대하여 내게 주지시켜 주는 것 같다. 높이 날아오르는 어떤 것도 비극적 종말에 이르기 마련이다.

그 꿈에서 비행기는 사실 주변 지형에 비해 너무 낮게 날고 있었다. 그것은 마치 비행사들이 우울증 상태에 빠져 있어, 관제탑으로부터 들어오는 실재 원리를 듣지 않고 있는 듯 했다. 전이의 수준에서, 조종사들은 분석자를 대신하는데, 분석자의 판단은 신뢰할만하지 않을 수도 있다. 결국, 조종사들은 그러지 않아도 됐을 텐데 결국 비행기를 충돌시키고 말았다. 하지만, 바로 여기에 핵심 부분이 있는데, 비행기는 아무런 부정적인 영향 없이 충돌한다. 조병과 우울증의 비행flight은 비극으로 끝을 맺는 것처럼 보이지만, 그러나 비행기는 사실상 탑승객들이 안전을 확보할 수 있는 집이 되었다.

그 외 어떤 것을 말할 수 있을까? 비행기 탑승객 모두는 조종이 되지 않는다고 느끼고 있었다. 조종석에 은신하고 있는 조종사들은 그들 뒤에 앉아있는 모든 사람의 생명을 조종한다. 조종사들은 그 금속성 유기체(비행기)의 살아있는 머리이다. 머리를 상실하거나, 혹은 머리가 실재the real에 귀 기울이지 않을 때, 우리는 치명적인 위험에 놓이게 되는 것이다. 조울증 환자에게 두뇌는 통제 불능이고, 그의 효소들은 올바로 기능하지 않는다. 모든 것은 닫힌 문 뒤에(즉 두개골 안에) 있고 그리고 제어력을 다시 회복할 방법은 전혀 없다. 이 꿈은 진단-이전의 꿈으로서, 내게 전달되어야할 중요한 메시지가 있다는 사실을 내게 말하는 것처럼 보인다. 나는 이 충돌을 살아남을 것이지만, 그러나 충돌을 어떻게 피할지를 배우는 것이 훨씬 더 중요하다. 꿈들은 예지적pro-leptic일 수 있다, 말하자면, 현실화되어질 필요가 있는 가능한 미래를 가리킬 수 있다는 말이다. 꿈들은 그냥 그대로를 기술하는 것만이 아니라, 훨씬 심층적인 차원에서 전일성을 위해 필요한 것을 향하여 유혹하기도 한다.

이 첫 번째 꿈은 어떤 의미로 치유적 관계에서 도래할 것의 예측이 되는가? 이 꿈은 분석자가 신뢰할 만하다고 말한다. 비록 실재의 논리가 위반될 수 있다하더라도 말이다. 충돌이 있을 것이지만, 그것은 긍정적 결과를 야기할 것이라고 말한다. 결국 그 꿈은 정신의 격렬한 요동이 원만하게 지나갈 것이고 그리고 자아(탑승객)의 다양한 양태들이 피난처를 찾을 것이라고 말한다. 그러나 조병의 힘을 그리워하지 않을 것인가? 이어지는 꿈은 조울증이 특별히 무의식 속에서 얼마나 미묘한지를 바로 보여준다.

두 번째 꿈은 1993년 11월 28일에 일어났는데, 그 사이 많은 다른 꿈들이 있었다. 이 두 번째 꿈은 나의 꿈 작업에서 그리고 감정기복과 벌이는 나의 분투에서 계속해서 핵심이었던 많은 주제들을 알려 준다:

나는 거대한 홀에 있는데, 아마도 만찬 때문인 것 같다. 거기에 유명한 영화감독이 있었는데, 작은 섬에서 찍을 장면들을 위한 스케치와 줄거리 개요를 나보고 해달라고 부탁한다. 나는 그 일을 맡지 않았고 그래서 감독이 나를 해고하고 내쫓을까봐 두려워한다. 영화 작업을 하는 다른 관계자가 그 과제를 완수하지 못했을 때의 위험을 내게 경고한다. 감독이 내게 다가와 그에 관하여 부탁한다. 그 작업은 안 된다고 그에게 말해야만 한다. 그러나 갑자기 나는 감독에게 나의 마술적 능력들을 보여준다. 우리 옆에 두 개의 공룡 봉제인형이 있었다(대략 6피트 정도 길이의 인형이었다). 난 그 인형들 위에 대고 내 손을 흔들었고 그리고 그 인형들은 살아났다. 그 살아난 공룡들 중 하나가 방 밖으로 뛰쳐나가 복도로 돌진하여 돌아다니는데, 아마도 무고한 작업자들이나 구경꾼들을 잡아먹고 있는 듯하다. 실재 공룡을 만들 수 있는 나의 재주만 있으면, 스필버그가 만든 영화(주라기 공원)보다 훨씬 나은 영화를 만들 수 있다고 감독에게 말한다. 그는 내가 무척 가치 있는 자산이라고 생각하고, 신임하여, 자신의 내부그룹으로 데려가기로 결심한다. 또 다른 방에서 나는 공중 부양하여 모든 사람 위에 떠 있을 수 있는 능력을 보여준다. 내 아내가 젊잖게 그러나 확고부동하게 다른 모든 사람이 있는 땅으로 나를 데리고 내려오려고 노력한다. 꿈속에서 나는 이런 특별한 능력들을 갖고 있어서 행복하고, 또 그 능력들을 사용할 자리를 찾을 수 있어서 기뻤다.

꿈은 또한 연극으로 다루어져야 한다. 그래서 무대가 설치되고, 주인공들이 갈등을 직면하고, 해설, 플롯 전개, 절정 그리고 행위에 대한 해법이 있다. 이 특별한 꿈의 자리는 식당 홀인데, 아마도 교회 지하인 듯 하고, 배우들은 꿈 자아dream ego와 감독이다. 줄거리는 한 임무를 완수하지 못한 실패의 순간으로부터 감독의 주의를 사로잡은 보다 고차적인 과제의 연출로의 전이를 수반한다. 극은 공룡의 움직임과 꿈 자아의 능력에 대한 감독의 인정에서 절정을 이룬다. 꿈 자아의 아내가 조병적 에피소드를 수축시켜, 꿈 자아를 다시 실재에로 데려오고자 노력할 때, 해법이 도래한다.

꿈 자아가 하고자 했지만 실패한 것은 무엇인가? 그는 자그마한 섬에서 찍을 장면들을 위한 줄거리 개요를 써 달라고 부탁을 받았다. 이는 무엇을 의미하는가? 섬은 아마도 의식적 자아the conscious ego를 위한 상징인데, 의식 자아는 무의식의 물로 둘러싸여 있다는 것이다. 감독은 분석자의 상징 혹은 인도하는 대자아the guiding Self의 상징으로서, 꿈 자아가 이 작은 임무에 스스로를 한정하기를 원하는데, 이는 에고-자아ego와 그의 작은 왕국에 대한 기술이다. 꿈 자아는 그 과제를 완수할 수 없었고, 그것은 자신의 능력을 보여주기에 충분히 크지 않음을 감지했기 때문이다. 감독이 꿈 자아에게 불만족스러워 할 때, 꿈 자아는 죽은 것을 생명으로 불러일으킨다. 공룡은 의식 없는 혹은 인간의 덕이 결여된 냉혈한적인 힘의 상징이다. 거대한 백상어처럼 공룡은 살육하는 기계다. 꿈 자아가 일종의 마술사가 되었을 때, 그는 공룡을 풀어준다. 하지만 그는 공룡이 하는 일에 대해 전혀 제어할 힘이 없었고, 그 공룡이 사람을 잡아먹고 있다는 것에 두려움을 느낀다. 그러나 이는 꿈 자아가 지금 갖고 있는 엄청난 능력 앞에서 아무런 문제가 되지 않는 듯이 보인다.

이 꿈 속에는 매우 궁금한 메시지가 담겨 있다. 꿈 자아가 제어될 수 없는 능력들을 풀어 놓아도 (전체 자아 혹은 대자아의 상징으로서) 감독은 괘념하지 않는 듯하다. 공룡으로 표현된 조병mania은 선악을 넘어서 존재한다. 그 위대한 능력들을 풀어 놓을 수 있다면, 인도하는 대자아에게는 가치가 있는 것이다. 꿈 자아는 심지어 마술적 능력을 행사할 재능을 갖고 있지 않은 사람들 위로 공중 부양할 수도 있다. 오직 꿈 자아의 아내만이 이 상황에서 초래된 위험들을 이해하고 있는 것 같다. 아니마anima[33]에게 조병은 실재라는 선한 약을 복용함으로써만 극복될 수 있는 것이다.

그러나 이 분석은 최종 결론이 없다. 왜냐하면 꿈은 또한 보상으로 기능하면서, 심히 학대당한 자아에게 보다 큰 의미의 영역과 힘을 주기 때문이다. 우울증이 심한 상태에서 꿈은 현재 심리 속에 휴면하며 잠복해 있는 조병적 가능성의 비전을 제공할 수도 있다. 영화 작업에 대한 해결책이 제시되는 과정 속에서 아니마는 조병의 순간들과 우울증의 순간들을 함께 붙드는 교정책을 제공한다. 하지만 심지어 이 절정으로 치닫는 구조와 더불어서 감독의 역할은 여전히 매혹적이다. 만

---

33 융 심리학에서 남성의 무의식 속에 존재하는 여성적 존재. 〈역자주〉

일 정신the psyche이 자연 속에 뿌리를 두고 있다면 그리고 자연은 선과 악을 넘어서 존재한다면, 인도하는 대자아가 꿈꾸는 사람에게 그의 병은 선도 악도 아니며, 자연의 순전한 힘이라는 사실을 말하고 있다는 의미로 해석할 여지가 존재하는가? 조울증은 (케이 레드필드 제이미슨이 주장하듯이) 비록 그의 개별 숙주에게는 끔찍한 일이라 하더라도 (인간) 종 자체에게는 선한 것일 수 있는가?

이 문제는 내 경우 투자 회수 캠페인 시절로 되돌아간다. 언급한 바 있듯이, 동료 중 한 사람은 내가 죽음 원망을 갖고 있어서 시스템에 의해 침묵을 강요당할지라도 내 자신을 공적인 주목의 대상이 되도록 몰아가고 있다고 확신했었다. 나는 그러한 관점을 거절했지만, 그러나 또 다른 가능성을 심화하기를 원했는데, 조울증을 다룬 문헌들 속에서는 거의 다루어지지 않는다. 비록 제이미슨은 그에 대한 암시를 남겨 놓았지만. 나의 논지는 다음과 같이 전개된다: 자연은 조울증 유전자의 보인자에게 어떤 식으로든 상관하지 않는다. 자연 안에는 간계奸計 cunning가 존재하는데, 특별히 원형들(각 인간 영혼 내에존재하는 고래의 보편적 형식들) 속에 현현하는 이 간계는 스스로를 현현할 어떤 종류의 표현을 찾는다. 개체는 숙주host로서, 바이러스와 유사한 어떤 것을 실어나른다. 이 경우, 바이러스는 스스로를 표현하고 그리고 심지어는 숙주를 이용함으로써, 아마도 숙주를 소진해 가면서까지, 진화할 수 있어야만 한다. 조병은 밖으로 나와야 하고, 그러면서 그와 더불어 지혜와 광기 모두를 실어 나를 것이다. 조병은 자아를 그의 현재 상황을 넘어가게 만들어, 공적이거나 혹은 사적인 어떤 일에 참여하도록 할 수 있다. 일단 표현이 발생하면, 조병은 철수한다. 이 과정은 의식적이거나 의도적인 과정이 아니라는 것, 즉 자연은 예정된 목적을 위해 인간 존재들을 "의식적으로" 사용하지 않는다는 사실을 여기서 강조하는 것이 중요하다. 오히려 유전자에 의해 만들어지는 심리적 결함들은 보다 거대한 힘들이 작용할 수 있는 자리들이다.

신화적으로 이는 성배the Holy Grail를 지키며 부상을 입은 왕의 이미지34이다. 그의 부상은 깊어, 죽음을 가리키고 있지만, 그는 계속 성배를 감시하고 있고 그러자 파르지팔Parsifal이라는 구세주 인물이 등장하여 대망의 변용을 완성할 것이다. 이는 성배를 세계-변용에 핵심으로 만든다. 현재의 맥락에서 이는 부상 입은 자아가, 즉 조울증의 자아가 그 부상을 치유하고 개별화individuation의 삶을 가능케 만들어줄 구세주 인물을 기다려야만 한다는 것을 의미한다. 구세주 인물은 바로 꿈 소재에 가장 자주 현시하는 인도하는 대자아the guiding Self이다. 자연의 간계 속에 파묻힌 어떤 이유들 때문에 오직 부상당한 왕만이 성배의 지혜를 보존할 수 있다. 이 중의 어떤 것도 문자 그대로 받아들여져야 한다는 것을 의미하지 않지만, 그러나 이는 일상의 누미노제적35 (즉 감정적으로 풍성하고 그리고 종교적인) 변혁의 형태로 상징적으로 간주되어야 한다.

이는 결코 조병은 어쨌든 자비심 많은 힘이라는 사실을 의미하지 않는다. 그러한 관점은 조울증을 앓고 있는 모든 사람들에 대한 모욕이 될 것이다. 이상으로부터 추론할 수 있는 사실은 다름 아니라, 조병

---

34 3막으로 구성된 바그너의 오페라 작품 〈파르치발〉(Parsifal)은 1882년 완성되어 초연되었는데, 성배 수호기사단의 왕 암포르타스가 쿤트리의 유혹으로 마법사 클링조르에게 창을 빼앗기고 부상을 입는다. 그러자 용감한 바보 파르치발이 창을 되찾아 암포르타스 왕을 치료하고, 그의 후임 왕이 된다는 내용. 〈역자주〉

35 numinose(누미노제): 독일의 종교학자 루돌프 오토가 『성스러운 것』에서 사용한 용어로서, 사람들에게 피조물적 감정을 일으키는 '무서운 신비'를 가리킨다. 이 감정은 공포를 넘어 외경심을 불러일으키는 절대 타자의 낯섦과 무서움이지만, 그래서 그를 경험한 영혼들에게 절대적 의존감같은 매혹을 발휘한다. 이 개념은 누멘(numen)이라는 라틴어로부터 이 용어를 만들어 냈는데, 누멘은 어떤 명확한 이미지나 표상을 갖고 있지 않은 초자연적 존재를 의미한다. 〈역자주〉

은 선과 악을 넘어 존재하는 것이고, 또 그 병은 자연이 악마적 힘과 신성한 힘 모두를 현현하는 방식들 중 하나를 의미한다는 것이다. 조울증과 종교적 탈자 경험ecstasy36 간의 관련성은 익히 잘 알려져 있다. 책의 뒷부분에서 조울증과 창조성과 천재 사이의 논쟁적 관련성을 토론할 것이다. 현재 단계에서 지적하고자 하는 것은 바로 정신의 부상당한 상처와 그의 누미노제적 측면에 대한 개방성 사이에 연관성이 있다는 것이다.

구체적인 질문 하나를 묻자: 정의의 원형archetype 혹은 평등의 보편적 형상 혹은 그 요구가 너무나 압도적이어서 우리의 허접한 비용-이익 분석을 분쇄하는 것과 같은 어떤 것이 존재하는가? 이 원형이 우리의 자아 배치를 넘어, 우리 자신에게 최선의 이득이 아닌 것을 하도록 할 필요가 있는가? 내 생각은 바로 그러한 원형이 존재하고 그리고 그것이 부정할 수 없는 힘으로 우리의 인식 속으로 난입해 들어온다는 것이다. 조병 혹은 최소한 경조병은 이 원형을 세계들 속으로 이끌어가는 배와 같은 것이 될 것이다. 우리가 경험하는 죽음 원망은 우리자신의 존재를 위한 원망이 아니라, 정의의 원형을 위한 자리가 되기를 거절하는 협소한 페르소나persona 혹은 이고ego를 향한 것일 것이다. 원형들 속으로 합생37된 것으로서 자연은 개인적인 것이 아닌 목적들

---

36 ecstasy는 통상 신비적 합일경을 가져다주는 신비체험을 가리키지만, 코링턴의 철학에서 ecstasy는 그 이상의 중요한 함의가 있다. 고대 그리스철학과 기독교 신비주의 전통에서 유용히 사용된 개념이기도 하지만, 특별히 실존주의 철학의 맥락에서 ecstasy는 고대 그리스어로 ekstasis를 의미하는데, 'ek-'는 'out of'를 'stasis'는 'stand' 혹은 'standoff of force'를 의미하는데, 현대 영어에서 'stasis'는 상태 혹은 상황을 가리키는 단어로서 고대 그리스어 stasis로부터 유래했다. 따라서 ekstasis로서 ecstasy는 '기존의 상태로부터 이탈하는 상태'를 가리키며, 코링턴의 철학에서는 '탈자'(脫自)를 의미한다. 그래서 코링턴의 ecstatic naturalism을 '탈자적 자연주의'로 번역한다 (참고 - 로버트 코링턴, 『미국 철학적 전통에서 본 자연주의적 성서해석학과 기호학: 해석자들의 공동체』, 박일준 역 [서울: 동연, 2018]). 〈역자주〉

을 위해 조울증을 "이용한다." 이 논증이 천재의 실재에 적용되었다. 나는 이 논증을 사회적이면서 종교적인 예언자의 실재로 확장하고자 하고, 뿐만 아니라 작가, 예술가, 극작가 등의 실재로도 확장하고자 한다.

검토될 세 번째 꿈속에서는 정신 내에 잠재하는 위험이라는 문제가 일정한 힘을 가지고 되돌아온다. 이전의 꿈은 조병적이고, 마술적인 힘의 애매모호함을 보여주었는데, 그 애매모호함은 창조성의 형태들과 관계하고, 그 꿈의 경우에는 영화제작과 관계있었다. 이번 꿈속에는 이 동일한 에너지들에 맞선 생존의 문제가 전적으로 존재한다. 이 꿈은 1993년 12월 31일에 꾸었다:

나는 우르르 몰려 도망치듯 달려가는 아프리카 동물들의 거대한 무리로부터 도망하고 있는 중이다. 그들 중에는 코끼리들과 코뿔소들 등이 있었다. 몇몇의 남자와 나는 하필 그 동물들이 사납게 돌진해 가는 길 위에 있는 작은 나무 판잣집으로 들어갔다. 배경은 아프리카가 아니라 (아마도 소방도로였을) 비포장도로가 나있는 북아메리카 숲에 더 가까웠다. 우리는 판잣집 안에서 꼭 붙어 있었는데, 그 판잣집은 하필 동물들이 돌격해 내려가는 길 한복판에 있었다. 나는 25구경의 작은 권총을 갖고 있음을 떠 올렸는데, 이는 제임스 본드에게 지급된 것과 같은 종류(Walther PPK의 한 종류)이다. 권총으로 동물들을 멈출 수 없는 것은 알지만, 그럼에도 불구하고 나는 쏠 준비를 하고 있었다. 동물들은 그 집을 지나쳐 돌격해 나아갔지만(그 동물들은 수백 마리였다), 그러나 그 작은 판잣집은 전혀 해를 입지 않았다. 우리는 살아서 걸어 나올 수

---

37 'concresce'는 철학자 화이트헤드의 용어로서, 존재의 기본단위인 현실체(actual entity)가 신이 부여하는 시원적 목적과 물질적인 인과율의 힘을 구현하는 과정을 가리키는 말이다. 〈역자주〉

있었다.

이 장면의 설정에서 눈에 띄는 대조는 바로 작고 극도로 취약한 판잣집과 그 야생동물들이 지닌 거의 무한한 힘 사이의 대조이다. 그 장면에는 네 명의 주인공들이 있는데, 꿈 자아와 그의 동료들, 권총 그리고 동물들이 그들이다. 그 작은 판잣집이 놓인 도로는 소방도로일 것 같은데, 일종의 내부의 불로부터 보호를 의미할 것이고, 동물들은 연약한 오두막과 그 거주자들과 대비를 이룬다. 왜냐하면 그 동물들은 풀려난 조병의 에너지를 의미할 것이기 때문이다.

특별한 관심의 대상은 바로 권총의 역할이다. 그것은 제임스 본드와 직접적으로 연관되어 있고, 따라서 남성 영웅 신화와 연관되어 있다. 지구상에서 제임스 본드를 굴복시킬 수 있는 것은 아무 것도 없으며, 그는 자신의 보호를 위해 단지 권총 한 자루면 충분했다. 하지만 우리가 처한 상황은 그런 작은 구경의 권총이 별 소용이 없는 상황이다. 그 총알은 심지어 돌진해 오는 동물들의 단단한 가죽조차 뚫지 못할 것이다. 꿈 자아는 의식 자아의 관점을 대변하고, 그래서 자아를 향해 돌진해 들어오는 동물들의 힘을 두려워한다. 동물들은 그 누구의 머리카락 하나 해치지 않고 그냥 지나간다. 한편으로 이는 꿈 자아에게 영웅 신화가 얼마나 허망한지를 보여준다. 그 어떤 권총도 자연의 힘, 즉 정신 내에서 끓어오르는 힘들을 견뎌낼 수 없을 것이다. 하지만 이 힘들 자체는 의식을 구제한다.

여전히 '진단이 떨어지기 전'에 꾸었던 이 꿈에 대한 나의 독해는 이렇다. 이 꿈은 자아가 내부에서 희미하게 감지되는 조울증을 다루기에 무력하다는 사실에 대한 인식을 가리킨다. 권총을 휴대한 영웅들은 신경증적 강박이나 콤플렉스에 대처하기에 충분할지 모르지만, 그러나 그들은 이런 힘을 지닌 질병에 맞서 아무 것도 할 수 없다. 자아가 조울증과 같은 것을 대면할 준비를 하려면, 그에 앞서 전적으로 가부장적이든 아니든 간에, 그 영웅 신화의 죽음이 본질적이라는 사실을 받아들일 수밖에 없다. 성배를 지키며 부상당한 왕은 그 부상을 세상에 노출함으로써 이미 영웅 신화를 넘어가고 있는 중이다.

난 진단을 받던 날 밤에 발생한 꿈으로 나가려 한다. 이 꿈을 꾸고 이틀 후, 나는 리듐을 복용하기 시작했다. 꿈에 묘사된 장면은 조울증과 리듐 모두와 연관된 문제의 일부에 대한 강력한 환기이다. 이 꿈은 1994년 2월 7일 꾸었다:

나는 어떤 식으로든 물속에 서 있거나 혹은 앉아 있었지만, 그러나 살아남을 수 있었다. 내 오른 쪽으로 몇 피트 떨어져서 벌거벗은 남자가 소박한 나무 의자에 묶여 있다. 그는 대략 20대 혹은 30대인 듯이 보인다. 그는 필사적으로 숨을 참고 있다. 내 왼편으로는 우리와 함께 물속에 또 다른 사람이 있는데, 난 그를 볼 수가 없고, 우리는 의자에 묶인 그 사람이 물을 삼키게 되면 죽을 것이라는 사실을 알고 있는 것 같았다. 그는 숨이 막혀 물을 삼키기 시작했다. 작은 물고기가 그의 주위를 배회하여, 그가 생을 마치는 순간 집어 삼키려고 기다리고 있다. 그는 죽을 것처럼 보였고, 그 물고기는 그를 한 입씩 뜯어먹기 시작했다. 난 그 물고기가 먹잇감을 향해 달려가면서 내 곁을 스칠 때 몸에 소름이 끼치는 느낌을 느꼈다. 난 공포 속에 꿈에서 깨어났다.

물속에 있다는 느낌은 리듐 복용자들에게 잘 알려져 있는데, 적어도 초기 치료단계에 자주 나타난다. 그것은 마치 조병 에너지가 살아있는 공기를 금하고, 그 반대 요소들로 끌어내리는 것과 같다. 물속에서 산다는 것은 다른 방식으로 사람을 취약하게 만든다. 이 제한된 역량 가운데 있을 때, 아프리카 평원의 동물들과는 정반대인 그 작은 피조물들이 한 번에 한 입씩 조금 조금 뜯어 먹을 것이라는 사실은 두려움 자체다. 의자에 묶인 남자는 조울증과 함께 도래하는 수치심을 나타낸다. 이는 물속에 첨벙 빠뜨림으로서 죄 혹은 무죄를 결정하던 중세적 관행으로 거슬러 올라간다. 물론 이는 승산이 없는 절망적인 상황이고, 죽음만이 유일하게 가능한 결과이다. 그 장면은 정상적인 무대극처럼 결론을 맺지 않지만, 그러나 꿈 자아가 자신의 임박한 죽음을 대면하면서 돌연 중단된다. 공동체 무리의 작은 세력들 즉 게걸스럽게 먹어치우는 물고기의 맹공격을 막아낼 어떤 보호도 없는 듯이 보인다.

위에서 언급한 바, 조울증 환자들은 세계의 정상적인 사람들에게 "발각되는" 것을 두려워한다. 동료들은 쉽사리 수치심의 의자로 사람을 몰아세우며, 출구는 없다. 꿈은 이 두려움을 다시 점화시키는 한편으로, 리듐의 효과를 정확히 묘사했는데, 아직 복용 전이었다. 리듐을 복용하기 시작하면서 최소한 한 달 동안 나는 거의 물속에 있는 것처럼 느꼈다. 강의를 하거나, 교수로서 정상적인 업무를 수행하기가 무척 어려웠다. 또한 내가 받은 진단을 오해하여, 나를 해고하고 그리고 내 업적을 어쨌든 심각한 오점이 있는 걸로 폄훼할 사람이 있을까봐 나는 두려웠다. 단적으로 말해서 나는 그 장면들 다음에 물속에 던져질 의자가 나를 위해 준비되어 있는 것처럼 느꼈다.

다섯 번째 꿈으로 결론을 맺고자 하는데, 이 꿈은 압도적인 역경에도 불구하고 정신이 어떻게 앞으로 나아가는지를 보여준다. 이 꿈의 경우 아니마의 자매들의 힘을 수반하고 있으며, 4부의 구조로 이루어져 있다. 이 꿈은 1994년 11월 15일 일어났다:

난 연극에서 어떤 친구들과 함께 있었다. 우리는 무대 오른 편에 앉아,

극의 도입 부분이 열리고 있는 것을 보고 있었다. 갑자기 한 여배우가 등장하고, 나의 남성 친구와 나는 "아니마!"하고 외친다. 우리는 완전히 거기서 얼어붙어, 그녀에게서 눈을 뗄 수가 없었다. 그녀는 재빠르게 무대를 압도해 간다. 그녀는 키가 크고 근육질이었고, 그 풍채가 제왕적이었고, 검은 머리를 뒤로 넘기고 있었다. 그녀는 일종의 왕관을 쓰고 있었다.

두 번째 장면에서 나는 둥근 탁자들로 채워져 있는 또 다른 무대 세트 옆에 앉아 있었다. 그 장면 중에 나는 남성 배우들 중 한 명에게 말을 하기 시작했다. 그는 내게 동전 몇 개를 건네주었다(이 장면은 만찬의 일부였다). 나는 그 돈을 받았고, 청중들 중 다른 사람들은 내가 그 연극과 친밀한 관계를 갖고 있다는 사실에 시기하는 듯 보였다.

세 번째 장면에서 나는 부두를 따라 남성 친구와 걷고 있었다. 돌연히 우리는 그 아니마/여배우가 우아하게 그 만(灣)으로 잠수하는 것을 보게 된다.

네 번째 장면에서 나는 중국식 음식점에 있는데, 우리는 식사를 끝내려던 참이었다. 우리는 캐슈[38] 몇 접시를 가지고 돌리고 있었다. 성적인 경험이 많다고 자신을 소개하는 한 여인이 접시의 캐슈를 먹는데 또한 관심이 있었다.

이 꿈을 꾸기 대략 6개월 전 즈음, 나의 어머니가 돌아가셨고, 극빈자 묘지에 묻혔다. 생물학적 "죽음이라는 이름의 어머니"는 더 이상 의식

---

38 열대 아메리카 산 견과류 열매. 〈역자주〉

세계와 살아있는 사람들의 세계의 일부가 아니었다. 말할 필요도 없이, 그녀의 현존은 정신 내에 머물러 있었고, 특별히 아주 극심한 자살 충동이 일어나는 우울증 상태에서는 더 그랬다. 아니마는 죽음이라는 이름의 어머니의 교묘한 책략들에 맞서 자아를 보호하며, 내 정신 속에서 거의 신적인 신분을 누린다. 내 엄마는 무대 배우였고, 이 꿈에서 엄마가 무대의 아니마로 변신했다는 것은 무척 중요하다. 그것은 엄마의 파괴적 에너지들의 일부가 이제 치유적 에너지로 변용되었다는 것과 같다.

이 꿈을 꿀 때, 나는 리듐을 복용한지 대략 10개월쯤 되었을 때였다. 이 꿈은, 결코 완결될 일은 없겠지만, 안정화 과정이 시작되었다는 신호이다. 비록 지나가야 할 많은 폭풍들이 남아있겠지만 말이다. 결과적으로 나의 정신은 개별화individuation를 향하여 서서히 나아가서, 어떤 의미에서 안전한 의미 지평을 찾는 입장에 있었다. 이 꿈의 4중적 구조는 거의 성스러운 분위기가 꿈속의 행동을 에워싸고 있음을 나타낸다. 그 꿈 드라마의 각 장면을 검토하면서, 아니마의 현존이 어떻게 변용되었는지를 살펴보자.

첫 번째 장면에서 꿈 자아는 자신의 남성 친구들과 함께 한 연극을 보고 있었다. 한 신비한 존재가 등장할 때 장면은 빨리 지나간다. 그녀는 분명 왕족의 혈통이었고, 자신의 고대적이고 성스러운 신분을 증명하려는 듯이 신비한 왕관을 쓰고 있었다. 꿈 자아는 그녀가 아니마라는 사실을 깨닫는데 전혀 어려움이 없었고, 심지어 그가 그것을 간파하는데 실패한다 해도, 그리스극의 코러스처럼 행동하는 그녀의 친구들이 그것을 분명하게 만들어주고 있었다. 그녀는 무대라는 경계들로 구별된 작은 우주의 중심이었다.

두 번째 장면에서 꿈 자아는 무대로부터 건네진 약간의 돈을 받아들임으로서 드라마의 내적 핵심으로 사실상 진입하고, 따라서 배우들이 통상 관객으로부터 드라마를 구별하는 "제4의 벽"이라 불리는 것을 무너뜨림으로써 꿈 자아를 알고 있음을 드러낸다. 그 드라마와 꿈 자아의 친밀한 관계는 시기심을 도발한다. 돈은 많은 것을 상징화할 수 있지만, 그러나 이 상황에서 그 돈은 둥그런 동전들의 모양으로 표현될 수 있는 식사의 일부를 나타내는 것 같다. 이 동전들은 일종의 성만찬 전병인가? 이 동전들은 꿈 자아와 배우가 깊이 연합되어 있으며, 그래서 그들 사이에는 어떤 공통의 통화가 있다는 것을 보여주고 있는 것인가? 무대 위에서 다른 배우들은 식사를 하고 있었다. 이 주제는 이 꿈 드라마의 네 번째 장면에서 다시 돌아볼 것이다.

세 번째 장면은 극장 바깥의 보다 넓은 세계로 이동한다. 꿈 자아와 친구는 부두를 따라 걷고 있는데, 그때 첫 번째 장면의 여배우가 만瀨으로 잠수한다. 마술적 아니마는 무대로부터, 바깥의 공중으로 그리고 물로 간다. 아마도 그녀의 구성성분은 물이고, 그녀는 무대에 오르지 않을 때 그 물로 돌아가는지도 모른다. 네 번째 장면에는 장면 전환이 있는데, 그때 꿈 자아와 친구들은 중국식 레스토랑에 들어간다. 식사가 끝나고 한 접시의 캐슈가 돌려진다. 이 두 번째 식사는 무대에서의 식사와 연결되고, 또한 연결의 상징과 전일성을 수반한다. 캐슈 열매는 무대의 만찬 장면에서 건네진 동전들과 유비적이다. 성적으로 경험이 많은 아니마는 캐슈를 먹음으로써 식사의 예전적 완성에 참여하기를 원한다. 그녀의 성적인 용기는 꿈 자아와 그의 남성 친구들에게 멀리 떨어져 있던 무대 위 아니마와 두드러진 대조를 보여준다.

이 사중의 드라마는 꿈 자아에게 무엇을 말하고 있는 것인가? 이 꿈이 4부로 되어 있다는 사실은 사위일체quaternity 즉 삼위일체에서 상실된 네 번째 구성요소를 가져오는 전일성의 인물을 가리킨다. 아니마

anima는 죽음이라는 이름의 어머니에게 부정당해왔던 바로 그 잃어버린 네 번째 인물이다. 1994년 2월 7일의 끔찍한 꿈, 정신과 의사의 진단으로부터 곧장 도래한 심리적 익사를 다루는 것이 문제였던 그 꿈으로부터 약간의 진전이 있었다는 것은 분명해 보인다. 11월경에는 마음psyche이 아니마의 힘을 다소간 안정적인 에고-자아ego와 통합하려는 혁혁한 움직임을 만들고 있었다. 아니마가 엄마의 직업의 자리를, 말하자면, 모두가 볼 수 있는 무대 위를 점유하러 왔다. 그녀는 아직 치유하는 자매healing sister는 아니지만, 그러나 더 이상 모든 것을 집어삼키는 블랙홀 같은 죽음이라는 이름의 어머니는 아니다. 두 번째 식사 장면에서 성적으로 활동적인 아니마는 구원하는 누이saving sister에 훨씬 더 가깝다. 왜냐하면 그녀는 세상의 열매를 맛보면서, 동시에 전일성을 여전히 욕망하고 있기 때문이다.

꿈 소재를 확장할 때, 개인적 연상들은 언제나 중요하다. 내가 엄마에 관하여 갖고 있는 몇 가지 안 되는 기억들 중 하나는 연극에서 자신의 역할을 리허설하는 장면이다. 나는 당시 5세 정도였다. 난 그녀의 역할이 정확이 무엇인지 기억하지 못하지만, 혹은 내가 알았다고 해도 기억하지 못할 듯하지만, 그러나 어둠으로부터 나와 무대 조명으로 들어가던 그녀의 모습은 무척 인상적이었다. 감독은 그녀의 해석을 교정하는 중이었고, 엄마는 자신의 배역을 올바로 연기하기 위해 분투하고 있었다. 나는 극장 뒤 어둠 속에 남겨져 있었고, 다소 외롭다고 느꼈다. 요즘도 극장에 갈 때마다, 사실 꽤 자주긴 하지만, 나의 감각들과 정신은 경조병적 에너지로 찌릿해진다. 나에게 극장은 지상에서 가장 성스러운 장소로서, 말씀과 몸짓의 세속적이고 동시에 성스러운 예전들을 위한 자리이다. 주머니 사정이 허락할 때마다, 나는 런던으로 홀연히 날아가 내셔널극장, 바비칸극장 그리고 웨스트엔드극장에서 연극을 본다. 나는 거기 있는 극장들 대부분을 가슴으로 알고, 그들을 오래된 친구들처럼 대하는데, 특별히 헤이마켓극장과 올드빅극장이 그렇다. 연극을 보고 있을 때, 나는 아니마를 본다. 죽음이라는 이름의 어머니가 아니라. 그리고 내가 보아왔던 위대한 여배우들과 배우들을 거의 모두 다 기억한다.

지금까지 토론된 다섯 개의 꿈들의 진화는 상당히 분명하고 그리고 어쨌든 희망적인 궤적을 제시한다. 충돌에 대한 처음의 두려움으로부터, 예술적 상황에서 조병 에너지의 부활로, 자연의 가장 위험한 육상동물들의 외적인 포악함으로, 물속으로 던져지는 의자와 바닷속 생물들에 대한 공포들로, 치유하는 아니마의 등장으로 이어지면서, 정신은 조울증의 결정적인 많은 측면들을 통과하여 나아가면서, 자아에게 그것들을 진지하게 받아들이도록 강요하였다. 부인否認은 의식 속에 존재할 수 있지만 그러나 만일 자아가 그 상황의 냉정하고 완고한 진실을 받아들일 준비가 아직 안 되었을 때 그것은 심지어 무의식 속에서 존재한다. 하지만 여기에는 이보다 훨씬 고차적인 논리가 작동하고 있는데 말하자면, 무의식은 의식이 그 부인(denial)을 받아들일 수 있는 상황으로 데려갈 것이라는 사실이다. 이 내적 드라마에 대해 또 다른 증인을 갖는 것의 중요성은 분명한데, 내게는 그 증인이 분석자였다. 꿈들은 언제나 개인적이거나 의인화된 관계 속에서 보여질 수 있기 때문에, 이 제삼자는 꿈속의 '인물'들을 피분석자(환자나 의뢰인)의 인물과 함께 데려오는 해석적 임무를 가지고 돕는다. 꿈은 흔히 낯선 나라로부터 도래하여, 그 꿈을 불분명하게 표현하는 깊은 타자성을 갖고 있는 듯이 보일 때가 있다. 꿈이 전개되어갈 때 함께하는 전문지식의 해석자(분석자)가 있게 되면, 타자성의 느낌으로부터 소유주의 느낌으로 넘어가는 것이 가능하다. 정신이 그러한 현존에 반응하여, 자아가 개별화하도록 돕는 그의 노력들을 강화한다는 것을 나는 분명히 믿는다.

재정적인 이유든 아니면 다른 이유든, 집중적인 분석 환경 속에 있을 수 없는 이들에게, 나는 이 소중한 소재를 다루기 위한 통로vessel로서 꿈 그룹dream group을 강력히 추천한다. 그러한 그룹은 매주 똑같은 시간과 장소에서 만나야 하고, 또 거기서 제시되는 모든 꿈 소재들은 그 그룹 내에서만 나누어져야 한다. 무의식은 언제나 통로의 '질quality'을 알고 있어서, 우수한 관을 통해서만 그 작업이 확장 증폭될 수 있게 하는 듯하다. 만일 통로가 적절하다면, 정신이 반응할 것이다. 아마도 박식한 인도자와 함께하는 조울증 환자들로 구성된 꿈 그룹은 고립된 개인에게는 불가능할 방식으로 치유과정을 강화할 수 있다. 지금까지 나의 삶은 치명적인 극단들을 왔다 갔다 했는데, 조병 발작이 일어나면 나는 집 없는 노숙자를 치유하고자 노력했고, 자살성 사고suicidal ideation가 일어나는 동안에는 죽음이라는 이름의 어머니와 그녀의 무시무시한 논리를 경험해야 했다. 이제 나는 그보다 훨씬 통합된 삶의 단계로 진입할 준비가 되었다. 조병과 경조병의 정점들을 때로 필사적으로 그리워할 것이고, 공정하거나 반칙적 수단으로 그런 순간들을 일으키고 싶은 유혹이 들기도 할 것이다. 하지만 죽음이라는 이름의 어머니가 결국 물러나기 시작하여, 아니마와 인도하는 대자아the guiding Self로 대치되기 시작했다는 사실도 또한 알고 있다. 이는 나의 희망이기도 하다.

이어지는 장들에서 나는 이 희망과 연관된 의학적 측면들을 제시할 뿐만 아니라, 창조성과 천재 그리고 조울증 간의 친밀한 상관성들을 보다 온전하게 탐구해 들어갈 것이다. 제이미슨Jamison, 허쉬만, 리브 등 그 외 다른 사람들처럼, 극단적인 감정기복들과 창조적 천재 사이에는 깊은 연관성이 있다는 것과 그 연관성은 무의식의 간계의 일부를 나타낸다는 것에 설득력이 있다고 생각한다. 마지막으로, 리듐을 복용하고 있건 아니건 간에, 우리 모두가 필요로 하는 생존 전략들에 관하여 보다 더 말할 것이다. 이 전략들은 그들 자체로 개별화individuation에 이바지하고 있다. 왜냐하면 우리는 단지 전체에 맞서기 위해서가 아니라 전체가 되기 위하여 이 땅에 존재하기 때문이다. 이 질병을 가진 우리 같은 이들에게 이 여행은 훨씬 복잡하지만, 그러나 또한 우리만의 고유한 풍성함을 담지하고 있다.

2장

몸과 영혼:
의학적 그리고 심리학적 전망

인류는 오랫동안 기분 장애mood disorder의 존재를 알고 있었고 그리고 그것들을 소위 일반적인 형태의 경험과 관계시켜서 규정하고자 노력해 왔다. 조병mania은 우울증보다 훨씬 종교적 현상으로 모습을 드러내는데, 조병의 보인자는 신성한 힘과 연결된 듯이 보이기 때문이다. 심지어 플라톤처럼 냉정한 철학자도 기원전 4세기에 저술을 통해 자신의 풍성한 철학 속에 조병을 위한 자리를 마련했다. 그의 대화중에서 거의 읽히지 않는 편인 『이온』(Ion)에 보면, 플라톤은 이성과 회상을 통해 영원한 형상들로 나아가는 길에 대한 자신의 이해를 시인의 영감을 일깨우며 심화시키는데, 이는 다른 말로 조병을 심화시켜 이해를 촉진한 것이다. 시인은 기분mood의 심오한 변화를 통해 이 영원한 구조들로 상승할 수 있는 사람이다. 영감에 사로잡힌 시인은 변증법을 추구하는 철학자보다 더 빨리 형상들에 이를 수 있다. 철학자는 무지의 동굴로부터 나오기 위해 이성로고스을 사용해야만 하기 때문이다. 어떤 의미로 조병은 이성의 재능을 초월한다. 구체적으로 서정 시인들을 가리키면서, 플라톤은 소크라테스의 입을 통해 말한다:

… 코리반트들1이 춤출 때 자신들의 감각들로 하는 것이 아니듯이, 서

---

1 그리스 신화에 따르면, 북치고 춤추는 여신 큐벨레(Cybele)를 경배하는 이들로서, 무장

정 시인들도 아름다운 서정시들을 만들 때 자신들의 감각으로 하는 것이 아니다. 그렇다. 일단 그들이 화음과 리듬을 시작하면, 그들은 바쿠스2적 황홀경에 홀려 사로잡힌다. 그러면서 바커스의 사제들은 그처럼 홀렸을 때, 강에서 우유와 꿀을 퍼 올리지만, 자신들의 감각으로 돌아왔을 때는 그렇지 못한다. 그들 자신의 보고에 따르면 서정 시인의 영spirit도 그렇게 활동한다. 시인들이 우리에게 가져오는 멜로디들은 뮤즈 신들의 협곡과 정원으로부터 흘러나오는 꿀이 흐르는 시내에서 모은 것이고 그리고 마치 벌들이 꿀을 모으듯이, 그들은 꿀벌들처럼 날아서 그 멜로디들을 모아온다고 시인들이 우리에게 말하지 않던가? 그리고 그들이 말하는 것은 사실이다. 시인은 가볍고 날개달린 존재이고 그래서 성스럽지만 그러나 영감을 받지 않는 한 결코 시를 짓지 못하며, 따라서 제 정신이 아니며, 이성은 더 이상 그 시인 안에 머물지 않는다.3

비록 소크라테스적 반어법의 층에 덮여 있음에도 불구하고, 시인은 보다 냉정한 성품의 사람들에게는 가능하지 않은 어떤 세계의 차원에 다가갈 수 있다고 우리는 결론짓지 않을 수 없다. 플라톤의 제자 아리스토텔레스는 이상적인 아테네 생활에 대한 묘사 속에서 그러한 신적 황홀경을 우호적으로 기술하기를 꺼려했는데, 아마도 신들의 죽음으로 인해 척도와 조화의 의미가 보존되어야 할 필요가 있다는 지속적인 두려움 때문이었을 것이다. 하지만 플라톤에게는, 절제 있게 다루어질 수 있다면, 영감inspiration은 공동체폴리스의 삶에 중요한 일부를 형성할 수 있었다.

하고 장식을 갖춘 채 춤을 추는 무희들이다. 〈역자주〉

2 술의 신 바커스(Bacchus)를 가리킨다. 〈역자주〉

3 Ion, from *The Collected Dialogues of Plato*, ed. by Edith Hamilton and Huntington Cairns(Princeton: Princeton University Press,61), 220.

호머의 독자들은 또한『일리아드』에서 조병의 현존을 인지할 수 있는데,『일리아드』에서 저자는 포위된 트로이 시를 둘러싼 끝없는 전투를 기술한다. 그 태고의 고전적 정신 속에는 조병 발작 시 일어나는 자기-경험의 상실과 올림푸스 산에서 빛나는 이들 안에 체현된 하늘의 지혜 사이의 연관성이 존재한다. 헥토르나 아킬레스와 같은 그러한 위대한 영웅이 조병을 경험할 수 있다면, 그들은 분명코 보다 낮은 질서를 통치하는 신들 예를 들어, 포세이돈이나 오르페우스 같은 신들에 연결될 수 있었다. 애초부터 사람들은 조병을 종교적 통찰이 혹은 신 혹은 여신이 순간적으로 자아 속으로 주입되는 것이라고 상상해왔다.

정신병리학에 깊이 길들여진 오늘날의 관점에서 조병mania과 우울증은 새로운 가면을 덧입게 되는데, 이는 그 병들로부터 신성을 벗겨내어, 그 질환들을 유전적이고 생화학적인 영역으로 환원시켜 버린다. 가장 염세적인 고서연구자들만이 이를 퇴행적 조치라고 생각할 따름일 터인데, 억제되지 않은 조병으로부터 도래할 수 있는 순전한 피해, 즉 호머가 엄청나게 잔인한 방식으로 상세히 기술한 학살을 고려할 때 특별히 그렇다. 조병이 일으키는 분노감은 전사를 살인기계로 변형시킬 수 있지만, 그러나 심지어 이때도 조병은 통상 비극적 역전으로 막을 내리는데, 소위 그 영웅이 (전장에서 발뒤꿈치로 질질 끌려 다님으로서) 불명예스럽게 최후를 마치거나 혹은 개인적인 그리고 정치적인 파멸로 마치게 된다. 조병은 단기적으로 자아와 공동체에게 이익을 가져다 줄 수도 있지만, 그러나 언제나 그 반대쪽 결과로 무너져 내리기 마련이다. 물론 플라톤은 이 호머의 이야기들로 인해 깊이 동요했고, 그래서 우리가 보듯이, 자신의 관점에서 가장 제한된 역할만을 조병에게 허락하였다. 결국 플라톤은 자신의 이상 국가에서 모든 시인들을 추방하고자 했다. 그는 올림푸스 산에서 이루어진 방탕한 행위들에 대하여 말하지 않고 오로지 신들에 대한 찬송만을 노래하는 시인들만을 용납했다. 그리스적 세계에서 조병은 감탄의 대상이면서 또한 두려움의 대상이었다.

고대 종교의 종단에는 균형과 이성을 찬양하는 아폴로 신의 추종자들과 형상과 경계의 파괴를 찬양하는 디오니소스 신의 추종자들 간에 긴장 관계가 있었는데, 디오니소스 신의 추종자들은 여성들이 많았다. 델피의 가장 거룩한 종교적 자리에는 거대한 사원이 있는데, 이 사원은 이 두 종교 공동체를 교대로 섬기고 있었다. 많은 사람들은 디오니소스의 추종자들을 두려워했는데, 이 추종자들이 언덕 위로 올라가 며칠 동안 벌어지는 난폭한 축제의 관행 때문이었다. 이 축제 때에는 디오니소스의 화신들incarnations로 간주되는 살아있는 동물들이 찢겨지곤 한다. 종교사학자 미르치아 엘리아데는 고대 시대와 고전적 시대에 걸쳐 역사적으로 존재했던 디오니소스 신과의 친밀감과 더불어 도래하는 심리적 팽창을 다음과 같이 기술한다:

> 디오니소스 예식의 핵심에서 이런 저런 형태로 다소간 폭력적인 광란의 탈자적ecstatic 경험을 언제나 목격하게 된다: 조병mania. 이 "광기madness"는 신입자가 엔테오스entheos하다는 것, 즉 "신으로 충만하다"는 증거였다. 이 경험은 확실히 잊을 수 없는 경험이었다. 왜냐하면 거기에는 창조적 자발성과 취기에 들뜬 자유로움 안에서 즉 디오니소스 신의 초인적 힘과 불사의 능력 안에서 나눔이 존재하고 있었기 때문이다.[4]

여기서 우리는 제의적으로 통제된 조병의 한 예를 보게 되는데 이는

---

4 Mircea Eliade, *A History of Religious Ideas*, Vol.1 (Chicago: Chicago University Press, 1978), 368.

특정한 조건들 하에서만, 말하자면, 일 년 중 명시적으로 정해진 기간에만 일어났다. 그러나 얼마나 통제되었든지 혹은 일시적이었든지 간에, 자기-신격화self-divinization는 조울증에 핵심적인 경험이다. 그리스인들은 조병을 향한 자신들의 성향을 치명적으로 두려워했고 그리고 그 조병 성향들을 종교의 힘들 안에 한정시키고자 분투했다.

델피의 신탁은 특별한 잎들을 씹음으로 이루어졌다고 생각되는데, 이는 바로 여사제를 경조병 상태로 예인하고 그 상태에서, 다소 수수께끼처럼 알아듣기 어렵지만, 신들로부터 도래하는 직접적인 발언을 전달해줄 수 있었다. 소크라테스는 그러한 신탁으로 나아가는 자신의 여정, 즉 디오티마5에게로 나아가는 그 자신의 실재적인 혹은 허구적인 여행을 기술하는데, 그러면서 아테네 시민으로서 그 자신의 소명의 의미를 추구한다. 디오티마는 소크라테스로 하여금 산파-철학자mid-wife-philosopher로서 자신의 고유한 역할을 볼 수 있도록 돕는데, 이 역할은 보다 높은 진리들을 볼 수 있도록 다른 사람들을 자극하는 역할이다. 흥미로운 사실은 아마도 고대와 근대 세계에서 자율성의 궁극적 상징인 철학자조차도 조병에 걸린 예언자를 보러가야 했다는 사실인데, 그 예언자만이 홀로 신들을 대면해 말할 수 있기 때문이다. 플라톤이 대화편 『심포지움』을 구성하는 기술들 속에 담긴 두터운 반어법에도 불구하고 분명한 사실은 소크라테스가 자기 자신을 능가하는 힘들을 존경했다는 사실이다. 그는 유한으로부터 무한으로 나아갈 때 도움이 필요하다는 사실을 알고 있었다. 궁극적으로 소크라테스는 **에로스**Eros의 영을 일깨우는데, 이 에로스의 영은 신도 아니고 그렇다고 죽을 운명의 존재도 아니며, 이 두 세계 사이의 길을 왔다 갔다 하는 존재이

---

5 플라톤의 대화편 『심포지움』에 등장하는데, 소크라테스는 디오티마의 입을 빌려 에로스 예찬의 연애관을 말한다. 〈역자주〉

다. 우리는 분명코『심포지움』을 사랑과 성과 지혜를 향한 수단으로서 경조병hypomania을 찬양하는 글로 읽어낼 수 있다.

다음 장에서 보게 되겠지만, 또한 조병과 창조성 사이에는 고대적 연관성이 존재하는데, 특별히 조병의 가장 고양된 형식 즉 천재 속에 이 연관성이 현현한다. 이 병을 둘러싼 종교적 에너지는 19세기 경 우리의 의미 지평들을 변혁하는 천재genius라는 낭만적 신화로 변모했다. 창조적인 예술가, 사상가, 과학자 그리고 문화적 영웅은 조병manic 혹은 경조병hyper-manic적 에너지를 체현하여 그들의 위대한 작품들을 만들었다. 이 천재 신화에는 분명히 사이비-종교적인 신화가 작동하고 있는데, 이 신화의 형이상학적 기초들이 변화했다 할지라도 마찬가지이다. 그 두드러진 변화는 상당히 흥미롭다. 고대 그리스와 그리스-로마 세계의 억제되지 않은 조병으로부터, 우리는 근대기의 통제되고 매우 개인적인 조병으로 나아간다. 뿌리 깊이 가부장적인 영웅 신화는 조병적 사로잡힘에 대한 종교적 혹은 준종교적 개념이 연결고리가 되어 전사warrior로부터 창조적 예술가로 넘어갔다. 전사戰士는 가장 명백히 가부장적인 개념이다. 왜냐하면 전사는 다른 남자들을 물리침으로써 그리고 전적으로 자신의 모성적 기원을 억제함으로써 그의 영광을 달성하기 때문이다. 창조적 예술가는 전사의 분노를 부분적으로 통합하여, 모성적 근거와 일종의 화해를 향하여 나아갔다. 종교적 조병의 연결적 실재는 전사를 넘어, 그 힘의 미래적이고 미적인 변혁을 가리킨다.

20세기 후반부 조병과 우울증에 대한 우리의 이해는 다시금 변화하고 있다. 우리가 조울증이나 조울증적 행동으로 인해 치러야 하는 인간적 대가를 보다 주목하고 있으며, 아울러 이 질병을 낭만화하고자 하지 않는다. 그러나 여기에도 마찬가지의 위험이 존재하는데, 말하자면, 우리가 너무 앞서 나가서, 이 간교한 질병을 단지 병리적인 어떤 것으로만 환원하여 이해하는 위험 말이다. 이어지는 부분에서 나는 조울증에 대한 의학적이고 심리학적인 사유를 평가하고 그리고 한편으로 그리스-로마의 종교적 경외심과 다른 한편으로 정신병리학 사이의 전적인 양자택일either/or을 넘어서는 어떤 길이 있는지를 탐색해 보고자 한다. 가능한 제삼의 영토를 찾을 때 언제나 필연적인 것은 바로 조울증의 온전한 실재를 대면하는 일인데, 조울증은 그 숙주6에 대해서 분명코 파괴적일 수 있지만, 리듐이나 다른 약물 치료들로부터 도래하는 치유 전망들도 고려해 보아야 한다. 그럼에도 불구하고, 리듐의 애매모호성들이 아울러 다루어져야만 한다. 이전 장에서 언급했듯이, 리듐 불-복종 현상은 아주 심각한 쟁점인데, 조울증 환자의 거의 절반가량이 이 단순 소금류 약물의 도움 없이 바람의 말을 타는데 패를 던진다.

1. 의학적 전망

조울증에 대한 의학적 사유를 평가하는데 가장 자명한 출발점은 주요 진단 도구를 확정하는데서 출발하는 것인데, 진단 도구란 의사와 치료사들이 해당 환자의 질병과 과정에 대한 정확한 그림에 도달할 수 있도록 해주는 것을 말한다. 전체 의학계와 심리학계에 규범이 된 진단 도구는 『정신 질환들에 대한 진단과 통계 규정』 제4판인데, 통상 DSM-IV로 불린다.7 미국 정신의학협회American Psychiatric Association가 1994년

---

6 코링턴은 조울증 환자를 때로 "숙주"라고 표현하는데, 아마도 조울증 유전자와 유기체 자신을 서로 구별하는 본인의 표현이다. 〈역자주〉

7 『정신질환 진단 및 통계 편람』이라 불리는 이 진단도구는 '정신질환'에 집중하여, 질병의 진단을 위한 절차와 기준들을 싣고 있다. 초판 이후, 2판, 3판, 4판, 4판의 본문수정판 그리고 현재 5판(fifth edition)이 출간되어 있다. 코링턴이 이 저서를 서술할 당시 최신판은

출판한 이 886 쪽 분량의 규정집은 논쟁의 여지가 없는 것은 아니었다. 하지만 저자들은 젠더와 인종이라는 쟁점들뿐만 아니라 진단의 문화-교차적 차원들까지도 포함시키느라 열심히 작업하였다. 이 규정집은 어떤 형식의 치료를 시행할 수 있는 병리학의 형태들에 대한 아주 상세하고 주의 깊은 연구이다. 이 책을 읽으면 매우 의기소침해질 수 있다. 특별히 자기 자신이 겪고 있는 병의 범주를 숙독하고 있을 경우 말이다. 하지만 이 책은 또한 정보의 보고를 담고 있어서, 그에 필적할 만한 다른 책을 찾기 어려울 것이다. 적어도 한권 분량을 찾는다면 말이다.

저자들이 독자에게 정확하게 주의를 주는 바, 이 책의 분류 도식은 절대적인 것이 아니며, 각 사람은 증상들을 드러내는 방식에서 고유하다. 거기에는 또한 정신과 의사들에게 주지시켜야 할 내용이 담겨 있는데, 진단을 복잡하게 만들 수 있는 근원적인 신체적 조건들이 있을 수 있다. 예를 들어, 조울증의 경우, 약을 처방하기에 앞서 갑상선, 심장, 신경기 계통 (예를 들어, 다발성 경화, 뇌 종양) 그리고 대사 조건들이 있는지 확인하고, 문제가 될 성분들을 약 제조시 배제해야만 한다. 동시에 약물 남용과 같은 여러 가지의 연결된 조건들이 현재하는지를 살펴보는데 세심한 주의를 기울여야 한다. 조울증이 주요원인이고, 약물 남용이 이차적 원인일수도 있고 또는 그 반대일 경우도 있다. 이는 진단을 많은 변수들에 대한 감수성을 동반하는 예술로 만들어 준다.

4판이었고, 현재는 5판에 근거하여 진단이 이루어지는데, 두드러진 차이라면, 4판까지 이어진 다중 축 분류 시스템(multi-axial system)을 5판에서는 포기한 것이다. 이를 통해 정신질환 계통의 질병을 유형론적으로 보려는 성향을 포기하고, 개별 증상별로 때로는 보다 포괄적으로 때로는 보다 협소하게 병을 진단하는 것인데, 5판의 중요 변화 중하나가, 소위 정신분열증(schizophrenia)의 하위 범주인 paranoid, disorga-nized, catatonic, undifferentiated 그리고 residual을 삭제한 것과 자폐증 연관 질병들의 하위구별들을 삭제한 것인데, 각 개별증상들의 정도에 따른 구별로 이를 보완하였다. 〈역자주〉

DSM-IV의 논리적 구조는 그의 숫자 체계인데, 각 진단에 대하여 매우 정확한 부호를 부여한다. 이 숫자 체계의 처음 세 자리 숫자는 질환을 진술하고, 다음 두 자리 숫자는 그 질환의 상태를 기술하는 부호이다. 당신의 의사나 치료사가 당신에게 부호를 부여하면, 이는 차례로 보험회사에게 전달된다. DSM-IV를 사용하는 것은 의사에게 강력한 경제적 보상책이 주어지기 때문인데, 이 사실이 비평가들을 괴롭혀 왔다. 거기에는 또한 다소 중립적인 범주들이 존재하고 있어서, 너무 구체적인 진단이 시기상조이거나 부적절할 경우에 사용될 수 있다.

그 숫자들이 어떻게 작동하는지 예를 들어 보자. 나에게 할당된 진단 부호는 296.66이다. 규정집 뒤쪽으로 가면 이것을 다음과 같이 번역할 수 있음을 알 수 있다: 양극성 1 유형Bipolar I의 질환, 가장 최근의 에피소드는 혼성(부호 중 296이라는 숫자가 가리키는 것이다), 완치(부호 중 66이라는 부분이 말하는 것). 66이라는 다소 낙관적인 접미사 번호는 최소 지난 두 달간 큰 에피소드를 겪지 않았다는 것을 의미한다. 접두번호 296은 이 질환의 다소 심각한 형태를 앓고 있다는 것을 의미한다. 양극성 2 유형Bipolar II은 이 질환의 양극성 1의 형태들과 연관된 본격적인 조병을 겪을 가능성이 적다.

말할 필요도 없이 그러한 숫자를 본다는 것은 정신을 소름끼치게 만드는 혹은 심지어 마비시키는 효과를 갖는다. 철학자에게 이는 포섭관계class-inclusion[8]의 문제를 야기하는데 말하자면, 어떻게 류類 혹은 특정 집단의 구성원을 결정하는가의 문제 말이다. 철학자들은 "포섭 관계class-inclusion에 필요충분조건들"과 같은 것을 말하려는 경향이 있다. 주요 질환처럼 개인적이고 친밀한 것에서 류類적 구성원 개념은 귀찮은 문제이다. 앞의 장에서 이 질환을 확인해 가는 나의 투쟁과정을 기

---

8 유(類) 개념으로 종(種) 개념을 포섭하는 문제를 말한다. 〈역자주〉

술했다. 당분간 나는 조울증 환자가 **되었고**became 그리고 이는 내 자아의 모든 것을 설명하는 무엇이 되고 말았다. 296.66 부호를 할당받으면서 나는 엄격한, 거의 벌거벗은 실재를 대면해야 했는데, 이 실재는 나의 질환의 분류 확인에서 내가 개입할 다른 여지를 전혀 용납하지 않을 것이다. 이 부류의 구성원이 되기 위한 필연적 조건들이 존재한다: 이러 이러한 유형의 조증 에피소드들, 이러저러한 지속기간을 갖는 우울증 에피소드들, 자살충동을 일으키는 생각들과 행위들 등. 그럼 이 부류에 대한 충분조건들(즉 보다 강력한 범주)이 존재하는가? 내게 이 문제는 보다 복잡하다. 난 충분조건들의 목록을 찾고 싶지 않고, 오히려 이 질환 자체에 애매모호한 방식으로 덧붙여지는 필수 조건들의 무리가 있다고 생각하는 편이다. 그리고 이 필수 조건들은 시간의 경과에 따라 그 모습이 바뀌거나 변동될 수 있다. 이 사실이 심지어 진단을 보다 까다롭게 만든다.

DSM-IV의 저자들은 조울증이 자기-위장적self-cloaking이라는 사실을 지적한다. 말하자면, 개별 환자는 자신의 에피소드들과 관련된 일종의 기억상실증을 갖고 있다. 자기-보고서self-reporting는 교묘하기로 악명높다. 바로 이 때문에 저자들은 특정한 사건들에 관하여 가족 구성원들이나 친구들을 참고할 것을 추천한다. 최근 내 아내는 내가 겪었던 심각한 조병 에피소드에 대하여 상기시켜 준 적이 있는데, 나는 그 사건에 대하여 잊고 있었다. 그 에피소드는 일주일 동안의 단식 후에 찾아왔는데, 이 단신은 정치적 행위로 수행하는 것이 전혀 아니었다. 단식은 조울증 환자들에게는 잘 알려진 또 다른 신기한 행위 형식이다. 내 아내가 진실을 말한다는 것을 알고 있기 때문에, 나는 이 질병이 스스로를 가장하는 섬뜩한 능력을 갖고 있다는 사실을 받아들여야만 한다. 바로 이런 특성 때문에 조울증 환자 3명당 1-2명은 진단을 받기 위해 결코 정신과 의사나 치료사를 찾아가지 않는다고 나는 생각한다. 결국 진단해야 할 것이 무엇인가? 만일 내가 심각한 자살충동의 공포를 겪고, 내 상황의 전적인 심각함을 깨달아야 하는 일이 없었다면, 난 아직도 여전히 약물치료 없이 그리고 적절한 자기-이해 없이 (이 병과) 씨름하고 있었을 것이다.

그렇다면, 조울증이 있음을 암시하는 합리적인 개연성을 말하기에 앞서 제시되어져야만 하는 필수적 조건들이란 무엇인가? DSM-IV는 기술의 결론부에 해당 특정 질환에서 발견될 증상들에 대한 편리한 도표들과 표들을 싣고 있다. 가장 본질적이고 적절한 특징들에 집중하기 위해 그 목록과 서술을 요약할 것이다. 조증 에피소드에 대한 판단기준 가운데는 다음과 같은 것이 있다: 늘어지거나 확장되거나 혹은 고양되거나 불안정적인 기분, 부풀어 오른 자존심 혹은 과장, 잠이 오지 않음, 말 수 증가, 관념들의 비상, 주의산만, 목표지향적 활동의 증가, 쾌락적 활동(성 행위, 구매, 술잔치 등)에 대한 과도한 참여 그리고 직업적 활동의 장애 가능성.[9] 이상의 특징들 중 (반드시 나타나야만 하는 첫 번째 증상을 제외하고) 세 개 혹은 그 이상의 특징들이 나타난다면, 조증 에피소드가 발생했다고 단정하는 것이 적절하다. 물론 그 심각성에는 정도차가 존재하고 있고, 보다 격렬한 증상발현은 양극성 1 유형 진단에 적합하다.

우울증에 대한 판단기준들도 유사한 목록으로 구성된다. 그 목록은 다음과 같다: 거의 하루 종일 (거의 매일) 우울한 기분, 쾌락을 가져다주는 활동들에 대한 관심 감소, 심각한 체중 감소, 불면증, 정신운동의 동요, 피로, 가치 없다는 느낌이나 부적절한 죄책감, 우유부단함 그

---

9 *Diagnostic and Statistical Manuel of Mental Disorders, Fourth Edition* (Washington, DC: American Psychiatric Association, 1994), 332.

리고 죽음에 대한 생각이 자꾸 떠오르는 현상.[10] 진단 전문의는 중대한 우울증 에피소드가 일어났다는 평가를 내리기에 앞서 (열거된 현상들 중) 다섯 개 혹은 그 이상의 증상들을 찾는다. 사랑하는 사람의 죽음과 같은 특별한 유발자극들triggers은 배제되어야 하고, 아울러 어떤 약물남용도 근본적으로 증상목록에서 배제되어야만 한다.

이상의 목록들은 그 함축성 면에서 위협적이지만, 그럼에도 불구하고 그 목록들은 조울증의 존재에 필요한 필수적 조건들을 나타내는데, 이는 보다 치명적인 양극성 1 유형이든 그보다 덜 치명적인 양극성 2 유형 모두에 해당된다. 또한 특정 조건들 하에서는 양극성 2 유형이 양극성 1 유형으로 진화할 수도 있다. 조울증의 발병 혹은 심화와 연관된 젠더-의존적gender-specific 변수가 있는데, 이는 언급할 필요가 있다. 앞 장에서 내 엄마가 얼마나 빨리 산후 우울증으로 빠져 들어갔는지를 지적하였는데, 엄마의 산후 우울증은 본격적인 조울증 단계로 난입했다. 여기에 그 상황에 대한 기술이 있다.

> 망상들이 나타날 때, 그 망상들은 대개 신생아와 관계한다(예를 들어, 신생아가 악마에 사로잡혔다거나 특별한 능력을 지녔다거나 혹은 끔찍한 운명을 지고 태어났다거나 등). 정신병적 설명이든 비정신병적 설명이든 모두 자살성 사고suicidal ideation[11], 아이에 대한 폭력과 관련한 강박적 생각들, 집중력 결여 그리고 정신운동성 동요를 동반할 수 있다. … 유아살해는 산후 정신병적 에피소드들과 가장 흔히 결부되는데, 유아를 죽이라는 환각적 명령의 망상이나 아기가 홀려서 사로잡혔다는 망상의 특징을 갖는다. 그러나 또한 그러한 구체적인 망상들이나 환각들

---

10 Ibid., 327.
11 자살에 대해 심사숙고하거나 자신을 죽음으로 이끄는 사고 작용을 가리킨다. 〈역자주〉

이 없어도 유아살해는 심한 산후 기분장애 에피소드들에서도 일어날 수 있다.[12]

나의 엄마는 극단적인 "정신운동성 동요psychomotor agitation"를 경험한 것인데 말하자면, 조울증과 사투하는 내내 그녀는 왔다 갔다 하는 동작과 고함지르기를 통제하지 못했다. 때로 엄마는 구속되어야 했고 그리고 이따금 옷 하나 걸치지 못한 채로 독방에 감금되어야만 했다. 나는 당시에 일어났던 엄마의 사고화 과정들에 대해 아는 바가 없지만, 그러나 아이로서 예고 없이 촉발될 수 있는 유아살해적 분노에 대해 깊이 인식하고 있었다. 그러한 상황들이 주는 슬픈 역설은 바로 그 아이가 조울증 유전자를 물려받을 수 있을 뿐만 아니라, 불안한 조병발작 상태에서 양육을 받을 가능성이 매우 높다는 것이다. 이러한 양육은 그 아이의 십대 후반 혹은 이십대 초반 조울증의 뒤늦은 출현 가능성을 강화하고 보증한다. 고전적인 말로 "이중고"다.

일반 대중들 속에서 조울증 사고들은 성별로 동등하게 나뉘지만 여성들의 경우 출산연령에 있으면서 아이를 갖고 싶어 한다면, 추가적 부담을 감당하게 된다. 리튬은 임신 여성에게 추천되지 않는다. 태아에게 부정적인 영향을 미칠 수 있기 때문이다.[13] 또한 출산하는 여성들은 거

---

12 Ibid., 386.

13 *Practical Guide for Treatment of Patients With Bipolar Disorder*(Washington: American Psychiatric Association, 1995), 46-47. 의사들을 위한 지침서인 이 책은 더 나아가 조울증 여성의 산아 제한을 권면한다. (임신 초 처음 3개월 동안) 리튬, 카르바마제핀, 발프로에이트 복용으로 인해 선천적 장애 아이를 갖게 될 실제 확률은 4%에서 12% 사이인데, 조울증 치료를 받지 않고 견딜 경우, 이 비율은 2%에서 4%로 떨어진다. 그러나 지침서는 아이를 갖기로 선택한 이들을 위한 정확한 치료계획들에 대해서 설명해 주지 않는다. 약물치료가 제시되지 않았을 경우, 전기경련 치료(electro convulsive treatment)가 하나의 훌륭한 예비책으로 등재되어 있다.

의 9개월 동안 자연적 리듬의 상실을 경험한다. 이 화학적 불균형은 산후 에피소드의 위험과 결합되어, 만일 일어난다면, 출산 후 4주 이내 발발하게 된다. 재미있게도 단극성 우울증unipolar depression은 양극성 장애보다 훨씬 덜 민주적이라서, 남자들보다 여성들에게 훨씬 더 많이 나타나는데, 그 비율이 대략 2:1 수준이다.

이 질병은 상당히 명백한 발병과 발달 패턴들을 갖고 있다. 언급했듯, 조울증은 흔히 특정한 조병 혹은 우울증 에피소드를 동반하면서 사춘기 늦은 무렵에 나타난다. 그런데 이 사람이 수년간 진정세로 들어 설 수 있고, 그러면 그 질환은 잠복하게 된다. 하지만 이 질병은 진행성 질병이고, 시간의 경과에 따라 증상의 강도가 증폭된다. 마치 물이 시간이 흐르면 무른 바위를 닳아 없어지게 만들 듯이, 치료되지 않은 에피소드 각각은 그 사람의 조직계통에 흔적을 남겨놓는 것 같다. 조증 에피소드는 우울증 에피소드로 대가를 치르게 되는데, 이때 우울증은 조증만큼 강력하고, 심지어 보다 지속적일 수 있다. 심지어 보다 순한 경조병 에피소드조차도 마치 뉴턴의 운동의 제3법칙14의 심리적 버전이 있는 듯이 대가를 치러야만 한다: 모든 행위에는 그와 동등한 반대의 반작용이 있다. 하지만 이 법칙은 조울증의 경우 수정되어야만 하는데, 그 반작용이 본래 행위보다 사실상 더 강력하기 때문이다. 정신과 의사들은 환자들이 경조병 상태로 빠지는 것 자체를 좋아한다는 것을 알고 있고, 그래서 그런 상태에 빠지지 않도록 지속적으로 노력하는 중인데, 심지어 경조병적 증상들이 당시에 해가 없어보여도 그런 노력을 경주한다. 불행히도 무해한 경조병적 상태란 없으며, 또한 무해한 가벼운 우울증도 없다. 각 에피소드는 그의 흔적을 남기고, 그 바

---

14 '작용이 있으면 반드시 반작용이 있다'는 법칙이다. 그래서 이를 작용 반작용의 법칙이라고도 한다. 〈역자주〉

위는 그만큼 더 닳아 없어지는데, 이는 다음 에피소드가 더 높은 강도로 발발할 가능성을 높인다.

초기 진단이 그토록 결정적인 이유 중 하나가 바로 이 때문이다. 엄마는 거의 평생 동안 때를 놓쳤지만, 내 경우는 징후들이 출현하기 시작했을 때 리듐 치료를 시작했더라면 엄청난 도움이 되었을 것이다. 리듐은 미국에서 1971년에야 마침내 의학적 목적으로 이용할 수 있었는데, 초기부터 리듐 사용의 열렬한 옹호자였던 로날드 피브 박사Dr. Ronald R. Fieve의 노력을 통해서 대부분 이루어진 일이다.15 내 경우 질병의 시작은 이 시기 바로 직전이었지만 그러나 (그때 치료를 시작하여) 30년 간 리듐 치료를 했더라면, 나의 조병들과 우울증들과 자살 시도들 대부분은 예방될 수 있었을 것이다.

DSM-IV가 조울증을 갖고 있는지 아닌지를 확증하는 수단으로서 결정적이긴 하지만 그 병의 실재적 작동방식들에 대해서는 거의 통찰을 제공해 주지 않으며, 그저 그 병의 가능한 의미들에 대한 해석학적 안내만 제시해줄 따름이다. 많은 조울증 환자들은 자신들에게 처방전을 써주는 의사에게 이 질병과 연관된 보다 더 큰 쟁점들에 관하여 이야기하곤 하지만, 오히려 자신들의 의사가 받은 교육과 성향은 그러한 숙고에 도움이 되지 않는다는 사실을 발견할 따름이라는 경험을 한다. 훌륭한 분석가는 통상 내면의 야수처럼 보이는 어떤 것의 실존적이고 심리학적 차원들에 깊은 관심을 보이는데, 이런 분석가는 의사일수도 있고 혹은 의학 이외의 전공에서 상위 학력을 갖고 있을 수도 있다. 내 생각에 바로 그렇기 때문에 치유 업무들을 나누는 게 중요한데, 전

---

15 그는 이 발전을 자신의 책 *Moodswing*, Revised and Expanded Edition (New York: Bantam, 1989)에서 기술하고 있다. 피브는 사례연구들을 풍성한 임상적 그리고 의학적 분석과 자료와 결합하여 설명해 주고 있다.

이를 통해 작업하는 분석가와 통상 의사로서 치료이행과 성공을 모니터하는 정신과 의사로 구별하는 것이다. 이따금 각 치유자에게 차례로 이야기해야 할 때, 나는 실재적인 정신적 부조화를 경험하는데, 이 두 지평을 화해시키는 것이 바로 나의 작업이다. 본서 4장에서 이 문제를 보다 명시적으로 다룰 예정인데, 이는 한편으로 생존과 그의 전술적 양식과 다른 한편으로 의미와 개별화를 향한 훨씬 심오한 갈망 사이의 긴장으로서 표현된다.

대담한 영혼을 지닌 사람이 이 병의 기본적인 많은 측면들을 공부하기에 가장 가치 있는 작품은 표준 참고서이자 교재로 사용되는 프레더릭 굿윈Frederick K. Goodwin과 케이 래드필드 제이미슨Kay Redfield Jamison 저술한 『조울병』(*Manic-Depressive Illness*)이 있다.[16] 범위와 역량 면에서 이에 견줄만한 다른 교재는 없다. 비록 원저자들이 그 책의 내용을 현재 수정 중이긴 하지만 말이다. 굿윈은 국립정신건강연구소National Institute of Mental Health와 연결되어있고, 제이미슨은 존스 홉킨스 대학Johns Hopkins University의 교수이다. 제이미슨은 그녀 자신이 조울증 환자이고 그래서 이 병에 대해서 내부자의 관점과 외부자의 관점 모두를 견지하고 있다는 사실은 매우 의미심장하다.[17] 이 책은 진단으로부터 이 질병의 개념사, 약물남용, 자살, 인격 문제, 지각적 인지적 측면들, 유전적 토대들, 치료, 창조성에 관한 논쟁들, 리더십 문제 그리고 치료과정

---

16 *Manic-Depressive Illness,* Frederick K. Goodwin and Kay Redfield Jamison (New York: Oxford University Press, 1990).

17 제이미슨이 자신을 "공개선언"(coming out)하는 책을 읽어보는 것도 흥미로운 것이다. 거기서 그녀는 조울증과 벌이는 자신의 싸움을 언제나 그렇듯 그녀의 문학적 총명함으로 기술한다: *An Unquiet Mind: A Memoir of Moods and Madness*(New York: Knopf, 1995). 최근 나는 뉴욕 92번가에서 제이미슨의 강연을 들을 수 있는 기쁨을 만끽했다. 그녀의 책들과 강연이 이 주제에 관해 내 자신의 이야기를 담은 책을 쓸 용기를 갖는데 주된 역할을 하였다.

준수 등 모든 문제들을 다룬다. 수많은 방법으로 그 책을 들여다 볼수 있지만, 언제나 계몽된 채로 책을 손에서 내려놓는다. 그 작품에서 그들은 몇 가지 아이디어들과 통찰들을 부각시켜, 조울증과 그것이 보다 거대한 사회질서의 진화론적 차원들과 맺고 있는 관계에 대한 생각들이 얼마나 정교한지를 보여주고자 한다.

이 책의 특별히 가치 있는 특징은 바로 일화적이고 임상적인 자료들을 형식적 분석으로 엮는다는 것이다. 저자들은 이 질병의 인간적 측면을 부각시켜, 이 이상한 나쁜 병과 결부된 막대한 슬픔과 기쁨을 임상의들이 이해하지 않으면 안 되는 방식으로 일반 원리들을 체현해 내는데 상당한 관심을 기울였다. 따라서 이 책은 학문적이면서 동시에 심오하게 인간적이다. 나는 이 책에 담겨진 풍성한 보고들의 겨우 몇 가지만을 제시할 수 있을 따름이지만, 이 질병에 잠자고 있는 전일성의 가능성들을 이해하려는 궁극의 목표로 우리가 나아가도록 도와줄 측면들에 집중할 것이다.

그러한 면에서 핵심 논점들 중 하나는 바로 조울증의 영향 하에서 일어나는 인격 변혁의 문제이다. 행위 변화를 기술하는 것이 일면이라면; 정신을 들여다보고, 병이 잠식해 들어가는 동안 그 정신이 경험하고 있는 것을 측정하는 것은 또 다른 면이다. 언급해야 할 첫 번째 사항은 기분 혹은 무드란 또한 사회적이고 그리고 여느 가혹한 감정 변화도 고통 받고 있는 사람의 직접적인 사회적 환경에 물결 효과를 일으킬 것이라는 사실이다:

기분들moods은 본성상 강제적이고, 전염성이고 그리고 깊이 대인적inter-persona이다. 기분장애mood disorder는 그것을 앓고 있는 사람의 지각과 행동만 바꾸는 것이 아니라, 관계하고 있거나 긴밀하게 연결된 사람들의 지각과 행동까지도 바꾸고 만다. 조울병은—기괴하고 혼동스런 행위로 알려져 있지만— 대인관계에 강력하고 그리고 대개 고통스런 영향력을 발휘한다. 폭력, 판단력 부재 그리고 무분별한 금전거래와 성적인 행위들은 배우자와 자녀들, 가족 구성원들 그리고 친구들에게 언제나 파괴적이고 낯부끄럽다.[18]

이 극단적인 '외향적 활동acting-out'은 정신을 이중의 태도로 몰아간다. 조병적 과잉의 자아가 존재하고, 그러면 지금 막 끝난 조증 에피소드를 이해하기 위해 분투하는 수치심과 죄책감의 자아가 존재한다. 거기에는 실제로 벌어진 피해라는 실재 문제가 있고 그리고 그 자아에게 나타나 괴롭히며, 그의 범행은 참으로 길이 남을 만큼 비중 있는 범죄였음을 확신시키는 강력한 '초-자아super-ego'라는 내적 문제가 있다. 자아 바깥의 세계가 안정적으로 의미화되려면, 인격은 이 조망들을 어떻게 해결해야 하는가?

성적인 '외향적 활동'은 조병 단계에서 상당히 흔한 활동이다. 굿윈과 제이미슨은 조울증의 사람들 중 57%가 과도한 성 생활을 경험하고 그리고 조병 단계에서는 조울증 환자들의 거의 78%에 이르는 사람들이 성 관계 횟수의 증가를 경험한다고 추정한다.[19] 성적인 문제는 조증 에피소드가 일어나는 동안에 발생하는 지각과 감각의 전체적인 앙등과 연결되어 있다. 모든 것과 모든 사람이 자아를 손짓하며 부르는 듯 한 거의 마술적인 색조를 입고 있다. 대화들은 성적인 자극이 되고 (eroticized) 그리고 모든 기호들은 심층적인 에로스적 드라마의 전개를 가리키고 있는 듯이 보인다. 만나는 각 사람마다 매혹적이고 유혹

---

18 *Manic-Depressive Illness*, 301.
19 Ibid., 310 & 311.

적인 힘의 무한한 원천이다. 기호들이 모든 지각 대상으로부터 터져 나오고 그리고 인간이라는 기호는 그중에서 가장 풍성한 기호이다. 이렇게 고양된 지각적 그리고 성적 긴장에 더하여, 자기 자신의 자아는 웅대하고 전지하다는 내적 감각이 일어나고, 그렇기에 성적이든 아니든 간에 통제되지 않은 형식의 외향적 행위들이 무르익을 상황을 쉽사리 보게 된다. 그것은 마치 우주가 하나로 넘실거리며 이 특별한 질병의 특이한 추종자들에게 탈자적 변혁ecstatic transformation을 약속하는 현존으로 다가오는 것 같다.

당혹스런 문제는 조증 상태는 흔히 우울증 상태나 정상적이고 안정적인 상태에서 발견되지 않는 통찰들을 만들어 낼 수 있다는 사실이다.[20] 다른 자아의 무의식적 배경을 들여다 볼 수 있는 섬뜩한 능력이 존재한다. 비록 이 지각들이 곧바로 어떤 곳으로부터 흘러 들어와 부유하며 돌아다니는 것으로 보이는 다른 지각들과 뒤엉켜버리긴 하지만 말이다. 시력이 이내 상실되고, 무관한 것들이 일정 시간 동안 부유해 돌아다닐 수도 있지만, 한편으로 자아는 이 질병의 폭풍 속에서 그의 지각적 실존적 균형을 다시 찾기 위해 분투한다. 그러나 어떤 개인적이고 우주적인 문이 열렸지만 자아가 우울증 속으로 추락하면서, 그저 쿵하고 닫혀 버리는 듯이 보인다. 이때 우울증은 모든 해석학적 지평들을 축축하게 적시는 것 같다. 우울증 속으로 추락한 사람은 세계의 배경에 대하여 아무 것도 보지 못하고, 대상들은 멀어져서 무감하고 상관없는 것들이 되는 듯하다. 전에는 기호들로 충만한 세계였던 것이 이제는 거의 전혀 세계가 아니다. 그것은 회색빛 표면으로 환원

---

20 이 사실에 대한 흥미로운 문학적 표현이 다음 두 소설에서 찾아볼 수 있다: Abigail Padgett, *Child of Silence*(New York: Mystery Press, 1993) 그리고 *Strawgirl*(New York: Mystery Press, 1994). 작가의 주인공 보 브래들리(Bo Bradley)는 리튬 복용을 중단할 때 그녀가 할수 있는 최선의 탐지를 해낸다.

되어, 어떤 인색한 스쿠루지 영감처럼 자신들의 보물들을 꼭 끌어안고 있다.

나는 해석이라는 문제가 전면에 부각될 때마다 "해석학hermeneutics" 이라는 용어를 사용해 왔다. 이 핵심 용어에 덧붙여, 해석학이 작동하는 곳에서 우리에게 보이는 연결 용어가 있는데, 말하자면, "지평horizon"이다. 모든 해석적 활동들은 각각의 활동을 정초하는 전체 의미 지평 내에서 일어난다. 이 지평은 경험의 전체 지평으로서, 우리는 그 안에서 살아가고 움직인다. 예를 들어, 영어를 사용하는 백인 남성으로서 나는 비백인들, 여성들 혹은 다른 언어의 사람들에게 직접적으로 혹은 온전히 공유될 수 없는 특정한 지평을 갖고 있다. 지평은 하나의 연장된 몸과 같이 나를 둘러싸고 그리고 나에게 가능성들과 현실성들을 허락한다. 지평은 또한 헤아릴 수 없이 많은 다른 것들을 제거한다. 난 결코 출산이나 생리를 경험할 수 없다. 또한 나는 다른 언어를 나의 원초적 집으로 경험하지 못할 것이다. 우리 모두는 그런 지평들 속에 살지만, 그러나 그 지평들은 거의 자의식적이지 않다. 실제로는 사람이 지평을 갖고 있다는 사실 뿐만 아니라 그 지평은 다른 사람들과 공유할 수 없는 아주 구체적인 특징들을 갖고 있다는 사실을 이해한다는 것이 도리어 많은 경우 위기를 유발한다.

이 기술적 용어의 요점은 우리가 조증 상태로부터 우울증 상태로 나아갈 때 무엇이 일어나는지를 우리가 보다 분명하게 볼 수 있도록 돕는 것이다. 조증 상태에서 대상들과 사람들은 아주 구체적인 외관을 갖게 되고 그리고 그 상태에서 우리는 이 지평이 진정한 지평이고, 다른 지평들은 모두 틀렸다고 가정한다. 만일 그저 잊고 있는 것이 아니라면 말이다. 위에서 기술된바 몹시도 성적erotic이고, 직관적이고, 팽창적이고 그리고 경계가 없는 조증의 지평은 철학적으로 기술될 수 있는 외형을 갖는다. 그것은 우리가 이번 장을 열 때 언급했던 디오니소스적 지평의 살짝 길들여진 버전이다. 같은 논리로 차갑고, 편평하고, 회색이며, 에너지가 결여된 우울증의 지평도 철학적으로 기술될 수 있다. 모든 의미들은 그들이 유래했던 대상들로 물러서는 것처럼 보인다. 그것은 마치 세계가 그 어떤 빛의 탈출도 용납하지 않는 거대한 블랙홀 같이 되는 것과 같다. 철학적으로 강조해야 할 중요한 것은 바로 이 기분들moods이 자아와 그의 내적 상태들에 관한 것일 뿐만 아니라, 또한 자아를 둘러싼 세계의 모든 국면으로 진입하는 투사장들에 관한 것이라는 사실이다. 이 무의식적 투사장들은 손을 내 뻗어 외부적 상호작용들의 모든 국면들을 물들이지만, 그러나 투사들로서as 여겨지는 법은 거의 없다.

그래서 우리 모두는 슬픈 사람에게는 세계가 슬프다는 단순한 공리를 알고 있다. 우리는 이 비판적 상식의 단편을 집어 들고, 철저화하여 조울증을 다룰 수 있다. 조병 중에 있을 때, 모든 관계들과 모든 대상들은 의미와 더불어 폭발한다. 사유의 경주와 그리고 이 병에 동반되는 일반적인 주의산만 가능성과 더불어, 세계는 갑자기 그 스스로 지탱할 수 있는 것보다 훨씬 많은 의미를 담지한다. 이는 마치 세계의 광휘가 눈과 마음을 상하게 하는 것과 같다. 열정적인 정신이 너무 많은 거미집에서 너무 빨리 실을 지어내버리는 바람에 의미 지평은 꽉 차서 절망적으로 뒤얽혀 버린다. 우울증적 의미지평도 마찬가지 경우인데, 기호들은 이제 불투명해진 대상들과 그의 유래가 되는 자아들 내부로 돌아가는 으스스한 여행을 시작한다. 다시금 문제적 쟁점은 바로 이 양극단적인 지평들이 흔히 어떤 진리를 담지하고 있다는 사실이다. 여기에 적합한 비유가 조울증적 지평들과 연금술 사이의 비유라고 생각한다. 각각의 경우, 중요한 것은 천하고 혼돈스런 어떤 것을 생명의 물과 지혜를 담지하는 어떤 것으로 변형하는 것이다. 회복적인 우울증의 사정거리 내에 있을 때, 조증의 국면으로부터 유래했던 통찰들을 완전히 부정해 버리는 것은 무척이나 유혹적이다. 과잉적인 수치심과 박해 불안이 우울증을 물들일 때가 특별히 바로 이런 경우이다. 하지만 심지어 이 상태에서도 조증을 초월하여 그 어느 치유적 힘의 범위 바깥에 있는 것처럼 보이는 상황을 회복 가능한 지평으로 데려오는 통찰들을 기억하는 일은 여전히 중요하다.

전문적인 의학적 문제들로 되돌아가서, 이 질병의 진행과정을 그의 시작으로부터 가능한 다양한 결과들에 이르기까지 보다 철저하게 들여다 볼 필요가 있다. 그리고 우리는 유전적인 구성요인들을 들여다 볼 필요가 있고 그리고 치료를 둘러싼 문제들을 들여다 볼 필요가 있다. 연관된 문제들은 매우 복잡하고, 연구결과들이 서로 경쟁하면서, 흔히 분석을 다른 방향들로 기울게 만든다. 굿윈과 제이미슨이 특별한 것은 바로 다양한 연구들을 열거하고, 그 연구들을 통해 공들여 자신들만의 길을 만들어, 신뢰할만한 윤곽을 도출해 냈다는 것이다. 따라서 이어지는 부분에서, 나는 이 소재에 대한 그들의 구별들을 솎아내, 일반적으로 신뢰할만한 매개변수들을 찾아, 그 안에서 의학적이고 심리적인 논제들의 틀을 구성할 것이다.

저자들이 지적하는 첫 번째 것은 조울증은 정신분열증schizophrenia보다 훨씬 낙관적인 경과를 보인다는 사실이다. 저자들은 정신병리학의 위대한 개척자들 중 한 사람인 에밀 크레펠린Emil Kraepelin의 1921년 작품을 예로 인용한다:

그는 관찰하기를, 조발성 치매dementia praecox, 즉 정신분열증schizophrenia은 만성적이고 악화일로의 경과를 따라가는 경향이 있는 반면, 조울증은

일시적episodic이고 궁극적으로 질병에 걸린 사람에게 훨씬 덜 참혹한 대가를 거두어들인다.[21]

많은 초기 연구들이 쓰인 이후 리듐을 비롯한 다른 치료약물들이 등장하면서, 이 질병의 발전에 대한 어떤 연구도 복잡해지지 않을 수 없다는 점을 저자들은 지적한다. 모든 치료 변수들을 고려할 때까지 조울증을 둘러싼 도표와 통계들을 온전히 이해하기는 어렵다. 문제가 더 복잡해지는 까닭은 많은 연구들이 에피소드의 발생을 결정하는 판단으로 병원입원을 기준으로 하고 있기 때문이다. 사실, 많은 조울증 환자들은 자신들의 고통 때문에 병원을 찾기보다는 "배겨낸다tough it out". 심지어 병원에 입원한 사람들조차도 다양한 다른 기저 조건들 등을 드러내는 경우가 많다.

이 조건들을 마음에 담아두면, 이 질병이 시간의 흐름 속에서 어떻게 전개되어 가는지에 관한 일단의 통찰을 얻을 수 있다. 이미 발병 패턴들의 일부 측면들에 관해서는 언급한바 있다. 그러한 10개 정도의 연구들을 모아 정리하면서, 저자들은 20대의 나이에 최초로 심각한 조병 혹은 우울증의 발작이 일어난 환자들의 숫자가 가장 많았다는 사실을 보여주었다. 두 번째로 많은 비율의 환자들이 10-19세 사이에 발병을 경험했다. 환자의 나이가 들어갈수록, 최초 발병 비율은 점점 떨어졌다. 발병비율은 29세가 지나면서 급격히 떨어지고, 60세가 지나면서 극적으로 떨어진다.[22]

---

21 *Manic-Depressive Illness*, 127. 저자들이 전거를 두고 있는 크레펠린의 작품은 *Manic-Depressive Insanity and Paranoia*, trans. R.M. Barclay, ed. G.M. Robertson (Edinburgh: E & S. Livingston, 1921), reprinted by(New York: Arno Press, 1976)이다.

22 Ibid., 132.

첫 번째 에피소드 다음에 잠복기가 따라오는데, 이 잠복기는 곧 각 개인에게 고유한 감정기복들의 패턴이 점유한다. 어떤 환자들은 에피소드 없이 몇 년을 지나갈 수도 있는 반면, 주기가 빠른 사람들은 일년에 4번 이상의 감정기복들을 겪을 수도 있다. 남성보다는 여성이 보다 급속한 주기변화를 경험하고 그리고 여성들의 병은 우울증으로 시작할 가능성이 더 높다.23 불행히도 급속한 주기변동을 겪는 사람들의 예후는 주기변동이 시간상 넓은 간격으로 일어나는 사람들보다 덜 낙관적이다. 이는 특별히 이런 류의 환자들은 리듐이 덜 효과적이기 때문이다. 대부분의 조울증 환자들에게 우울증의 기간이 조증 에피소드의 기간들보다 더 지속기간이 길다.24 이는 불공평해 보일 수 있다. 왜냐하면 조증 에피스도나 경조증 에피소드가 돌이켜 보면 특별히 소중해 보이도록 만들기 때문이다. 하지만 이러한 주기 리듬에는 진화적 이점이 있었을 수 있다. 우울한 상태가 조증 국면에서의 잔해와 생산성을 솎아내어, 극단적인 소재를 추려낼 수 있도록 해준다는 점에서 그렇다.25 이 질병의 각 측면들은, 그 자체로 병임에도 불구하고, 파편난 경험의 직물을 엮어낼 수 있는 의미 지평의 성장에 일정부분 기여한다.

조울증의 발병과 전개는 환경 내 방아쇠 상황들trigger situations과 관련되어 있다고 또한 언급한바 있다. 많은 의사들은 어떻게 그리고 언제 에피소드가 발생할 것인지가 결정되는 상황에서 내부의 생화학적 그리고 유전적 변수들의 역할을 특별히 강조하는 성향이 있다. 심리적인 스트레스 요인들이 있을 때 약간 착오를 저지르는 것이 내 자신의 성

---

23 Ibid., 137.

24 Ibid., 139.

25 이러한 주장에 대한 가장 뛰어난 논증이 *Touched With Fire: Manic-Depressive Illness and the Artistic Temperament,* by Kay Redfields Jamison (New York: Free Press, 1993)에 실려있다.

향이다. 왜냐하면 스트레스 요인들은 자아를 극단으로 밀어붙이는 명백한 인과적 전력을 갖고 있기 때문이다. 굿윈과 제이미슨이 이 문제를 정의하는 방식이 여기 있다:

조기 촉발 사건들은 에피소드의 타이밍에 단순히 영향만을 미치는 것이라기보다는 오히려 이전부터 존재하는 취약성을 사실상 활성화시킴으로써, 그 개인이 다음 에피소드에 더욱 더 취약하게 만들어 버린다. … 어떤 경험들이 조병 혹은 우울증의 방아쇠를 당긴다거나 혹은 일년의 어떤 시기에는 취약성이 증가하는 현상과 맞물려 있다든지 하는 것을 알고 있으면, 임상의는 환자가 위험성이 큰 상황들을 회피하거나 보다 더 잘 대처할 수 있도록 도울 수 있다.[26]

환경의 스트레스 요인들이 유아의 두뇌 성장에 영향을 미칠 수 있다고 최근 일부 의사들과 심리학자들은 주장했다. (이 경우) 프로작[27]이 효과적이라고 여겨진다. 왜냐하면 그 약물은 생애 초기에 어떤 격렬한 혹은 지속적인 트라우마를 겪었던 개인들의 두뇌에 생긴 신경적 hard-wire 변화들에 반응하기 때문이다.[28] 그러한 논증의 앞날은 물론 불확실하지만, 그러나 우리들 중 많은 사람들은 유전적 대물림과 두뇌의 생화학적 활동성 그리고 강력한 환경적 트라우마 간의 상관관계를

---

26 *Manic-Depressive Illness*, 142-143.
27 Prozac: 우울증 치료제 이름. 〈역자주〉
28 자신의 베스트-셀링 저작 *Listening to Prozac*(New York: Viking, 1993)에서 피터 크래머(Peter D. Kramer)는 스트레스로 인해 유발된 두뇌 상태가 거부감이나 공격 성향과 같은 그러한 것들에 어떻게 영향을 미치는지의 문제를 지적하기 위해 "잘못된 배선"(faulty wiring)이라는 비유를 사용한다. 기저의 신경적 패턴은 개인의 고유한 생애역사와 깊이 연관된 그 자신만의 역사를 갖고 있다. 그 부류의 다른 약물들처럼 프로작은 두뇌가 세로토닌을 사용하는 방식에 영향을 미친다.

여전히 어렴풋이 이해하고 있을 따름이기 때문에 내적 상태가 바로 그 자체라는 교육적 직관을 갖게 된다.

아마도 방아쇠들triggers은 사실상 에피소드를 촉발하는 그 자신의 인과적 힘을 가질 수 있다는 생각과 결합하여, 본래적인 취약성이 방아쇠 상황들에 의해 악화될 수 있다는 개념을 받아들이는 것이 가장 신중한 관점이 될 것이다. 의사는 이 방아쇠들이 무엇인지를 인식하고, 치료의 일부로서 그 방아쇠들을 빈틈없이 감시하게 된다. 리듐은 그 타격을 완화시킬 수 있지만, 그러나 거의 예언 수준의 힘을 갖고 있는 심리적 취약성을 없애버릴 수는 없다. 예를 들어, 만일 내가 어떤 공적이거나 정치적인 사건들에 참여한다면, 그 때문에 우울증이라는 대가를 치러야만 한다는 사실을 나는 이제 안다. 나는 이것을 인과적 관계라 부르고자 한다. 왜냐하면 그 예측이 거의 100퍼센트 들어맞기 때문이다. 철학적 용어로 우리는 (다음과 같이) 말할 수 있다: 만일 A가 일어나면, 그렇다면 B가 일어난다. 여기서 A는 방아쇠 사건이고, B는 그로부터 결과하는 우울증이다. 여기서 논리적 귀결의 힘과 기분 변화를 야기하는 인과적 연속 사이에는 평행관계가 존재한다. 굿윈과 제이미슨은 이와 유사한 어떤 것을 인지하고 있었고, 그래서 (의도적으로 회피할 수 없는) 사별, (여러 시간대역을 넘어 장거리 비행을 하는 것과 같은 상황에서 유발되는) 수면부족 그리고 (아마도 단식과 같은 행위를 통해 유발되는) 영양부족 등과 같은 구체적이고 매우 예측 가능한 사건들을 목록으로 나열해 주었다.29

치료를 받지 않는다면 이 병은 어떤 경로를 가게 되는가? 언급한 바 있듯이, 첫 번째 에피소드와 두 번째 에피소드 사이의 시간 간격은 상당히 다양하다. 어떤 사람들에게는 이 병의 (처음) 발병과 일련의 주

---

29 *Manic-Depressive Illness*, 146 그리고 151.

기를 동반할 두 번째 에피소드 사이에 5년 정도의 시간간격이 있기도 한다. 많은 환자들은 평생 열 번 혹은 그 이상의 극단적인 에피소드들을 겪을 수 있는데, 필연적인 것은 아니지만, 그 에피소드들 사이의 간격은 좁혀질 가능성이 높다.[30] 개인의 삶에 미치는 조울증의 영향력은 파괴적일 수 있다: 이혼율 증가, 생명을 재촉할 수 있는 약물 남용, 실직, 가족과 친구들에 대한 애정상실 그리고 우울증 기간이나 혹은 혼합된 상태에서 일어날 수 있는 상시적 자살 위험 등.[31] 언급했듯이, 비록 기분 장애mood disorder가 정신분열증처럼 사고 장애thought disorder보다 덜 심각하다해도, 치료받지 않는다면 예후prognosis는 좋을 수가 없다.

조울증의 궤적은 무자비한 논리를 갖고 있는데, 이는 결코 심리적 선택으로 환원될 수 없다. 모든 주요 정신과 질환들 중에서 조울증은 가장 명백한 유전적 연결고리를 갖고 있다. 부모 중 한 사람 이상이 이 질병을 갖고 있다면, 자녀가 그 병을 얻을 확률은 다른 병들보다 훨씬 높다고 여겨진다. 『조울병』(*Manic-Depressive Illness*)에 실린 자신의 초대 에세이에서 엘리엇 거숀Elliot S. Gershon은 유전적 대물림에 대한 다양한 연구 결과들을 다음과 같이 요약한다:

부모 중 한쪽이 양극성 장애를 갖고 있는 (그러나 다른 부모는 병을 앓지 않는) 성인 300명 가운데, [조울증을 물려받을] 위험성은 29.5 퍼센트이다. … 부모 양쪽이 모두 정서적 질병을 갖고 있는데, 그들 중 하나가 양극성 장애라면, 주요 정서 장애가 발생할 위험은 28명의 자녀들 중에서 74퍼센트에 이른다.[32]

---

30 *Practice Guideline for Treatment of Patients with Bipolar Disorder*, 2.
31 Ibid., 2.
32 *Manic-Depressive Disorder*, 398.

따라서 독자가 이 병을 갖고 있는 부모의 자녀라면, 독자의 나이 10대나 그 직후 이 병에 걸릴 확률이 셋 중 하나이다. 양 부모가 정서 장애를 갖고 있다면 그리고 두 분 중 한분이 조울증이라면, 그렇다면 독자가 이 질병을 물려받을 확률은 넷 중 셋의 확률이다. 말할 필요도 없이, 전체 인구에서 이 질병의 발병률이 (양극성 1 유형의 경우) 약 0.8%이고 (양극성 2 유형의 경우) 0.5% 임을 생각한다면, 이는 아주 눈에 띄는 통계수치이다.[33] 이 통계를 감안할 때, 이 질병이 기원상 순전히 심리적일 수 있다는 것은 설득력이 없다. 조울증의 원인이 되는 유전자 혹은 유전자들을 분리해 내려는 노력들이 계속되고 있지만, 실천적인 문제들이 압도적으로 남아있는 것도 사실이다. 그리고 그러한 발견과 유전적 조작을 통해 치유가 작동하게끔 만드는 의학적 방법 사이에는 거대한 간극이 놓여있기도 하다.

심지어 일란성 쌍둥이에 대한 최근의 한 연구는 조울증이 유전적으로 전달된 질병이라는 주장에 무게를 실어주고 있다.[34] 태아가 발달하기 시작한 순간부터, 유전자(들)는 대략 20여 년 이내에 혹은 그 후에 스스로를 현현할 준비를 한 상태로 존재한다. 개인은 그의 엄습에 무기력하고, 이는 다시금 조기 진단과 치료의 긴급성을 우리에게 주지시켜 준다. 많은 종류의 암들처럼 조울증은 특정 가족들 주변에 무리를 지으며 존재한다. 이때 조울증은 가족의 전설family saga 안에서 그리고 이로부터 엮어가는 일종의 주홍 실을 의미하는데, 우리의 내적 외적 삶을 형성하는 과정에서 유전학의 편재성을 냉혹하게 상기시켜 주는 역할을 한다. 모든 가족은 현재 세대와 이전 세대에 대한 기분장애 명

---

33 *Practice Guideline for Treatment of Patients With Bipolar Disorder*, 3.

34 예를 들어, *Schizophrenia and Manic-Depressive Disorder*, by Torrey, Bowler, Taylor and Gottesman(New York: Basic Books, 1994)를 참고하라.

세를 작성하는 일에 착수하여, 의사에게 건네주어야 하는데 이 기록은 무척 필요한 진단 도구가 된다. 우리가 사고 장애thought disorder의 징후에 대해서는 대부분 경계하고 있다 해도, 불행히도 의학적 혹은 병리학적 용어로 기분 장애들에 대해서는 거의 생각하지 않는다. 시무룩한 삼촌이나 조증의 할머니는 치료를 요구하는 정신이상으로 거의 간주되지 않는다. 하지만 그들의 유전 물질은 현재 자원 속에 있고, 아마도 다시 엄습할 기회를 기다리고 있는 중일 것이다.

가장 최근의 연구가 가리키는바, 조울병은 복잡한 유전적 기원을 갖고 있다. 헌팅턴 병처럼 단순 유전자 장애와 달리, 조울증의 원인들은 훨씬 더 추적하기가 어렵다. 조울증에 대한 현재의 사유를 선도해 온 유전 연구사에 대한 상세한 분석에서 사무엘 바롱드Samuel H. Barondes는 다음과 같이 결론짓는다:

> 그러나 조울증은 단순한 멘델적 장애가 아니다. 그렇기는커녕, 당뇨병과 같은 다른 많은 만연된 질병들처럼, 조울병은 민감성 유전자들의 대립형질들과 환경적 요인들이 결합하여 일어나는 작용들을 통해서만 등장하는 복잡한 장애이다. … 만일 두 사람이—일란성 쌍둥이의 경우처럼— 기분-유전자 대립형질들의 정확히 똑같은 결합을 갖고 있다 해도, 이는 그 중 한 사람이 조울증을 발달시킬 때, 다른 한 사람도 마찬가지로 조울증을 발병하게 될 것이라는 것을 보증하지 않는다.[35]

이는 조울증의 원인들이 한편으로 다유전자성polygenic이라는 것을 그리고 다른 한편으로는 환경적이라는 것을 의미한다. "대립형질"이란

---

35 *Mood Genes: Hunting for Origins of Mania and Depression*, by Samuel H. Barondes (New York: W.H. Freeman and Company), 1998), 177-178.

용어는 해당 유전자 자체 내 변이들을 가리킨다. 이 모든 변수들을 숙고해 볼 때, 왜 조울증의 원인이 되는 절대적이고 정확한 변수들을 딱 꼬집어 분별해 내는 것이 까다로운지가 보다 분명해진다. 거기다 곤혹스런 질문이 남아있다: 환경적 스트레스 요인들과 민감성 대립형질들의 활성화 사이의 관계는 무엇인가? 이에 대한 대답이 곧 나온다면, 그것은 관련된 변수들을 다룰 수 있는 정교한 개념적 경험적 모델들을 갖추게 될 것이다.

지금까지 이 질병과 연관된 증상들을 (DSM-IV를 통해) 기술했고, 조울증의 발병과 역사를 들여다보았을 뿐만 아니라 특정 가족들을 그 섬뜩한 순환으로 끌어들이는 강력한 유전적 토대도 살펴보았다. 이제 치료의 약학적 측면과 정신의 성장과 안녕이라는 심리적 측면들과의 관계를 살펴보는 것이 중요하다. 언급한바, 치료 프로그램에서 주어지는 기본적인 약은 리듐이다. 그에 더하여 조울증 치료 목적으로 최근 승인된 경련 억제제들이 있다: 예를 들어, 발프로에이트valproate와 카르바마제핀carbamazepine이 있다.36 다른 약물들이 계속 개발되거나 승인되고 있지만, 그러나 당장 눈앞에 보이는 미래에서는 리듐이 최고의 선택인 듯하다.

리듐은 여러 가지 이유에서 매혹적인 약이다. 그 중 한 가지를 들자면, 프로작prozac처럼 여러 이국적인 맞춤 약물들과 달리, 리듐은 단순 소금으로서, 우주에 존재하는 가장 기본적인 요소들 중 하나이다. 리듐은 별을 구성하는 물질들 속에서 감지돼 왔고 그리고 대폭발the Big Bang 초기 산물이다.37 이 리듐은 손쉽게 채굴할 수 있고 분쇄할 수 있

---

36 *Manic-Depressive Illness*, 21장과 22장을 참조할 것.

37 리듐은 헬륨이 국소 핵들과 합류할 때인 아주 초창기부터 형성되었고, 따라서 사실상 우주 그 자체만큼이나 오래된 것인데, 우주는 80억 년 전이나 120억 년 전 사이의 시기에 형성된 것으로 다양하게 추론되고 있다. 이 문제에 대해서는 *Through a Universe*

는 바위들로부터 유래하며, 따라서 리듐은 의약품들 중에서 가장 덜 비싼 약들 중의 하나이다. 이 리듐은 정신과 몸에 극적인 진정효과를 가져다주지만, 바리움valium같은 것이나 다른 진정제들을 복용할 때 얻을 수 있는 일종의 "마약중독druggy"효과를 갖지는 않는다. 사실 리듐은 한때 식염으로 광범위하게 사용되기도 했지만, 그 독성 용량으로부터 비롯되는 신장 손상 때문에 금지되어야만 했다.38 리듐은 심지어 스파에서 사용하는 일부 광천수들에서도 발견된다. 누가 이 소금을 평생에 걸쳐 복용할 것을 요구받을 때, 리듐은 신화적 비중을 입기 시작한다. 그의 소박한 화학적 단순성은 조증과 우울증의 복잡하게 소용돌이치는 흐름들과 눈에 띄는 대비를 이루게 된다.

리듐의 본격적인 의학적 사용은 호주의 의사인 존 케이드John F. Cade가 저지른 사고 때문에 발견되었다. 1949년 그는 흥분한 기니피그들guinea pigs 일부에게 리듐이 진정효과를 발휘한다는 사실을 발견했다. 이로부터 그것이 조증 상태에 있는 그의 조울증 환자들에게도 동일한 효과를 발휘할지 모른다고 그는 추론했다. 효과는 동일한 것으로 판명되었고, 그는 자신의 발견들을 출판하여 세상에 놀라운 치유를 가져올 수 있었다.39 물론 세계가 이 새로운 치유책을 소화시켜 내는 데에는 시간이 필요했고, 리듐이 미국에서 일반적으로 사용되기까지는 약 20년 이상의 시간이 걸렸다. 그 전에 리듐은 병원에서 임상실험들을 거쳐야 했고, 식약청the Food and Drug Adminstration, FDA의 승인을 위한 길을 준비했다.

그럼에도 불구하고 리듐의 유독성은 조울증 환자들에게 심각한 문

Darkly: A Cosmic Tale of Ancient Ethers, Dark Matter, and the Fate of the Universe, by Marcia Bartusiak(New York: Haper Collins, 1993)을 참고하라.

38 *Moodswing*, 211-213.

39 *Moodswing*, 213.

제가 될 수 있다. 아주 과다한 복용량은 환자를 죽일 수도 있지만, 그러나 리듐을 통한 자살시도는 무척 불유쾌한 경험이 될 수 있다.[40] 그러한 필사적 수단에는 미치지 못하지만, 리듐의 유독량은 가벼운 쇠약증상으로부터 심각한 쇠약증상에 이르는 증상의 목록들을 만들어 낼수 있다: 설사, 구토, 열, 불안정적인 걸음걸이, 기절, 현기증, 불분명한 발음, 가파른 심박수, 혹은 심각한 손 떨림.[41] 보다 극단적인 경우, 유독성 수치를 넘어 복용하면 혼수상태나 죽음에 이를 수 있다. 나는이따금씩 이 유독 증상들 몇 가지를 경험했다. 한동안 계단을 오르내릴 때, 난간을 붙잡아야 했고 그리고 설사는 아마도 수분함량과 관계된 이유로 왔다 갈 수 있다. 그 당시 현기증은 나의 꾸준한 동반자였고, 그래서 앉았다가는 아주 천천히 일어나야만 했다. 또한 리듐을 복용하는 모든 조울증 환자가 알고 있듯이, 배뇨작용의 횟수가 증가하면서자신의 하루를 보다 주의 깊게 계획하는 일이 필수적이 된다.[42]

리듐 거부자도 반복해서 언급했던 바, 거의 50%에 육박한다. 부작용들만으로는 이 사실을 설명할 수 없지만 그러나 그 부작용들이 이거부감의 기여 요인인 것은 분명하다. 학교나 머리를 쓰는 작업에 종사하는 우리와 같은 사람들에게 집중할 수 있는 능력과 분명하게 말할수 있는 능력은 본질적이고, 그래서 이 부작용들이 보다 비중 있게 느껴진다. 제이미슨은 자신의 리듐 복용량이 어떻게 거의 10년 이상 집

---

40 제이미슨은 리듐을 통한 자신의 자살시도 경험담을 기술해주고 있는데, 그를 통해 누군가 그러한 시도를 하지 못하게 의욕을 꺾어 놓는다. 그녀의 책 *An Unquiet Mind*, 114-118을 참고하라.

41 이 목록은 내가 아직 리듐을 복용하고 있을 때, 나의 매우 양심적인 약사가 건네준 주의사항에서 참고하였다.

42 패티 듀크는 리듐 치료의 이런 측면을 그녀의 감동적인 책 *A Brilliant Madness: Living with Manic-Depressive Illness,* co-authored with Gloria Hochman(New York: Bantam Books, 1992)에서 고상한 유머로 승화시켜 주었다.

중력을 요구하는 책을 처음부터 끝까지 읽는 것을 불가능하게 만들었는지를 술회한다.[43] 리듬을 포기하고 자신의 정신을 회복하고 싶은 유혹이 그러한 상황에서는 압도적이 될 수 있다. 결국 우울증들과 연관하여 특별히 잘 알려진 건망증이 존재하는데, 그래서 리듬 없이 병세가 완화된 채로 있을 수 있는 가능성이 언제나 상존한다. 이 후자의 주장은 모든 것을 걸고 내기를 하는 애틀란틱 시티[44]의 노름꾼을 내게 상기시킨다. 우리 모두는 그 내기를 누가 이겼는지 알고 있다. 그러나 조울병은 당연히 냉정하게 비용-이익 분석을 통해 작동하지 않는다.

그러나 장기간 리듬을 복용하기로 선택한 이들에게 미치는 예측 가능한 효과들은 무엇인가? 이 단순한 소금 치료제와 작별하고 싶은 환자에게 이 약이 얼마나 가치 있는지를 그대로 보여주는 통계적 연구들이 존재하는가? 리듬은 치료제로서 매우 효과적인 약이라는 사실과 그 효과는 지난 20여 년에 걸쳐 아주 주의 깊게 연구되어 왔다는 사실은 복음이다. 굿윈과 제이미슨은 현재 용인되고 있는 견해를 제시한다:

…양극성 장애 환자의 80 내지 90 퍼센트가 리듬에 예방적 반응을 보인 것으로 연구는 설명한다. … 연구문헌들을 통해 가장 일관되게 진술되는 발견은 바로 추후로 이어지는 에피소드들의 강도의 약화이다. 이는 아마도 이 병에 대해서 리듬이 미치는 근본적 효과일 것이고, 전형적인 양극성 질병을 갖고 있는 대부분의 환자들은 리듬 복용시 에피소드들의 희석을 경험한다. … 에피소드들의 강도를 약화시킴으로써, 리듬은 또한 에피소드들의 빈도를 감소시킨다. 왜냐하면, 전부는 아니지만 주기의 표현들이 대부분 에피소드로 간주되는데 필연적인 한계치 이하에

---

43 *An Unquiet Mind*, 95.
44 카지노로 유명한 도시 이름. 〈역자주〉

서 이루어지기 때문이다.45

이렇기 때문에 많은 의사들은 리튬을 기적의 약wonder drug으로 간주한다. 부작용들에도 불구하고 리튬은 그토록 강력하게 발현하는 질병에 놀라울만한 성공률을 보여준다. 물론 어느 환자도 모든 증상으로부터 해방될 수는 없고, 저자들도 어떤 조증들과 우울증들은 리튬 방벽을 뚫을 수 있다는 사실을 인지한다. 그러한 경우에 저자들은 의사들이 (리튬이 이따금 일으키는 효과인) 갑상선 기능부전과 같은 다른 요인들을 찾아볼 것을 권면한다. " … 리튬에 대한 예방적 반응의 전반적인 질이 시간이 흐름에 따라 개선되는 것처럼 보인다"46는 사실은 복음의 한 자락이다.

여기서 우리는 환자들보다도 의학계를 보다 더 당혹스럽게 만드는 내적 모순을 보게 된다. 우리는 그 어떤 '제정신'의 사람도 살면서 갖기 원하지 않는 파괴적인 질병을 갖고 있지만, 몇 가지 부작용들을 갖고 있기는 해도, 비싸지 않은 소금으로 거의 완치할 수 있다. 사실 이 부작용들도 질병 자체의 막대함과 비교하면 난쟁이 같아 보인다. 그럼에도 불구하고 환자들의 절반은 배에서 뛰어내린다(즉 약을 포기한다). 제이미슨은 수년간 처방준수 문제와 씨름하다 결국 치료 프로그램의 필연성을 받아들였다. 이 주제에 관하여 수년간 저술과 강연활동으로 시간을 소비했던 사람도 이렇게 행동했다! 철학자들과 신학자들은 자기-모순이라는 주제에 관해서 여러 세기들 동안 명민하게 글을 써왔는데, 바로 여기서 그들이 기술하고 있는 것의 완벽한 예를 보게 된다. 이것은 마치 정신의 한 편이 정신의 다른 편과 전쟁을 벌이고 있는 것과

---

45 *Manic-Depressive Disorder*, 690.
46 Ibid, 691.

같다. 어거스틴의 『고백록』(*Confessions*)으로부터 사르트르의 『존재와 무』(*Being and Nothingness*)에 이르기까지, 우리는 진정성authenticity을 향한 운동이 어떻게 자아 내부에 깊고 적대적인 흐름들에 맞서 싸워야만 하는지를 보게 된다.

내게 그 문제는 해석학적 문제로 말하자면, 어떻게 자아가 모순적인 기호들과 상징들의 소용돌이치는 구름을 헤치고 나아가, 안정적이고 신뢰할만한 의미 지평을 찾아 엮어야만 하는지의 문제로 남아있다. 조울증 환자에게 리듐은 외계인 침입자처럼 느껴지는데, 이는 1950년 대 B급 영화들 중 하나를 떠 올리게 만든다. 그 영화에서 사람의 영혼은 무감정한 외계인들에 의해 장악당한다. 약을 복용하는 행위는 감정적 복잡성들의 투성이인데, 이 태고의 물질을 (혹은 그와 같은 다른 물질을) 내 몸으로 받아들여야만 하지만, 그것이 무엇을 하는지 그리고 어떻게 하는지에 대해 나는 절대적으로 아무런 간여도 할 수 없기 때문이다. 난 그저 의학계가 이 외계적 현존이 무엇을 할지에 대해 알고 있다고 신뢰할 수밖에 없다. 또한 나는 이제 이전과 다른 사람이라는 사실을 안다. 리듐 복용 이후의 인격은 리듐 복용 이전의 인격 보다 내 본질에 더 충실한가? 나를 둘러싼 사람들은 그렇게 생각하는 듯 하고, 그래서 나는 그들의 말을 받아들이기로 결심했다.

리듐이나 (내가 선호하는) 데파코트[47]와 같은 조증 억제약에 더해, 환자들은 그 병의 '바닥'을 지탱하기 위해 흔히 항우울제를 처방받게 되는데, 이를 통해 감정기복 주기의 양 극단에서 안정성을 찾도록 하게 한다. 이는 교묘한 과정이다. 왜냐하면 너무 많은 항우울제는 경조증을 만들어낼 수 있기 때문이다. 조울증 환자가 단극성 우울증으로 고통 받고 있는 것으로 오진되어, 항우울제만이 처방될 때에는 심지어

---

47 발작 억제제. 〈역자주〉

훨씬 큰 위험이 존재한다. 이는 항우울제 효력이 떨어지기 전까지 심지어 정신병적인 조증의 만개효과를 만들어 낼 수 있다. 사무엘 바롱드Samule H. Barondes는 그러한 오진의 경우 무슨 일이 일어나는지를 기술해 주고 있다:

6주 후 나는 마르시아로부터 긴급한 전화를 받았다. 그녀는 마이클과 어려움을 겪고 있었다. 마이클이 약물(프로작)을 처음 복용하고 난 후부터 그녀의 근심은 시작되었는데, 이 약이 마이클을 비정상적으로 불안하게 만드는 것처럼 보였다. 그러나 마이클이 거의 한달 정도 약을 복용하는 동안 거의 신경 쓰지 못하고 있었는데, 그때 심각한 변화가 나타나기 시작했다. 그녀가 주목한 첫 번째 증상은 마이클이 정상적일 경우 잠을 잘 자는 사람인데, 거의 밤새 깨있다는 것이다. 그런 후 마르시아는 마이클이 직장에서 여러 동료들과 소리 지르며 언쟁을 벌였다는 것 그리고 아주 투기적인 투자회사에 투자하기 위해 은퇴 기금을 현금화했다는 것을 알게 되었다. 한 이웃이 길 아래 쪽에 사는 젊은 여성과 마이클이 레스토랑에서 저녁식사를 하고 있는 모습을 목격했다고 언질을 주자, 마리시아는 내가 도움을 줄 수 있겠는지를 묻기 위해 전화를 했다.[48]

이렇게 마이클은 가벼운 우울증으로부터 만개한 조증으로 넘어갔고, 그는 성적으로 그리고 재정적으로 방종하게 활동하기 시작했을 뿐만 아니라, 짜증이 가득차고 그리고 전투적인 행동의 전형적 패턴들을 보여주기 시작했다. 세로토닌 수치가 변함에 따라 그의 뇌의 화학적 변화들은 극적인 효과를 발휘했다. 프로작을 중단하자, 그의 행동은 정

---

48 *Mood Genes: Hunting for Origins of Mania and Depression*, 190.

상으로 돌아왔다. 나도 이 경험을 확신 있게 이야기할 수 있다. 왜냐하면 나도 처음에 그와 동일한 방식으로 오진을 받았고 그래서 프로작의 영향 아래 난폭한 감정 소용돌이 속으로 떨어졌던 적이 있기 때문이다. 이 자체가 기저에 놓인 조울증에 대한 명백한 지표이다.

전문적인 심리학적 문제로 넘어가기에 앞서 자살 문제를 보다 충실하게 살펴보고자 한다. 앞장에서 나는 자살 욕망에 대한 내적인 심리적 역동성에 대한 간략한 기술을 제시한 바 있다. 여기서 나는 조울증의 가장 두려운 결과에 대해 의학적이고 통계적인 차원들을 들여다보고자 한다. 첫 번째로 인지해야 할 것은 바로 조울증 환자들이 인구 일반보다 훨씬 높은 자살률을 갖고 있다는 사실이다. 통계들은 여전히 잠정적인데, 이는 특별히 우리가 조울증 환자들 사이의 자살률에 리듬이 미치는 통계적 효과들에 대해 여전히 10년쯤 뒤처져 있기 때문이다.

많은 사람들에게 기분 장애들은 여전히 의지의 문제로 간주되고 있고 그래서 자살은 내적 외적 압박들에 맞서는데 실패한 것으로 간주된다. 그러나 자살의 생물학적 그리고 화학적 측면들이 이제 보다 철저히 연구되고 있는바, 깊이 당혹스런 사실을 가리켜 주고 있다. 말하자면, 자살하고 싶은 생각과 행위의 성향 자체가 일부 사람들에게는 유전적으로 프로그램화되어 있을 수도 있다는 것이다. 굿윈과 제이미슨은 이 질병이 처한 상황이 얼마나 심각한지를 우리에게 상기시켜 주고 있다:

우울증과 조울증을 앓고 있는 환자들은 어느 정신병 혹은 의학적 위기 집단 내 개인들과 비교하여 자살할 확률이 훨씬 높다. 치료를 받지 않은 조울증 환자들의 사망율은 심장 병 유형이나 암 유형의 병을 앓는 환자들의 사망률보다 높다. 하지만 이 치사율은 통상 충분히 강조되어지고 있지 않은데, 자살은 의지적인 문제라는 잘못된 그렇지만 광범위하게 퍼진 믿음이 이러한 성향을 조장하고 있는 것으로 여겨진다.[49]

인구 일반에서 자살률은 대략 1% 정도인 반면, 조울증 환자들에게는 거의 20%에 육박한다. 즉 독자가 치료를 받지 않은 조울증 환자라면, 자살할 확률이 이 정서장애를 갖고 있지 않은 사람보다 20배나 높다는 것이다. 심지어 리튬을 복용하고 있더라도, 스스로 자신의 삶을 마감할 가능성은 10%에 근접한다. 만일 독자가 조울증 환자이고 그리고 또한 어떤 약물을 남용하고 있다면, 자살할 확률은 다시 올라가, 아마도 거의 50%에 육박할 것이다.

임상의에게 이처럼 높은 자살률은 많은 문제들을 제시한다. 자살은 심지어 정신과 의사를 정기적으로 방문하는 환자들 사이에서도 일어날 수 있는데, 따라서 해석적 그림을 복잡하게 만들고 있다. 잠재적 자살행위들은 사전에 그 의도를 전달하기 마련이지만, 통상 배우자나 가까운 친구들에게 의사전달이 이루어지고, 의사나 치료사에게 소통하는 경우는 훨씬 드물다. 자살은 순간의 충동적인 사건이 아니라, 스스로 복잡한 관념작용의 패턴을 갖고 있는 어떤 것이어서 시간을 통해 전개되어져야 하는 것임을 다양한 연구들이 보여주고 있다. 조증 상태에서 자살 시도는 극단적으로 드문 것 같다.

가장 위험한 상태는 우울증 상태라기보다는 혼합된 상태인 것 같다. 혼합된 상태에서는 극단적인 멜랑콜리 즉 정상적인 세계로 들어가는 문이 잠겨있어 못 들어간다는 느낌과 그 행위의 귀결로서 동요와 짜증의 결합이 존재한다. 내 자신의 자살 경험을 돌이켜 보면, 전적인 실패와 완전한 고립감의 멜랑콜리적 느낌과 그렇게 탁 벌어진 상처뿐

---

49 Ibid, 227.

인 자아를 손상하고 궁극적으로 파괴하고 싶은 일종의 동요감이 섞인 분노가 곧바로 상관되어 결합되어 있었다.

인구 일반에서, 즉 조울증 환자가 아닌 사람들을 포함한 인구 일반에서 자살은 어떨까? 여기서 통계자료는 심지어 보다 두려움을 자아낸다. 제이미슨은 두 종류의 통계자료를 이런 방식으로 대조한다:

> 30개 연구들에 대한 최근의 검토는 평균적으로 조울증 환자들의 1/5이 자살로 죽었다는 사실을 발견했다. 약간 다른 각도에서 조명하자면, 자살하는 사람들의 2/3는 우울증 혹은 조울증으로 고생했다는 사실이 발견되었다.[50]

이 책에서 이보다 정신을 번쩍 들게 하는 통계자료를 찾지 못할 것이라고 생각한다. 자살은 계속해서 정서 장애를 갖고 있는 사람들로부터 성과를 거두어들일 것이고 그리고 이 수확은 기저에 놓여있는 생물학적 유전적 조건들과 관계가 있다는 사실을 제이미슨은 명확히 한다.[51] 아마도 가장 치명적인 결합은 조울증과 술의 결합일 것이다. 알코올중독자들은 주요 세로토닌 대사산물들 중 하나에서 남다른 수치를 갖고 있으며, 다른 사람들과 다른, 이 낮은 수치들이 보다 폭력적인 자살 시도들을 감행하는 환자들에게서 또한 발견된다는 사실을 연구들은 보여주고 있다.[52]

조울증 자체 안에서 작용하고 있는 복잡한 유전적 변수들이 존재하듯이, 자살 성향을 갖고 있는 사람들의 두뇌의 해부학적 구조(와 그의

---

50 *Touched with Fire*, 41.
51 *Manic-Depressive Disorder*, 242.
52 Ibid.

유전적 선례들)에는 미묘한 변화들이 존재한다. 자신의 가장 최근 저서에서 케이 레드필드 제이미슨Kay Redfield Jamison은 두뇌의 세로토닌 수치에 관해서 말한다:

> 세로토닌과 자살 간의 연관관계는 더 나아가 스스로 목숨을 끊은 사람들의 뇌에 대한 검시 결과들에 의해서 지지를 받는다. 행위 억제에 강력히 연루된 영역인 두뇌 전전두엽 피질에서 세로토닌 수치가 비정상적이라는 강력한 증거가 있다. 두뇌 이 부분에서 세로토닌의 기능이 축소되면 탈억제disinhibition를 유발할 수 있고, 이는 차례로 자살을 유발하는 생각들과 감정들을 갑자기 따라가는 결과로 이어질 수 있다.53

이 비정상성들이 유전적 기원을 갖고 있을 수 있다는, 아직은 결정적이라고 말하기 어렵지만, 일부 증거가 존재한다고 그녀는 더 나아가서 주장한다. 다른 영장류들에 대한 연구에 따르면, 세로토닌 수치는 분명히 공격성이나 고-위험성 행동들의 수준과 관계가 있다. 세로토닌 수치가 낮은 집단 내 영장류 개체들에게는 집단 내 다른 구성원들과의 갈등 때문에 단명할 가능성이 높을 뿐만 아니라, 땅에서 높이 솟은 나무 가지를 타고 다니는 침팬지들의 경우처럼 그러한 활동들에 대한 정상적인 예방책들을 받아들이지 않음으로부터 유발되는 위험들 때문에 단명할 가능성이 증가한다. 인간 행위로 연장하여 추론하자면, 이는 안전벨트를 매지 않으려는 의식적 결정이나 또는 현격히 감소한 세로토닌 수치 하에서 속도가 빠른 차량을 위험하게 조작하는 행위 등이 될 것이다.

---

53 *Night Falls Fast: Understanding Suicide*, by Kay Redfield Jamison(New York: Alfred A. Knopf, 1999), 192.

더 나아가, 자살에 대한 위험 수치가 보다 높은 사람들과 정상적인 위험수치에 있는 사람들 사이에는 외견상 두뇌의 차이들이 존재한다. 토론된 바, 다중적 유전 요인들과 환경적 방아쇠들 혹은 스트레스 유발요인들 간의 상관성은 복잡한 문제이지만, 그러나 이 상관성의 결과는 이전보다 더 정확하게 두뇌에서 측정될 수 있다. 자살 고위험군 속에 있는 사람들의 두뇌에는 무슨 일이 벌어지는지에 대한 이야기를 다시금 제이미슨은 다음과 같이 전해준다:

> 우울증이나 정신분열증 혹은 조울증을 갖고 있는 환자들 두뇌의 해부학적 구조와 기능에 대한 이미지 연구들_{양자방출 단층촬영[position-emission tomography, PET]이 스캔한 두뇌 단층 이미지들}을 수행하면서 과학자들은 거듭해서 중요한 두뇌 병리학을 발견해 왔고, 예를 들어, 양극성 환자들에게는 편도체들이 확장되어 있고 —이 부위는 감정들을 산출하고 기분을 조절한다; 또한 (고강도 신호로 알려진) 백질 손상이 증가하는데, 이 부위는 두뇌 조직의 액체 내용물과 연관되어 있다; 그리고 아교 세포들의 숫자가 심각하게 감소되어 있는데, 이는 두뇌 발달과 관계하는 세포이며 또한 신경세포들에게 성장 인자들과 영양분들 공급하는 부위이다— 그리고 반복된 정신이상이나 우울증은 취약한 두뇌의 이미 허약한 화학적 균형을 악화시킬 수 있다.[54]

연관된 세포들의 숫자와 두뇌 안의 전체적이고 미묘한 해부학적 구조

---

54 *Night Falls Fast: Understanding Suicide*, 193. 자신의 책 *A Mood Apart: Depression, Mania, and Other Afflictions of the Self*(New York: Basic Books, 1997)에서 피터 와이브로(Peter C. Whybrow)는 우리 내에 (대뇌 변연계와 동맹된) 원시 포유류 뇌의 활동과 그것이 조울증 환자에게서 어떻게 교란되었는지를 상술해 주었는데, 이 교란이 일종의 "흥분성 동요"(irritable fermentation)를 만들어낸다.

상의 변화를 전제할 때, 어떤 사람들을 충동적인 자살 행위들에 보다 취약하게 만드는 물리적이고 화학적인 결정인자들이 존재한다는 사실은 다소 놀랍다. 만일 술과 같은 탈억제 화학물이 이 이미 "부서지기 쉬운 화학"적 균형에 더해진다면, 자살 행동이 일어날 가능성은 극적으로 올라간다.

자살에 대한 제이미슨의 거장다운 연구에서 마지막으로 인용을 하나 더 하지 않을 수 없다. 이 인용문이 자살성 사고나 행위로 이끌어가는 알려진 다양한 결정인자들 사이에서 작용하는 강력한 자기-강화적 피드백 루프되먹임 고리를 완벽하게 기술해 주고 있기 때문이다:

> 조울증에 대한 유전적 소인을 갖고 태어나, 세로토닌 기능의 작동이 손상되었고 그리고 자살의 내력을 갖고 있는 가족에서 태어난 남성은 스스로 목숨을 끊을 위험이 매우 높다. 그러나 그가 우울하거나 조증일 때 술을 마신다면, 이 위험은 심지어 훨씬 더 증가한다. 왜냐하면 이는 그가 인간관계와 일에서 문제를 갖게 될 가능성을 증가시키기 때문이다. 또한 그의 병이 악화되고, 치료가 덜 효과적이고, 그래서 그의 세로토닌 기능작용이 심지어 훨씬 더 위태롭게 될 가능성이 높아질 것이다.[55]

결과적으로 (세로토닌, 노르에리네프린norepinephrine, 도파민 등을 포함한 여러 많은) 신경전달물질들의 역할에 관하여 그리고 그것들이 알코올(술)과 항우울제와 어떻게 관계되는지에 관해서 가능한 한 많이 계속해서 배워야 할 것이다. 이는 두뇌의 해부학적 구조와 화학적 구성이 외부 약물과 약품들, 유전적 대물림, 환경적 방아쇠들 그리고 현재

---

55 *Night Falls Fast: Understanding Suicide*, 200.

의 사회적 직업적 변수들이 혼합된 상태로, 무한히 복잡하게 뒤죽박죽된 상태이다. 조울증을 위한 어떤 진지한 치료 계획도 모든 수준에서 동시적으로 기능해야만 하며, 그럴 때 이 깊숙이 내장된 구조들의 균형을 맞출 수 있다는 희망이 존재한다.

조울증 환자의 친척이나 친구들이 놓치지 말아야 할 아주 중요한 암시가 존재하는데, 바로 자살 시도의 가능성은 멀지 않은 곳에 있다는 사실이다. 내가 증언하는 바, 조울증 환자들은 종종 수면 패턴들이 혼란스럽다. 우리들(조울증 환자들)은 천천히 잠으로 떨어지고 일반 많은 사람들보다 살짝 잠이 든다. 불면증이 심각해져서, 계속 걷고 동요된 상태가 되면, 조증 에피소드가 대략 48시간 내에 찾아올 수 있다.56 조증 에피소드가 혼합된 상태에 길을 내주면, 자살성 사고suicidal ideation 가 다시 밀려온다. 내가 최종적으로 진단받은 날 나의 수면 패턴에 대해 질문 받았는데, 세상에 맙소사 그런 것들이 나의 최근 자살시도와 무슨 관계가 있는지 의아해 했던 것을 기억한다. 수면 부족은 명백히 심리적 취약성을 만들어내는데, 특별히 이 질병이 맨 먼저 불면을 야기했기 때문에 이 심리적 취약성을 착취할 수 있다.

자살에 관해 이야기하는 사람들이 정말로 그것에 관해서 진지하게 생각한다는 말을 우리 모두는 지겹게 듣는다. 이 진부한 말은 그 자체로 매혹적이다. 왜냐하면 그것은 마치 잠재적 자살은 첫 공연에 앞서 자신의 대사와 캐릭터를 시험하는 일종의 총연습을 통해 작용한다는 것을 말하고 있는 듯하기 때문이다. 연기와의 이 비유는 무척 이치에 맞는다고 생각한다. 한 장면에서 역할을 배당받을 때, 배우는 대사들을 익혀야 할 뿐만 아니라 또한 자신에게 구성 대사들을 불러줄 파트

---

56 이는 *We Heard the Angels of Madness*, by Diane and Lisa Berger(New York: Quil, 1991), 233에 잘 기술되어 있다.

너와 통상 긴밀하게 작업해야만 한다. 연기에서 이 과정은 "핀치 앤 아우치"[57] 기술로 알려져 있는데, 명석한 선생이었던 샌포드 메이스너Sanford Meisner가 만든 용어이다. 당신 파트너가 대사를 통해 당신을 꼬집으면, 당신의 반응은 '아야ouch'가 될 것이며, 그 역도 마찬가지이다. 서로에 대한 반응들은 자연스럽고 친밀하게 깊이 연결되어 있어야만 한다. 이 과정을 통해 익히는 것이 단지 대사를 암기하는 것보다 훨씬 중요한데, 배우의 대사는 대본으로부터 보다는 오히려 이 '꼬집기'로부터 나올 것이기 때문이다. 배우는 상대역이 마치 자신의 머리 속에 들어 있는 듯이 상대방의 얼굴과 몸짓을 읽어내는 법을 익혀야 한다. 모든 것은 서로를 읽어내는 거의 에로틱한 춤으로 긴장감이 가득 차 있게 된다. 나의 연기 선생님이 말하곤 했듯이, "당신의 상대배역이 무대에서 당신의 생명줄이다."

내 생각에 이것은 직접적으로 자살 리허설로 번역된다. 통상적으로 사람은 자신의 자살성 사고suicidal ideation를 드러낼 사람에 대해서 아주 선택적이다. 독자가 목적을 지닌 대사들의 틀을 만들어 전달할 때, 독자의 말을 들어줄 상대역을 선택한다. 어떤 배우에게도 자신의 캐릭터의 목적을 아는 것이 결정적이다. 예를 들어, 나의 캐릭터가 무대에서 상대배역을 원하는 것일 수도 있고 그리고 모든 것이 이 순간을 향해 다가가고 있어야만 한다. 또한 소위 "준비preparation"라는 것을 필요로 하는데, 이 과정에서 독자라면 독자가 맡은 배역의 성격 묘사로 들어가기 위해, 독자 자신의 삶으로부터 혹은, 필요할 경우, 상상적 삶으로부터 강한 감정을 다시 불러일으켜야 한다. 그래서 예를 들어, 독자

---

57 "pinch and ouch technique"이란 꼬집히면 '아야' 소리를 자동으로 내듯이, 어떤 대사가 나오면 바로 이어지는 대사가 자동으로 나올 수 있도록 연습하는 기술을 가리킨다. 〈역자주〉

가 (세일즈맨의 죽음에 나오는 윌리 로만처럼) 깊이 상처를 입은 누군가를 연기해야만 한다면, 독자는 가장 굴욕적인 경험을 부활시켜, 독자가 그 장면을 준비하면서 그 굴욕적 경험이 독자의 속을 따라 흐르도록 해야 한다. 이것이 바로 독자의 '준비'를 수행하는데, 일종의 자기-자극이고, 이는 (배역의) 목적에 묶여있다. 메이스너는 연기를 "상상적 정황들 아래서 충실하게 살아가기"58로 정의했다.

이제 나의 주장은 바로 이것이다. 자살 리허설은 내 상황의 전적인 긴박성을 내 파트너에게 알려주려는 목적을 갖고 있다. 동시에 그것은 그 자체의 준비를 갖는데, 자살 리허설은 잿빛의 지평처럼 상상의 캐릭터를 둘러싼 이전의 혹은 현재의 강렬한 정신적 소재를 동반한다는 점에서 그렇다. 이는 또한 이렇게 표현할 수 있다: 내가 자살성 사고 suicidal ideation가 거의 불가피한 혼합된 상태에 붙잡혔을 때, 나는 자신의 목적(죽음)을 완수한 미래 자아(캐릭터)를 상상한다. 하지만 거기에는 또한 이 죽음은 일종의 부활이라는 사실을 알려주는 기호가 감추어져 있다. 자살은 심히 애매모호하다. 왜냐하면 그것은 종교적 의식이 "종말론eschatology"이라 부르는 것을 동반하기 때문이다. 말하자면, 자살은 개인사의 완결된 종말에 대한 드라마인 것이다. 죽음이라는 이름의 어머니가 나를 죽음을 향해 부를 때, 나는 정교한 자살성 사고 과정을 관통해 나갔고, 경험을 통해 이는 사실상 무대 연극의 연장이었음을 나는 알게 되었다. 거기에는 발단, 발달, 반전 그리고 종연the final curtain, (해결)이 있다. 내 파트너에게 말함으로서 나는 고양된 형태의 "펀치 앤 아웃" 과정으로 진짜 진입하고 있는 중이다. 그 파트너는 (남자든 여자든) 나의 무대 위로 등장하여, 거의 폭력적인 방식으로 나의 펀치

---

58 *Sanford Meisner on Acting,* by Sanford Meisner and Dennis Longwell, with an Introduction by Sydney Pollack(New York: Vintage, 1987), 15.

즉 꼬집기를 느끼도록 요청받는다. 내가 올바른 파트너를 선택했다는 것을 전제로, 그에 대한 반응은 마찬가지로 강력한 '아야touch'가 될 것이다. 이는 나로 하여금 다음 대사로 넘어가도록 허락하고, 상상적 정황들 하에서 충실하게 살아가도록 해준다.

내게 무척이나 흥미로운 사실은 내가 실제로 그 자살 리허설 상황에 있었을 때, 나는 죽음이라는 이름의 어머니나 자살에 대해서 절대적으로 아무런 느낌이 없었다. 나는 삶을 그 온전함 자체로 경험했고, 그래서 자살성 사고를 지능적으로 따돌리는 방법을 찾았는데, 그것은 현재 내가 작업하고 있는 드라마보다 질이 떨어지는 드라마를 자살성 사고에 입히는 것이다. 물론 세익스피어를 포함해서 많은 사람들이 말하기를, 우리 모두는 배우들이라고 하지만, 그러나 이 진술의 함축성을 이해하는 사람은 거의 없다. 연기의 기술은 우리 사는 세계의 여느 다른 기술들만큼 복잡하고 그리고 그것은 우리 정신의 심연 아래까지 와 닿아 있다. 잠재적 자살에 의해 상연되는 대리적 드라마는 단지 실재의 창백한 그림자에 불과하다. 내가 비교하고자 하는 궁극적인 요점은 바로 자살 리허설은 자기만의 정당한 조건들에 딱 맞물려 있다는 것이다. 거기에는 무대에 오른 다른 사람과 작업함으로부터 유래하는 풍성하고 놀랄만한 삼투성이 거의 없다. 얼마나 유용하든지 간에, 이 비유는 이 지점에서 붕괴하고 그리고 잠재적 자살은 그의 강력한 순환 논리를 타고 넘어, 내적 세계와 외적 세계의 힘들이 말할 수 있도록 해야만 한다. 그러므로 무대에서의 수많은 부활들과 자해에 의한 죽음의 끝에 기다리고 있는 가공의 부활 사이에는 차이의 심연이 자리 잡고 있다.

이 책에서 무대 비유가 등장한 것이 이것이 두 번째인 것 같다. 앞장에서 나는 진단을 받기 전과 받은 후의 기간들에 이르는 동안 꾸었던 꿈 다섯 개를 분석했다. 거기서 사용된 해석 지평은 융이 꿈을 미니 무대 연기miniature stage play로서 이해한 바로부터 직접 유래한 것이다. 어떤 이유로 무의식 속에는 심층 구조가 존재하는 듯이 보이는데, 이 심층 구조는 우리 의식 세계의 드라마적인 상영들에 풍성히 조율되어 있다. 다른 방향으로 조명해 보자면, 우리의 무대 연기는 무의식이 그 자신의 특별한 논리를 만들어내는 가장 강렬한 자리들을 재현한다. 하지만 우리는 여기서 연극의 비유를 과도하게 과장하지 않도록 주의해야만 한다. 수많은 현대적 관점들은 가정하기를, 모든 정신적이고 문화적인 산물들은 일종의 자유로운 기호적 놀이(연극)로부터 귀결된다고 보는데, 그 기호적 놀이(연극) 속에는 기원이나 목적으로부터 유래하는 구속조건들이 없다. 이 도착적 관점은 사실상 놀이(연극)로부터 그의 모든 치유적 능력을 빼앗아, 그것을 일종의 깊이를 결여한 구조들과 기호들의 엘리트적 조작으로 표현한다. 이어지는 부분에서 내가 전개할 관점은 놀이(연극)에 대한 포스트모던적 관점과 확실하게 결별하고, 가장 집중력 높은 연극 형식들 중 하나로서 무대 연극들은 모두 심오한 변혁의 리허설들이거나 아니면 그 변혁 자체를 체현함을 주장하는 것이다.

2. 심리학적 전망

조울증의 심리적 측면들에 대한 분석에서 나는 의식과 무의식의 복잡한 상관관계를 관통하기를 원한다. 이 질병의 유전적 토대는 그것이 작동할 자리나 영역을 필요로 한다. 내가 사용할 비유는 다음과 같다: 조울증 유전자 혹은 유전자들은 기저에 놓인 부호를 재현represent하는데, 이 기저의 부호는 곤궁에 처한 유기체가 전달하고 수용하는 부호화encoding 과정을 통해 스스로를 현현한다. 여기서 우리는 단순한 구조를 갖는다: 부호화로서 부호code as encoding, 전송transmission 그리고 부호해독decoding. 부호는 언제나 제 자리에 있지만, 전송은 산발적일 것이다. 그리고 그의 수신은 그 전송과, 유기체적이든 비유기체적이든, 수용체계의 상태에 의존한다. 이것이 바로 부호의 기초적 기호 모델인데, 움베르토 에코Umberto Eco에 의해 가장 온전히 발전되었다.59 정신 내적인 실재에 관해서, 우리는 우리의 가족사 여기저기에 등장하는 부호와 함께 태어났다고 말할 수 있다. 그 부호는 휴면기를 보내다, 외부의 외상적 사건들에 의해 강타를 당하게 되면, 그의 첫 번째 본격적인 현현기로 넘어간다. 두뇌가 암호화된 메시지를 해독하는 번역 과정과 나머지 시스템의 부분들이 조증 에피소드나 우울증 에피소드에서 그 현현을 가능케 한다. 심지어 에피소드는 부호해독 과정 자체다라고까지 말할 수 있다. 이 부호화/부호해독 연결고리는 임의적인 것이 아니다. 말하자면, 부호의 어느쪽 과정에서도 선택을 위한 여지는 거의 또는 전혀 없다. 부호화encoding는 유전 물질로부터 유래하는데, 최소한 종 자체만큼이나 오래된 (현재까지 약 450만년 정도 된 것으로 알려진) 것이며, 부호해독decoding은 매우 강박적이고 방향지향적directional이다. 예를 들어, 불면증이 조병 발작을 향해 우리를 몰아갈 때, 해석적 홍정의 여지가 거의 용납되지 않는다. 좋든 싫든, 우리는 부호해독된 자료를 드러내게 될 것이다. 보다 강한 어조로 표현한다면, 우리는 부호해독decoding 자체가 될 것이다.

어떤 이유로 나는 이 기호적 모델이 위안이 된다고 느껴진다. 여러 사람들과 길을 가던 중, 아마도 낯선 사람이 최고조의 간질발작에 걸

---

59 *A Theory of Semiotics*, by Umberto Eco(Bloomington, IN: Indiana University Press, 1976).

려 있던 모습을 목격했던 경험이 떠오른다. 발작이 잦아든 이후, 누군가 그 희생자에게 달려가서 진지하게 설명한다: "글쎄, 당신은 간질발작이 들었습니다. 그리고 제가 이 질병에 대해서 조금 이해하고 있기 때문에 도와드릴 수 있을 것 같습니다." (간질에 걸렸던) 사람들이 그러한 것을 겪었다는 것을 부정한다는 사실을 알게 되면 우리 같은 사람들은 대개 놀라게 된다. 난 필라델피아 어느 거리에서 그런 영혼을 보았던 생생한 기억이 있다. 그 얼굴에 멍하고 혼돈스런 표정이 떠오르고 그리고 나는 이를 통해 우리 조울증 환자들이 우리 자신의 행위를 어떻게 쳐다보는지가 연상된다. 내게 기호학의 가치란 바로 기호학이 그 놀람의 일부를 제거하고, 우리를 우리 몸 안의 유전물질이 그려내는 불가피한 궤적에 대한 보다 심층적인 이해로 데려간다는 것이다. 특별히 나는 우리의 발작들이 부호해독 과정이라는 생각에 집중해 보고자 한다.

일군의 기술적 용어들을 도입해야 하지만 그러나 일단 숙달되면, 금방 그 유용성을 드러낼 것이다. 그 용어는 앞 장에서 간략히 소개되었던 조울증 철학자 찰스 샌더스 퍼어스Charles Sanders Peirce로부터 유래한다. 퍼어스는 그때나 지금이나 실용주의pragmatism로 알려진 철학 운동의 주요 설립자이면서 설계자들 중 한 사람이었는데, 자신 스스로는 실용주의 철학pragmaticism으로 불렀다. 그에 더하여 퍼어스는 또한 기호학이라는 근대의 분야 즉 기호들에 대한 연구를 창안해 냈고 그리고 세계 전역의 기호학적 사유에 참으로 놀랄만한 영향력을 미쳤다. 기호들을 살펴보면서 퍼어스는 기호들이 형식과 기능면에서 거의 무한한 복잡성으로 이루어져있다고 판단했지만, 그러나 그는 이 소용돌이치는 (기호라는) 물의 일부를 깨끗한 본질로 증류하기를 원했다. 그는 스스로 고전 철학적 물음을 물었다: 세계는 단순히 무엇으로 만들어졌는가? 그의 대답은 세상은 부분적으로 숨겨진 대상들과 이 부분적으로 숨겨진 대상들을 가리키는 기호들과 그리고 새로운 기호들인 해석체들interpretants로 이루어졌다고 말하는 것이었다. 이 말의 뜻은 다음과 같다. 난 좀 별난 이상한 대상을 쳐다본다. 그것은 아주 고대적인 것 같지만 그러나 나는 그것이 무엇인지 모른다. 그것을 자세히 내려다보지만, 만지기는 두려워하고 있을 때, 그 위에 이상한 선들과 굴곡들이 있음을 보기 시작한다. 내 시력이 또렷해지면서, 그 선들은 어떤 고대의 바다 생물들에 대한 것임이 분명해진다. 나는 이미 하나의 중요한 발걸음을 내디뎠다: 그 대상은 화석이 담겨있는 어떤 종류의 돌덩어리였다. 그 돌덩어리는 대상이고, '화석'이라는 단어와 개념의 사용은 첫 번째 기호를 내게 가져다준다. 그러나 나는 거기서 멈추지 않는다. 그 대상을 보다 깊이 탐구해 들어가면서, 나는 나의 기호를 풍성하게 만들기 원하고, 그래서 집으로 달려가 내가 쳐다보고 있는 것에 대해서 보다 구체적으로 말해줄 화석에 관한 책을 집어 든다. 되돌아올 때즈음 나는 그 화석이 어떤 어떤 시대의 어떤 어떤 물고기라는 사실을 알게 된다. 이는 그 첫 번째 기호를 증대시키고 풍성하게 만들 새로운 기호들을 내게 가져다준다. 이 새로운 기호들은 해석체들로서, 첫 번째 기호와 대상 모두를 가리킨다.

해석체들의 시리즈를 통하여 그 대상은 점점 더 분명해진다. 본래의 대상에 자기 자신들의 기호들과 해석체들을 더해줄 수 있는 친구들과 전문가들을 데려온다면, 그 과정은 다시금 또 다른 단계를 심화시킨다. 퍼어스의 관점에서 이 과정은 무한히 계속될 수 있고 그리고 이것이 바로 과학이 작동하는 방식이다. 기호/대상/해석체의 삼조체triad는 참으로 존재하는 것의 특징들을 밝혀주는 기능을 하고, 나는 그 개념구조를 조울증의 심리적 특성들을 조명하는데 활용할 것이다. 이미 우리는 하나의 핵심 구성성분을 갖고 있는데 말하자면, 정신에 질병을 풀어놓는 유전적 암호라는 구성요소가 그것이다. 나는 이 부호를 퍼어스 삼조체의 대상 역으로 부를 것이다. 우리는 대상을 오직 기호들과 해석체들을 통해서만 안다. 앞에서 내가 주장했듯이, 조울증 환자들은 기호들을 읽을 수 없다. 그럴 수밖에 없는 근본적 이유는 그 병의 원인이 되는 유전자 부호가 기호들로 뒤섞여 작동하고 있어서, 이 기호들이 쉽사리 읽혀질 수가 없기 때문이다. 이는 곧 어떤 기호들이 대상을 가리키고 그리고 어떤 것이 다른 자유롭게 부유하는 기호들을 가리킬 뿐이지를 알아내기 훨씬 더 어렵게 만든다. 다르게 표현하자면, 우리가 찾고 있는 것은 대상들에 뿌리를 두고, 신뢰할만한 해석체들을 생산해 내는 기호들이다.

이 틀구조가 마음속에서 구체화될 수 있도록 돕기 위해 예를 하나 더 들도록 하겠다. 아침에 일어나 보니, 내 팔에 이상한 원형 발진이 있음을 알게 됐다고 치자. 그리고 어떤 연유로 그 원형 발진 정중앙에 마치 과녁 한복판이라는 듯이 작은 타박상이 있다. 나는 또한 열이 있고 그리고 밤새 격렬한 근육경련을 경험하였다. 내가 갖고 있는 것은 해석체를 기다리는 기호들의 시리즈이다. 기호들 배후의 대상은 나에게 전혀 알려지지 않았지만, 그러나 분명히 그 증상들을 야기했다. 어떻게 하지? 내가 영리하다면 해석체를 제공하여, 이 증상들의 기원을 말해줄 수 있는 의사를 찾아갈 것이다. 의사에게 발진을 보여주고 그리고 다른 증상들을 기술하면서, 의사는 거의 즉석으로 라임병Lyme disease[60]으로 진단을 내린다. 따라서 아주 작은 경련에서 유래하는 라임

---

60 Lyme disease: 라임병은 진드기가 사람을 부는 과정에서 보렐리아 균이 신체에 침투하여 감염질환을 일으키는 병이다. 발열, 두통, 피로감이 동반되며, 이동성 홍반이 나타나는데, 이것이 황소 눈처럼 가장자리는 붉고 가운데는 연한 모양을 갖는다. 〈역자주〉

병 즉 대상이 해석체를 요청하는 기호들을 초래했는데, 해석체는 자격을 지닌 사람 즉 의사에 의해 주어진다. 내게 이 일이 바로 이런 식으로 일어났었기 때문에 이 일은 퍼어스의 기호/대상/해석체 삼조체에 대한 강력한 예로 남아있다. 내가 라임병 지역에 살고 있기 때문에, 나는 이미 스스로 잠정적인 진단을 내렸는데, 말하자면, 해석체를 만들어 냈는데, 그럼에도 불구하고 이는 확증corroboration을, 즉 두말할 필요 없이 의학을 필요로 했다.

기호적 모델은 사실상 의학적 진단법으로부터 유래하고 그리고 아주 다른 방식으로 미스터리 이야기들로부터 나왔다. 의사와 형사들은 탁월한 기호학자들을 만들어내는데, 그들의 전략을 조울증 환자들이 선용할 수 있다. 우리 조울증 환자들은 크고 작은 방식으로 이미 촉발될 준비가 된 병을 평생 동안 갖고 살고, 그래서 우리는 기호들을 읽어내어, 적합한 해석체들을 만들어내는 것을 배워야만 하기 때문이다. 우리의 정신은 쏟아지는 유사 기호들 속에서 내던져지고, 그래서 그 기호들이 보다 공적인 해석체들의 훈련 하에 억제되지 않는다면, 해를 끼칠 수 있다.

유전자 부호는 겨우 최근에야 이해되기 시작했고 그리고 그것도 겨우 불완전한 상태이지만, 만일 유전자 부호가 우리의 기호적 삼조체의 대상이라면, 그렇다면 부호/대상의 작동 때문에 분출되는 증상들은 무엇에 해당하는가? 여기서 우리는 조금 섬세한 분석을 필요로 한다. 만일 조증 발작이 갑자기 나를 찾아 왔다면, 예를 들어, 10세 무렵에 처음으로 일으키는 조증 발작이라면, 그 증상들과 더불어 주어지는 일련의 해석체들을 나는 갖고 있는가? 대답은 그렇기도 하고 그렇지 않기도 하다. 내가 당시 전혀 이해하고 있지 못하던 어떤 것으로부터 말도 못하고 고통을 당하고 있는 한, 난 해석체를 갖고 있지 않은 것이다.

난 증상들을 갖고 있다. 다시 말해서 해독decoding 과정을 수행하고 있는데, 이 과정에는 의식적 해독장치가 존재하지 않는다. 해독은 증상들 자체로서 내게 일어난다. 이 과정은 사건들의 의미에 관하여 대개 고통당하는 사람을 경악하게 만들고 그리고 다소 말을 잃게 만든다. 하지만 나는 무의식의 후미진 곳들로부터 나를 통해 나아오는 것에 대한 의미 즉 해석체를 발견하기 위해 분투하는데, 때로는 내가 가진 모든 의식적 자원들을 활용하여 노력한다. 상황을 이해하는 가장 정확한 길은 자아가 기호들 속에서 익사하는 것인데, 기호들은 해석체들로 다시 태어나기 위해 내적으로 노력하는 중이다.

사태는 복잡해진다. 왜냐하면 많은 조울증 환자들은 심지어 무언가 잘못되었다는 사실조차 알지 못하기 때문이다. 정신과 의사와 치료사들은 환자가 돌연 올바른 해석체를 발견하고 예를 들어, 다음과 같이 말할 순간을 대개 기다린다: "더 이상 자가-약물치료는 그만!" 이것은 진정한 돌파구이다. 왜냐하면 그것은 환자가 무언의 그러나 격렬한 기호들을 의식 속에 체현된 해석체들의 끈으로부터 유래하는 치유 궤도에 연결시켰다는 것을 나타내기 때문이다. 해석체들은 (최소한) 두 방향들을 가리킨다. 해석체들은 해석과 치유의 더 먼 전망들을 향한 전방을 가리키면서 또한 해석체들은 질병의 증상들로 갑자기 등장한 본래적 기호들이 놓인 후방을 가리킨다. 후자의 차원에서는 본래적 기호들이 해석체들로 재탄생하는 일이 일어나는데 이는 곧 질병이 의식에 의해 동화될 수 있는 형태와 의미를 갖기 시작했다는 것을 의미한다.

그러면 우리의 기호적 삼조체는 분명하게 요약된다. 조울증 유전자 부호는 스스로를 개체에 풀어놓는다.(그 이유는 여전히 부분적으로 신비에 쌓여있다.) 그 부호는 두뇌로부터 정신으로 전달되고, 극단적인 기분과 행위의 외향적 형태와 내향적 형태가 현현한다. 이 현현들은 해독의 무의식적 형태들로서 그 질병의 부호화된 기호들에 대한 일대일의 반응을 지시한다. 이 과정과 라임병의 과정 간의 비유는 정확하다. 개체를 멍한 상태로 내버려둔 증상들은 그들의 해석체들을 찾아 부르짖는다. 때로는 치료받지 않고 따라서 진단조차 받지 않은 조울증 환자가 자살을 시도하는 경우처럼, 이 해석체들은 결코 도래하지 않을 수도 있다. 때로는 격렬한 부인과 저항 후에야 올바른 해석체들이 도래할 수도 있다. 때로는 잘못된 해석체들이 수십 년 동안 대거 남아있을 수도 있다. 조울증의 경우에 우리가 진정의 기미를 보일 때, 올바른 해석체들이 도착한다. 만일 의학적 치료가 적용되고 그리고 성공적이라면, 그래서 단순한 단기적인 자연적 진정세를 억제했다면, 우리는 상황을 올바르게 해석해 온 것이다. 여기서 우리는 기호학의 실용적 차원을 보게 된다. 만일 식이요법이 효과가 있다면, 그렇다면 우리는 올바른 해석체들을 가진 것이다. 퍼즐의 이 부분은 사실상 무척 단순하다.

여기서 우리는 진정한 변증법을 보게 된다. "변증법dialectic, die Dialektik" 이란 용어는 19세기 철학자 헤겔Hegel로부터 유래하는데 이 용어는 불필요하게 신비로 싸여있다. 그의 가장 기본적인 의미에서 이 용어는 에너지와 운동을 가리킨다. 에너지는 정신psyche으로부터 오는데 정신은 의식적이고 무의식적인 에너지의 풍성한 저장고이다. 운동은 바로 이 에너지의 활동으로부터 유래한다. 정신적 에너지는 의식과 무의식을 왔다 갔다 하는데, 때로 어떤 명시적인 이유 없이 그 흐름의 방향을 바꾸기도 하고, 때로는 우리가 분별할 수 있는 패턴을 따르기도 한다. 만일 변증법이 에너지를 의식 속으로 가져온다면 그때 기분이 고양되고, 다른 한편으로 에너지가 반대 방향으로 움직여서 무의식속으로 사라진다면 기분의 우울함이 있게 된다. 대부분 이 변증법은 온화하고 그래서 빛 강도의 변화 같은 외부적 자극들에 호응적인 과정을 따른다. 하지만 조울증 환자에게는 의식을 예고 없이 이쪽 혹은 저쪽 방향으로 추동할 수 있는 급격한 에너지 전환이 있을 수 있다.

수년 동안 나는 거대한 파도, 아마도 100 피트 높이의 파도가 내 위로 무너져 내리는 동안 해변에 서 있는 꿈을 꾸었다. 나는 언제나 이 과정에서 살아남았지만 그러나 엄청난 고통 속에 깨어나곤 했다. 어느 날 나는 무심코 인쇄소에서 사진들을 들여다 보다, 절대적으로 매혹적인 사진 하나를 주목하게 되었는데, 내 꿈들 중의 하나가 사진으로 만들어진 것 같았다. 사진은 헬리콥터에서 찍은 것인데, 가느다란 땅 끝 가에 서 있는 등대를 구도 잡고 있었다. 등대의 기단 문에 한 남자가 서 있는데, 무심코 바지 주머니에 손을 넣고, 사진 기사를 (프랑스 사람 장 귀샤르Jean Guichard를) 올려다보고 있다. 등대는 어두운 회색의 돌들로 만들어졌지만, 페인트가 칠해져 있지는 않았다. 그러나 그 사람의 뒤에서 엄청난 파도가 연두색의 아름다운 그늘을 만들면서 등대 주위로 부서져 내리고 있었다. 파도는 그 사람 위로 50 피트 높이쯤 되어 보였다. 두 말 할 것도 없이 나는 즉시 그 그림을 구입하여 액자에 담았고, 이제 그 그림은 내 침실에 걸려있다. 문가에 서있던 남자는 이 사진을 찍고 익사했을 것이라고 판매원은 단언했다. 이 무시무시한 질병에게 이토록 분명하게 말을 건네는 아이콘적 기호들은 거의 존재하지 않는다.

사진에 대한 나의 기호학적 분석 속에서 그 남자는, 무의식 에너지의 급등에 직면했을 때 겪는 자아the ego와 그의 전적인 취약성에 대한 상징이라고 말할 수 있다. 그의 무관심한 태도는 하나의 경고이다. 즉 바람의 말이 다시금 흥분하고 있는지 살펴보기 위해 우리의 배후를 잘 살펴야 한다는 경고 말이다. 여기서 프로이트적 독해도 가능한데 말하

장 귀샤르의 그림(출처: https://www.amusingplanet.com/2014/11/the-wave-swept-lighthouses-of-b
rittany.html) * 원서에는 수록되지 않았으나, 독자의 이해를 위해 추가

자면, 등대는 무질서의 충동적 힘 가운데 진가를 발휘하는 위대한 남
근적 능력을 표상한다. 물론 이 논증은 오로지 남성들에게만 작동하지
만, 그럼에도 불구하고, 만일 등대가 탈/문자적으로 해석된다면, 이
해석은 여성적 실재로 번역될 수도 있다. 즉 조증의 파도들이 에고-자
아ego를 에워싸서 낯선 해역으로 데려갈 때, 초극적 성hyper-sexuality이 현
현한다.

아이콘적 기호들은 에고-자아ego에 극단적으로 중요하다. 무의식
은 우리에게 심원하게 낯설고 그리고 전적으로 이방 언어를 말하는 듯
하다. 그러나 무의식은 그의 기호적 부호가 현현하여 의식에 의해 해
독decoded 되기를 무척이나 열망한다. 이런 일이 일어날 수 있는 가장
직접적인 방식들 중 하나는 무의식이 우리에게 강력한 개념적 내용을
담지한 시각적 이미지를 보내는 것이다. 그것은 마치 무의식이 의식적
관념작용 형식들의 바깥에서 우리에게 도달할 수 있는 어떤 내용으로

인격화되어야만 한다고 말하는 것처럼 보인다. 조울증 환자에게 최고의 아이콘적 기호들 중 하나는 바로 바다의 폭풍이라는 기호이다. 바다에서의 폭풍은 어느 것에 놓여있는 것이 아니기 때문에 탈출할 장소가 없다. 따라서 파도의 충돌은 우리라는 연약한 배가 도망갈 수 없는 어떤 것이다. 그리고 괴물 같은 파도가 상륙할 길을 찾아, 거기의 거주민들을 덮칠 때, 우리는 정신적 황폐psychic devastation에 대한 보다 분명한 상징을 갖는다.

화산들 또한 이 질병의 조증 국면에서 훌륭한 아이콘적 기호들이다. 사막의 풍경들은 우울증 국면에서 최고의 기호 혹은 상징일 수 있다. 융의 치료법에서 시각적이거나 촉각적이거나 청각적인 등등의 상징들은 자기-이해에 약간의 형태를 부여하는데 도움을 주기 위해 출현한다. 미지의 두려운 힘들의 인격화는 사실상 그들의 섬뜩한 힘의 일부를 탈각시키는 과정을 시작할 수 있다. 이름붙이기는 파악하기 어려운 무한에 형태를 부여하는 행위이다. 의식의 관점으로부터 조울증은 헤겔이 "나쁜 무한bad infinite, schlechtes Unendliche"이라 부르는 것, 즉 길들여서 의식의 통제 아래 가져올 수 없는 무한인 것처럼 보인다. 조수를 타고 밀려오는 파도의 이미지처럼, 이 나쁜 무한을 이미지들 속에 고정함으로써, 의식은 모든 형태를 피해 왔던 어떤 것에 형태와 즉자성을 부여한다. 조증의 에너지가 다시금 앙등할 때, 우리는 최소한 그 에너지를 이해하고 아마도 (그를 위한) 수로를 낼 수 있는 이미지를 갖는다. 융은 조울증에 대해서 많은 저술을 하지 않았다. 18권으로 엮인 그의 전집에서, 융은 이 질병을 겨우 몇 번 이름으로 언급할 따름이다. 그럼에도 불구하고 융은 종교적인 상태와 심적인 상태 모두에서 조증에 관해서 훨씬 많이 언급한다. 여기서 1950년대까지 의학적 진단 전문의들은 기분 장애들보다는 정신분열증에 더 많은 관심을 갖고 있었다는 사실을 기억해야만 한다. 그리고 앞 장에서 이미 언급했던 바, 많은 정신과 의사들은 기분 장애를 사고 장애thought disorder와 분리하지 않았고 따라서 조울증을 집중적으로 조명하기 어려웠다. 융은 비교 종교 연구와 고전 연구들에서 활동한 장점을 갖고 있었고 따라서 기분 장애에 적합한 자료의 보고를 갖고 있었다. 융은 조증을 상당히 잘 이해하고 있었고, 특별히 자신의 환자들에게서 그를 식별할 수 있었다.

융에게 조증mania은 그의 개념인 심적 팽창psychic inflation과 맞물려 있었다. 그는 조증 발작을 무의식의 소재가 의식을 간단히 압도하고, 그것을 장난감처럼 사용하는 상황으로 정의했을 것이다. 이 팽창은 의식이 유지하는 망상으로부터 유래하는데, 즉 의식은 그 스스로를 통해 흘러나오는 소재의 원천이라는 망상이다. 자기-신성화self-divinization는 불쌍하고 연약한 에고-자아ego를 붕괴 직전으로 몰고간다. 사고 장애에서 이 붕괴는 전부가 될 수 있는 반면, 조울증에서 에고-자아ego는, 얼마나 약하든지 간에, 약간의 자율성을 담지한다. 조울증 환자의 관념의 비상과 말이 빨라지는 현상 속에 이 기묘한 소재를 연결하는 어떤 실thread이 언제나 존재한다. 임상의들은 기호들과 해석체들로 구성된 이 실을 찾기 위해 무척 열심히 작업을 해야 할 수도 있지만 그러나 그 실은 언제나 거기에 있을 것이다.

역동적 에너지를 담지한 대상은 부호화encoding와 전송을 통해 스스로를 현현하는 부호이다. 해독decoding은 이 장애의 증상들로서 전개된다. 이 모든 것은 어디서 발생하는가? 기호/대상/해석체 모델과 의식과 무의식의 변증법이라는 모델 둘을 결합하여 조울증 유전자의 전개는 무의식 내에서 발생하고 그런 후 역동적 대상이 기호들과 부호들로 합생61할 때마다 의식 속으로 나타난다. 만일 무의식이 이해-이전

---

61 'concresced'는 철학자 화이트헤드의 용어로서 현시적 즉자성과 인과적 작용이 상호작

적62이라면, 의식은 최소한 잠재적으로 이해가능하다. 정신적 에너지는 무의식으로부터 나와 의식 속으로 앙등하면서, 정신적 팽창을 만들어내는데, 이 팽창 속에서 많은 기호들과 해석체들이 그 어떤 윤곽도 없이 소용돌이치며 돌고 있다. 그 반대의 극단에는 정신적 에너지가 의식의 영역으로부터 조용히 미끄러져 나와, 의식을 건조하게 말려버린 채로 남겨둘 수 있다. 장기적인 우울증은 의식으로부터 심지어 기호들을 향한 **욕망**을 박탈할 수도 있다. 따라서 만일 조증 상태가 그 어떤 무엇이든지 간에 폭발하는 기호들과 더불어 기호적으로 너무 밀집되어 있다면 우울증 상태는 기호들과 해석체들의 가능성 자체를 거절하고 그래서 기호들은 망각으로 조산된다.

이 고뇌에 찬 변증법에 도무지 어떤 가치가 존재할까? 이에 대해서 다음 장에서 보다 자세히 언급하겠지만, 그러나 당장으로선 어떤 구원적 가치가 이 과정을 구출할 수 있다고 말해두자. 나는 이 변증법이 리듐이나 그의 등가물을 복용하거나 그렇지 않거나 간에 존재한다고 가정하는데, 이는 리듐이 이 변증법을 덜 폭력적으로 만든다는 단서를 전제로 한다. 변증법 그 자체는 어떤 가속된 리듬을 나타내는 것으로 이해할 수 있는데, 이 리듬은 유기체의 왕국 도처에서 정상적 비율로 발견된다. 모든 살아있는 것들은 수축의 순간들과 결합된 어떤 급속한 팽창의 형태를 경험한다. 인간 질서 속에서 이는 엄청나게 연속적으로 일어난다. 조증과 우울증의 변증법은 따라서 진화 과정의 핵심에 내장된 어떤 것의 강화intensification이다. 위 물음에 대한 나의 대답은 이렇다.

용하여 현실체(actual entity)를 구성하는 과정 자체를 가리키는 용어로서, 코링턴은 이를 다른 맥락이지만 거의 같은 의미로 사용하고 있다. 〈역자주〉

62 'pre-intelligible'은 이해할 수 있는 상태 이전을 가리키는데, 이는 이해의 미숙을 가리키기 보다는 오히려 무의식 자체는 근원적으로 의식의 이해에 앞서서(pre-) 존재한다는 의미를 갖는다. 〈역자주〉

조증 국면은 새롭고 강력한 해석체들을 허용하는 반면, 우울증 국면은 그것들을 다시금 꼼꼼하게 추려내서, 해석체와 그 대상 간의 어떤 합법적인 상관성을 찾아내도록 우리에게 강요한다. 제이미슨은 이 논증의 초기 버전을 제시하는데, 나의 논증은 사실 그녀의 것으로부터 유래하지만, 그녀는 그 논증을 문학적 생산성에 보다 직접적으로 연관시켰다. 그녀의 모델에서 시인이나 작가는 경輕조증 상태에서 쓸모없는 자료들을 무척 많이 생산할 수 있는데(완전한 조증 상태에서는 지속적 가치를 지닌 것들을 많이 창조해 낼 수 없다), 이후 그 자료들은 보다 길고 보다 비판적인 우울증 상태에서 추려져 삭감된다. 그녀는 표현하기를, "우울증은 가지를 치고 조각한다; 그것은 또한 심사숙고하고 곰곰이 생각하며, 또한 궁극적으로 사유를 진압하고 집중한다."[63] 예술적 창조성은 경조증적 기호적 과잉의 변증법 속에서 강화되고 따라서 적절하지 못한 해석체들의 제거를 초래한다. 생존의 관점에서 자연은 기호들에 대한 너무 많은 미지급을 참아내지 않는다. 우리는 기호를 그를 비롯되게 한 역동적 대상에 다시 연결함으로서 기호에게 값을 치른다.

월리암 제임스William James는 개념과 지각 사이의 실용주의적 연결고리를 보여주는 하나의 방법으로서 지금은 널리 알려진 말인 "현금가치cash value"라는 말을 만들어냈다. 퍼어스에게 보다 의존적인 우리들의 용어 속에서 이는 기호 혹은 해석체는 현금으로 교환되어(만일 연금술적 비유를 좋아한다면, 금과 같은) 화폐로 전환될 필요가 있는 수표와 같다. 수표를 은행으로 가져가면, 은행은 금고에 역동적 대상을 갖고 있다. 수표 위의 서명이 그 대상 위의 서명과 일치하면, 교환이 이루어질 수 있다. 만일 서명이 일치하지 않는다면, 우리는 은행에서 퇴출을

---

63 *Touched with Fire*, 118.

요청받을 수도 있다! 조울증 환자들은 조증 단계에서 금전의 남용으로 악명 높기 때문에, 이 비유는 특별한 타당성을 지닌다. 나는 역동적 대상들로 전환될 수 있는 것보다 훨씬 많은 수표들을 가지고 은행에 왔다. 많은 수표들이 되돌아오거나 혹은 그저 버려져야만 한다. 얼마 되지 않은 돈은 감정기복으로 파손된 건물을 다시 짓는데 사용될 수 있다. 회복 우울증recovery depression은 따라서 은행원이 금고에 있는 실재 대상 혹은 추정된 대상과 수표 하나하나를 대조하는 느리고 신중한 과정으로 비유될 수 있다. 이 비유가 너무 인위적이거나 점잖은 것이 아니라고 가정한다면, 기호들에 대한 우리의 지불은 기분(무드)의 변덕들 사이에서 우리를 지지하는 지속적인 시금석들이다.

나는 본서 4장에서 이 과정의 실천적 차원들을 상술할 것인데, 거기서 진정한 기호들을 지탱하는 역동적 대상들로 돌아가기 위한 발걸음들을 통해 진화해온 나의 특별한 전술들을 기술할 것이다. 이 지점에서 우리는 정신psyche의 이해에 미친 융의 공헌들을 보다 세밀하게 살펴보고 그리고 어떻게 그의 일반적 모델이 정신의 균형을 엉망으로 만드는 조울증의 길을 조명하는지를 보아야 할 필요가 있다. 언급한바 융은 조울증 개념 자체에 대해서 많이 다루지 않았지만, 그러나 그의 틀구조는 정신을 통한 조울증의 궤적을 이해하는데 가장 풍성한 보고들 중 하나를 보여준다. 그럴 수밖에 없는 주요한 이유는 정신적 에너지가 실제로 어떻게 작동하는지에 대한 그의 파악력에 있었다. 융에게 정신적 에너지는 특성 면에서 중립적이다. 즉 그것은 프로이드의 정신-성psycho-sexuality의 모델에서처럼 근본적인 것으로 간주되지 않는다. 이 에너지는 성적인 형태로 스스로를 표현할 수도 있지만, 그러나 그것은 또한 힘에의 의지will-to-power나 의미를 향한 추구로서 스스로를 스스럼없이 표현할 수도 있다.

중성적인 심적 에너지는 무의식으로부터 의식으로 혹은 의식 바깥으로 흐른다. 에고ego는의식장의 중앙에 서서, 무의식의 힘을 그 자신의 작은 세계 안으로 통합하기 위해 분투한다. 의식을 무의식과 연결하는 정상적인 리듬이 존재한다. 삶의 특정 단계에서 에너지의 흐름은 그 자신의 의지의 흐름을 바꿀 것이다. 중년의 무렵 무의식은 보다 강력하게 활성화되고 그리고 의식으로 하여금 그의 내용들에 귀를 기울이도록 강요한다. 이 정상적인 과정은 물론 병적인 과정이 될 수도 있다. 1951년 존 쿠스탄스John Custance가 저술한 정신병리학에 관한 책의 서문에서 융은 조울증에 대한 자신의 이해에 관하여 그의 저술들 중에서 가장 완벽한 진술을 제시한다:

비록 내 자신 스스로 수년 동안 아주 동일한 현상들을 연구해왔고 그리고 그것들을 반복적으로 서술해 왔음에도 불구하고, 조증 상태의 무절제함과 관념의 광적인 비행이 어떻게 의식의 한계점을 낮추어, 정신분열증의 정신적 한계점을 낮춤(the abaissment du niveau mental)의 경우처럼, 무의식을 발가벗겨 이해 가능케 하는지를 보는 것은 나에게 여전히 놀람과 신기함으로 다가온다. … [이 낮춤]의 결과는 대립들의 조잡하고 가차 없는 시스템 즉 그 정점들로부터 깊이들로 연장된 모든 상상 가능한 색과 형태의 시스템이다. 상징주의는 주로 집단적이고 그리고 특성상 원형적archetypal이고, 따라서 결정적으로 신화적이거나 종교적이다. 개별화 과정individuation process의 분명한 지표들은 부재한다. 왜냐하면 지각하고 성찰하는 주체의 눈앞에서 변증법적 드라마가 대립들의 자발적이고 내적인 대면 속에서 전개되기 때문이다.[64]

---

64 C.G. Jung, *The Symbolic Life: Miscellaneous Writings*, Volume 18 of the Collected Works of C.G. Jung(Princeton: Bollingen, 1976). 융의 이 글이 실린 책은 *Wisdom*,

기분 장애와 사고 장애 모두에서 아래의 위대한 집단적 힘으로부터 의식을 분리하는 한계점은 낮추어진다. 우리가 지금은 알고 있는바, 정신분열증과 조울증 모두에서 이 낮춤은 기원상 유전적이다. 앞에서 우리는 심적 팽창이라는 융의 개념을 조울증이 조증 단계에서 작동하는 법을 기술하는 하나의 방식으로 사용했다. 위 인용문에서 융은 범람하는 의식적 마음을 통해 나오는 기호적 소재의 원형적이고 집단적인 본성에 강한 방점을 둔다. 이 기호 소재는 화해될 수 없는 강력한 이원체들binaries로 나뉘어, 개별화가 불가능하게 만든다. 조울증을 치료받지 않을 때, 개별화individuation는 여전히 가능할 수 있지만, 그러나 그를 위한 투쟁은 막대하다. 대립들은 구조변경이 가능하지 않을 법한 속도로 서로로부터 떨어져 간다.

그러나 일단 조증 발병이 지나가고 그리고 (무의식으로부터의 에너지가 철수해 감에 따라) 회복 우울증이 일어나면, 어떤 초보적 형태의 개별화가 일어날 수 있다. 물론 리듐 치료와 더불어 개별화는 가속도가 붙어 나갈 수도 있다. 다음 장에서 나는 개별화가 어떻게 심지어 치료받지 않은 질병 형태와 더불어서 확립될 수 있는지를 보여주고자 노력할 것이다. 이는 천재genius 현상에서 가장 강력하게 현현할 것인데, 물론 다른 요인들이 더불어 작용하고 있는 듯이 보이기도 한다. 위 인용문의 염세주의적인 색조에도 불구하고, 융은 정신적 질병에 대해서 낙관적 견해를 갖고 있었다. 즉 정신병도 역시 본성상 목적론적teleological이라고 보았다. 정신은 정상적 상태와 병리적 상태 모두를 치료를 위한 시도들로 활용하였다. 그러므로 질병 혹은 신경증, 아마도 정신병조차도 목적을 위한 수단 즉 개별화라는 최고의 목적에 대한 수단이 될 수 있다.

Madness, and Folly, by John Custance (New York, 1952)이다.

해석학적 관점에서 정보의 완벽한 붕괴가 있을 때, 정보가 존재한다고까지 말할 수 있다. 오스트리아의 철학자 루드비히 비트겐슈타인 Ludwig Wittgenstein이 논증하듯이, 올바른 종류의 침묵은 어떤 상황을 깊이 부각시킬 수도 있다. 아마도 조울증을 앓았을 비트겐슈타인은 (난 이 가능성을 계속해서 깊이 숙고하고 있다) 소위 솔직한 형태의 지식이 최소한의 기호적 (이는 그의 용어가 아니었다) 가치를 갖고 있을 수 있음을 이해하고 있었다. 결과적으로 보편적 원형들이 이분법적 대립으로 멀어지고 그리고 의미를 가져다 줄 그 어떤 제3의 화해자가 없는 전적인 조증 폭발의 경우에서조차, 우리는 여전히 **일종의** 지식을 갖고 있다. 병리적 붕괴는 그 자신의 해석적 가치와 의미를 갖고 있다. 비록 그것이 외부 관찰자에게 그 자신의 얼굴을 보여주는 것에 대해서 침묵하고 있을지라도 말이다. 내 자신의 조증 발작들 중에는 의미의 실들이 당시에 눈부실 만큼 분명했다. 통탄스럽게도 나는 회복 우울증 동안에 그 실들을 다시 추적할 수 없었을 것이다.

지금까지 우리의 관찰들을 요약해 보자면, 정신psyche은 의식에 의해 구성되고 그 중심에는 에고ego가 있고, 무의식은 보편적이고 그리고 우리의 계통발생적이고 진화적인 과거에 뿌리를 두고 있으며, 정신적 에너지는 질적으로 중성적이고 그리고 의식을 무의식으로부터 분리하는 경계를 가로질러 왔다 갔다 여행한다고 말할 수 있다. 조울증은 정신의 두 근본적인 차원들 사이의 낮춰진 한계점을 가로지르는 정신적 에너지의 변증법이 아마도 가장 극단적인 형태로 현현하는 것을 나타낸다. 무의식적 소재들이 의식 속으로 폭발함과 더불어, 거기에는 그로부터 귀결되는 심적 팽창과 원형적 소재의 급속한 갈라짐이 있다. 이 조수간만의 파도가 자아를 통과하며 씻어나갈 때, 거기에는 조증의 불가피한 썰물과 그로부터 귀결하는 에너지의 손실이 있게 되는데,

이 에너지 손실은 장기적 우울증 속으로 침몰한 의식에 지불되기 때문에 발생한다. 조증의 썰물은 그와 함께 모든 기호를 데려가고, 자아는 모든 삶이 사라진 듯이 회색이 잿빛으로 퇴색한 채 남겨진다.

　이 변증법의 특별히 매혹적인 한 측면은 개인의 인격 변화와 관계가 있다. 위에서 우리는 조증 혹은 경조증 단계에서 기분정서mood가 갖는 사회적 양상들의 몇 가지를 기술했지만 그러나 보다 근본적인 유형적 변이들에 관해서는 아무런 언급도 하지 않았다. 잘 알려진 바대로, 융은 프로이트와의 불화 이후 심리적 유형들에 대한 매우 풍성하고 섬세한 이론을 발전시켰다. 자서전적 성찰에서 융은 논증하기를 왜 자신과 프로이트가 정신psyche의 본성에 관하여 서로 다른 결론들을 발전시켰는지를 생각해볼 필요가 있었고 그래서 이 차이를 성격유형과 결부시켜 설명하고자 했는데 말하자면, 프로이트는 외향적extraverted이고 자신은 내향적introverted이라는 것이다. 이 내용은 1921년 출판한 자신의 책『심리적 유형들』(Psychological Types)에 담겨있는데, 이는 오늘날 가장 널리 전파된 유형론적 체계들 중 하나를 대표한다.[65] 많은 독자들은 메이어-브릭스 유형 지표Myers-Briggs Type Indicator, MBTI라는 이름으로 유통되는 테스트에 친숙할 것이다.[66] 이것이 무엇인지 친숙할 것이라 생각되기 때문에 융의 기본적 체계에 대한 필수적인 내용들 몇 가지만 주지하여, 조울증에 어떻게 적용될 수 있는지를 보여주는 선에서만 기술하고자 한다.

　유형 이론 내 근본적인 구별은 바로 두 가지 기본적 태도 유형들

---

65 C.G. Jung, *Psychological Types*, Volume 6 of the Collected Works (Princeton: Bollington, 1971).

66 이러한 작업들 중 하나로 *Pleas Understand Me: Character & Temperament Types*, Fourth Edition, by David Keirsey, and Marilyn Bates (Del Mar, CA: Prometheus Nemesis Book Company, 1984)가 있다.

사이의 구별이다. 융이 내향적/외향적이라는 구별을 발명하지는 않았지만 그는 이 구별을 두드러지게 만들었다. 중요하게 주목해야 할 것은 이 구별이 행동적 구별이 아니라 방향적directional 구별이라는 것이다. 물론 행동적 구별이 드러나긴 하지만 말이다. 다시 말하자면, 이 구분은 심적 에너지가 흘러갈 방향성에 관계한다. 외향적인 사람의 심적 에너지는 대상 세계를 향하여 외부로 움직여 나아가면서, 외부적 연결들로 구성된 세계를 위해 내적 영역을 떠날 것이다. 내향적인 사람들은 자신의 에너지를 내적으로 사용하여 사유, 직관, 감성 혹은 느낌으로 이루어지는 내적 삶을 풍성하게 만들어 갈 것이다. 이들에게 외부적 실재는 그다지 구속력이 있거나 설득력이 있다고 느껴지지 않을 것이고 반면 외향적인 사람들에게 내적 실재는 세련되거나 명예로운 것이 되지 못할 것이다.

이 두 태도들 사이의 구별은 공통의 통화가 되었지만, 그 외 4가지 심적 기능들 사이의 구별들은 잘 알려지거나 이해되지 못했다. 그 구별의 연속선상에서 나는 내향적이거나 외향적이겠지만, 그러나 또한 네 가지 기능들 중 한 가지를 체현한다: 사고thinking, 감성feeling, 감각sensing 그리고 직관intuiting. 이 네 가지 기능들 중 하나가 주도하면, 다른 기능은 보조적인 혹은 예비적인 시스템으로서 기능할 것이다. 그러나 우리는 또한 이 네 기능들의 두 가지 결합들을 구별해야만 한다. 융은 소위 합리적 기능들(사고와 감성)과 비합리적 기능들(감각과 직관)을 분리해냈다. 사고와 감성은 모두 합리적이다. 왜냐하면 이 기능들은 자신들의 시야에 놓인 대상들에 관하여 시간의 경과를 넘나들며 판단을 하기 때문이다. 분명히 사고는 합리적이다. 그런데 감성도 그런가? 융에게 감성은 사고만큼이나 합리적이다. 왜냐하면 감성은 좋은 실재들과 혹은 나쁜 실재들과 함께 작동하고 그리고 실재 대상들은 이 느끼는 기능에 따라 보여 질 수 있기 때문이다. 비합리적 기능들은 겉보기에 한 중간기착지에서 다른 중간기착지로 도약하면서 작동하고, 따라서 감성이나 사고의 선적인 논리를 회피한다.

합리적 기능들과 비합리적 기능들 사이의 이중 축은 중요하다. 만일 나의 주축이 합리적 기능들의 축이라면, 나의 보조축은 비합리적 기능들로부터 도래해야만 하고 이는 역으로도 마찬가지이다. 따라서 나는 (내향적이거나 외향적인) 기본태도, (합리적 축이나 비합리적 축으로부터 도래하는) 지배적 기능 그리고 (지배 기능으로 표현되지 않은 축을 의미하는) 보조축을 갖고 있다. 내 자신의 (성격) 유형은 다음과 같다: 내향적Introverted, 직관적Intuitive, 감성적Feeling 그리고 지각적Perceiving. 그리고 이를 (머리글자를 따서) INFP라고 표현한다. 마지막 용어는 세계에 대한 평가양식들 사이의 구별을 가리킨다. 지각적 유형의 사람perceiver은 수용하는 반면, 반대 유형인 판단적 유형의 사람judger은 마주치는 일체에 대해서 판단을 만들어낸다. 예를 들어, 판단적 유형의 사람과 함께 연극을 보러가서 아주 다른 반응 양식을 가지고 극장에서 나왔다고 가정해 보자. 판단적 유형의 사람은 모든 종류의 견해들로 가득 차 있을 것이다: 연출은 저급했고, 이런 저런 역을 맡은 배우는 핵심 대사들을 왜곡시켰고, 다른 배우들은 잠에서 덜 깬 듯이 무대에서 걸었고 등등. 내 자신이 반응하는 방법은 이분법적 판단 같은 어떤 것을 표현하기에 앞서 며칠 동안 그 연극이 가라앉도록 하는 것이다. 말할 필요도 없이 이 유형적 차이는 양쪽 유형의 사람들 모두에게 상당히 실망스러울 수 있다.

무의식을 데려오게 될 때, 결정적 순간이 도래한다. 현시된 기능들과 태도들은 모두 의식 세계의 일부이다. 만일 내가 직관적이라면, 배경 패턴들에 강한 관심을 가지고 세계와 미래 시제 속에서 상호작용할 것이다. 만일 내가 감각적 유형이라면, 나는 현재의 즉자성 속에 살아가면서 특정한 것에서 특정한 것으로 관심을 옮겨갈 것이다. 만일 내가 감성적 유형이라면, 난 과거 속을 살아가면서 하나의 내적인 논리적 실마리를 엮어주는 감성의 심층적 패턴들을 찾고자 할 것이다. 만일 내가 사고하는 유형이라면, 시간을 가로질러 살아가면서 사물들을 항목들이나 참이나 거짓으로 비중을 재려 할 것이다. 다시 말하지만, 이 모든 것은 의식의 영역 속에서 이루어진다. 이제 무의식은 그 반대 방향으로 작용한다. 이는 특별히 무의식이 의식에 대한 보상으로 작동하기 때문이다. 의식적 지배 기능은 무의식 속에 그 반대기능을 갖고 있고 그리고 그것은 동일한 축에서 작용할 것이다. 따라서 만일 나의 의식적 태도가 감성feeling이라면, 그렇다면 나의 하위적이고 무의식적인 기능은 사고thinking가 될 것이다. 그래서 마찬가지로, 만일 나의 의식적 지배 기능이 직관이라면, 그때 나의 하위적이고 무의식적 기능은 감각sensation이 될 것이다. 이야기는 다시금 복잡해진다. 왜냐하면 무의식 속의 기능은 실제로는 하위적inferior으로 작용할 것이고 이는 말하자면, 의식에서 작동하는 자신의 쌍둥이보다 훨씬 덜 발달하게 된다는 것을 의미한다. 이상 네 가지 기능들 중 마지막 기능 또한 무의식 속에서 작용하지만, 그러나 훨씬 비중이 덜한 역할을 감당한다. 태도 또한 무의식 속에서 반대적(contrary - 나는 이 용어를 이중적 의미로 사용하는 중이다)일 것이다.

그럼 내 자신의 경우에 나의 의식적 실재는 내향적으로 직관하고 있다. 그럼 나의 무의식 속에서 나는 외향적이고 감각적이지만, 그러나 내 마음의 이 차원은 하위적 양식으로 작용한다. 이 하위적 양식의 태도가 말하자면, 자가-약물치료의 영향 하에서 나타나게 될 때마다 그것은 미성숙하고 문제성 있는 방식으로 나타난다. 이 차원은 심적 경제 전반에 통합될 기회를 갖지 못했다. 독자들은 이 논의의 틀이 어디로 갈지 예측할 수 있을 것이다. (외향적이든 내향적이든) 우리의 의식적 태도와 우리의 지배 기능은 사회적이고 개인적인 생존의 압박 때문에 보다 더 풍성한 방향으로 발달될 것이다. 불행히도 이는 대개 내부의 대립적 태도들과 기능들을 잘 조절하여, 정신 속에서 보다 긍정적인 역할을 허락하도록 하지 못하게 만든다.

조울증의 문제로 돌아갈 때, 융의 유형 이론이 조증mania의 해석학에 필요한 상당한 조명을 할 수 있는지를 살펴볼 터인데 거기서 무의식은 조증 발작의 순간에는 통합될 수 없는 폭력적 난입 가운데 이 하위 기능을 표면으로 가져오지만, 그러나 그것은 회복적 우울증이 철저히 연구할 수 있는 흔적들을 남겨 놓을 수 있다. 융이 이 문제를 공적으로 성찰했다는 사실은 우리에게 다행스럽다. 1935년 융은 런던에서 『타비스톡 강연: 분석 심리학의 이론과 실제에 관하여』(*The Tavistock Lectures: On the Theory and Practice of Analytic Psychology*)라는 제목으로 일련의 강의를 하였다. 첫 강의를 마칠 즈음 융은 베넷 박사Dr. E.A. Benne로부터 다음과 같은 질문을 받았다: "조울증으로 고통받고 있는 사람의 경우 상위 기능이 우울증 기간에 의식적으로 남아있다고 생각하십니까?" 융의 대답의 일부를 인용한다:

그렇다고 대답하지는 않겠습니다. 조울증적 정신이상의 경우를 선생님이 생각하고 계시다면, 조증 국면에서 한 기능이 우세하고 그리고 우울증 국면에서 다른 기능이 우세하다는 사실을 종종 보실 수 있을 것입니다. 예를 들어서, 조증 상태에서 활기 넘치고, 쾌활하고, 훌륭하고 그리고 친절하며 또한 그다지 많은 생각을 하지 않던 사람이 우울증이 찾아왔을 때 갑자기 생각에 깊이 잠기게 되고 그리고 망상적 사고를 하게 됩니다. 혹은 그 역으로도 마찬가지입니다. 저는 조울증적 성향을 갖고 있는 지성인들의 몇 사례들을 알고 있습니다. 조증 상태에서 그들은 자유롭게 생각하고 그리고 생산적이고 매우 명확하며 또한 매우 추상적입니다. 그런데 우울증이 찾아오면, 그들은 망상적 느낌들을 갖게 됩니다; 끔찍한 기분들에 사로잡히는 겁니다. 사고가 아니라 단지 기분에 말입니다.[67]

여기서 융은 한 쌍의 기능들을 말끔하게 대조시키고 있다; 말하자면, 사고thought와 감성feeling. 첫 번째 사례에서 융은 외향적이고 감성적인 일종의 자아가 우울증 단계에서 갑자기 세계와 내향적이고 사고적인 양식으로 관계하는 경우에 대해서 이야기한다. 조증 발작 동안에 등장한 상위 기능이 우울증 동안에 뒤로 물러난다. 두 번째 사례에서 융은 기능들을 뒤집어, 우울증 동안에 내향적이고 감성적으로 변한 외향적이고 사고적인 사람을 기술한다. 지금까지 이 모델은 유형론의 비병리학적 현현과 완전히 일치하는 것처럼 보인다. 다시 말해서, 조증은 상위 기능을 고양하고, 반면 우울증은 하위 기능을 불러들인다. 나는 이것이 융이 말하고자 했던 전부라고 생각하지 않는다. 달리 말해서 융이 지금 여기서 완전히 일관성 있다고 여겨지지 않는다.

내가 우려하는 바를 설명키 위해, 자신의 첫 번째 물음에 대한 융의 대답을 듣고 베넷 박사가 제기한 다음 물음을 살펴보도록 하자. "우울병melancholia은 외향적이 아닙니까?"라고 베넷은 물었다. 이 질문에 대한 융의 대답 속에서 우리는 유형 이론과 정신병리학 간의 관계에 보다 가깝게 다가간다:

---

67 *The Symbolic Life*, 31.

그렇게 말할 수는 없습니다. 왜냐하면 그것은 같은 기준으로 잴 수 없는 생각이기 때문입니다. 우울병 그 자체는 내향적 조건이라고 명칭할 수 있지만, 그러나 그것은 우선성preference의 태도가 아닙니다. 선생님이 누군가를 내향적이라고 칭할 때, 그 사람은 내향적 습관을 선호한다는 것을 선생님은 의미하겠지만, 그러나 그 사람은 또한 자신의 외향적인 측면을 갖고 있습니다. 우리 모두는 양쪽 모두를 갖고 있습니다. 그렇지 않다면 우리는 전혀 적응할 수 없을 것이고, 어떤 영향도 입지 않을 것이며 그래서 우리는 제 정신이 아니게 될 것입니다. 우울증은 항상 내향적인 조건입니다. 우울병melancholics은 일종의 배아적 조건 속으로 가라앉고, 그래서 특정한 물리적 증상들의 축적을 보여줍니다.68

나는 융이 이 대답 가운데 보다 온전하게 무심코 진실을 말했다고 생각한다. 개인이 내향성이나 외향성 어느 쪽을 선호하든지 간에, 조울증을 특징짓는 감정기복은 자기 자신의 논리를 갖고 있다. 나는 융의 관점을 다음과 같은 방식으로 재구성할 것이다: 조울증에서 조증은 개인의 지배적 혹은 하위적 태도에 상관없이 외향적이어야만 하는 반면, 우울증은 개인의 지배적 혹은 하위적 태도에 상관없이 내향적이어야만 한다. 그러나 4가지 기능들에 이르면, 이 모델은 유보적이라고 생각된다. 만일 나의 의식적 지배 태도가 감성이라면, 그렇다면 무의식의 폭력적인 돌진이 나를 나의 하위 기능으로 몰아갈 것인데, 이 경우는 사고thinking 기능이다. 조울증이 태도의 구조들을 압도하면서, 조증에는 외향성을 그리고 우울증에는 내향성을 부과한다. 하지만 이 병은 융이 **전향**(enantiodromia: 어떤 것의 그 반대 극으로의 급격한 전환)이라 부르는 과정에 의해 기능 유형들과 더불어 작용하는 듯이 보인다. 따

---

68 Ibid., 31-32.

라서 외향적인 사람은 조증 상태에서 외향적인 사람으로 남을 것이지만, 내향적인 사람은 외향적인 사람이 될 것이다. 직관적인 사람은 감각적인 사람이 될 것인 반면, 사고하는 사람은 감성적인 사람이 될 것이다 등등. 우울증의 내향성은 보조 기능과 함께 작용할 수 있지만 그러나 이는 분명치 않다.

관건은 정신의 정상적 기능 위에 작용하는 병리적 조건의 순전한 힘과 연관되는 문제이다. 융은 조울증을 자주 "광기insanity"의 한 형태로 표현하곤 했는데 말하자면, 그 자신의 자율적인 작동 규칙들을 갖고 있는 정신병적 조건으로서 말이다. 쥐리히의 부르그횰츠라이 정신병원에서 초기의 수도승처럼 보냈던 시절은 사고 장애와 기분 장애의 황폐함을 융에게 보여주었다. 비록 그 정신병원의 중점은 사고 장애에 있었지만 말이다. 1909년 경 융은 이 사고 장애들을 원형적 용어들로 이해하게 되었는데, 말하자면, 위대한 우주적 구조들을 현현하는 장애들로 이해했다는 말인데, 이 우주적 구조들은 관중 심리spectator psyche를 매료시켰다가 차례로 멍하게 만든다.[69] 환자는 어떤 해석적 의미도 갖고 있지 않는 것처럼 보이는 사물들과 힘들에 대한 수동적 관찰자이다. 그러나 환자의 증상들을 면밀히 쳐다봄으로써, 그 증상들을 개인의 외상적 사건들로 소급함으로써 그리고 그 증상들을 종교적 그리고 신화적 상징들로 조심스럽게 연결함으로써, 치료가 영향력을 미치기 시작하는데, 이 치유는 환자 자신의 해석적 순환에 대한 성공적 이해에 의존한다.

융의 유형 이론을 조사하는 가운데 우리는 그가, 늘 성공적인 것은 아니었으나 병리적 왜곡들을 기저의 기본적인 비병리적 법칙들과 더

---

[69] 융은 이 깨달음을 *Memories, Dreams Reflections*(New York: Random House, 1961)에서 기술하고 있는데, 특별히 131쪽을 참고하라.

불어 함께 모으기 위해 얼마나 분투하였는지를 보았다. 조울증으로 인해 다른 차원이 아니라 바로 이 차원에서 작용하는 심적 보상의 일반 법칙이 발견되었다. 그 법칙은 네 기능들에는 작동하지만, 그러나 두 가지 태도들에는 작동하지 않는다. 외향성과 내향성 간의 정상적 보상 기제와 상관없이 비지배적인 태도가 무의식 속에서 하위적인 방식으로 현현하는 곳에서, 조울증은 기본 구조를 전복하여, 언급한바 있듯이, 조증에는 외향성을 그리고 우울증에는 내향성을 부여한다. 융은 분명히 이렇게 생각했다. 그러나 4가지 기능들의 복잡한 문제가 조금씩 말썽을 부리기 시작한다. 여기서 융은 조울증의 완전히 비합리적 힘에 대한 자신의 순전한 감각 때문에 자신을 과신했다. 결과적으로, 기능들은 보상적인 방식으로 계속해서 작용한다. 그리고 나도 그렇게 생각한다. 당신은 조증 발작 시 외향적인 사람이 될 것이다. 그러나 당신의 기능은 하위적이고 대립적인 기능이 될 것이다. 사고적인 사람은 감성적인 사람이 될 것이고, 감성적인 사람은 사고적인 사람이 될 것이고, 직관적인 사람은 감각적인 사람이 될 것이고 그리고 감각적인 사람은 직관적인 사람이 될 것이다. 우울증 동안에 당신은 당신의 정상적인 지배 기능으로 되돌아갈 것이지만, 그러나 물론 훨씬 줄어든 역량만을 발휘할 수 있을 것이다.

결론을 언급하는 자리에서, 의미를 향한 탐구가 의식과 무의식 사이의 이 극단적인 변증법 속으로 어떻게 진입하는지에 관하여 조금 더 말하고자 한다. 여기서 나는 정신psyche과 몸soma 사이의 일종의 평행주의parallelism를 가정한다. 즉 심적 에너지의 내적 실재와 그 심적 에너지의 드라마를 통하여 스스로를 끝까지 소진하는 유전적 부호 사이의 평행관계 말이다. 철학적으로 우리는 정신mind과 두뇌 사이의 평행주의에 관하여 말할 수 있고 그리고 다른 축에서 말하자면, 양 방향으로 작동하는 인과적 관계에 대하여 말할 수 있다. 의학계에서 가장 강조하는 방향으로서 우리는 유전부호와 정신의 대리물(아마도 어떤 효소활동[70])로부터 정신psyche으로 나아가는 인과 관계를 갖고 있다. 병리적 공동체에서 강조되는 다른 방향에서는 환경 내의 다양한 방아쇠 상황들이 유전부호에 신호를 보내 그 활동에 대한 전망을 강화시킨다. 균형적인 관점들은 이 두 인과관계의 궤적들을 존중하고 따라서 그 양자가 상당히 예측적인 방식으로 서로에게 상승작용을 일으킨다는 사실을 이해한다. 동시에 자아의 이 양 차원들 간 평행주의가 인식되어져야만 한다. 나는 "평행주의parallelism"를 특별한 방식으로 사용하고 있는 중이다. 융 전문가들 사이에서 인기 있는 철학자로 꼽힐만한 충분한 이유가 있는 라이프니쯔와 같은 누군가에게 평행주의는 비인과적 관계로 읽혀진다. 내가 사용하는 의미에서 평행주의는 인과적 분석과 양립할 수 있는데 말하자면, 인과적 관계는 대칭적symmetrical으로 즉 양 방향으로 진행되면서 그 동안 마음과 뇌 사이의 궁극적인 심층적 연관성을 드러나게 한다. 다시 말해서, 인과적 관계들은 곧 정신psyche이나 몸soma은 상시적으로 그 양자를 동일한 평행 궤도에 유지시키는 엄격한 연관성 없이 그들 자체가 될 수는 없다는 사실을 보여준다.

그렇다면 전일성의 문제란 무엇인가? 말하자면, 통전적 자아integral self를 향한 탐구와 더불어 무엇이 핵심인가? 이것은 다음 장에서 핵심 논제이기 때문에 조울증으로 고통 받고 있는 사람들에게 여전히 열려져 있는 조망들의 몇 가지를 그저 전개해 보여주고자 한다. 우리는 융

---

70 Mary Ellen Copeland의 *The Depression Workbook: A Guide for Living with Depression and Manic-Depression*(Oakland, CA: New Harbinger Publications, 1992)에 기고한 글에서 매튜 맥카이(Matthew McKay)는 PIP2 효소의 현존을 언급하는데, 이 효소가 조증 상태에서 지나치게 활동적인 것처럼 보인다. 그에 따르면, "리튬은 PIP2 효소의 현존에 의거하는 여느 자극에 대한 반응을 거절한다."

이 어떻게 조울증 환자들에게는 그 어떤 개별화의 의미도 거절하는 방향으로 나아갔는지를 보았다. 물론 그 당시는 리튬 이전의 시대였지만 그러나 심지어 정신병으로 고통 받는 와중에서도 정신은 남아있는 자원들이 무엇이든 간에 그것을 가지고 분투하면서, 최소한의 의미와 전일성에 대한 단편적 의식을 위해 투쟁한다는 개념 또한 존재한다. 전일성을 향한 추구는 인간 정신 속에 깊이 흐르고 있어서 그것을 기를 쓰고 파괴하려는 것으로 보이는 강력한 내재적 조건들에 무관하게 스스로를 거듭 거듭 현실화할 것이라는 생각에 설득력이 있다고 생각한다. 그리고 정신의 목적론적 본성을 전제로 할 때, 말하자면 유한한 목적들의 거듭된 좌절들의 와중에서 궁극적 목적을 향한 정신의 갈망을 전제로 할 때, 전일성wholeness이라는 목표는 해석적 지평의 가장자리에 현존한 채, 조건들이 갖추어지면 다시 각성될 준비가 되어 있다.

전일성은 정신 내에서 양극성 대립들의 제거를 결코 수반하지 않는다. 오히려 그와는 반대로, 자아는 자아 원형의 인도하는 현존 하에서 이 긴장들이 현재할 때에만 전일적이다. 이는 감정기복들mood swings이 자아 운동의 보다 거대하고 보다 폭넓은 의미로 통합될 수 있다는 것을 조울증 환자들에게 의미한다. 그럼에도 불구하고, 이 전일성의 관점이 마치 대립된 힘들 사이에 유지되는 어떤 긴장이라도 의미와 안정성을 가져올 듯이 낭만화 되어서는 안 된다는 사실을 숙지하는 것이 중요하다. 전일성wholeness은 극단들의 각각이 어떤 의미를 전달하고 그리고 그 의미가 에고ego 속으로 통합될 때에만 존재할 수 있다. 조울증처럼 극단적인 형태들에서 이는 거의 불가능하다. 바이런 경Lord Byron에 대한 제이미슨의 기술을 인용하고자 하는데 이 인용에서 바이런 경의 자아는 거대한 지각 충돌로 비유되고 있다:

대조들에 대한 한 연구가 악명 높게도 드러내는 바, 분열적이고 변덕스러운 기질을 지닌 바이런은 응집력 있는 인격보다는 서로를 향해 충돌하면서 불쾌한 소음을 만들어내는 지각판의 장과 유사하다.[71]

이는 가장 극단적 상태에 있는 조울증 환자의 인격에 대한 심오한 기술이다. 자아self의 윤곽을 찾기가 어렵다. 인격성의 특질들을 찾아, 그것을 중심적인 것으로 간주하는 때면 언제나, 그렇게 간주된 인격이 또 다른 인격의 아래로 미끄러져 들어가, 마치 적을 대하듯이 죽기 살기로 달려든다. 우리는 충돌과 삐꺽거림을 듣지만, 환자 개인은 기존의 모든 상태들을 동요케 하는 열기와 마찰을 느낀다. 모든 상태가 탈배치되고 그리고 재배치되어지며, 그 어떤 상태도 규범적이거나 주도적이 될 수 없다. 그러한 실재로부터 전일성의 의미를 끄집어내는 것은 어려운 일이 될 것이지만, 그러나 나는 그것이 불가능하지 않다는 희망을 계속 지켜 나갈 것이다.

가장 단순한 수준에서 에피소드가 비에피소드적 실재의 상황에서 이해될 때마다, 조울증 환자는 전일성에 대한 단편적인 개념을 향하여 나아간다. 조증 발작은 영구적인 담보를 남겨놓을 수 있는데, 이 담보 속에는 지혜와 의미가 그 나름의 형식대로 담겨 있을 것이다. 하지만 이 경계를 파괴하는 경험이 담지한 풍성함을 부정하려는 강력한 경향들이 존재하는 것은 사실이다. 가장 힘들여 배워야 할 교훈은 바로 그 질병의 정신병적 차원들에 대한 소유권을 취해야 한다는 것, 그래서 그 차원들의 숨겨진 기호적 가치들을 발견해야 한다는 것이다.

고도의 창조성과 그로 인해 증대된 생산력의 순간들을 수치심과 자살성 사고suicidal ideation를 가져오는 굴욕스런 조증 에피소드와 이어주

---

71 *Touched with Fire*, 150.

는 연속성이 존재한다. 마찬가지로 심신을 쇠약케 하고 경력을 손상하는 우울증을 명료성의 순간들과 이어주는 연속성도 존재하는데 그 명료성의 순간은 경조증의 생산물들을 정제하여 집중력 있게 만들어준다. 내 분석자는 자아수용self-acceptance의 문제로 계속해서 돌아가는데, 특별히 이 질병을 안고 살아가는 사람들의 경우에 그렇다. 나의 처음 반응은 이것을 일종의 나르시스적 탐닉으로 보는 것이었는데 점차 이것이 사실상 생존의 일부라는 사실을 깨달아가고 있는 중이다. 조증 발작은 대개 공적인 굴욕감을 낳는데, 이를 자아self를 무효화시키지 않는 어떤 것으로 받아들인다면 자살성 사고suicidal ideation가 너무 강렬해 지거나 압도적이 될 가능성이 적어진다. 창조적 원액이 흘러넘칠 때, 자아수용을 실천하는 것은 무척 용이하다; 사회적 초자아super-ego로부터 강력한 비난을 듣기 위해 두려움에 떨며 전화를 기다리고 있을 때에는 훨씬 어렵다. 비록 그러한 비난을 들어야 하는 순간들이 자주 있는 것은 아니지만 말이다.

그러면 이는 이 질병의 의학적이고 심리학적 측면들에 대한 성찰이 끝나가는 즈음에 우리를 어디에 남겨두는 것인가?72 우리는 이 질병

---

72 비록 본서에서는 다음의 책들을 인용하지 않았지만, 그럼에도 불구하고 강력하게 추천한다: *Bipolar Disorder: A Family Focused Approach*, by David J. Miklowitz and Michael J. Goldstein (New York: The Guilford Press, 1997); *Bipolar Disorder: A Guide for Patients and Families*, by Francis Mark Mondimore (Baltimore: The Johns Hopkins University Press, 1999); 그리고 *Surviving Manic Depression*, by E. Fuller Torrey and Michael B. Knable (New York: Basic Books, 2002). 첫 번째 책의 저자 미클로비츠(Miklowitz)과 골드스타인(Goldstein)은 가족 역학의 복잡한 망을 다루는데, 특별히 조울증이라는 최초의 진단이 가족 구성원 중 한명에게 주어졌을 때 시작되는 부인(denial)을 다루고 있다. 이들은 치료의 구체적인 임상적 측면들을 보여주고 있다는 점에서 특별히 도움이 된다. 두 번째 책의 저자 몬디무어(Mondimore)는 신경화학에 대한 아주 명쾌하고 정확한 분석을 보여주고 또한 ECT나 허브와 같은 대안적 치료형태들에 대해서 이야기해 주고 있다. 그가 (독자들에게 전해주는) 이별의

으로부터 도래하는 비합리적이고 무의미하며 망연자실케 하는 경험으로부터, 이 질병이 정신과 그 개인의 외적 삶에 그의 부호를 심는 방식에 대한 기호론적이고 심층 심리학적인 이해로 나아가는 발전을 이루었다. 우리는 해독decoding 과정으로서 살아간다. 우리는 해석체들이 되기를 갈망하는 기호 연속들series of signs로 살아간다. 그리고 우리는 의학적으로, 심리학적으로 치유를 기다리는 노출된 상처로 살아간다. 최근 출판한 저술에서 나는 다음과 같은 문장으로 시작했다: "자아self의 중심에는 갈라진 틈이 있는데, 이는 의식의 첫 번째 새벽과 더불어 출현하여 죽을 때까지 자아와 함께 남아있는 상처이다."73 나는 이 문장을 조울증 진단을 받기 몇 달 전에 적었는데 그럼에도 불구하고 이는 진단 이후 자아 개념으로 나아가는 분명한 길을 가리키고 있다.

조울증 환자들에게 이 상처는 새롭게 발명되기보다는 단순히 강화될 뿐이다. 이 질병과 그 유전자 부호의 보인자에게는 그 유전적 대물림과는 상관없이 모든 사람들이 공유하는 인간 조건과 이 질병 사이에 깊은 연관성이 존재한다. 이 공통성은 희망의 근거를 제시한다. 즉 모든 의미 지평의 가장자리에 놓여있는 창조적 '아직not yet'을 위한 근거 말이다. 이제 이 해방적 힘을 면밀히 탐구하여, 개별화individuation가 가장 극단적인 조건하에서조차 어떻게 전개되어 나가는지를 살펴볼 때

지혜는 중요하다: "양극성 장애의 치유란 존재하지 않는다. 오직 치료와 유지뿐이다. 이 병은 가차없는 질병으로서, 그의 증상들은 불가피하게 그리고 반복적으로 되돌아와, 환자들에게 고통을 안겨준다. 환자가 안정을 유지할 수 있는 유일한 길은 환자 역시 가차없이 되는 것이다. 필요한 치료를 받고 그를 지속하는 일에 가차없는 것 말이다. 내가 줄수 있는 어떤 종류의 조언도 이보다 중요하지는 않다"(219). 세 번째 책의 저자들인 토리(Torrey)와 네이블(Knable)은 아동의 조울증에 대한 최근 연구를 다룬다. 더 나아가 조울증과 창조성의 상관성에 대한 자신의 통찰들을 덧붙여 주고 있다.

73 Robert S. Corrington, *Nature's Self: Our Journey from Origin to Spirit* (Lanham, MD: Rowman & Littlefield Pub., Inc., 1996), 1.

이다. 천재로서 현현하건 안 하건 간에, 창조적 힘은 질병 그 자체보다 더 위대할 것이다.

3장

창조성 그리고
조울증 천재

창조성과 천재 현상은 상당히 교묘하여 흔히 다양한 모양새로 등장하기 때문에, 인간과정 내에서 그의 기원과 궤적 그리고 궁극적인 자리에 대한 탐구를 당혹스럽게 만든다. 하지만 특정의 창조적 개인들 속에 나타난 그의 현현들을 조명하여, 조울증이 가져다주는 특별한 압박 하에서 어떻게 자신과 자신의 재능들을 변모시켜 나갔는지를 살펴볼 수 있다. 이 장에서 내가 전개하는 논증은 상당히 직설적이다: 많은 조울증 환자들이 이런 저런 방식으로 자신들의 삶 속에서 매우 창조적이긴 하지만, 그러나 문화적으로 천재 수준의 창조적인 성과를 이루어내는 이는 몇몇에 불과하다. 다른 한편으로 천재들 중 막대한 비율의 사람들이 조울증이었다.

물론 조울증이 천재와 연관된 유일한 "병리"는 아니다. 최근 과학사가 클리포드 피코버Clifford A. Pickover는 많은 과학자들이 강박신경증적 인격 장애로 고통 받는데, 질서와 숫자와 연관된 극단적인 까탈스러움으로 모습을 드러내는 경향이 있다는 설득력 있는 주장을 폈다. 강박신경증적 **인격**personality 장애는 보다 극적이고 친숙한 강박 신경증적 장애보다 더 일반적이지만 동시에 그것과 다르다는 사실이 강조되어야 하는데, 강박 신경증적 장애는 예를 들어, 세균으로부터 보호하기 위한 끊임없는 손 씻기 행위 등과 같은 것으로 모습을 드러낸다. 피코 버는 인격성의 형태로 이 장애를 갖는 것(이 구별이 언제나 주의 깊은 성찰을 통해 이루어지는 것은 아니다)이 어떤 적응적 가치를 갖고 있다고 주장하는데, 세계의 양적 측면들이 연장되어 주의의 초점이 될 수 있다는 점에서 그렇다.[1]

강박신경증적 인격 장애로 고통 받았던 천재의 아주 탁월한 예가 —혹은 내가 그렇게 논증하는 바— 바로 영화감독 스탠리 큐브릭Stanley Kubrick인데 세부사항들에 대한 그의 절대적 강박관념과 영화제작 상에서 발생하는 무수한 변수들에 대한 완전한 통제력에 대한 강박관념들 때문에 겨우 12개의 장편 영화들만을 제작하였다. 그는 한 장면을 무수히 촬영하는 것으로 악명이 자자하고, 또한 음향, 세트 디자인, 촬영 기법, (수년 간 작가들과 매우 어려운 느낌으로 이어지는) 대본 쓰기, 편집, 홍보, 배역 그리고 영화가 초연될 극장들의 물리적 특징들까지 감독하는 것으로 악명이 높다. 그럼에도 불구하고 큐브릭이 영화사상 가장 위대한 두세 명의 감독들 가운데 하나라는 주장에는 이견이 거의 없다.

본서의 관심이 조울증이기 때문에 조울증과 천재와의 강력한 통계적 상관성에 초점을 둘 것이다. 비록 추후의 사례연구에서 일종의 강박신경증적 인격 장애의 상호함축적인 현현에 대한 언급이 이따금씩 이루어지기는 하겠지만 말이다. 조울증의 경우 강박신경증obsessive complusive disorder, OCD과 연관된 특정한 뇌 이상들이 있는 것처럼 보이고 그리고 과학연구자들이 천재 현상을 이것과 연관해서 연구해 주리라는 희망을 품어본다.

그러면 조울증 환자들과 천재들 간의 비율을 다루고자 시도하는 철

---

1 그의 책 *Strange Brains and Genius: The Secret Lives of Eccentric Scientists and Madmen*(New York: Plenum Trade, 1998)을 참고하라.

학자는 동일한 진리를 보다 형식적인 용어들로 표현할 것이다: 천재 집단은 조울증 집단보다 훨씬 작지만 그러나 대부분의 천재들은 조울증 집단에 속한다(그리고/혹은 강박신경증적 인격 장애로 고통받는다). 이를 논리학자들이 유용하다고 생각하는 벤다이어그램의 형식으로 표현한다면 두 개의 원이 있는데, 큰 원이 작은 원을 포함하고 있다. 작은 원(천재 집단)의 3/4는 큰 원(조울증 집단) 안에 포함되어 있지만, 1/4은 큰 원 바깥에 있다(이 수치는 추정치로서 경험적 증거는 없다). 이 아이콘적 도표는 가장 고차원적인 형태의 창조성과 천재 그리고 이 정서 장애의 병리학 간의 긴밀한 상관성을 깨닫게 해준다.[2]

나는 우선 창조성에 대한 이론을 먼저 제시하여 문화적으로 중요한 천재들의 예증들을 통해 이론을 전개할 것이고, 그 다음 조울증 천재의 두 사례를 검토할 것이다. 리듐의 등장 이전 시대로부터 신중하게 인물을 선별했는데, 조울증의 적나라함이 천재와 섬뜩하게 결합하는 모습을 볼 수 있을 것이다. 보다 넓은 의미 지평으로서 창조성에 대한 물음이 천재와 조울증의 소재로 엮여질 것이다.

1. 창조성이 현현하는 자리: 성과물, 과정 그리고 공동체

창조성creativity이란 보면 알아본다고 흔히들 말하곤 한다. 하지만 철학자들이 늘 하듯이, 주어진 현상을 창조성의 한 예로서 부르기에 앞

---

2 천재와 조울증의 이 강력한 상관성에 대해서 회의적인 이들을 위해 다음의 두 훌륭한 책을 소개한다: *The Key to Genius: Manic-Depression and the Creative Life*, by D. Jablow Hershman and Julian Lieb, M.D. (Buffalo: Prometheus Books, 1988, second edition with a new epilogue 1998) 그리고 *Touched with Fire: Manic-Depressive Illness and the Artistic Temperament*, by Kay Redfield Jamison(New York: Free Press, 1993).

서 준비되어야만 하는 필연적이고 충분적인 조건을 묻는 것은 다른 일이다. 앞 장의 전략을 호소하면서 나는 충분조건들을 찾아보기보다는 필연적인 조건들을 찾아보고자 한다. 이러한 조건검색은 몇 개의 다른 축들에서 동시적인 작업을 수반한다. 가장 쉽사리 모습을 드러낼 축들은 다음과 같다: (어떻게 정의하거나 생겼든지 간에) 성과물 자체, 창조적 과정의 심리적 역동성 그리고 적합성을 판단해줄 해당 공동체 내에서 성과물의 위치.3 이 각각은 다른 것 속에 포함되어 있다. 비록 세 번째 판단기준의 중요성은 논쟁의 여지가 있지만 말이다. 허쉬맨Hershman과 리브Lieb는 천재의 생애 중 창조적 천재성의 인정recognition을 상당히 강조하는데 "명성 없이 죽는 사람들의 작품은 통상 후세에 의미가 없다."4 이는 나의 관점보다 더 극단적인 관점인데 그럼에도 불구하고 그들의 그런 많은 슬픈 경우들을 놓고 볼 때 확실히 맞는 구석이 있다.

이 세 번째 판단기준, 즉 성과물에 대한 사회적 인정이라는 판단기준은 문제의 여지가 있다. 왜냐하면 거기에는 교차할 수도 그렇지 않을 수도 있는 의미의 두 지평들이 존재하기 때문이다. 성과물 자체는 현실 형질trait과 가능 형질의 지평이 되는데 여기서 우리는 책과 그림, 음악 작품들 등과 같은 고등 문화의 작품들만을 이야기하는 중이다. 만일 작품이 본래적인 위대함을 갖고 있다면(그리고 이 말이 지금과 같은 포스트모던의 시대에 별난 개념이 아니길 바란다), 그렇다면 그 작품은 그

---

3 이상의 세 가지 판단기준들은 창조성에 관한 최근의 한 연구로부터 유래한다: *Creating Minds*, by Howard Gardner(New York: Basic Books, 1993). 가드너는 예를 들어, 아이큐 테스트와 같은 것들 속에서 볼 수 있는, 창조적 지능에 대한 단순 소박한(simple-minded) 류의 이해를 넘어가려는 노력의 최선봉에 있다. 가드너의 접근방법은 여러 분야들을 결합시킨다; 이는 창조성의 구별된 표지들 중 하나이기도 하다. 그리고 그의 방법은 연구자들이 우리 인간 종들 내에서 가정될 수 있는 창조성의 놀라운 형태들에 보다 더 개방적이 되도록 도와준다.

4 *The Key to Genius*, 7.

성과물을 향상시킬 판단들과 행위들을 분기해 내도록 잠재적 동화자 assimilator들을 자극할 것이다. 풀어서 설명하자면 예를 들어, 어떤 책을 읽고 있는 사람은 그 책 본연의 힘이 그 작품을 증강시켜주는 일련의 새롭고 풍성한 판단들을 만들어내도록 강요한다는 느낌을 받을 것이다. 즉 그 작품의 지평이 다른 것들의 지평과 교차하게 만드는 일련의 판단들을 만들어 내게 된다는 말이다. 제임스 조이스의 1922년 소설 『율리시스』[5]는 그러한 성과물이다. 왜냐하면 그 작품은 후대의 소설가들과 극작가들과 음악가들과 화가들에게 그 형질들의 다수를 동화하고 확장하도록 강요하기 때문이다. 이는 그 작품의 적나라하고 본래적인 힘이다. 의미의 두 번째 지평은 공동체의 지평이다. 본래적 힘을 지닌 성과물을 가졌지만 그러나 그 힘을 동화시킬 가능성이 있는 이들이 그 작품을 아마도 정치적인, 사회적인, 경제적인 혹은 심지어 심리적인 이유들 때문에 무시한다고 가정해보자. 우리는 이 작품에 대한 천재성을 부정할 것인가? 물론 아닐 것이다. 하지만 많은 현대의 이론들은, 심지어 잔인하게 **시대정신**Zeitgeist의 현존을 부인하는 곳에서 조차, 공동체적 구성 혹은 재구성이 없다면 "실재real" 성과물은 존재하지 않는다고 주장한다. 그러한 사상가들에게 천재genius는 단지 사회적 구성물에 불과한 것으로서 이러한 관점은 창작자creator[6]보다 비평가를 더 중요하게 만들어주고 있다. 이러한 사유는 사실상 **사이비-민주적 재구성**pseudo-democratic construction의 형태이다. 왜냐하면 이러한 사유는 힘을

---

5 제임스 조이스, 『율리시스』, 김종건 역, 삼정판 6쇄 (서울: 생각의 나무, 2007). 〈역자주〉
6 본 장에서 저자 코링턴은 '창작자'를 creator라고 지칭한다. 창조자라는 말이 더 원어에
　 가까운 말이지만, 본 장의 맥락에서 '창조자'라고 번역할 경우, 기독교의 하나님의 명칭과
　 중첩되어 오히려 혼동이 초래되는 듯하여 맥락에 맞게 창작자로 번역하였다. 물론 코링턴
　 은 '창작자'라는 인간의 제약을 벗어나고 싶어서 '창조주'(creator)라고 쓴 것이 사실이다.
　 〈역자주〉

본래적이거나 자연적인 기반이 전혀 없는 곳으로 재배치하고 있기 때문이다. 최악의 형태로 말하자면, 그것은 일종의 절도이다. 나는 이런 식의 사유가 최선의 형식이라는데 동의하지 않는다.

나의 강조점이 문화적 동화과정에가 아니라 창작자와 그의 성과물에 놓여있다는 점을 분명히 해야 한다. (창작자의 죽음 이후 오랜 동안이 지나서 일어날 수도 있는) 잘 동화된 성과물들과 그저 인식의 수면 아래로 영원히 가라앉은 작품들 사이의 비율을 어떻게 알 수 있을까? 여기에 하나의 주름을 더하자면 우리는 번번히 사소한 것과 쉽게 동화할 수 있는 것을 향하여 공동체들을 움직여 나아가는 시기envy와 관성의 힘들을 또한 인식해야만 한다. 창조성은 어떻든 (인간) 종의 선species-good이라고 믿지만, (인간) 종은 흔히 그 발 앞에 놓인 선한 것들을 무시하는 신기한 능력이 있다.

성과물 즉 창조성의 필연적 특징의 문제를 보다 상세히 검토해 보자. 성과물이 안정적인 일군의 형질들을 가지고 지속되는 정상적인 시공간 개별 사물일 필요는 없다. 춤은 창조적 성과물일 수 있지만 거의 시작되자마자 사라져 버리는 예술적 사건과 같다. 혹은 상연기간이 짧은 연극 작품을 생각해 보자(대부분의 배우들은 1년 정도의 기간이 상연하기 최적의 기간이라고 생각한다). 수 년 전 나는 브로드웨이에서 오델로 Othello를 상연하는 제임스 얼 존스James Earl Jones와 크리스토퍼 플루머 Christopher Plummer를 보았다. 당시 한 비평가는 플루머의 연기는 "금세기 최고의 이아고Iago7"였다고 평하였다. 특별히 세기가 끝나려면 20년이나 남아있는 시기에 어떻게 '이렇다'라는 것을 알 수 있는가는 불분명하다. 그러나 그 연기는 일종의 가치와 의미의 초공간으로 진입해 버렸다. 그들이 지금 상연하고 있는 과거 작품은 지금 바로 "어디에where"

---

7 세익스피어의 작품 『오델로』에 나오는 간악하고 음흉한 인물. 〈역자주〉

위치하고 있는가? 그것은 배우들과 희곡작가들과 제작자들과 비평가들에 의해서 그의 현실적인 그러면서도 여전히 가능성으로 존재하는 동화 과정들 속에 정초되어 있다. 그 작품은 변혁의 잠재성을 담지하고 있다. 이 작품을 둘러싼 모든 현실성들과 가능성들이 중단되는 시점이 올 것이다. 하지만 그렇다 하더라도 이 작품의 범위는 무대라는 시공간적 한계들보다 훨씬 크다.

한 작품이 창조적이라고 말하는 것은 무엇을 의미하는가? 첫 번째 필연적 조건은 그 작품은 그 부류의 선행하는 작품들을 넘어간다는 것이다. 새롭고 풍성한 특성들이 그 작품에 외형에 더하여지고 그리고 과거의 특성들은 전달과정에서 새로운 특성으로 변혁되어진다. 출연료 이상의 가치를 연기하는 배우가 할 말은 오직 "나는 햄릿에 출연한 올리버만큼 잘하고 싶다"는 말이 아닐까? 1948년 영화로 만들어진 작품이든지 올드 빅the Old Vic[8]에서 상연한 1937년 작품이든지 간에 올리버의 작품해석은 그 자신의 고유성과 힘을 지닌 어떤 것으로 변용되었음이 분명하다. 물론 이것은 그 배우의 뇌리 속에 끊임없이 출몰하는 에베레스트 산의 한 봉우리겠지만 그러나 그 포부는 그럼에도 불구하고 거기에 있어야만 한다.

주어진 작품을 고도의 창조성을 현현하는 작품으로 만들어주는 두 번째 필연적 조건은 바로 그 작품이 **갖고** 있는 특징들이 풍성하고 강렬한 표현들 속에서 서로를 강화시켜 준다는 것이다. 동일한 작품 내에 심지어 양립불가하고 불일치하는 특성들이 존재할 수도 있는데, 그 모든 특성들이 그 작품을 그 수준의 다른 작품들로부터 구별시켜주는 누적된 힘으로 더하여지는 한에서 이런 일이 일어날 수도 있다. 한 곡

---

8 1818년 개관한 런던의 극장으로서 빅토리아 여왕의 관극을 기념하여 "Old Vic"이란 이름을 얻었는데, 1941년부터는 셰익스피어의 극을 계속 상연해 오고 있다. 〈역자주〉

의 음악 속에서 불협화음은 그를 둘러싼 음들의 구성을 일시적으로 찢어놓을 수 있지만 그러나 최종적으로 그 곡의 통합성에 더하여져서, 음악의 형상들을 파괴하고 재창조하는 모습을 체현할 것이다. 헤겔의 저술들 속에서 천재란 개념적이고 역사적인 지평들을 창조할 수 있어야 하는데, 이는 단지 그 지평들을 내부로부터 갈가리 찢어서 그 조각들을 새로운 그러나 순간적인 전체성으로 다시 엮어내기 위함일 따름이다. 헤겔의 학생들은 그의 이러한 철학적 성향 때문에 그를 "죽음 박사ₓDoctor Death"라 불렀다. 사실 우리 전통들의 가장 위대한 성과물들은 조화와 부조화를 유지시켜 이 양자를 새롭게 변용된 통합성으로 나아가게 만든 작품들이라고 주장할 수 있다.

작품 속에서 창조성이 발현되기 위한 세 번째 필연적 조건은 최선으로 "깊이depth"라 부를 수 있는 것일 것이다. 창조성을 기술하기 위해 사용된 모든 말들 중에서 이 표현은 가장 논쟁적인 표현이었다. 많은 철학자들이 세계의 심층 문법depth grammar이나 심층 구조depth structure가 존재한다는 어떤 관념도 비판해 왔다.9 모든 것은 표면 위에서 이루어지는 단순한 놀이로서 이 표면은 그 아래 어떤 것을 덮고 있는 표면이 아니라는 것이다. 내 생각에 세계의 심층 차원에 대한 이 부인은 곧 무의식에 대한 아브젝시옹ₓabjection 혹은 비하적 외면10과 관계되어 있다. 무의식의 힘은 표층 수준에 있는 어떤 것이라도 부수거나 변혁시킬 수 있는 그의 섬뜩한 능력에 놓여있다. 따라서 깊이depth를 믿는다는 것은 곧

---

9 특별히 *Philosophy and the Mirror of Nature*, by Richard Rorty(Princeton: Princeton University Press, 1979)를 참고하라.

10 여성 철학자 줄리아 크리스테바의 개념으로서 비체 혹은 비하적 외면으로 번역되기도 하는데, 의미를 되살리기가 어려워 원어발음을 따라 '아브젝시옹'이라 한다. 이는 '정체성과 질서 그리고 체제를 위반하고 어지럽히는 것'을 가리키는데, 그래서 체제에 의해서 위반적인 어떤 것으로 비하적으로 외면받고 억압받지만, 역설적으로 그 질서와 체제와 경계와 정체성을 구축하는데 절대적으로 필요한 어떤 것을 의미한다. 〈역자주〉

자신이 통제할 수 없는 구조들과 역동성에 스스로를 취약하게 만드는 것을 의미한다. 불행히도 위의 철학자들에게 우리의 의식적 믿음들은 의식적이지 않은 것으로부터 우리를 보호해줄 힘을 전혀 갖고 있지 않다. 예술이나 과학의 위대한 작품들 속에는 자연과 역사의 진정한 핵심으로 깊이 공명하는 심층 차원이 **존재**한다.

보다 정확히 말해서, 나는 "깊이"라는 단어를 두 실재들을 가리키는 데 사용하고자 한다: 인간의 무의식과 자연의 "무의식unconscious." 창조적 작품은 그의 선행 작품들을 넘어가는 것에 더하여 그리고 조화와 부조화를 새로운 통합성으로 결합시켜 내는 것을 넘어서서 인간 과정의 무의식을 향한 전망들을 열어줄 것이다. 전일성의 힘, 콘트라섹슈얼contra-sexual[11]적 원형 그리고 영의 힘들과 같은 자아의 가장 심층적인 특징들은 인간이 만든 어떤 작품 속에서도 모습을 드러낼 것이다. 심지어 동화자들이 이 특성들을 즉각 알아보지 못한다하더라도, 그 특징들은 작품이 지향하고 있는 사람들에게 섬뜩한 혹은 끊임없이 떠오르는 효과를 발휘할 수 있다. 이는 곧 (작품 속의) 한 무의식이 (동화자안의) 또 다른 무의식에게 말을 하는 것과 같다. 자연의 무의식은 그의 무수한 그러나 이름 할 수 없는 잠재성들 속에서 구성되는데, 이 자연의 무의식 또한 작품 속에서 말을 하면서, 그 작품을 철학자들이 12세기부터 **능산적 자연**(혹은 **자연화하는 자연** 즉 natura naturans[nature naturing] 혹은 자연을 창조하는 자연)이라 불러왔던 것에 연결시킬 것이다.[12] 자연의

---

11 '반대성별'의 어떤 것을 어원적으로 가리키지만, 실제로는 결혼이나 육아에 대한 관심보다는 이성교제를 즐기는데 만족하고 결혼이나 이성교제를 인생의 가장 중요한 가치로 삼지 않는 태도를 의미하며, 여성해방이나 양성평등같은 거시적 가치에 의미를 두기보다는 개인적 차원의 자아실현과 성공을 추구한다는 점에서 콘트라섹슈얼과 페미니스트는 다르다. 하지만 본서 맥락에서는 이 현대적인 의미보다는 융의 심리학에서 모든 개체에게는 남성/여성적 원형들이 동시에 존재한다는 맥락에서 '반대이성적'이라는 의미로 사용되고 있다. 〈역자주〉

무의식은 접근하기 가장 어렵지만, 그러나 그 효과들은 우리의 가장 창조적인 작품들 속에서 강하게 느껴진다.

창조적이라고 불릴 수 있는 작품의 네 번째 필연적인 조건은 곧 그 작품이 잠재적으로 공적인 많은 해석체들interpretants을 담고 있어야 한다는 것이다. 이전 장에서 우리는 퍼어스Peirce의 유명한 기호/대상/해석체의 삼조체triad를 통해 작업을 했었다. 이 삼조체가 조울증에 응용되기 때문이다.13 여기서 우리는 연구 중에 있는 현상을 설명하는데 이 동일한 삼조체가 유사한 작업을 전개하고 있는 것을 볼 수 있다. 물론, 대상object은 작품(혹은 성과물) 그 자체인 반면 기호는 아마도 그 창작자에 의한 그 대상의 직접적인 해석이다. 해석체는 기호와 대상의 상관성으로부터 출현할 수 있는 그 다음 단계이다. 진정으로 위대한 작품은 겉보기로는 끝없는 해석체들의 흐름을 생산해 낼 수 있는데, 이 해석체들이 또한 작품에 영역을 설정하는데 기여한다. 강조되어야 할 사실은 바로 작품이 곧 그의 현실적 그리고 잠재적 해석체들**이라는** 사실이다. 말하자면, 대상으로부터 흘러나오는 새로운 해석체들은 단순히 인간의 고안장치들이 아니라 작품 자체 안에 그들의 기원을 갖고 있다는 것이다. 거기에는 대상과 그의 해석체들 사이의 관계를 인도하

---

12 필자의 책 *Ecstatic Naturalism: Signs of the World*, Advances in Semiotics (Bloomington: Indiana University Press, 1994)에서 능산적 자연(natura naturans)의 난입들을 자세하게 기술하였다.

13 퍼어스(C.S. Peirce)의 기호학에 대한 상세한 연구로서 필자의 *An Introduction to C.S. Peirce: Philosopher, Semiotician, and Ecstatic Naturalist*(Lanham, MD: Rowman & Littlefield, Pub., 1993), 141-166을 참고하라. 아울러 퍼어스의 조울증에 대한 정신분석적 측면들에 관해서는 필자의 논문들, 즉 "Peirce's Abjected Unconscious: A Psychoanalytic Profile," *Semiotics 1992*, ed. by John Deely (Lanham, MD: University Press of America, 1993), 91-103과 "Peirce's Abjection of the Maternal," *Semiotics 1993*, ed. by Robert S. Corrington and John Deely(New York: Peter Lang, 1995), 590-594를 참고하라.

는(하이데거의 용어 *verbindlichkeit*를 사용하자면) 일종의 **구속성**bindingness 개념이 존재한다. 해석체들은 다른 기호들과 해석체들의 세계 내에서 그 작품을 보다 더 효과적으로 만들어준다.

물론 거기서 움베르토 에코Eco가 "연금술적 표류hermetic drift"라 부르는 것이 출현할 수 있는데, 이 연금술적 표류 속에서 해석체들은 그들의 기원하는 대상과의 연결점을 상실하지만 그러나 이는 본래적 작품을 뒤에 남겨두고 우리를 다른 의미와 힘의 영역으로 데려간다.14 이 상황은 더 이상 작품 속에서 창조성의 발현을 위한 필연적인 조건이 아니라 우연적 조건으로서 사실상 작품의 논리를 위반한다. 나의 공식은 해석체들의 동화가 지닌 사회적 정치적 측면들을 불러내는데 조심하려는 의도로 만들어졌다. 네 번째 필연적 조건은 한 작품은 사회적으로 창조적이라고 인식될 필요가 있다는 것을 말하려는 것이 아니라 그 작품은 해석체들을 생산해 **낼 수 있었을** 잠재성들을 담지해야만 한다는 것이다. 그것은 사회적 상황이 얼마나 암담하든지에 상관없이, 그 작품이 이 해석체들을 키워내는 듯하다. 허약하거나 평범한 작품은 생명력을 유지시켜줄 해석체들을 거의 갖지 못할 것이고 그리고 그의 사회적 성공은 공간적으로 그리고 시간적으로 깊이와 범위를 결여할 것이다. 대부분의 위대한 작품들도 무한히 장기간에서 보자면 그러한 모습을 보일 것이지만 외부적 조건들이 맞아 떨어질 때, 그 해석체들이 불현듯 활발해 질 것이라고 나는 믿는다.

작품 속에서 창조성의 이 4가지 판단기준들은 직접적으로 그러한 작품들의 창작자를 가리킨다. 위대한 작품들은 표류, 무관심 혹은 기계적 고안장치의 기능들이 아니라, 심층적이면서 또한 갈등하는 심리

---

14 *The Limit of Interpretation*, by Umberto Eco (Bloomington, IN: Indiana University Press, 1990)을 참고하라.

적 뿌리들로부터 나온다. 특별히 천재들의 작품들은 자아 내의 그들의 기원들에서 중층적으로 결정over-determined된다는 말이 설득력이 있다고 생각한다. 이를 통해 내가 의미하는 바는 바로 정신psyche은 평범하고 예측 가능한 것들을 돌파해 나가기 위해 방대한 양의 에너지와 형식적 구조를 맞서 싸워야만 한다는 것이다. 만일 독자가 창작자에게 '왜 창작하느냐'고 묻는다면, 아마도 놀랄 만큼 다양한 대답들을 얻을 수도 있다. 아마도 다음과 같은 대답들을 들을 가능성이 높다: 나는 선택의 여지가 없었다, 혹은 나의 비전들이 어떤 매개체로 번역되기 전까지 계속 나에게 떠올랐다거나 혹은 나의 악마들이 나에게 휴식을 허락하지 않았다거나 혹은, 마지막으로 나는 어떤 것이 말하는 매개체였다 등. 대부분의 경우 나는 몇 가지 그러한 동기들이 동시적으로 작동하고 있다고 생각한다. 이를 비용-이익 분석으로 생각해 보는 것이 도움이 될 듯하다. 우리 생애 대부분 동안 우리는 의식적이든 혹은 무의식적이든 비용-이익 분석에 간여한다. 우리는 비용을 상회하는 이익을 원한다. 대부분 이는 건전한 실천이다. 그러나 창조적 과정에 이르게 되면 비용-이익 분석은 쓸모가 없어지는 듯이 보인다. 높은 가치를 지닌 어떤 것을 만들기 위한 순전한 작업은, 어떻게 측량하든지 간에 대체로 비용들을 상회한다. 나는 글 쓰는 행위가 즐겁다고 생각하는 사람을 본 적이 없고, 또한 책을 쓸 때 들였던 것과 같은 노력을 세계로부터 보상으로 돌려받는 사람을 본적이 거의 없다. 하지만 마치 시계가 돌아가듯이, 창조적 과정은 계속되고 그리고 바라던 이익은 무한히 지연된다. 그 과정을 내가 설명할 수 있는 유일한 방법은 비용-이익 분석보다 훨씬 더 심층적인 어떤 것이 작용하고 있다고 가정하는 것이며 그리고 이보다 심층적인 실재가 창조적 정신psyche의 중층적으로 결정된over-determined 힘momentum이라고 가정하는 것이다.

가장 고차원적인 수준의 창조성은 어떤 면에서 신비mystery라는 것을 요점적으로 강조하고자 한다. 이 신비의 보다 가용적인 측면들에 관하여 어떤 것도 말할 수 없다는 사실이 이로부터 도출되지는 않는다. 작고한 나의 스승이자 친구였던 철학자 저스투스 버츨러Justus Buchler가 즐겨 논증했듯이, 신비에 대한 과도한 강조는 통찰이라기보다는 오히려 "이론적 피로theoretical fatigue"의 냄새를 풍긴다. 나는 그런 피로를 회피하면서도 또한 현현하는 순전한 신비를 존중할 수 있기를 바란다. 이를 염두에 둘 때, 창조성은 의식적인 계획이나 고안 장치라기보다는 오히려 아래로부터의 압력과 같을 것이라고 생각한다. 개인적이고 집단적인 무의식이 창조적 과정에 절대적으로 필연적이라는 생각에 설득력이 있다고 생각한다. 특정 작품에 대한 대부분의 작업은 어떤 표현 매체가 사용되기 전에 이미 무의식 속에서 준비되고 활기를 얻는다. 소박한 예를 하나 들어보자. 청각 이론의 복잡한 문제를 놓고 작업하고 있는 수학자 한 명을 안다. 그는 수학적 기록들로 많은 분량을 잡아먹는, 가능하지만 산뜻하지 않은 해법을 개발했다. 그것을 공식으로 압축해 나가는 과정에서 전적인 좌절을 경험하면서, 그는 그저 모든 노력들을 포기해 버렸다. 그 얼마 후 점심식사를 마치고 돌아오던 중에 발로 길가의 연석을 찼는데 갑자기 요약 공식이 마치 제우스의 머리에서 나오듯이 만개한 형식으로 떠올랐다. 그 요약 공식은 추후 출판되었고 그 분야에서 소소한 고전이 되었다. 무의식은 패턴들과 목적에 맞는 설계들을 "알아채고" 있는 듯하다. 말하자면, 무의식은 어떤 해법이 갈망되고 있는지를 "알고 있고", 그래서 그의 영역으로 유입된 수년간의 의식적 훈련에 기초하여, 그 해법을 가져올 수단을 갖고 있다.

　또한 보다 흔치않은 사례들의 경우, 무의식은 의식이 활동하도록 자극하고 그리고 기획the project의 완성을 향해 필요한 실마리들을 제공한다. 이는 육감들을 통해서 혹은 심지어 꿈 소재 속에서 일어날 수도 있다. 결론적으로 말하자면, 사람들은 창조한다. 왜냐하면 흔히 자신의 의식적 의지에 반하여 사람들은 무의식의 리듬들에 참여하도록 강요받기 때문이다. 실상 의지는 창조적 과정에 가장 덜 적합한 참여자들 중 하나인 것으로 보인다. 순전한 창조적인 열정에 대해서 우리가 알고 있는 가장 극적인 일화는 1819년 〈장엄미사곡〉Missa Solemnis을 작곡하면서 후세의 명곡에 사로잡힌 베토벤Beethoven의 이미지이다. 다음의 자주 인용되는 서술문은 베토벤의 친구이자 전기 작가인 안톤 쉰들러Anton Schindler의 것이다:

> 한 거실의 닫혀진 문 뒤로부터 우리는 노래하고, 소리 지르며, 발을 구르며, 「크레도」the Credo15의 푸가를 작업하고 있는 대가the master를 들을 수 있었다. 우리가 이 거의 섬뜩할 지경인 연주를 충분히 듣다가 떠나려 할 즈음, 문이 열리고 베토벤이 우리 앞에 서 있었는데, 그 모습은 영감을 받은 듯한 극한의 공포심을 보일 지경으로 일그러져 있었다. 그는 마치 그의 영원한 대적들이었던 대위법 전문 작곡가들의 전 군대와 맞서 생사의 고투에 막 가담한 것처럼 보였다.16

---

15 〈역자주〉베토벤의 〈장엄미사〉(*Missa Somenis*)는 총 5개의 곡으로 이루어져 있는데, 제1곡 「키리에」(Kyrie), 제2곡 「글로리아」(Gloria), 제3곡 「크레도」(Credo), 제4곡 「상투스」(Sanctus) 그리고 제5곡 「아그너스 데이」(Agnus Dei)가 그것들이다. 여기서 「크레도」는 제3곡의 부분을 말한다.

16 이 인용문은 *Beethoven: Biography of a Genius*, by George R. Marek (New York: Funk& Wagnalls, 1969), 547에서 빌려왔다. 매리크는 쉰들러가 베토벤이 장엄 미사에서 작업하고 있던 곡 부분을 잘못 기재했다고 지적한다. 인용된 본문의 베토벤의 곡 작업 부분은 (제3곡) 「크레도」가 아니라 아마도 (제2곡) 「글로리아」였을 것이다.

이는 창조성의 조증적 혹은 경조증적 폭발과 결합된 정신운동성 동요를 놀랍도록 환기시켜주고 있다. 쉰들러는 시종들의 도망과 아파트의 완전한 혼란상황을 적나라하게 기술해 주고 있다. 그 작업은 절대적으로 구속력있는 작업이었다. 왜냐하면 그 작품은 그의 절대적 관심이었고 그리고 그의 거의 모든 에너지들의 초점이었기 때문이다. 말할 필요도 없이, 의지가 주도하는 낮 시간의 의식은 줄기찬 기세로 정신psy-che을 몰아가는 창조적 활동의 조증과는 상대가 되지 않는다.

물론 베토벤의 예가 모든 창작 활동들의 규범적인 예인 듯이 창조적 활동을 과도하게 낭만화하는 것은 위험하지만, 그럼에도 불구하고 그 예는 조울증 천재가 내몰릴 수 있는 한 극단을 대표한다.17 그러나 조울증의 형식이 아니더라도 창조성은 의식적 의지에 지대한 압박을 가하여 무의식의 방향으로 다시 굽게 만든다.

창조성은 그 자체로 목적이다. 창조성은 그 자신 이외에 어떤 고차적인 것을 섬기지 않는다. 물론 개별화individuation라는 목표는 예외이다. 또한 창조성은 그의 활력을 부여하거나 혹은 동기를 부여하는 조건들로 환원될 수도 없다. 심지어 돈이나 사랑을 위해서 내가 창작을 한다고 말한다 치더라도 그 심층 논리는 '나는 창작한다. 왜냐하면 나는 창작하기 때문이다'의 논리를 주장한다. 창작하거나 아니면 고유한 종류의 고통을 겪는 것 말고는 선택의 여지가 없다. 보다 어두운 순간들이 찾아오면 나는 생각한다. 만일 창조적 과정으로 들어갈지 말지를 선택할 기회가 주어진다면 대부분의 사람들은 쾌감이나 심지어 지속적인

---

17 베토벤의 창조적 과정에 대한, 잘 된 혹은 어쩌면, 최고의 표현은 1994년 영화 〈Immortal Beloved〉이다. 영국의 스타이자 재능 있는 무대배우이면서 영화배우인 게리 올드맨(Gary Oldman)은 베토벤의 조울증 걸린 마음을 잘 묘사하고 있다. 비록 영화 속에서는 조울증 같은 이름이 거론되지 않았지만 말이다. 그 영화는 또한 남성 천재와 *아니마*(*anima*)의 문제를, 약간 가부장적이지만, 풍성한 방식으로 다루어주고 있다.

행복을 줄 수 없는 어떤 것을 회피하는 쪽으로 투표할 것이라고. 이를 강력하게 표현해 보자면: 정신psyche은 그 종의 필요species-needs 때문에 특정 개인을 선택하고 그리고 그것이 보상으로 제공하는 것은 고작 희생은 어떻든 장기적으로 보상될 것이라는 애매한 희망뿐이다. 정신 psyche은 잔혹한가? 내 생각에, 그렇게 생각하고 싶긴 하지만, 우리는 그런 언어를 사용할 수 없다. 정신은 선과 악을 넘어서 있고 그리고 언제나 어디서나 그가 의지하는 대로 그의 잠재성들을 현현할 것이다. 개별 정신individual psyche은 대개 창조적 바이러스를 위해 마지못해 숙주가 될 따름이다. 비록 창작이 보다 매개적인 상태들에서도 일어날 수 있긴 하지만 말이다.

2. 천재와 '아직the Not Yet'

창조성의 현상이 천재 현상 속에서 어떻게 촉진되는지를 보다 세밀하게 들여다보도록 하자. 창조성이 어떻게 성과물(작품) 속에, 창조적 정신psyche 속에 그리고 그 작품에 대한, 적절한 곳에서, 공적인 수용 속에 현현하는지를 보았다. 이 수용은 그 자체로 창조적 활동인데, 해석체들의 동화와 조작을 수반하기 때문이다. 왜 어떤 성과물은 다른 성과물보다 더 풍성한 해석체들을 발생시키는가? 답은 분명한데, 말하자면, 그것들은 비범한 강도intensity와 복잡성을 담지한 창조적 과정으로부터 출현했기 때문이다. 이 특정의 성과물들은 창작자들로부터 유래하는데, 그 자신의 동기들이 중첩적으로 결정되어 있어서over-determined, 자아self와 자연의 무의식적 잠재성의 앙등에 뿌리를 두고 있다. 이 독특한 창작자들은 정신병리학과 천재성이 교차하는 경계에서 살아간다는 관념이 오래전부터 있었다. 사실상 지금 우리가 보다 더

피부로 체감히는 것이지만, 친재성은 그 자체의 바로 그것what it is이다. 왜냐하면 그 천재성은 기저의 파괴적 힘들에 대하여 치유를 부르짖는 반응으로서 존재하기 때문이다.

위에서 우리는 정신psyche은 목적론적이라는 융의 관점, 즉 정신은 하나의 목적, 전일성wholeness이라는 목표를 향해 나아간다는 관점을 언급했었다. 이로부터 우리는 심지어 육체적 그리고 정신적 질병도 하나의 치료를 위한 시도를 표현한다고 추론한다. 전례 없는 창조성의 경우에, 정신의 이 기본적 상처는 정상인들의 경우보다 훨씬 깊고 그리고 출중한 재능과 결부되었을 때, 이 상처는 위대한 작품들을 불러일으킬 수 있다. 다시 한 번 거듭해서 강조되어야 할 것은 바로 천재가 만든 작품들은 치유를 위한 시도라는 것이다. 작업이 바로 약이다. 이 상관성에 대한 가장 분명한 진술 하나를 앤토니 스토르Anthony Storr가 쓴 "천재와 정신분석: 프로이드, 융 그리고 인격성의 개념"("Genius and Psychoanlysis: Freud, Jung and the Concept of Personality")이라는 제목의 에세이 속에서 찾아볼 수 있다. 창조성을 지닌 학생이면서 천재 현상에 대한 최고의 작가이기도 했던 스토르는 이 관계를 다음과 같이 진술한다:

보다 심층적인 불안들, 특별히 붕괴disintegration와 연관된 불안들은 질서와 일관성을 향한 탐구에 특별한 관심으로 다가간다. 예를 들어, 위대한 추상적 사상가들은 대체로 친밀한 대인관계적 유대를 형성하지 않는 사람들인 것처럼 보인다. 그들에게는 세계 내에서 질서와 의미를 찾는 데 대한 관심이 인간관계보다 우선한다. 친밀한 관계들에 대한 두려움, 붕괴에 대한 불안, 세계는 예측 불가능하고 안전하지 않은 장소여서, 어떤 안정성이라도 확보하려면 어떤 형태의 통제력이 발휘되어져야만 한다는 느낌 사이에는 하나의 연관관계가 존재한다. … 내적 세계와 외적 세계 간에 이 친밀한 연관성을 전제로 할 때, 예술분야에서든 과학 분야에서든, 통일성과 질서를 찾는데 특별히 강력한 동기부여를 받은 사람들은 그들 스스로 특별히 분열된 사람일 가능성이 높다고 추측하는 것은 합리적인 것 같다.18

천재의 정신과 관련한 기본적인 사실 중 하나는 곧 자아 내부에 깊은 이분화가 존재한다는 것이다. 내부 세계의 분열과 결부되어 외부 세계에 대한 두려움과 비하적 외면(혹은 아브젝시옹, abjection)이 존재한다. 각 부분의 자아self는 보기 드물게 맹렬히 말하고, 그럼으로써 전일성을 향한 충동을 그만큼 보다 더 절박하게 만든다. 퍼어스의 용어로, 창조적 활동은 언제나 치유적 "제삼의 것healing "third"를 찾는데, 말하자면, 내적 세계와 외적 세계의 야수 같은 이원적 충돌들을 한데 모을 수 있는 구조나 이미지나 개념 혹은 과정을 가리킨다. 한편으로 천재는 그의 정신 속으로 되돌아오는 이분화들the returning bifurcations에 비정상적으로 민감하다. 다른 한편으로, 천재는 또한 자신의 재능들에 딱 들어맞는 창조적 변형의 형태를 통하여 출구를 찾는다. 압도적인 요구가 존재하지 않는다면, 그에 응답하는 천재도 존재하지 않는다. 요구와 행동은 하나의 변증법 속에 함께 속해 있는데, 이 변증법은 아직도 겨우 부분적으로만 이해되고 있을 따름이다.

대부분의 경우 유년기의 상처가 존재하는 것처럼 보이는데, 이 상처가 흔히 "상처받은 나르시시즘wounded narcissism"19이라 불리는 것으로

---

18 본 인용문은 선집 *Genius: The History of an Idea*, ed. by Penelope Murray (Oxford: Basil Blackwell, 1989), 226 & 223에서 발췌하였다.

19 이 문제에 관해서는 *The Drama of the Gifted Child: The Search for the True Self*, by Alice Miller, trans. by Ruth Ward (New York: Basic Books 1990)을 참고하라.

귀결된다. 이 개념은 시간이 흘러감에 따라 건전한 나르시시즘을 발전시키도록 용납하지 않는 정신psyche의 실재를 나타내는데, 특별히 아이가 부모 혹은 부모님들의 제국주의적이고 온갖 참견을 마다하지 않는 나르시시즘을 섬겨야만 할 경우 심화된다. 자기 자신의 자아-요구self-needs가 부모의 자아 결핍으로 인한 지속적인 압박 아래 묻혀 버린다. 만일 이 기본적 상처가 고도의 에너지와 자아-변혁self-transformation을 향한 강렬한 충동과 결합한다면, 그때 천재의 조건들 중 일부가 현시할 수도 있다.

천재 현상을 장기간 연구한 또 다른 학자로 한스 아이젱크Hans Jurgen Eysenck를 들 수 있는데, 그는 천재적 잠재력의 현현을 향하여 분투하고 진화하는 자아self의 필수적인 특성들 몇 가지를 상술하였다:

최고의 창조적 성취로서 정의되는 그리고 또한 수세기에 걸쳐 사회적으로 인정된 천재는 여러 다른 구성요소들이 상승작용을 일으킨 결과인데, 말하자면, 단지 한 요소에 다른 요소가 더해지는 식이라기보다는 오히려 서로 서로가 곱해지는 식으로 작용한 결과이다. 이러한 구성요소들 가운데 높은 지능, 끈기 그리고, 하나의 **형질**trait로 간주되는, 창조성이 있다. 형질적 창조성trait creativity은 창조적 성취로 나아갈 수도 그렇지 않을 수도 있는데, 이는 많은 다른 자질들과 상황적 조건들의 현존에 달려있다. 이 부가적 자질들 중 두드러지는 것이 바로 자아-강도ego-strength와 같은 특정의 **성격 형질들**personality traits인데, 이는 예를 들어, 자율적으로 기능할 수 있고, 대중적 압력에 저항할 수 있고 그리고 부정적 영향력이 강화되는 가운데 노력을 고집할 수 있는 내적 강도를 가리킨다.[20]

---

20 *Genius: The Natural History of Creativity*, by Hans Eysenck(Cambridge:

여기서 중요한 요점은 자아-강도, 높은 지능, 창조성과 같은 내적 특성들이 모두 그 순간에 반-엔트로피적인 동반상승효과synergy를 통하여 함께 상호작용한다는 것이다. 다시 말해서, 보다 많은 질서와 "열기heat"가 사그라들지 않고 오히려 더 창출된다는 것이다; 엄밀히 말해서 이러한 질서화를 위한 에너지는 시스템 바깥으로부터, 즉 무의식으로부터 도래하지만 말이다. 대중적 압력에 저항하는 특성은 보다 복잡하다. 우리 문화의 가장 영감적인 작품들 중 다수는 외적인 사회적 압박들과 가치들에 대한 창조적 반응을 대표한다; 하지만 동시에 이 압박들을 초월하고자 시도했다. 여기서 우리는 찰스 디킨스Charles Dickens같은 조울증 천재를 생각해 볼 수 있는데, 그는 대부분의 작가들이 평생 팔릴 거라고 꿈꿀만한 분량의 책 보다 더 많은 책을 한 달 만에 팔 수 있었을 것이다. 흔히 연재 형식으로 팔리는 책들은 분명히 대중들의 입맛에 호소력을 가지겠지만, 그러나 그 책들은 또한 도스토예프스키의 반열의 다른 천재들에게 영향을 미칠 수 있는 강력한 해석체들을 생성한다. 그와는 반대의 극단에서 우리는 알버트 아인슈타인Albert Einstein의 예를 볼 수 있는데, 그는 자기 학문 분야의 지배 패러다임에 맞서 특수 상대성 이론과 일반 상대성 이론을 주장하도록 추동받았다.

천재 현상에 관한 획기적인 책에서 딘 케이쓰 사이몬톤Dean Keith Simonton은 스스로 "이차적인 다윈적 진화secondary Darwinian evolution"라는 것을 주장하는 진화론적 논증을 발전시켰는데, 이 논증은 무작위적 변이random variation, 자연 선택 그리고 적응력을 문화 진화에 응용한 논증이다. 본래의 기본적인 다윈적 진화는 물리적 질서에만 엄격히 적용되고 그리고 유전자 전달에 관심하는 반면, 이 이차적 형태의 진화는 "밈meme"이라 불리는 것과 함께 또한 작동하는데, 밈은 말하자면, 진화하

Cambridge University Press, 1995), 7-8.

는 문화 내에서 전달될 수 있는 **의미**의 단위들을 가리킨다. 천재는 문명의 삶을 풍성하게 할 밈들의 가계도에 더해짐으로써 (인간) 종에게 특정한 가치를 갖는다.

사이몬톤은 천재들이 언제 어디서나 현시하는 것으로 보였던 특성들을 분석하고, 이 특성들을 현현한 사람은 성공적 생산력의 신뢰할만한 지표가 된다고 주장하였는데, 여기서 생산력의 성공은 엄격히 생물학적인 질서 속에서 번식적 성공의 상사물이다:

> 전형적으로 창조적인 천재는 어떤 사람일까? 축적된 문헌에 따르면, 창조적 천재들은 다양한 경험들에 개방적이고, 애매모호함에 예외적인 관용을 보이고, 복잡성과 새로움을 추구하며, 초점없는 주의력defocused attention[21]에 간여할 수 있다. 천재들은 광범위한 관심사들을 드러내는데, 이는 그들의 당면한 창조적 활동의 영역 너머로 연장되는 관심사들을 포함한다. 이들은 내향적이라기 보다는 외향적일 가능성이 훨씬 높으며, 때론 서먹하게, 소극적으로 그리고 심지어는 아마도 반사회적으로 보여질 수도 있다. 천재들은 또한 엄청난 독립심과 자율성을 과시하면서, 흔히 기존 관습들에 순응하기를 거절한다—때로 심각하게 반항적인 면모를 과시한다. 그들은 자신이 하고 있는 것을 깊이 사랑하며, 일반적이지 않은 열정과 에너지와 헌신을 보여주는데, 친구들과 가족들에게는 통상 "일벌레들workaholics"로 보인다. 그들은 장애들과 실망들에도 불구하고 끈기를 발휘하지만, 그러나 동시에 반복되는 실패가 가리키는 것을 따라서 전략과 전술을 바꿀 만큼 충분히 융통성이 있다.[22]

---

21 '초점없는 주의력'(defocused attention)이란 주의의 지평을 확장하면, 마음이 정처없이 붕 떠다니는 것을 가리킨다. 특별히 우울증 단계에서 주의력이 초점 없이 흩어지는 양식을 가리키는데, 이때는 부적절한 정보가 주목되고 처리되는 일이 잦아진다. 〈역자주〉

22 *Origins of Genius: Darwinian Perspectives on Creativity*, by Dean Keith Simonton

천재의 융통성은 다른 사람들이 당면한 계획들과 목표들에 부적합하다는 이유로 간과할 수 있는 다양한 자극들을 즐길 의도를 형식적으로 의식적 수준에 현시되는 반면, 관습을 돌파해 나가려는 욕망은 다소 예측적인 경계들을 가로질러 새로운 자극들을 가져오는 과정을 가속화시킨다.

천재의 진화론적 가치는 분명해야 하지만, 그러나 고양된 생산성으로 이끌어가는 복잡한 타래의 동기들은 검토되어야 할 필요가 있다. 많은 천재들이 문제 가정들에서 자랐고, 그들 중 높은 비율이, 문자적으로든 혹은 상징적으로든 15세 이전에 부모를 잃거나 돌보아주는 사람을 잃었다는 사실을 사이몬톤은 지적한다. 이 붕괴는 적응 에너지의 감소를 가져오던지 아니면, 선천적 조건들이 허락하다면, 운명의 손길이 앗아간 것을 대치하기 위해 내부의 우주를 구성함으로써 불안정성을 보상하려는 엄중한 투쟁을 만들어낼 것이다.

개인적이고 문화적인 일종의 주변성marginality은 흔히 천재의 구성조건의 일부이다. 예를 들어, 사이몬톤이 지적하는바, 유니테리언 신자들Unitarian[23]은 아마도 미국 종교문화 내에서 자신들이 갖는 주변적 신분 때문에 가톨릭과 침례교 그리고 소위 주류 교단들과 비교하여 인구당 100배 이상의 과학자들을 배출해 왔다.[24] 물론 유니테리언 신자들은 자기-선택적인데, 말하자면, 많은 유니테리언 신자들은 날 때부터 신자가 아니라, 유니테리언교파가 모든 형식들의 자유로운 탐구를 용납한다는 장점 때문에 성인기에 교단에 합류한다.

인지적 관점에서, 천재들은 잠복 상태incubation state에 대한 내성이 아

(Oxford: Oxford University Press, 1999), 87-88.
23 기독교의 한 분파로서 삼위일체를 인정하지 않고, 유일신론적 신관을 고수한다. 〈역자주〉
24 *Origins of Genius: Darwinian Perspectives on Creativity*, 123.

주 강한데, 이 상태에서 에너지는 낮은 값을 유지하고 있어서 무의식 과정들이 창조적 변혁의 부담을 상당부분 짊어질 수 있다. 이는 앞에서 언급한 제이미슨Jamison의 논증 즉 의식 속에서 에너지 한계의 낮춤을 의미하는 우울증은 보다 조증적인 자극과 관념들을 오랫동안 잠잠할 수 있도록 처리하고 그럼으로써 기초 원리들이 새로운 내적 게슈탈트gestalt로 접합될 수 있도록 하여 간접적으로 창조적 과정을 돕는다는 논증과 같은 맥락이다. 사이몬톤은 이 변혁을 다윈적인 개연성들과 그들의 예상 가치들로 표현한다:

통상 사람들이 문제를 해결하는데 실패할 때, 그들의 각성arousal 수준은 증가한다. 사람들은 흥분과 좌절을 경험한다. 그렇게 고양된 감정이 주의력의 폭을 압축해 버리는 경향이 있다. 그에 더하여, 보다 높은 수준의 각성은 매우 개연성이 높은 연상을 더욱 개연적으로 만들고, 개연성이 낮은 연상은 더욱 더 개연성이 없게 만드는 경향이 있다. 해결책은 문제를 본래적인 방식으로 볼 수 있는 능력을 요구하기 때문에, 개인은 보다 이완된 상태를 달성하여 낮은 개연성의 연상들이 출현할 수 있는 합리적인 기회를 허용해야만 한다. 그러므로 잠복 기간 동안 각성은 그 사람이 주변 환경이 이따금씩 제공하는 미세한 신호들을 보다 더 활용할 수 있을 만큼 충분히 낮춰져야 할 것이다. 다른 말로 표현하자면 낮은 각성 상태는 통찰력 있는 해결책에 도달할 필요가 있는 다원적 과정에 보다 전도력이 있다.[25]

따라서 창조적 천재는 그 자신의 각성수준을 새롭고 개연성이 낮은 해결책들이 출현할 수 있을 정도까지 낮출 수 있는 사람이다. 거기에는

---

25 *Origins of Genius: Darwinian Perspectives on Creativity*, 44-45.

일종의 "맹목적 변이성variational blindness"이 존재하는데, 이는 정신psyche으로 하여금 의미와 사고의 보다 광범위하고 보다 넓은 지평들로 떠밀려 다닐 수 있도록 한다. 결과적으로 보다 개연적인 변이들의 소음이 무의식으로부터 도래하는 보다 고요한 신호들을 익사시켜 버리는 것이 용납되지 않는다. 무의식에서는 개연성이 낮은 변이들이 활동하기 때문에 이는 중요하다. 이 모델로부터 추론할 수 있는바, 천재들은 문화 영역들에서 (공적인 의미들과 산물들을 의미하는) 창조적인 밈들의 생산에 적용되기 때문에 다윈적인 표준 원리에 따라 기능하는 것이다.

내 자신의 천재에 대한 정의로 나아가면서, 내가 주장하는 바는 바로 천재에게는 아마도 (현재로서는 알려지지 않은) 유전적 요소들이 존재하는데, 이 요소들이 심층적인 심리적 구조들과 결합하여, 대부분의 경우 조울증에 의해 촉진되며, 또한 에고에 의해 중층적으로 결정되지만 과도하게 조작되지는 않은 창조적 힘과 에너지로 절정에 달한다는 것이다. 의식과 무의식 사이에는 필연적인 변증법이 존재하는데, 이것이 학문이나 기예 안에서 어떤 종류의 기본적 재능과 결합한다. 마지막으로 거기에는 궁극적 관심의 형태가 존재해야만 하는데, 이 궁극적 관심은 비용-이익 분석을 전적으로 요점을 벗어난 것으로서 거절한다.

다음과 같은 대중적인 질문을 던져 볼 수 있다: 천재는 행복한 유년기를 보내는가? 분명코 아니다 라고 대답하고 싶은 유혹이 든다. 물론 그러한 대답은 단세포적이지만, 그러나 어떤 흥미로운 가능성들을 가리킨다. 행복은 그 자체로 애매모호한 현상이다. 우리는 다음과 같이 물어야만 한다: 어떤 관점에서 행복인가? "순수한" 행복과 같은 그러한 것은 존재하지 않는다. 비록 나는 순수한 불행에 상당히 근접한 어떤 것은 존재한다고 말하고 싶지만 말이다. 만일 천재가 평범한 사람들처럼 충동들과 동기들의 문제라면, 천재들 배후에 놓여있는 충동들에 관해서는 무언가 비범한 어떤 것이 존재한다고 추론할 수 있다. 왜 그 충동들은 그토록 강렬하며 그리고 왜 창조성 배후에 놓인 그 동기들은 그토록 뒤얽혀 있는 것인가? 부모의 죽음처럼 문자적인 것이든 정신적 안정성이나 유대관계의 상실과 같은 상징적인 것이든 간에 유년기의 상실들은 천재의 정신psyche에 섬뜩하고 누적적인 효과를 발휘한다는 것이 그 대답이 되는 듯 하다. 깊은 결여lack가 존재하는 곳에는 결여를 보상하기 위한 깊은 요구가 존재한다. 프랑스의 정신분석자 줄리아 크리스테바Julia Kristeva는 모든 어린이에게 찾아오는 결여에 대해서 이야기하는데, 이는 모성적인 것으로부터 분리되어, 공적 언어의 세계로 진입해야만 할 때 찾아온다.26 천재에게는 이 과정에 어떤 것이 더해져서 모성적인 것의 상실이 확실히 보다 첨예하게 느껴진다.

발달기의 아직 젊은 천재는 이중의 상실을 느끼게 되는데, 모성적 바탕으로부터 멀어져 감에 따라 겪는 정상적 아동의 상실과 유전 고유의 특별한 정황적 상실이 그것인데, 이 후자의 상실은 예를 들어, 아마도 조울증과 같은 것이 작동함으로써 유발되는 병리학에 의해 악화된다. 이 특별한 정황은 오직 혹은 부분적으로 상상적으로만 작용하지만, 그럼에도 불구하고 그것은 정신psyche에 고유한 힘을 발휘한다. 사춘기 동안 이 결여는 사회적 질서에 의한 그 무수한 쓰라림들과 거절의 행태들로 강화된다. 어린 천재는 거의 조울증일 것이기 때문에 상실감은 거의 정신병적 비중을 차지할 수 있다. 모성적 현존이 달아날 뿐만 아니라, 우주 그 자체 또한 자아를 파괴하기 바라는 생경한 힘으로 여겨진다.

---

26 *Black Sun: Depression and Melancholia*, by Julia Kristeva, trans. by Leon S. Roudiez (New York: Columbia University Press, 1989)를 참조하라.

이는 약간 멜로드라마 같은 것처럼 여겨질 수 있지만, 그러나 이는 천재들 사이에서 매우 흔한 경험이라는 것이 내 직감이다. 상처는 심화되어 철학자들이 "존재론적" 상처라 부르는 것이 되는데, 말하자면, 세계의 순전한 존재 속에 뿌리를 두고 있는 상처가 된다. 세계는 자아만큼이나 부서져 산산이 흩어지고 그리고 어린 천재의 나르시스적 갈망이 자신의 재능이 허락하는 그 어떤 수단을 동원해서라도 이 우주적 심연의 나락을 치유하려는 욕망 속에 모습을 현현한다. 나의 공식은 다음과 같다: 첫째 상처, 그 다음으로는 생각, 물감, 말들, 소리 등과 같은 적합한 수단을 통해 그를 치유하려는 충동이다. 천재는 비일상적인 선행 조건들에 대한 대응response인데, 이 정상적이지 않은 선행 조건들은 자동적으로 대응을 불러일으키는 실재들로 보인다. 모든 천재들은 고난을 겪어야만 한다고 주장하는 평범한 지혜가 딱 맞는 말이다. 그리고 그 고난은 양 끝 쪽에 자리 잡고 있는데, 먼저는 아동기의 상처받은 나르시시즘으로부터 유래하는 눈물들 속에 드러나고 그리고 다른 쪽 끝은 동기부여 조건들보다는 언제나 덜 강력해 보이는 창조적 과정들 속에 드러나는데, 후자는 말하자면, 상처를 치유하는데 실패하는 반복적인 경험들을 가리킨다.

내 생각에 첫 번째 조증 혹은 우울증의 발작은 상처받은 나르시즘을 심지어 보다 철저하게 찢어발기기 위해 작동한다. 이전에 인간적인 —너무나— 인간적인 상처였던 것이 이제 인간보다 더 위대한 어떤 것이 된다. 조울증은 천재의 드라마가 전개될 최종 조건을 제공한다. 만일 다른 조건들이 현재하지 않는다면, 이 조울증은 무언의 힘으로 그의 야만적 논리를 가동한다. 만일 자아-강도ego-strength, 높은 지능, 훈련받은 재능 그리고 그 외 다른 힘들이 또한 정신 내에서 작용하고 있다면, 진정한 천재의 가능성이 출현한다. 물론 천재는 대가를 지불

해야만 하고 그리고 그 비용은 숙주 정신host psyche이 생각하는 것보다 훨씬 더 값비싸다.

천재의 비싼 대가라는 것은 무엇을 의미하는가? 답은 실제로는 상당히 간단하다. 조울증 천재가 그의 기획을 시작하면, 그 기획의 요구 사항들은 무한하지만, 그 정신적 자원들은, 얼마나 풍성하든지 간에, 유한하다는 사실을 점차 깨닫게 된다. 심지어 반-엔트로피적인 무의식의 현존과 더불어서, 한 번에 유한한 양의 재료만을 동화시킬 수 있을 따름인 창조적 과정은 결코 실현될 수 없는 무한을 창출해 내기 위해 발작적으로 드문드문 진행되어야만 한다. 거기에는 창조적 **아직**creative not yet이 존재하는데, 천재에게 나타나 그가 이룩한 모든 작업들을 조롱한다. 천재들은 자신들의 생산물들을 평가하는 일에 서투르기로 악명 높다. 조울증 천재에게 작업은 진정으로 위대한 한 순간으로 보여질 수 있고 그리고는 그저 먼지처럼 사라진다. 경조증을 겪을 때조차도 작업과 목적이 결코 완전히 합치하지 않을 것이라는 느낌이 존재한다. 작업 속에 현현하는 결여는 정신psyche 속에 현현하는 결여에 대한 고통스런 지표이다.

천재와 창조성이 정신 질환과 맺는 상관관계의 문제는 무엇인가? 닐 케셀Niel Kessel은 질병과 위대한 작품들 사이의 분리를 단언하는 일종의 분리주의자의 입장을 주장한다. 그는 진술하기를, "재능 있는 사람들은 그러므로 광기 때문에 혹은 임박한 광기 때문에 예술로 눈을 돌릴 수도 있다. 그러나 그들은 그 광기에도 불구하고 그들의 위대함을 성취하는 것이지, 그것 때문에는 아니다."27 그는 정신적 질병을 줄어드는 존재감a reducing presence으로 보았는데, 말하자면, 사회적이거나

---

27 *Genius: The History of an Idea*에 수록된 에세이 "Genius and Mental Disorder: A History of Ideas Concerning Their Conjunction," 209에서 인용.

지속적인 가치를 지닌 어떤 것을 창조할 수 있는 자아의 능력을 낮추는 것으로 간주하였다. 케셀의 관점은 다소 일차원적이고 그리고 특정의 장애들이 동기부여의 활력소motivational soup가 될 수 있는 방식들에 대한 조사조차 하지 않고 있다. 우리가 강력하게 천재를 반대하는 편향을 갖고 있는 시대에 있을 뿐만 아니라, 또한 병리학이 정신의 보다 심층적인 목적론적 충동들 바깥에 있는 것으로 간주되는 시대에 있다는 것은 불행한 일이다. 만일 정신병리학이 단지 정신적 엔트로피의 형태로 보여진다면, 그렇다면 정신병리학은 창조성의 반-엔트로피적 힘들 속에서 감당할 역할이 없다고 추론할 수 있다. 그러나 이는 잘못된 관점이다. 흔히 병리적 조건은 창조적 활동을 방해할 수 있는 경계들을 돌파할 수 있다. 그러나 이로부터 병리가 언제나 정신에 도움이 된다고 추론할 수는 없다. 사실 대부분의 개인들에게 극단적인 병리는 단지 가능성을 파괴할 뿐이다. 그러나 조울증과 천재의 경우에는 철저히 목적론적인 복잡한 상승작용synergy이 존재한다. 비록 거기에는 또한 낭비와 공허라는 광대한 사막이 놓여있다고 하더라도 말이다.

천재의 물음을 다룰 때 다시금 사고 장애와 기분 장애를 구별하는 것이 필수적이다. 정신분열증과 같은 사고 장애는 증상들이 차도를 보일 때를 제외하고는, 창조성을 고양하는데 도움을 줄 가능성이 떨어지는 반면, 기분장애들은 재능을 천재성으로 앙등시키는데 결정적일 수 있다. 정신의 창조적 에너지들과 조울증 사이의 관계는 다층적multi-layered이고 그리고 심히 애매모호하다. 조증과 경조증으로부터 유래하는 그러나 다른 방법으로는 확보할 수 없는 재능들이 존재한다. 그리고 제이미슨이 주장하듯이 우울증으로부터 유래하는 재능들이 존재하는데, 이것들은 조증을 통해 유입되는 풍성한 소재들을 분류할 수 있는 고유한 능력을 갖고 있다.

결국 19세기 초엽의 사상가들은 천재의 내적 리듬과 그의 궁극성의 관계에 대한 이해에 근접해 있었다. 괴테, 콜리지Coleridge, 블래이크 그리고 바이런과 같은 모범들에 따르면, 천재는 자연과의 본래적인 관계 속에 서서, 특별히 능산적 자연(natura naturans 혹은 자연을 창조하는 자연 nature creating nature)의 잠재성들에 대한 본래적인 관계 속에 서서, 이 압도적인 재료를 유한하지만 깊이 공명하는 모양새들로 엮어내어, 이것들이 (인간) 종의 의식적 삶 속으로 진입할 수 있도록 한다. 자연의 무의식은 창조적 정신의 무의식 속으로 진입하여, 의식의 구조들 속으로 밀치고 올라가는데, 의식의 구조들은 의식의 처분에 맡겨진 도구들을 사용하여 자연의 힘들에서 단지 암시될 뿐인 어떤 것을 드러내고자 한다. 낭만적 이론에 대한 현대의 비하적 외면abjection은 창작자들과 그들의 작품들에 대해서보다는 질투와 위대함의 비하적 외면에 대하여 더 많이 이야기한다. 언급한 네 인물들 중 콜리지, 블래이크 그리고 바이런은 조울증 환자들이었다는 강력한 증거가 있다.

기술과 재능 그리고 천재에 대한 그의 관계는 무엇인가? 나는 천재의 재능에 관하여 묻고 있는 것이지, 그 두 실재들 간의 대립에 관하여 묻고 있는 것이 아니다. 보다 구체적으로, 잠재력 있는 젊은 천재는 어떻게 그의 아마도 첫 번째 조증 혹은 우울증 발작 이전에 나르시스적 상처로부터 유래하는 압박들로부터 안도감을 가져다 줄 재능이나 기술을 선택하게 되었는가? 많은 경우 유전적 구성요소들이 존재한다는 것은 분명하다. 사람의 표현 매체는 그 개인의 시스템 내에서 부호화될 것이다. 비록 그러한 부호화가 그의 전개에서 불완전하거나 단편적일 수는 있겠지만 말이다. 내 생각에는 거기에는 또한 강력한 강화 패턴이 작용하고 있다. 오스트리아의 철학자 루드비히 비트겐슈타인 Ludwig Wittgenstein은 비엔나의 무척 특권적인 가정에서 성장했는데, 박식

가가 될 소질을 갖고 있었다. 그는 음악, 일부 기술과학, 언어 그리고 훨씬 나중에는 건축에 능수능란했다. 하지만 그는 어느 날 자신이 생각할 수 있다는 사실을 발견했고 그리고 그 주변의 다른 사람들보다 더 강력하게 그리고 분명하게 생각하게 되었다는 사실을 이야기한다. 이러한 소질이 강화되었을 때, 비트겐슈타인은 철학을 선택했다. 비록 '선택'이라는 말이 너무 미약한 표현이긴 하지만 말이다. 이미 암시를 주었듯이 그는 아마도 조울증 환자였을 것이기 때문에 비트겐슈타인은 자신의 선택을 엄청나게 진지하게 고민하면서 결정을 내려 나가지 않을 수 없었다. 그는 천재 신화에 집착해 있었고, 그래서 빈번히 자학self-laceration의 기간들을 견뎌내야 했다. 왜냐하면 자기는 천재 신화의 요구에 맞추어 살지 못했다고 느꼈기 때문이다. 비트겐슈타인에 대한 최근의 빼어난 전기서는 아주 적절한 제목을 달고 있는데, 『천재의 의무』(*The Duty of Genius*)로서, 그의 정신 내에서 일어나는 이 긴장을 잘 표현해 주고 있다.28 그 저자 레이 몽크Ray Monk는 그의 정신에 각인을 남긴 청년 비트겐슈타인의 경험을 다음과 같이 이야기한다:

14세가 될 때까지, 그는 천재에 집착하기 보다는 오히려 천재에 둘러쌓인 스스로를 느끼는데 만족하고 있었다. 말년에 그가 말한 이야기는 새벽 3시 피아노 소리에 잠이 깬 사건을 주목한다. 그가 아래층으로 내려갔을 때, 작곡 작업을 하고 있는 [그의 동생] 한스Has를 보게 된다. 한스의 집중력은 광적manic이었다. 그는 땀을 흘리며, 전적으로 몰입해서 그리고 루드비히의 존재에 대해서 전혀 의식하지 못했다. 이 이미지는 루드비히에게 천재에 사로잡힌다는 것이 무엇과 같은지에 대한 패러다임으로 남았다.29

---

28 *The Duty of Genius*, by Ray Monk (New York: Free Press, 1990).

비트겐슈타인은 또한 위에 기술했던 베토벤의 이미지 즉 자신의 창조적인 악마들의 손아귀에 잡혀 있는 베토벤의 이미지에 집착했다. "사로잡힘possession"은 우리의 천재 정의에 결정적이다. 왜냐하면 그 단어는 정신적 팽창에 접한 상태를 나타내는 말이기 때문인데, 이 상태에서는 자아와 자연 모두의 무의식으로부터 도래하는 풍성한 소재들이 의식적 정신으로 진입한다. (융의 이미지를 사용하자면) 만일 불타는 마그마가 딱 맞고 정교하게 훈련된 재능과 만난다면, 그 재능은 삶의 형식을 입게 된다. 신학자 폴 틸리히Paul Tillich는 "은총의 게슈탈트gestalt of grace"라는 말을 만들어, 창조적 과정의 이 순간을 표현했는데, 이때 살아있는 형식이 세계의 심층차원과 연결고리를 수립한 일종의 은총-충만한 궁극성을 대면하게 된다.

이 시점에서 천재의 몇 가지 필연적인 특징들이 이상의 기술에 핵심적으로 드러난다. 남자 아이든 여자 아이든 아이가 부모 한쪽 혹은 양 부모의 제국주의적 나르시시즘을 견뎌내야만 할 때, 거의 불가피한 나르시스적 상처의 경험이 존재한다. 이 상처는 천재의 창작하려는 힘의 동요들이 느껴질 때 심화된다. 크리스테바에 따르면, 아이는 (아마도 음악이나 그림같은 다른 매체들을 통해) 언어 속에 등장하여, 이 문화적 코드를 협상하기 시작한다. 크리스테바가 간결한 방식으로 표현하듯이, "좋은 젖가슴good breast 대신에 언어가 존재하다."[30] 세계의 근거로 작동하는 연결고리로서 젖가슴의 상실은 다양한 대체 전략들에 의해 대체되어야만 한다. 새롭게 등장하는 천재의 경우, 이 전략들은 특별히 매혹적이고 그리고 의식적 자아는 가장 치유적인 힘을 초래할 어떤

---

29 Ibid., 13.

30 Julia Kristeva, *Powers of Horror: An Essay of Abjection*(New York: Columbia University Press, 1982), 45.

매체를 찾는다. 이 측면은 주제적thematic일 필요는 없지만, 그러나 청소년들이 언어, 소리, 색소, 모양, 운동 등을 탐구하면서 현시될 것이다. 일단 매체가 포용되고 나면 교육훈련 과정이 시작된다. 이는 역시 목적론적이다. 말하자면, 자아는 그의 훈련을 하나의 목적으로서가 아니라 치유 과정을 심화시키기 위해 사용하는데, 치유과정이란 곧 새로운 매체가 젖가슴 대용이 되는 과정을 의미한다. "젖가슴"이란 개념은 만일 문자대로 해석된다면, 거의 익살스러운 것으로 보일 것이다. 젖가슴의 기능은 소외된 자아를 자연의 핵심으로 연결하는 것이다; 그것은 생물학적 엄마에게로 되돌아가려는 단순한 갈망이 거의 아니다.

천재가 안고 있는 기본적인 정신적 상처와 그의 악화가 갖는 심리적 특징들에 더하여, 재능과 매체에 집중된 높은 창조성의 현존을 갖게 된다. 조울증의 코드가 자아 안에서 전개되기 시작할 때, 거의 메시아적적인 사명감과 결합된 에너지의 증가를 겪게 된다. 이 메시아적 비밀은 모든 다양한 천재들에 공통적인 것이고, 그래서 자신의 작업은 개별 자아보다 훨씬 더 큰 힘에 의해 요청받았다는 의식 속에 현현하게 된다. 소명call이라는 종교적 관념은 모든 천재들이 이해하고 있는 어떤 것이다. 비록 그것이 종교적으로 엄격한 의미에서 이해되지는 않을지라도 말이다. 그 소명은 어디로부터 유래하는가? 그것은 무의식의 힘으로부터 유래하는데, 무의식은 정신 속 깊은 상처에 응답하고 있는 중이다. 이 선행하는 상처가 없다면, 정신이 천재성으로 나아갈 수 있는 역동성과 형상 간의 변증법으로 진입할 이유가 없을 것이다.

성숙 단계로 진입해 들어가는 천재의 창조적 과정을 기술해 보도록 하자. 이 단계는 그 개인의 생애사 가운데 어느 단계에서나 존재할 수 있다. 수학자들의 조숙함을 이야기하는 것은 흔한 일이고 그리고 철학자나 작가 등의 뒤늦은 성숙도 다반사다. 물론 높은 창조성이 집중된 시기가 있고 그리고 거의 아무 것도 성취하지 못하는 휴지기도 존재한다. 제이미슨은 그 단계들을 일련의 그래프들로 구별해 주는데, 이를 통해 어떻게 생산성이 거의 일-대-일 상관관계로 조울증의 주기들을 따르고 있는지를 보여주고 있다.[31] 경조증 국면에 대한 나의 서술은 그것이 천재의 생애사를 따라 어느 시점에서나 일어날 수 있음을 가정할 것이다.

그 내적 그리고 외적 활동은 다음과 같이 진행될 것이다. 압박감이 본래의 나르시스적 상처로부터 강화되면서, 자아 속에 불완전성을 노출할 것이다. 왜냐하면 자아는 그 자신의 건강한 자율성과 나르시시즘을 발전시킬 수 없을 것이기 때문이다. 지금쯤 최소한 한 번의 조증 에피소드를 겪었을 천재의 내부에서 본래적 압박감이 정서 장애affec-tive disorder의 순전한 힘에 의해 증가되는데, 정서 장애는 본래적 상처를 새로운 방식들로, 아마도 편집증paranoia이나 강력한 리비도적 상승들을 통하여, 헤집어 찢어놓는다. 인간관계는 이 이중화된 상처를 치유할 수 없다는 것이 천재에게는 분명해진다. 이 상처를 치유할 수 있는 것은 연속된 제3의 실재를 향하여 나아갈 수 있는 전이 관계transference relation뿐인데, 이는 전이를 초래하는 것에 대한 신뢰가 결여되어 있기 때문에 일어날 수 없다. 내 관점으로 보기에 천재는 그의 모든 전이 에너지를 창조적 활동으로 다시 집중한다. 왜냐하면 바로 여기서 자아와 타자 사이의 근본적 신뢰가 일어날 수 있기 때문이다. 전이에 대한 이러한 생각의 재고가 너무 귀에 거슬리지 않기를 바란다. 제대로 된 독자proper reader는 텍스트에 대한 전이 관계를 발전시킬 수 있다고 크리스테바는 주장했다.[32] 그녀의 관점을 내 식대로 연장해 본다면 전이는

---

31 *Touched with Fire*, 143 & 146.
32 마르셀 프루스트(Marcel Proust)에 대한 일련의 최근 강연들에서 필자는 그녀가 이러

자기 자신의 창작 활동의 핵심에 놓여있다.

그 이중의 상처는 전개하고 있는 작품에 대한 전이transference에 의해 이야기된다. 천재와 함께 가는 그리고 천재가 활용하는 재능은 그의 구체적인 매체와 손잡고 상처 그 자체의 영역으로부터 도래하는 것으로 보이는 에너지들을 구현한다. 상처와 창조적 상승 모두 무의식 속에 정초되어 있다. 또 다른 차원에서 상처는 의식과 무의식 사이의 공간에 정초되어있는데, 특별히 무의식은 의식의 통치적 에고sovereign ego와 그의 작은 왕국에 타자로 간주되기 때문이다. 이 구조를 구체화시키기 위해, 나는 글쓰기 행위에서 언어의 출현에 초점을 맞출 것인데, 글쓰기에서 "좋은 젖가슴good breas"이 보다 일반적인 힘으로 대치된다.

전이가 자리를 잡고 그리고 언어가 정신psyche의 경제 속에서 자리를 잡아감에 따라 상처가 멀어져 가면서, 이제 과제는 이 강력한 구원자deliverer를 지혜와 힘과 변혁하는 에너지를 보여주는 작업으로 구현하는 일이 된다. 일시적으로 잠잠해진 상처의 한복판으로 갑자기 **아직**the not yet이 출현하는데, 이 '아직'은 창조적 에너지의 자유공간으로 정신이 나아가도록 한다.[33] 상처의 심연은 이미지들, 은유들, 이름들 그리고 구조들로 변용되어, 그것에 새로운 종류의 음성을 부여한다. 작

한 논증을 전개하는 것을 들었다. 그 강연들은 프린스턴 대학교에서 열렸다.

33 아직(the not yet)의 개념은, 보다 정확하게 표현하자면, 아직의 존재(the not yet being, noch nicht sein)는 맑스주의자인 유토피아적 작가 에른스트 블르흐(Ernst Bloch)로부터 유래한다. 이 핵심개념이 전개되는 그의 주요 작품은 『희망의 원리』 전집 1-3권(The Principle of Hope, trans. by Nevile Place, Stephen Plaice, and Paul Knight, [Cambridge: The MIT Press, 1986])이다. 이 번역본은 1959년 출판본 Das Prinzip der Hoffnung(Frankfurt am Main: Suhrkamp Verlag)을 번역한 것이다. 블르흐는 베를린 장벽이 세워질 당시 서독에 남도록 강요받았는데, 이는 동독의 고향과 교직으로 복귀하는 것을 체념토록 만들었다. 서독에 있는 동안 그는 희망의 신학으로 알려진 운동에 결정적인 영향력을 미쳤는데, 그 대표적 예가 위르겐 몰트만(Jürgen Moltman)이다.

가의 음성은 다가적multi-valent이고, 흔히 자아 속의 결여에 대한 그의 섬세한 변혁에서 미궁처럼 복잡하게 얽혀있다.

그 결여, 즉 그 **아직**the not yet을 열어젖히는 상처로부터 언어가 도래하는데, 언어는 기원으로 되돌아가면서 동시에 미래에 놓여있는 의미의 왕국을 향해 반대방향으로 나아간다. 보다 평범한 문체로 풀어서 기술하자면: 글쓰기 기획은 자아 내의 결여로부터 유래하는 깊은 불안함으로 채워져 있다. 희망은 이제 세련되고 전체적인 작품의 완성이 그 결여의 여전히 필사적인 리듬을 채울 것이라는 것이다. 이 희망은 자연의 순전한 간계cunning의 일부로서, 천재에게 박차를 가하는데, 여행의 끝에는 고요가 없을 것이라는 사실을 온전히 잘 "알고" 있다. 한편으로 천재는 자신이 참여토록 강요받아온 게임의 법칙을 알고 있는 반면, 다른 한편으로 일종의 불가사의한 기억상실이 존재하는데 이 기억상실이 이번에는 규칙들이 바뀔 것이라고 희망에 반하여 희망하도록 만든다.

완성된 작품은 이제 자아에 대자하여 하나의 자율적이고 흔히 비하적으로 외면된, 실재로서 서게 된다. 곧 작품은 작가를 배신하고, 이중화된 상처의 온전한 현존재가 되돌아오는데, 오직 또 다른 창조적 노력을 재촉하기 위해서이다. 이 자연의 장난sport에는 분명히 잔혹함이 존재한다. 이는 마치 탁월한 경주마에게 한방의 위험한 각성제를 (즉 조증 혹은 경조증을) 주입하여, 특정 경주를 이기게 하는 것과 같다. 경주가 끝나자마자, 상품은 빼앗기고 그리고 그 말은 또 다른 주사를 배겨내야만 할텐데, 그 주사는 고양하면서 동시에 손상을 입힐 수 있는 그런 약물이다. 천재가 이 가설의 경주마보다는 덜 혹사된다고 생각하는 것은 심히 순진한 것이다. 물론 이 비유는 붕괴한다. 왜냐하면 천재는 최소한 이 거래의 파우스트적인 측면을 알고 있기 때문이다.

내가 보기에 이 애매모호한 재능의 악마적 측면에 대한 최고의 문학적 표현은 토마스 만Thomas Mann의 1948년 소설 『파우스트스 박사』(*Doctor Faustus*)이다. 주인공 애드리안 레베르퀸Adrian Leverkühn은 출중한 음악가인데, 그는 악마와 약조를 맺어 당대의 가장 위대한 음악을 만든다. 사태는 더욱 더 복잡해진다. 왜냐하면 그는 또한 전문교육을 받은 신학자이고 따라서 세계의 악마적 이면과의 전이로 진입하면서 자신의 천재성을 실현하는데 걸린 내기가 무엇인지 인식하고 있기 때문이다. 거기에는 니체의 삶으로부터 유래하는 암시가 있는데 말하자면, 레베르퀸은 의도적으로 매독에 걸려서, 자신의 정신이 침입하는 유기체들에 의해 새로운 정점들로 추동되도록 만든다. 만Mann은 오랫동안 천재성을 육체적 그리고 정신적 질병과 연관시켰고 그래서 그의 문학적 표현들은 우리의 현재 그림에 풍성함을 더해준다. 그것은 마치 어떤 악마적 힘들이 창조적 과정에서 작용하고 있는 듯이 느끼게 만들고 그리고 인간의 요구에 악의적일 수 있는 어떤 것과의 계약이 존재하는 것처럼 느끼게 만든다. 그럼에도 불구하고, 틸리히가 아주 훌륭하게 주장했던 바, 악마적인 것은 거룩한 것에 뿌리를 두고 있기 때문에 즉 바로 그 때문에 힘을 가질 수 있다.[34]

천재 현상의 종교적 측면은 충분하게 탐구되지 않았다. 왜냐하면 종교계에서 사용하는 범주들은 너무 교파적이어서 부담스러워 보였기 때문이다. 그러나 이러한 생각은 사실 하나의 환상이다. 모든 천재들은, 어떻게 이름이 불리든지 간에 상관없이, 악마적인 것과 성스러운 것과 더불어 투쟁한다. 자아와 자연의 무의식으로부터 유래하는 힘들은 형식을 파괴한다는 점에서 악마적이다. 이 힘들은 낡은 형식들의

---

34 틸리히의 *Systematic Theology*, Vols I-III (Chicago: University of Chicago Press, 1967)을 참고하라.

(무너진) 잔해로부터 새로운 형식을 창조한다는 점에서 성스럽다. 언어적으로 악마적인 것과 성스러운 것은, 최소한 위대한 작품들 안에서는, 서로 뒤얽혀 있다. 이는 정확히 말하자면, 언어가 모든 대립들을 전시용으로 한데 배치하는 방식으로 거처를 제공하기 때문이다.

이 과정에 은총grace이 있는가? 은총은 작품 자체 안에서는 단편적 방식들로 나타난다. 그러나 은총은 명확한 재능이 거의 아니다. 창조적 과정은 은총으로 충만한 힘이 주어지는 순간들이다. 심지어 천재가 그 은총들의 현존에 대해서 망각하고 있다고 하더라도 말이다. 다시금, 기억상실증은 조울증과 천재들 모두에게 무척 비중 있는 진정한 부분이다. 아주 구체적인 형태의 망각이 없다면, 작품은 계속해서 전개되어 나가지 못했을 것이다. 은총의 순간들은 너무나 유혹적일 것이다. 말하자면, 은총의 순간들은 창작자를 기원의 안락함으로 즉 좋은 젖가슴으로 도로 잡아당길 가능성이 농후하다. 은총의 순간들은 언어를 통하여 늘 분주한 창작자에게 잠시 동안 인식되고는 다시 추후의 작업들이 전개될 수 있도록 잊혀야만 한다. 글쓰기는 부단한 멜랑콜리라는 그 자신의 고유한 형식을 갖고 있다.

이 멜랑콜리는 자살 통계에서 잘 입증되고 있다. 창조적 활동의 모든 형식들 중에서 글쓰기의 형식은 특별히 창작자가 언어의 순전한 경계에서 불안정하게 살아가는 시의 경우는 자살률이 가장 높다.35 언어 창작과 자살 성향 사이의 상관성에 대한 내 자신의 다소 예비적인 이론으로 설명하자면 언어는 인간의 가장 미약하지만 가장 잡식스런 창조양식이다. 언어는 우리에게 완전히 설정된 형태로 세계를 약속하는 것처럼 보이지만, 그러나 그 언어는 창작자를 죽음으로 유혹할 수 있는 침묵적 기원의 대항적 잡아당김counter-pull에 특별히 취약한 상태로

---

35 *Touched with Fire*, 60-99.

머물러 있다. 언어는 다른 표현 매체들보다 훨씬 덜 공간과 시간에 예속되어 있다. 이는 마치 일정 수준 이상의 모든 작가들은 그들 자신만의 죽음이라는 이름의 어머니라는 형식을 갖고 있는데 이 죽음이라는 이름의 어머니는 신중하게 구축된 형식을 파괴하기 위해 언설의 간격들 속에서 대기하고 있는 것으로 말할 수 있다.

우리는 천재 현상을 여러 의미 지평들을 통하여 순회해 왔다. 각각의 경우, 어떤 특징들이 상당히 되풀이되는 듯이 출현했다. 특별히 두드러지는 것은 기원의 상실된 힘과 저 **아직**the not yet의 급등하며 활동하는 힘 사이의 내적 긴장이다. 이 긴장 역시 성과물 속으로 진입한다. 작품은 나르시스적 상처 이전에 갈망하던 시기로부터 유래하는 특징들을 유지하고 있는 한편, 또한 열려진 미래로부터 도래하는 유동적인 특징들을 수용하고 있다. 나는 모든 위대한 작품들은 그 핵심에서 종교적인 갈망에 대한 단편적 표현들이라는 낭만적 관점을 적극적으로 지지한다. 성과물의 유한/무한 상관성은 의식과 그의 무의식과의 관계가 만들어내는 유한/무한 변증법의 구체화이다. 이는 앞에서 소개한 "깊이" 개념으로 거슬러 올라간다.

만일 위대한 작품이 위대한 해석자에게 말을 한다면 이는 상실된 그렇기 때문에 소망되는 무한의 공명하는 힘이 시간과 장소를 가로질러 말하기 때문이다. 아주 엄밀하게 표현하자면, 우리 종種은 무한을 향한 여행에 중간 역들을 찾기 위해서 천재의 작품들을 필요로 한다. 왜냐하면 무한은 파악하기 어려운채 머물러 있지만, 의미가 특정한 작품 속에 육화肉化될 때마다 그의 애매모호한 모습을 계속해서 내비치기 때문이다. 무한은 세계의 허황된 수직적 초월에서 보다는 세계의 심연들 속에서 발견된다. 만일 독자가 이를 너무 낭만적이라고 생각한다면, 우리 인간의 동기들에 관하여 다시 한 번 묻고 싶다. 우리는 왜 위대한 문화적 산물들로부터 유래하는 저 신적 현현들과 힘들로 거듭해서 되돌아가는 것인가?

이 물음에 답하면서, 중요한 것은 다음과 같은 추론적 물음을 던지는 것이다: 천재는 누구를 위해 창조하는가? 만일, 아마도 작은 집단일 '우리'가 그 작품의 동화자들이라면, 그 위대한 창작자는 이 '우리'를 어떻게 찾고 그리고 그것은 어떻게 하나의 이상으로서 마음속에 거처를 마련하는 것인가? 창작의 과정은 그 작품을 둘러싼 '아직'과 그를 대면하려는 실재적인 혹은 추정된 청중 사이의 대칭을 동반하는 단순한 과정이 아니다. 조울증 천재와 그의 작품 사이의 전이 관계가 언제나 청중 문제보다 우선한다. 천재는 이상적인 동화자와 같은 어떤 것을 발전시키는데, 통상 만들어지고 있는 작품을 위한 그의 전체 자아의 투사projection이다. 말하자면, 창조 과정은 다른 무엇보다도 창작물의 통전성integrity에 초점이 맞추어져 있고, 이차적으로 그 창작물에 동화되는 사람에 초점이 맞추어지는데, 이 동화자는 천재의 미래적 정신 상태가 되는 것으로 밝혀졌다. 이상적인 독자, 시청자, 청취자 등은 '아직'으로부터 도래하는 미래적 자아이다. 천재는 창조 과정에서 작품과 그의 동화자를 창조한다. 천재의 작품과 그의 인정 사이의 시간 지체에 관하여 말하여진 대부분의 것들은 이상적인 미래 자아와 잠재적 동화자들이라는 외부 세계 사이의 틈의 산물이다. 이는 다소 나르시스적이고 단단한 폐쇄회로tight loop처럼 들릴지 모르지만, 그 폐쇄회로 안에서 천재는 부서진 자아로부터 자신이 되고 싶었을 자아를 위해 창조한다. 그러나 보다 심층적인 논리는 부서진 자아와 이상적 자아 모두 공동체의 보다 더 큰 집단 자아corporate self의 측면들이라는 것이다.

조울증은 이 폐쇄회로 속으로 분명하게 진입한다. 천재는 잠재적인 어떤 것을 현실적이고 힘있는 것으로 움직여 가면서, 의미와 변혁하는 에너지를 환기시키는 과정을 시작한다. 조울증은 창조의 과정을 꾸준히 감당하면서 조증과 우울증이라는 애매모호한 재능gifts을 보상할 수 있는 대항적 방법을 유도한다. 정신적 보상은, 다루기 난감할만큼 풍성한 소재이기 때문에, 평범 이상의 범위와 풍성함을 지닌 작품의 창조를 가능케 한다. 경조증에 의해 열려진 탈자적ecstatic 지평은 그 아직 속에 분명하게 존재하는 생산물을 남겨놓는 새로운 방식들로 절단되어 형성될 수 있다. 전이 관계에서 천재와 작품은 죽음이나 질병이 그 숙주에 대해 승리를 거두기 전까지 지속되는 변증법 속에서 서로를 조절한다. 창작자와 생산물 사이의 소위 폐쇄적 고리는 사실 모든 측면으로 열려져 있고, 그래서 잠재적 동화자들에게 빛을 발하고 있다.

따라서 천재의 이상적 미래 자아는 작품의 특징들에 참여할 수 있는 재능 있는 동화자들과 함께한다. 왜냐하면 동화자들 역시 혼탁한 저 '아직'을 향해 나아가고 있는 중이기 때문이다. 디킨스와 같은 주목할 만한 예외를 제외하고는, 이 과정은 대부분의 경우 언제나 느리고 고통스럽다. 사회 집단 안에 내재하는 순전한 관성은 조울증 천재를 자살성 사고들thoughts of suicide로 몰아갈 수 있다. 특별히 사회 집단이 그의 이해부족이나 무관심으로 작품을 무시할 때 그렇다. 이에 대한 이유는 분명하다. 만일 전이의 가장 소중한 성과물이 거절되거나 무시되는 한편, 무수한 평범한 성과물들이 출판사, 콘서트 무대, 갤러리, 극장 무대 등의 자리를 향해 제 갈길을 찾아가는 모습을 보게 된다면, 그렇다면 배신감이 첨예해진다. 선택은 정신적 팽창psychic inflation의 도움을 받아 노력을 두 배로 늘리거나 아니면 자살을 통해 무대를 떠나는 것 둘 중의 하나뿐이다. 천재가 아닌 사람들이 보기에는 이러한 이분화가 도가 지나친 것처럼 보일수도 있지만 그러나 이는 평범한 이들의 삶이 창조적이고 비인격적인 진에 전혀 투자되지 않기 때문이다. 사실 이 전이는 평범한 이들에게 허락되지 않는다. 다르게 표현하자면 창조적 전이는 간음도 이혼도 허락하지 않는다. 오직 성공, 혹은 정신적 팽창이거나 아니면, 많은 경우, 자살만이 선택될 수 있다.

성과물의 축적은 그 '아직'으로부터 도래하는 에너지를 평생 동안 잠잠케 하지 않는다. 그것은 마치 천재가 승산 없는 형태의 작업들에 사로잡혀 있는 것과 같은데, 이 작업이 추구하는 의로움righteousness이란 곧 어떤 상상을 했던지 간에 전이로부터 앙등되어진 각각의 공물이 신들의 승인을 얻을 수 있는 가이다. 하지만 실상은 그렇지 못하다. 그것은 그저 단순히 중간역으로 서있고, 가야 할 길은 언제나 파악하기 어려운 어떤 것을 향하고 있다. 예를 들어, 베토벤에게는 9개의 빛나는 교향곡들을 작곡하는 것만으로는 충분치 않았다. 그에게는 또한 매우 복잡한 현악 4중주들도 있어야 했다. 그 외 무수한 다른 곡들은 말할 것도 없다. 그리고 심지어 여기서도 이것은 그 '아직'을 채우지 못했다는 느낌이 존재한다. 이를 다른 방식으로 표현해 보자면, 평범한 사람들에게 그 '아직the not yet'은 그 범위와 에너지 면에서 무척 작아 보이는 반면, 천재들에게 그것은 무한하고 또 확장하고 있는 듯이 보인다고 말해야 할 것이다. 점점 성장하는 무한의 역설은 수학에서 잘 알려져 있다. 이는 천재 현상에 대한 우리의 연구에서 중심적인 현상이다. 우리는 늘 그렇듯이 자신들의 의지에 반하여 그 '아직'을 섬겼던 두 천재의 삶과 성과물들을 검토하면서 그의 섬뜩한 형태들을 보게 될 것이다.

3. 조울증 천재의 두 사례: 뉴턴과 스리 라마크리슈나

우리가 특별한 인물들, 즉 분명히 천재의 범주에 들어가면서 또한 조울증으로 고통받았던 인물들로 나아감에 따라 우리는 창조성의 특징들이 풍성하고 다양한 모습으로 되돌아오는 것을 경험하게 될 것이다. 자아의 상처를 변혁하여 치유하려는 무한한 갈망이 거의 어떤 매체든지 혹은 어떤 표현 형식으로든지 표현된다. 천체 역학의 포괄적 이론의 창조는 색과 질감의 형성만큼이나 혹은 교향곡이나 현악 4중주에서 소리들에 대한 지식체계적 공식들만큼이나 무한한 '아직the infinite not yet'을 향해 나아가는 운동이 될 수 있다. 기본적인 존재론적 상처를 갖고 있지 않는 피조물들, 즉 상실된 대상을 저 **아직**the not yet의 약속으로부터 분리하는 심연을 겪지 않는 피조물들은 창조적 활동이 일으키는 불의 폭풍을 경험할 수 없다. 그들은 그럴 필요도 없다. 조울증은 최소한 지금까지 알려진 우주 안에서 우리 (인간) 종 안에서만, 즉 오직 우리 (인간) 종 안에서만 그 섬뜩한 힘을 발휘하고, 천재는 이 질병과 더불어 엔트로피와의 순전한 표류를 비틀어 의미를 만들어낸다. 나는 이 성스러움/불경함의 결합this holy/unholy wedding 즉 **연합의 신비**mysterium conjunctionis가 담지한 영웅적 자질을 강조하고자 한다. 천재와 조울증 사이의 관계는 성례전적인 핵심을 갖고 있는데, 심지어 이 결합 아래서 노고하는 개인들조차 이따금 그 존재를 망각할 수도 있다.

본서의 사례 연구를 위해 필자는 두 명의 아주 다른 인물들을 선택하였다. 뉴턴은 수학과 물리학을 발전시켰고 그래서 천재의 시대(라 일컬어지는 시대)에 최초의 거대한 이론적 체계를 창조했는데 그는 심각한 신경증적 천재로서 그의 총명이 유럽 사상의 최선봉으로 나아가는 과정에서 다수의 조울증적 특성들을 드러내었다. 동시에 그는 현역 연금술사였고, (그리스도는 삼위일체의 한 위격이 아니라 독특한 영적 지체였다는 아리안주의의 관점을 채택한) 신학적 이단자였으며, 자신의 실재적 혹은 추정적인 경쟁자들에 대한 극단의 감정적이고 정치적인 폭력을 자행할 수 있었던 사람이었다.

스리 라마크리슈나Sri Ramakrishna는 대부분의 독자들에게 친숙하지 않을 것인데, 19세기 벵골 사람으로서 자신의 제자 비베카난다 Vivekananda를 통하여 20세기 베단타 운동Vedanta movement을 간접적으로 배태한 인물이다. 문맹의 농민이었던 스리 라마크리슈나는 생애 초기부터 강렬한 신성한 도취경divine intoxication의 경험들을 가졌고, 그 경험들 속에서 (신성한 에너지의 일종의 여성적 원리인) **샤크티**shakti의 힘을 자신의 몸과 영혼에 흐르게 하였다. 그는 소수지만 급속히 성장하는 추종자들의 무리로부터 (신의 화신인) **아바타**avatar로 이내 인식되었다. 하지만 강렬한 조울증적 특징들이 또한 그의 종교적이고 신비적인 상태를 도드라지게 하는데 나는 상당히 진실성이 있다고 생각한다. 그는 평범치 않은 감정적 불안정과 아주 격하지만 승화된 에로티시즘eroti-cism을 갖고 있었는데 후자의 경우 자신의 제자들과의 관계에서 두드러진다. 여신 칼리Kali에 대한 라마크리슈나의 개인적 신앙은 과학 활동 속에서 상실된 모성적인 것the lost maternal을 추구하던 뉴턴을 연상시키는 특징을 갖는다. 그리고 뉴턴처럼 라마크리슈나는 확고부동한 방식으로 종교적 우주의 근본 구조들을 탐구하여, 시간이 부패시킬 수 없을 보물을 찾고자 하였다.

뉴턴과 스리 라마크리슈나라는 과학적 천재와 종교적 천재 사이에는 그 외 다른 두드러진 대조점들이 존재하는데, 이것들이 이 사례 연구들과 더불어 전개되어질 것이다. 전반적으로 나의 관심은 이들과 같은 특별히 드문 경우들에서 조울증이 인류에게 직접적 가치를 지닌 진리 탐색 과정을 통해 정확히 어떻게 그의 운반자들에게 실제적인 도움을 줄 수 있는지를 보여주는 것이다. 스리 라마크리슈나의 경우는 특별히 민감하다. 왜냐하면 그는 오늘날 세계적으로 거대한 신봉자들을 거느리고 있고 그리고 역으로 그의 종교적 통찰들을 정신병리학의 형태들로 환원하려는 노력들이 존재해 왔기 때문이다. 나의 관심은 정확히 그 반대인데, 말하자면, 그의 극단적인 심리적 양상들이 (힌두교의 용어로 신을 의미하는데, 존재와 비존재를 넘어 절대적으로 무심한 근거로서 가장하고 있는) 브라만Brahman의 힘을 현시할 수 있는 신성한 도구였음을 보여주고자 한다.

더 나아가 천재 개념이 신적인 에너지와 비범하게 강렬하고 창조적인 관계를 맺은 (모두는 아니지만) 특정 부류의 성인들에 적용될 수 있음을 나는 보여주고자 한다. 이 (신성한) 관계는 행동, 언설, (일부의 경우) 글, 지도력 그리고 자아의 창조적 재구성 속에 현현한다. 천재의 원형 archetype과 성인의 원형 간의 충돌은 인간계에서 아마도 가장 매혹적인 주제일 것이다. 그리고 여신 칼리의 숭배자로서 단순무식하고 교육을 받지 못한 스리 라마크리슈나는 사실상 고유한 체재의 종교적 천재였다는 것이 나의 주장이다.

1) 아이작 뉴턴: 우주론과 신성화(divinization)

우리의 사례연구를 소위 천재의 시대에 가장 당혹스럽고 매력적인 인물들 중 하나인 아이작 뉴턴 경Sir Isaac Newton과 더불어 시작한다.[36] 유럽 중심의 과학사에서 뉴턴은 아마도 과거 여러 세기들을 통틀어 가장 위대한 정신으로 간주된다. 하지만 조울증이 그의 작업의 발전에서 감당했던 역할을 이해하는 과학사가들은 거의 없으며, 연금술이나 영국중앙은행의 당시 복잡하고 불안정한 재정과 같은 문제들에 대한 그의 관심의 형성에 조울증이 감당한 역할을 인식하는 이도 거의 없다.

---

36 조울증의 관점에서 뉴턴에 대한 혁신적인 연구는 *The Key to Genius*에서 찾아볼 수 있다.

뉴턴의 긴 생애를 검토할 때(그는 84세까지 살았다), 그는 자신의 내적 그리고 외적 환경을 정복하고자 하는 엄청난 충동을 갖고 있었음이 금방 분명해진다. 그는 극단적인 우울증 상태와 조증 혹은 경조증 상태를 왔다 갔다 했는데 이는 급속히 성장하는 새로운 물리학의 세계 최선봉으로 그를 몰아갔다. 아동기부터 뉴턴은 자주 폭력적인 격노의 상태로 떨어지곤 했는데 문자 그대로 자신의 주변 사람들을 때리곤 했다. 그의 기분들을 나타내는 많은 상태들은 조울증을 갖고 있는 이에게 기대할 수 있는 것처럼 혼합된 상태들로 특성 지을 수 있는데, 이는 그의 행위를 모순적인 방향들로 동시에 몰아갔다. 그는 생애 대부분을 사회의 가장자리에서 소진했는데 자신에게 가까이 다가오고자 했던 소수의 사람들조차 멀리했다. 동시에 그는 그 자신의 내적 믿음들에서 놀라울만한 통전성integrity을 보여주면서 심지어 자신의 경력이 위태할 때조차도 그 믿음들을 타협하기 거절했다. 가장 유명한 예가 뉴턴의 은밀한 유니테리언 신앙의 경우였는데 기독교의 삼위일체는 비성서적이고 그리고 초대교회의 이단적 정신들의 고안물이라고 주장하는 신앙이다. 캠브리지의 트리니티 대학에서 그의 교직이 위태해졌다. 왜냐하면 모든 다른 교수들과 함께 뉴턴은 영국 국교회의 39개조 신앙조항들을 확증하도록 강요받았기 때문이다. 그는 왕립법원과 연결된 지인들로 하여금 그 법 자체를 바꾸어, 자신이 차지하고 있는 루카시안 수학 학과장(Lucasian Chair of Mathematics, 현재 이 자리의 주인공은 스티븐 호킹Stephen Hawking이다)은 다른 학술직의 장들과 똑같은 맹세를 하지 않아도 되도록 했고 그럼으로써 그는 이 공적인 낭패를 가까스로 피할 수 있었다. 법이 바뀌지 않았더라면 그는 분명히 자신이 비성서적이라고 생각하는 맹세를 하지 않았을 것이다. 이 사건의 행복한 결말은 통전성과 교활함을 모두 보여주는데 이는 뉴턴의 삶에서 거듭 거듭 찾아

볼 수 있는 조합이다.

뉴턴의 아버지가 조울증 환자였다는 간접적인 증거가 존재한다.[37] 아버지는 뉴턴이 태어나기 전에 죽으면서 그의 유전 물질을 남겨주었으나 그러나 재산은 거의 어떤 것도 남겨주지 않았다. 뉴턴은 링컨셔의 작은 마을에서 1642년 크리스마스 날 미숙아로 태어났다. 그는 생사의 위기를 넘기기까지 일주일 동안 투쟁하였다. 그의 어머니는 뉴턴이 3살 때 재혼하였지만 그러나 뉴턴의 계부는 그에게 사랑을 거의 보여주지 않았다. 스스로 자신의 삶이나 환경을 꼭 움켜쥘 수 있기 전까지 뉴턴은 육체적으로 그리고 심리적으로 꼬여있었다.

그의 어머니는 새 남편을 따라 다른 마을로 이사를 갔고 뉴턴은 친척들 손에 맡겨져 양육되었다. 어머니는 뉴턴을 거의 방문한 적이 없었고 그리고 계부와 뉴턴의 관계는 결코 훈훈하거나 따뜻하지 못했다. 아버지의 죽음과 외견상 어머니의 도망이라는 이 이중의 버림받음은 위에서 지적한대로, 천재들의 삶 속에서 흔히 찾아볼 수 있는 동기motif이다. 특별히 모성의 상실에 의해 열려진 상처는 뉴턴의 전 생애를 구별짓는 특징이 되었고 그리고 이후 그 어떤 여성과의 성적인 관계를 맺는데도 실패하도록 이끌었을 것이다.

죽는 날까지 뉴턴을 괴롭혔던 외로움의 패턴은 생애 아주 초기부터 출현하였다. 뉴턴의 생애와 작품에 관한 아마도 선도적인 학자인 리차드 웨스트팔Richard S. Westfall은 이를 다음처럼 무척 힘주어 기술한다:

… 뉴턴은 고통에 시달리는 남자였고 극단적으로 신경증적인 성격의 사람으로서 적어도 중년의 시절 동안 언제나 붕괴의 가장자리에서 비틀거리고 있었다. 어머니의 재혼과 떠나감이 자신은 남과 달리 아버지

---

37 *The Key to Genius*, 42.

가 없다는 깨달음으로 이미 당혹스러웠던 소년의 내적 고통에 그렇게 엄청난 영향을 미칠 것이고는 그 누구도 생각할 수 없었을 것이다.[38]

기원적 힘의 상실, 크리스테바의 용어로 "좋은 젖꼭지"의 상실은 그 증세를 가속화시키는 내적 역동성을 제공했다. 뉴턴의 소년기는 집중적인 내성과 명상의 시기로 특징지을 수 있는데, 그의 집안사람들 특별히 하인들을 향한 폭력적인 폭발로 점철된다. 그의 눈에 자신의 어머니는 아들보다는 뉴턴 집안의 재산에 더 관심이 많았던 그래서 동의할 수 없었던 남자와 재빨리 결혼함으로써 자신을 배신했다.

이 초기 시절을 바라보는 또 다른 관점을 명민한 정신분석학자 프랭크 매뉴얼Frank E. Manuel에게서 찾아볼 수 있다. 그의 초점은 뉴턴을 과학사와 연관시키는데 있는 것이 아니라 고독한 사상가 뉴턴의 내적 역학에 있었다. 그러나 웨스트팔과는 다른 개념적 지평을 가지고 매뉴얼은 청년기 뉴턴과 성숙한 뉴턴을 구별하는데 버림받음의 느낌이 감당하는 중심적 역할을 강조했다:

> 뉴턴의 전 생애를 통해 드러나는 자긍심의 흔들림은 유아기에 젖을 충분히 물지 못한 실패와 자신의 왜소함에 그 기원을 두고 있을 것 같다. … 또 다른 남자(바나바스 스미스)에게 자신의 어머니를 잃게 된 일은 뉴턴의 삶에 결코 회복할 수 없는 외상적traumatic 사건이 되었다. 그의 후대 생애 어느 순간에도 자신의 것이었던 것을 빼앗길 가능성에 직면할 때면, 뉴턴은 그가 처음 겪었던 혹독한 박탈감에 의해 만들어졌던 공포와 분노에 맞먹는 폭력으로 대응하였다.[39]

---

38 *The Life of Isaac Newton*, by Richard S. Westfall(Cambridge: Cambridge University Press, 1993), 10.

네 번째 생일을 맞이하기 전에 겪어야 했던 이 젊은이의 상실들을 연표로 만들어보자. 그는 태어나기도 전에 아버지를 죽음에 잃었다. 그는 이 세상에 (정해진 시간보다) 일찍 도착했고 그래서 자신의 육체적 왜소함과 취약성을 극복해야만 했다. 그의 사랑하는 엄마는 자신에게 무관심한 또 다른 남편에게 붙어버렸다. 그의 엄마는 새 남편의 집으로 이사 가면서 그와 특별한 애착관계가 없는 나이든 친척들의 손에 그를 남겨두었다. 그의 재산은 위험에 처했고 그리고 이 세계에서 자신이 살아가는 길이 자신이 처한 환경의 순전한 관성으로 인해 위협을 받았는데 그의 환경은 아마도 그를 영원히 농장의 삶에 얽어맬 것처럼 보였다. 그는 믿을 수 없을 만큼 복잡한 내적 세계 속으로 침잠함으로 대응했는데 이 내적 세계는 농장이나 교회의 삶과는 연결점이 없었다. 그의 계부는 교회를 자신의 목적을 위해 사용하는 성직자였고 따라서 뉴턴이 성직자에 대한 혐오감을 내내 가졌던 이유일 것이다. 그의 계부로부터 얻을 수 있었던 유일하게 가치 있는 것은 바로 그의 거대한 도서관을 사용할 수 있었다는 것뿐이다.

기원의 조건들에 대한 가슴 아픈 상실에도 불구하고 여전히 뉴턴은 자신을 둘러싼 자연 세계를 탐구함으로써 앞으로 나아갔다. 그가 부모에게 주었을 전이 에너지는 엄청난 집중력을 가지고 자신 주변의 관찰 현상들에게로 초점이 조정되었다. 젊은 비트겐슈타인처럼 뉴턴은 기계적 과정들에 매력을 느꼈고 그래서 할 수 있는 한 무수한 장치들을 만들어 자연의 힘들에 관하여 공부했다. 그는 특별히 물시계, 연 그리고 해시계 등을 가지고 실험하는데 관심이 많았는데 말하자면, 운동과 시간의 문제에 관심이 많았다.[40] 놀랄 만큼의 규칙성을 지닌 자연세계

---

39 *A Portrait of Isaac Newton,* by Frank E. Manuel(New York: Da Capo Press, 1990, original edition by Harvard University Press in 1968), 24 & 26.

는 기원의 힘들을 가정할 수 있는 듯 해 보였다. 자연은 자신의 부모들처럼 배신하지 않을 것이기 때문이다.

뉴턴의 교육 문제는 분명히 그의 가족들을 난처하게 만들었다. 그는 학자의 삶을 추구하기를 원했지만 그러나 신학의 길은 아니었다. 가족들은 그가 농장에 남아있기를 원했지만 그러나 농장의 복잡한 일들을 운영할 수 있는 그의 능력에 대해서는 회의적이었다. 뉴턴은 12살의 나이에 그랜섐Grantham에 있는 지방 문법 학교에 갔다. 거기 있는 동안 그의 공부는 자신의 기계장치에 대한 집착과 학습게임에서 다른 소년들을 물리치는데 대한 집착 사이에서 진동하고 있었는데 기계장치에 대한 집착은 그를 학교공부에 뒤처지게 하였고 학습게임에 대한 집착은 그의 공부가 성장하도록 해 주었다. 어떤 경우든 학생들과 교사들은 자신들 가운데 존재하는 이 이상한 소년에 정녕 놀라워했다.

졸업할 즈음에 뉴턴은 캠브리지로 마음을 정했다. 18세 즈음 그는 대학에서 최고로 명성이 높은 단과대학들 중 하나인 트리니티 칼리지에서 공부할 준비가 되어 있었다. 그는 오늘날 근로 장학금이라 불릴 조건으로 입학허가를 받았는데 이 시절의 학생 근로란 도서실에서 일하거나 교수 조교를 하는 등의 일이 아니라 매우 품위가 떨어지는 능력의 선배를 시중드는 일이었다는 것이 달랐다. 소위 서브사이저(subsizar, 일종의 근로장학생)는 사회적 계급조직에서 가장 낮은 학생이었다. 뉴턴의 반사회적이면서 그럼에도 불구하고 오만한 천성을 전제로 할 때 이러한 신분은 짜증스러웠음이 분명하다. 그럼에도 불구하고 그는 링컨셔와 그랜섐의 숨 막히는 듯한 분위기를 탈출하여 그의 남은 여생동안 중심이 된 세계로 떠났다. 그는 자기 자신의 과제들에 몰입하여 몹시 내성적으로 머물렀고 그리고 그의 룸메이트들은 그에 관한

---

40 *A Portrait of Isaac Newton*, 39.

정보를 거의 남기지 않았는데 겨우 남긴 것은 잠 없이 며칠을 연속해서 보내는 그의 성향에 관한 것이다. 그는 거의 웃지 않았고 사회생활 같은 것은 아무 것도 하지 않았는데 언급했듯이, 특별히 여성들을 애써 회피하고자 했었던 것으로 보인다.

1662년과 1664년 사이(20-22세 사이)에 그의 이상한 일 습관이 조울증의 전개와 결합하여 심히 자학적인 우울증을 만들어냈고, 이를 이어 과도한 활동과 완전한 붕괴가 잇따랐다.[41] 그의 초자아super-ego는 극도의 죄의식과 부패의 망상들로 그를 난타했다. 그는 자신의 건강을 거의 돌보지 않았고, 자주 눈이 부분적으로 멀 때까지 태양을 똑바로 쳐다보곤 했다. 일종의 육체적 매조키즘이 이 시기에 나타나 그의 내적 고민에 대한 외적 표식으로 기능하였다. 한 악명 높은 실험에서 뉴턴은 칼을 눈구멍으로 집어넣어 시신경에 압박을 가했는데 어떤 빛 효과들이 잇따를지를 확인하기 위해서였다.[42] 조증이나 경조증 상태일 때에는 음식을 완전히 무시하고 통합할 수 있는 것보다 훨씬 풍성한 관념들을 붙들고 허송세월하고 있었다. 잠은 사치여서 생각들이 떠오를 때에는 탐닉하지 않도록 해야 했다.

이 모든 작업을 뒷받침했던 것은 바로 수학과 물리학에 대한 뉴턴 자신의 자습이었다. 그는 강의를 거의 출석하지 않고 자신이 갖고 있는 지식과 연관된 틈새들을 집중적인 독서와 분석으로 채웠다. 그는 이내 그 누구도 어쨌든 그를 가르칠 수 없는 경지로 진화했다. 광학에서 그의 물리 실험들은 새로운 표준들이 되어 영국과 대륙에서의 작업들을 주도하게 되었다. 그는 모든 불확실성과 무지를 격퇴할 포괄적인

---

41 *The Key to Genius*, 43-44.

42 *Isaac Newton: The Last Sorcerer,* by Michael White (Reading, MA: Addison-Wesley, 1997), 61.

개념적 틀구조를 찾는데 집착을 갖고 있었던 것처럼 보인다. 매뉴얼은 신흥의 물리학 배후에 놓인 동기에 관하여 자신만의 이론을 제시한다:

> 뉴턴의 알고자 하는 욕망의 주요 원천은 미지의 것에 대한 그의 불안과
> 두려움이었다. 그가 믿는 신의 법칙을 배웠을 때, 그는 이 두려움들을
> 완화시킬 수 있었다; 그러나 그의 불안은 그의 발견들과 대체로 보조를
> 맞추고 있었고 그리고 부단히 갱신되었다.[43]

이 특징은 천재의 내적 논리와 관계가 있다. 세계는 자아를 미지의 내용으로 집어삼킴으로써 제국적 자아imperial ego와 그의 기획을 해체하기 위해 위협한다. 이 비하적으로 외면된 미지의 것은 물론 사유되어야 할 문제에 투사된 무의식의 힘이다. 그러나 동시에 뉴턴의 천체 역학에 의해 드러난 바로서 우주는 또한 그 미지의 것을 체현한다. 그러나 그것은 그 자체로 정신의 중층적으로 결정된 작업을 위한 충분한 동기를 제공하지 않는다. 모든 조울증 천재처럼, 뉴턴은 즉자성과 구체적인 모양을 '저 아직the not yet'에게 주기 위해 그것과 끝까지 씨름하고자 노력하였다. 그의 분석적 작업으로부터 출현하는 각 모양은 변화무쌍하게 전개되었고 그리고 기존에 달성된 안정성을 위협하여 해체한다. 그는 1/100 인치만큼 미세하게 눈의 구조들을 추적해서 그 구조들이 자신을 벗어나지 못하도록 했을 것이다.[44] 그의 과학 실험들에는 분명히 포식자적인 특성이 있어서 자연에 관하여 극도의 양면가치를 보여주고 있는 듯하다. 한편으로 자연은 자신의 삶의 위대한 전이 에너지의 대상인 반면 다른 한편으로 자연은 일종의 수줍은 연인과 같이 여겨지는데, 뉴턴의 경우 그 수줍음은 폭력과 통제를 통해 정복하고자

---

43 *A Portrait of Isaac Newton*, 64.

44 Ibid.

하는 욕망을 촉발시킨다. 다른 사람들에게 일반화 시킬 수는 없지만 뉴턴에게 정확성과 폭력은 손에 손을 잡고 같이 나간다.

그에 더하여 뉴턴은 강력한 강박신경증적 성격장애의 특성들을 드러내는데 천문학, 역학, 광학, 수학 혹은 위조불가능한 주화의 제작 등 어느 분야에서 일을 하고 있든지 간에 상관없이 그는 가능한 모든 변수들에 대한 완전한 통제를 고집했는데, 특별히 사람이나 재료에 대한 완전한 이해나 완전한 권력을 도모하려는 그의 계획을 방해할 수 있을 모든 변수들에 대해서 완벽히 통제하고자 고집을 부렸다. 그의 연금술 실험들은 대개 그의 과학 작업보다 더 많은 에너지를 잡아먹었는데 이 연금술 실험들은 흔히 휘발성의 위험한 물질들을 다루기 때문에 가장 정확한 통제를 요구한다. 무엇을 붙들고 다루든지 간에 뉴턴은 일종의 군사적 수준의 정밀성과 지배하려는 의지를 가지고 맹렬히 공격하였다. 런턴 타워에 자리 잡고 있는 영국 조폐국 장관Master of the Royal Mint으로 임명받았던 생애 후반, 뉴턴은 오늘날 "효율 경영efficiency management"이라 불릴 만한 것을 작업 과정에 적용하였다. 마이클 화이트의 말에 따르면:

> 뉴턴의 첫 번째 관심은 각 단계를 주의 깊게 관찰하고 그 체계에 시간-과 운동 연구를 실천함으로써 이 작업의 효율성을 증가시키는 것이었다. 그는 어디서 어떻게 개선이 이루어질 수 있을지를 계산하였고 그래서 만일 프레스의 운동과 경화주조자의 움직임이 적합하게 조정된다면, 한 사람의 경화주조자가 동전 하나를 찍어서 빼내고 새롭게 빈칸을 끼워 넣는 작업이 분당 50배에서 55배로 향상될 수 있었다. 조폐국에서의 작업을 자신이 갖고 있던 많은 노트들 중 하나에 기록하면서 그는 공정들을 가장 세밀한 상세사항까지 분석해 들어갔다: "2대의 제작기계에 4명의 작업공들, 12마리의 말들, 2명의 마부들, 3대의 절단기, 2

대의 평다짐기, 8대의 치수측정기, 3대의 데침기계, 2대의 표식기, 2대의 프레스와 그를 잡아당길 14명의 노동자들은 하루 천 중량의 속도로 혹은 하루 300 파운드의 돈으로 동전을 찍어낼 수 있다."[45]

세목들에 대한 그의 집착은 그의 장구한 인생을 통해 일관적이었는데, 이를 통해 뉴턴은 천체들에 대한 정확한 측정과 더불어 하늘에 대한 그의 수학적 이론들을 실증할 수 있었고 빛의 반사하고 굴절하는 속성들을 현재의 기술로서나 가능할 만큼 아주 작은 미세사항들에 이르기까지 상술할 수 있었다. 그리고 그는 자신이 정량화하기를 원하는 주제들에 관한 결정적인 자료를 숨기고 있다고 생각하는 그 누구에게나 금방 화를 냈을 것이다.

1665년 뉴턴은 울즈돕Woolsthorpe의 어머니의 집으로 돌아간다는 중대한 결정을 내렸다. 전염병이 캠브리지를 덮쳤고, 대학의 직원들은 점차 학생들과 교수들에게 철수하라고 강권했다. 2년 동안 당시 20대 초반이었던 뉴턴은 강력한 조증 증세를 안고 미적분학의 토대들에 대해서 작업했고, 발견하는데 성공했다. 스스로 **기적의 해**anni mirabiles라 기술했던 이 시기가 끝나갈 무렵 뉴턴은 유럽 수학자들의 최고반열로 올라서게 되었다. 당시 그는 여전히 무명이었긴 했지만 뉴턴의 마음속에서는 맞설 경쟁자가 더 이상 없다는 사실을 알고 있었던 것 같았다. 잠을 거의 안자고 단식의 행위가 있었다는 증거들은 곧 그가 지속적인 경조증 증상의 기간을 지내고 있었음을 가리켜주고 있다. 동시에 그의 작품과 글은 거의 또는 전혀 아무런 성과를 내지 못하는 기간들로 점철되어 있다. 잠정적인 추측으로는 뉴턴은 빠른 주기변화를 갖고 있었으며 그리고 그의 조증 혹은 경조증 상태는 뉴턴을 원대한 종교적 관

---

45 *Isaac Newton: The Last Sorcerer*, 261.

넘들을 향하여 나아가도록 했는데, 이 종교적 관념들이 미적분학에 대한 그의 작업을 반드시 뒷받침한 것은 아니지만, 증대시키는데 기여했을 것이다. 그는 연금술과 성서의 예언들에 계속 매력을 느끼고 있었고 그래서 그 두 분야에서 도식들을 만들어내고 있었는데, 이는 정신적 팽창psychic inflation의 지표들을 보여준다.

이 시기는 또한 자아발견의 시기이기도 하다. 뉴턴은 최고 수준의 독학자여서, 그 주변 사람으로부터 거의 어떤 도움을 받거나 동기를 제공받지 않았다. 그의 스승관계들은 심히 애매모호하고 미약했는데 뉴턴 자신의 내적인 충동들이 어떤 선생도 가능치 않도록 몰아갔기 때문이다. 어머니 집으로의 귀향은 뉴턴이 응용역학과 미적분학 내의 가장 다루기 어렵고 다층적인 문제들을 연구하는데 강력한 역할을 했다는 사실을 주목해 보아야 한다. "좋은 젖꼭지"로의 귀환은 또한 변화에 종속된 모든 사물들을 감싸고 보호하는 절대 공간과 시간 내 모성적인 것과 유비적인 어떤 것을 향한 운동이었다. 조울증이 흔히 사적인 의미의 운명을 부여하는 한다는 점에서 뉴턴은 관념들의 세계 내에서 자신의 진정한 역할과 자신의 위치를 볼 수 있는 기회를 얻을 수 있었다. 그의 조울증과 천재성은 자신의 위업에 대한 이해를 강화시켰다. 웨스트팔은 이 깨달음에 대해서 놀랍도록 요약적인 기술을 해주고 있다:

1665년 수학에서의 자신의 성취를 온전하게 깨닫게 되면서 뉴턴은 자신에게 승계된 천재의 짐을 느끼게 되었음에 분명한데, 이는 60년 이상의 시간동안 홀로 짊어져야만 했을 끔찍한 짐이었다. 그래서 문법학교 시절이나 학부시절 동안 간간히 보였던 행위 즉 동료들의 환심을 사려는 무익한 노력이 이때부터 거의 보이지 않게 된다. 자신의 방 동료 윗킨스Wickins와의 친근한 관계 하나로 충분하다고 생각하고 뉴턴은, 언제나 그러기를

갈망했다는 듯이, 진리의 고압적인 요구들에 사로잡혔다.[46]

특별히 여기서 적합하다고 여겨지는 것은 바로 경조증과 정신적 팽창과 정확한 자기 인식의 상관성인데 이것이 그의 남은 여생동안 그의 사회적 관계들을 변혁해 나갔을 것이다. 조울증의 힘은 긍정적 열매들을 가질 수 있다. 이는 작업의 관점에서 그리고 자아상의 관점에서 그렇다는 것인데 일단의 증거를 갖고 있다. 정신적 팽창은 언제나 양면성을 가질 수 있는데, 한편으로는 자아를 충분히 소화되지 않은 그리고 노력 없이 얻은 무의식적 내용들로 채우는 한편, 다른 시기에 혹은 다른 자아들 속에서 이 심적 팽창을 전일적인 자아the whole self를 그의 현시된 힘과 잠복된 힘에 대한 인식으로 데려간다. 말할 필요도 없이, 이는 협상하기에 극도로 교묘한 영역이다. 그럼에도 불구하고 뉴턴은 자신의 경조증 증상들이 가져다 준 풍성한 정신적 그리고 과학적 소재들에 근거하여 자신의 연구와 위업에 대하여 올바른 결정들을 내려 나갔던 것으로 보인다.

그러나 이 당시 뉴턴이 그의 어머니 집에 머물렀던 사실에 너무 많은 강조점을 두지는 말아야 한다. 그가 보편 중력 이론을 향하여 연구를 계속해서 진척시켜 나가는 동안, 뉴턴은 여전히 저 위대한 작품『프린키피아』(Principia)를 저술하기까지 20년의 시간을 더 보내야 했다. 전염병이 런던과 주변지역을 휩쓸고 지나간 후에 뉴턴은 캠브리지의 방으로 돌아와 광학과 연금술의 연구를 계속했다. 뉴턴의 성격이 담지한 핵심적인 심리 양상들 중 하나는 그의 20대 시절에 굳어졌는데, 말하자면, 아주 사적이고 그리고 어느 정도 지적으로 위험한 세계를 자신과 신뢰할만한 지인들의 집단과만 나누는 성품 말이다. 앞에서 나는 뉴턴의 아리안주의에 대해서 언급한 바 있는데 이는 당시 그 어떤 교

---

46 *The Life of Isaac Newton*, Westfall, 45.

수직도 부적격하게 만드는 결격사유였다. 이는 그가 27살의 나이로 올라간 루카시안 수학 학과장 자리에도 마찬가지였다. 그런데 자연의 비밀들을 열어줄 영적 학문으로서 연금술에 대한 뉴턴의 관심이 이러한 이단성에 더해진다. 마이클 화이트같은 학자들이 주장하는바, (데카르트처럼 소용돌이들의 기능들로 보기보다는 오히려) '원거리 작용력'action at a distance으로 중력을 간주하는 뉴턴의 성숙한 개념을 배태한 영감의 원천은 그가 연금술 실험 장치들에서 관찰했던 류의 화학적 반응에 뿌리를 두고 있다. 그러나 연금술은 심지어 뉴턴의 시절에도 정치적으로 그리고 신학적으로 수상쩍은 것으로 간주되고 있었고, 그래서 뉴턴의 서신들 중 많은 편지들이 가명을 사용하고 있었다.

언급했던 바, 뉴턴은 또한 성서 예언들에 대한 집착을 갖고 있었고 그래서 (그가 혐오했던 로마가톨릭 교회를 의미하는) 바빌론의 음탕한 여자의 종말과 그리스도의 재림을 예측할 수 있는 시간표를 찾아 볼 수 있는지 확인하기 위해 성서 자료들을 가지고 끊임없이 연구에 연구를 거듭했다. 그는 생애 마지막 주간까지 이 비의적인 사변들을 계속했고 아주 드문 경우, 자신의 사변적 추론 일부를 다른 사람들과 공유하기도 했었다. 어떤 이유로 그는 솔로몬 성전의 기본 계획은 하나님이 세계를 위해 설정한 시간표에 대한 암호를 포함하고 있다는 생각을 우연히 하게 되었다. 적어도 우리에게 뉴턴의 정신이 담지한 이상한 특징이 두드러지는데, 그것은 바로 뉴턴은 자신의 연금술 연구와 성서 탐구 간에 어떤 모순도 느끼지 못한 것처럼 보이며 더 나아가 이러한 연구들과 미적분학과 천체역학에 대한 자신의 연구 작업들 간에 어떤 갈등도 느끼지 않았다는 사실이다.

조울증의 중요한 특징들 중 하나가 바로 조울증의 보인자들은 경조증 혹은 조증 단계에서 심적 팽창을 드러내는 성향을 갖는다는 것이다. 뉴턴은 강력한 에고ego나 확고한 자아상을 갖는 것을 넘어서서 때로 자기-신격화에 가까운 어떤 상태로 나아갔다. 마이클 화이트는 뉴턴이 왜 삼위일체를 거절했는지에 대한 아주 흥미로운 그리고 내가 보기에 설득력 있는 논증을 전개해 주는데, 이는 심적 팽창의 문제와 정확하게 잘 들어맞는 논증이다:

> 그러나 뉴턴은 왜 삼위일체 개념에 그토록 광적으로 반대하는 것인가? 그러한 집착이 비논리적인 것에 대한 혐오에만 기초할 리가 없다. 그가 스스로를 그리스도와 동일시하기를 원했다고 생각하는 것은 불합리한 추론일까? 결국, 그는 돌아가신 아버지의 유일한 자녀이고, 크리스마스 날 태어났고 그리고 (그가 믿었던바) 비견될 수 없는 능력과 유일무이한 재능들을 소유하지 않았던가? 오래전에 돌아가신 아버지—그에게 아버지는 결코 알지 못하는 분이지만 그러나 못 배운 사람이라는 것은 알고 있었다—와의 동일시는 그에게 혐오감을 자아내서, 뉴턴은 '성부'the Father에 대한 애착뿐만이 아니라 정체성의 공유를 동반하는 개념인 삼위일체 개념을 고려할 수 없었다는 생각이 가능할까? [자신의 연금술 서신교환 중에] 필명으로 "한분이신 거룩한 하나님"One Holy God을 사용했던 남자, 뉴턴은 천상 고독한 사람이었다. 그는 심지어 자신의 어머니를 향한 사랑조차 보여줄 수 없었다; 그는 단지 어머니의 배신에 혐오감만을 느꼈을 뿐이다. 이 가장 개인주의적이고 사적인 남자의 마음속에서 이 통일성이나 결합의 가능성은 그저 혐오감만을 낳았을 것이다.[47]

뉴턴이 성서적이고 교회적인 전거들로부터 삼위일체 교리의 오류성을 증명하는데 얼마나 많은 에너지를 쏟아 부었는지를 알면 놀라지 않

---

47 *Isaac Newton: The Last Sorcerer*, 153-154.

을 수 없다. 그의 관심들은 중층적으로 결정되어 있었고 그리고 영국 국교회의 대립되는 관점들의 맥락에서 자신의 신학적 주장들을 세우려는 필요성을 넘어섰다. 물론 뉴턴의 관점들이 담지한 순전한 급진성이 소수의 선택받은 집단 외부로 알려졌더라면 뉴턴의 경력은 파국을 맞이했을 것이다.

뉴턴은 그 시대의 변화하는 정치적 상황을 고려한다할지라도, 또한 조울증의 편집증적 특성들을 드러내고 있다. 영국 청교도 혁명과 최종적인 왕정복고 이후의 시대는 어느 정도의 안정성을 가져왔지만 그러나 왕권이 승계될 때마다 신학적 풍토는 변화했다. 어떤 의미로 뉴턴은 대학과 국왕 혹은 여왕의 결정권 하에서 근무했다. 비록 실제 권력의 균형은 예를 들어, 로마가톨릭 신앙의 학생을 고등연구 과정으로 입학허가를 내주는 문제를 둘러싸고 입학허가를 추진하는 왕(로마가톨릭 신앙의 제임스 2세)과 그 왕에 맞서 원칙에 확고하고자 했던 대학 간에 경쟁으로 구성되고 있었다(결국은 왕이 이겼다).[48] 어떤 식으로 종교적 관용이 실천되었든지 간에 그것은 겨우 한정된 범위 안에서만 수행되었고 그리고 아리안주의는 뉴턴의 생애 동안 **결코** 받아들여지지 않았다.

그러나 자신의 신학적 관점과 연금술적 관점에 관한 정당한 편집증을 넘어서 뉴턴은 사실상 그의 경력을 돕고자 했던 많은 사람을 향하여 속절없는 의심을 품어갔다. 그는 한때 수십 년 동안 경쟁자들에 대한 적개심과 두려움을 붙들고 있었는데, 예를 들면, 현란한 천문학자이면서 자기-홍보자였던 로버트 후크Robert Hooke와의 경우가 그랬다. 후크는 뉴턴보다 앞서서 역제곱 법칙과 반사 망원경을 발명했다고 주장했다(어느 경우도 사실이 아니었다). 그는 경쟁자 몰래 쉬지 않고 연구

---

48 *Isaac Newton: The Last Sorcerer*, 226-229를 참조하라.

를 해서 그에 맞설만한 힘들을 결집해 나가면서도 한편으로 공적으로는 그러한 사소한 문제들과 수단들에는 냉담한 듯한 이미지를 유지할 수 있었다. 자신이 생각하는 것을 보호하기 위한 이 순전한 잔인함은 신이 내려준 그의 지적 성품과 우위였는데, 이 모습이 독일 철학자 라이프니쯔Leibniz와의 불화 과정에서 심각하게 공개적으로 그 슬픈 정점에 이르고 말았다.

천재는 특별히 조울증에 의해 정도가 증가되었을 경우 자신의 주권에 대한 도전들을 기꺼워하지 않는다고 회자된다. 동등한 재능과 신선한 지적능력을 지닌 두 사람이 동일한 문화 공간을 차지하기 위해 노력할 때 일어나는 아마도 불가피한 충돌의 현대판을 보려면, 단지 프로이트/융 관계를 생각해보면 된다(그러나 둘 다 조울증은 아니었다). 라이프니쯔가 천체 역학에 아주 결정적인 것으로 입증된 미적분학을 자기만의 공식으로 가지고 등장했을 때 뉴턴은 분노를 간신히 억누르며, 말년에 자신이 의장으로 있는 왕립학회 내 자신의 모든 친구들을 모아놓고 라이프니쯔의 신빙성을 폄하하고 자신의 절대적 우선성을 확고히 하고자 하였다. 뉴턴은 자신의 우선권을 확립한 "공정한Impartial" 왕립학회와 더불어 라이프니쯔에게 속임수를 쓰는데 성공했지만 그러나 역사는 뉴턴의 개념체계보다는 라이프니쯔의 개념체계를 사용함으로써 대신 복수해 주고 있다. 그러나 다시금 뉴턴의 반응은 단순히 직업적인 경쟁의식이나 질투심을 넘어 마이클 화이트가 기술한 자기-신격화와 동일한 특징들을 보여주고 있다.

그의 긴 생애를 통해 뉴턴은 심기증 환자hypochondriac[49]였고 그래서 화학과 연금술에 대한 지식을 활용하여 자신만의 고유한 자가-약물

---

49 심기증(hypochondriac)이란 자신의 건강상태에 대해 비정상적일만큼 과도한 주의와 정성을 기울여 거의 병적인 사람을 가리키는 말이다. 〈역자주〉

처방법을 개발하였다. 조울증 환자에게 자가-약물치료는 거의 언제나 일상이다. 왜냐하면 느껴지는 상태에 대한 통제력의 결여를 때로 감내할 수 없기 때문이다. 화이트는 뉴턴의 오랜 방-동료 윗킨스를 인용한다:

> 윗킨스는 캠브리지에서 뉴턴만의 방법 일부를 보았던 증인이었다: "그는 때로 자신이 어떤 소비성향이 있다고 생각했고 그리고 그가 활용한 약은 라케이트루스 발삼Lacatellus Balsam이라고 하는데, 맨 정신일 때 그는 이따금 일 파인트의 1/4 정도 양을 섞어서 마셨다." 판명된바, 이는 테레빈유, 장미 향수, 밀랍, 올리브 오일, 세리주 그리고 빨간 백단유를 맛있게 섞은 혼합물이었다. 뉴턴은 이 혼합물이 무척 강력하다고 생각해서 마실 뿐만 아니라 종종 외부적으로도 사용해서, "갓 생긴 상처들 greed wounds"이나 "미친개에게 물린 상처"에 유용하다고 생각했다. 그는 또한 아편의 치유력을 칭송하는 글을 쓰기도 했다.[50]

뉴턴이 얼마나 자주 스스로 약을 투여했는지 분명하진 않지만 그러나 아편의 사용은 생각해 봐야 한다. 그는 극심한 불면증으로 고통을 겪었는데 때로 조증이 활동하는 동안 깨어 있었고 그 기간은 일주일 혹은 그 이상을 지속할 수도 있었다. 심지어 잠을 잘 때도 한 번에 겨우 몇 시간 밖에 안 자는 경우가 흔했다. 아마도 그의 아편 사용은 평정심을 회복할 만큼 충분히 오랫동안 자신의 조증 에너지를 둔화시키려는 시도였을 것이다. 뉴턴은 84세의 생애를 통하여 상당히 안정적인 건강상태를 유지했었고 단지 마지막에서만 실패했을 뿐이라는 사실은 역설적이다.

---

50 *Isaac Newton: The Last Sorcerer*, 132.

심리적 유형들의 문제를 앞 장에서 조울증에 대한 융의 견해들을 토론하는 맥락에서 전개 발전시켰다. 조증 상태에서는 하위 기능이 조잡하고 혼돈스런 방식으로 활성화되어, 흔히 해당 개인에게 심각한 합병 증상들을 만들어낸다고 거기서 논증했었다. 뉴턴은 (사이몬톤의 천재 이론과 일관되게) 내향적인 사고 유형으로서 감각적인 것을 부차적이거나 부가적인 기능으로 갖는 유형이었다고 볼 수 있다. 이를 통해 외향적인 느낌은 그의 하위 기능이고 그리고 바로 이것이 그의 조증 발작 동안에 나타날 가능성이 가장 높은 유형이라고 추론할 수 있다. 그의 매우 감정적인 분노들은 대개 그 자극들에 대한 모든 관계들로부터 나와서 그의 정신을 장악하여 정신적 감정적 삶의 질을 떨어뜨린다. 보다 균형 있는 상태 혹은 아주 살짝 경조증 상태에 있을 때, 그의 사고 기능은 부드럽게 작용할 수 있었다. 그의 유형은 그의 연구작업에서 어떻게 기능했는가?

뉴턴은 거의 비교할 수 없을 수준의 집중력과 주의를 유지할 수 있었다. 그는 마음속에 복잡한 문제를 수십 년간 담아두었다가, 경쟁의 위협처럼 내적 외적 조건들이 타당할 때, 그 문제로 다시 돌아갈 수 있었다. 그의 내향성은 주변 환경으로부터의 전적인 초연함을 알려주는 통상적인 일화들의 증거 속에서 찾아볼 수 있고 그리고 그 보다 섬세한 형태로 보이기도 하는데, 이는 내적인 과제들을 위해 정신 에너지를 담지하고 있는 그의 모습을 통해 현시된다. 그는 마음속으로 한 문제를 회전시켜 볼 수 있었는데, 말하자면, 중력의 역제곱 법칙과 관계된 타원의 수학적 특성들을 결정하는 복잡한 문제들이 그런 경우다. 그는 그런 문제를 회전시켜, 그 문제를 상상할 수 있는 모든 각도에서 검토할 수 있었다. 만일 수학적 도구들을 활용하기가 여의치 않을 경우, 그는 그런 도구들을 발명하여 해당 문제에 적용시켰을 것이다. 그는 또한 강하게 판단하는 기능strong judging function이라 불릴만한 것을 갖고 있었는데, 이는 지각하는 기능과는 대립하는 것으로서, 데이터를 획득하는데 관심을 갖기 보다는 판정을 내리는데 더 관심을 갖는다. 뉴턴은 경험 세계에 반反하여 자신의 내적 개념 세계의 장점들을 판단하고 시험하기까지 결코 쉬지 않았다.

뉴턴의 감각하는 기능은 광학 현상들을 다룬 그의 방대하고 상세한 작업 속에 분명하게 드러난다. 그는 막연히 빛의 입자 이론을 갖고 있었고 (오늘날의 관점에서 반은 맞는 말이다) 그래서 빛이 고체 물질에 반사되고 그리고 프리즘들을 통해 굴절되는 방식들을 측정하고 규격을 맞추는데 엄청난 노력을 경주하였다. 20대 시절 친구 헨리 올덴버그Henry Oldenberg에게 보낸 편지 속에서 자신이 광학 이론들을 발전시킨 수단들에 대한 일말의 의심도 해소할 올바른 과학적 방법에 대한 자신의 견해를 진술하고 있다:

나는 진리를 결정하기 위해 현상들을 설명할 여러 가지 방식들을 검토하는 것이 효과적이라고 생각할 수 없다. 모든 방법들에 대한 완벽한 목록이 제시되지 않는 한 말이다. 사물들의 특성들을 탐구하는 올바른 방법은 실험들로부터 그 특성들을 추론하는 것이다. … 그러므로 [이론]을 검토하는 방법은 내가 제안한 실험들이 적용된 이론의 부분들을 증명하는지를 고려하거나 혹은 그 이론이 검토를 제안할 다른 실험들을 고발함으로서 이루어진다.51

여기서 우리는 관찰의 본래적 힘을 강화시켜줄 추론적 경로들을 통해

---

51 *Isaac Newton: Adventurer in Thought*, by A. Rupert Hall (Oxford: Blackwell Publishers, 1992), 126에서 인용되었다.

한 실험을 회전시킨다는 개념을 보게 된다. 여기서 숨겨진 배경에 대한 직관적 탐구에 대한 암시를 전혀 찾아 볼 수 없는데, 이 방법은 아마 직관적 유형의 기본적인 전략일 것이다. 오히려 선행 조건으로부터 귀결조건으로 나아가는 직선적인 과정에 대한 암시가 훨씬 더 강한데, 이는 사고 유형이 데이터에 접근하는 과정이다. 심지어 그의 연금술적 연구에서도 그리고 (그가 "에테르적 영들aethereal spirits"이라 불렀던) 에테르에 대한 그의 초기와 후기 사변들 속에서 조차, 뉴턴은 사고 유형과 감각 유형을 결합하여, 자신의 자료를 제어하기 위해 사용하였다.

내향적이고 사고/감각 유형으로서 뉴턴은 다른 사람들이 그를 향해 갖는 감성을 평가할 위치에 있지 않을 것이고, 이는 무수한 오해로 귀결될 수 밖에 없었고, 부분적으로는 그의 편집증 때문에 악화되기도 하였다. 다시금, 그의 감성적 기능이 표면으로 부상할 때면, 그것은 조절되지 않은 상태였고 대개는 통제 불능 상태였다. 철학자 존 로크John Locke에게 보낸 1693년의 유명한 편지에서 뉴턴은 자신의 편집증을 드러내고 그리고 그로부터 귀결된 후회들을 표현했다.

선생님

선생님이 저를 여성들과 그 외 다른 수단들에 휘말리도록 시도해 왔다는 풍문에 나는 무척 감정적으로 영향을 받았고 그래서 누군가 선생님이 아프고 그리고 더 이상 살지 못할 것이라고 말했을 때 나는 차라리 선생님이 죽는 것이 낫다고 대답했었습니다. 이 몰인정함에 대해서 선생님이 저를 용서하시기를 간구합니다. 나는 선생님이 하신 일이 정당하다고 생각하게 되었고 그래서 그에 대해서 선생님께 완고한 생각들을 품었던 것 그리고 선생님이 관념들에 관하여 저술한 책에서 내려놓았던 원리를 또 다른 책에서는 추구하기를 의도하면서 그 원리 속에서 도덕성의 뿌리에 갇혀 있다고 그래서 당신을 홉스주의자라고 표상했던 일에 대해서 선생님의 용서를 구합니다. 나에게 공직을 팔거나 혹은 나를 이끌어 들이려는 음모가 존재한다고 말하거나 생각한 것에 대해서도 용서를 구합니다. 저는 선생님의 가장 비천한 그리고 가장 불쌍한 종입니다. _ 뉴턴[52]

몇 가지의 편집증적 주제가 이 이상한 편지 속에 합류하고 있다. 첫째로 그가 가능한 모든 피조물들 중 최악의 피조물, 즉 여성 (혹은 여인들)과 얽히게 될 것이라는 두려움이다. 두 번째 로크가 그에게 한 자리를 주선하려고 노력하고 있다는 믿음이고(이는 매춘의 또 다른 형태로 여겨졌다), 한편 세 번째는 로크가 철학자 토마스 홉스의 추종자라는 믿음이다(이에 대해서는 어떤 내용도 더 알 길이 없다). 홉스는 엄격한 군주론자인 반면, 로크는 휘그당원으로서 의회와 민주주의의 열성 지지자였다. 더 옴짝달싹 못하게 분명한 것은 홉스는 유물론자였지만, 뉴턴이나 로크는 비록 눈에 띄지는 않으나 그럼에도 불구하고 어떤 신적 섭리의 손길이 없는 세계를 상상할 수가 없었다.

우리의 연대기로 돌아가서 뉴턴은 언제나처럼 엄청난 분노를 가지고 그의 위대한 생애 역작 『프린키피아』(Principia)를 완결 짓기 위한 작업을 거듭했다. 18개월의 기간 동안 그는 첫째 권과 둘째 권을 (범인들의 손에 닿지 않도록 하기 위해 라틴어로) 저술하고 그리고 보다 이론적인 세 번째 권에 대한 작업을 완결 지었다. 1687년 경 그 작업은 완수됐다. 뉴턴의 나이 46세 때였고 그리고 그는 권력의 정점에 섰다. 그렇게 방대한 작품을 출판한다는 것 자체가 하나의 도전이었지만, 그러나

---

52 *Isaac Newton: The Last Sorcerer*, 248-249에서 인용하였다.

왕립학회 내 친구들의 도움으로 그는 인쇄하여, 왕립학회 의사록the Transactions에서 "올바르게properly" 평가받을 수 있도록 보증 받을 수 있었다. 수 달 새, 뉴턴은 캠브리지의 천재소년에서 국제적인 스타 반열에 올랐다. 그는 분명 자신의 고유한 수확의 열매들을 얻었다.

뉴턴이 『프린키피아』에서 성취한 것은 무엇이고 그리고 왜 그것은 획기적인 것인가? 가장 중요한 것은 그가 모든 천체 현상을 보편중력을 기술하는 하나의 수학적 공식으로 통일시켰다는 것이다. 제3권에서 그는 혜성의 문제를 다루고, 또한 자신의 도식 내에서 그들의 궤도 문제를 다룰 여지를 발견한다. 특별히, 루퍼트 홀A. Rupert Hall에 따르면,

> … [그는] 달과 토성의 위성들을 천체 역학의 영역으로 [가져왔는데], 이는 부분적으로 그가 적합한 정보를 결여하고 있었기 때문이었다. 그러나 그는 고도의 정확성을 가지고 나머지 행성들과 위성들의 궤도들이 담지한 기존 변수들이 어떻게 수학적 원리들로부터 추론될 수 있는지 그리고 천문학자들의 관찰로부터 추론된 변수들에 들어맞을 수 있는지를 설명할 수 있었다.53

하지만 이 과학적 논문 속에서도 뉴턴은 공간과 시간의 공히 절대적인 구조들을 유지하고 그리고 그것들이 붕괴되지 않도록 보전하는 절대적 신을 위한 자리를 마련해 두고 있었다. 우주의 완전성은 신적인 선물로서, 모든 과학적 탐구의 토대에 놓여 있으며, 그래서 천체 현상들을 연구하는 사람은 신의 이 섭리적인 손길을 결코 무시해서는 안 된다. 만일 뉴턴의 자기-신격화에 대한 화이트의 논증을 수용한다면, 그렇다면 뉴턴이 자기 이전의 그 누구도 하지 않았던 방식으로 신의 마

---

53 *Isaac Newton: Adventurer in Thought*, 219.

음을 측량했다고 스스로 가정하고 있었다고 추론하는 것은 터무니없는 추론이 아니다.

무엇보다 중요한 것은 제1권의 서두에 밝힌 세 개의 운동법칙들에 대한 그의 진술이다. 그는 (타원들의 개념으로 구성된) 케플러의 세계와 (등속직선운동 개념으로 구성된) 갈릴레오의 세계를 화해시켜, 천체 운동과 행성 운동에 대한 우리의 이해를 이전보다 훨씬 정확하게 향상시킬 수 있었다. 그 운동법칙들은 다음을 주장한다:

법칙 1. 모든 물체는, 가해지는 힘에 의해 그 상태를 바꿔야 하지 않는 한, 정지 상태나 등속으로 직선운동을 하거나 그 상태를 보존한다.

법칙 2. 운동 상의 변화는 가해지는 원래의 힘에 비례하고 그리고 그 힘이 가해지는 직선상으로 따라 일어난다.

법칙 3. 어떠한 작용에도 언제나 그에 반대되는 등가의 반작용이 존재한다; 다른 말로 표현하자면, 서로를 향한 두 물체의 작용들은 언제나 동등하고 그리고 방향 상 반대이다.[54]

제1법칙은 유명한 관성 법칙으로서 물체들은 또 다른 힘이 가해지지 않는다면, 자연적으로 정지 상태에 머무르려는 경향이 있다는 아리스토텔레스의 개념을 거절한다. 뉴턴의 세계관에서 신은 각 입자를 직선 경로를 따라 움직이도록 만들었고 그리고 이 직선 경로들은 오직 중력

---

54 *The Principia: Vol. I. The Motion of Bodies,* by Sir Isaac Newton, translated by I. Bernard Cohen and Anne Whitman (1934) (Berkeley: University of California Press, 1999), 416-417.

효과를 통해서만 변하게 되는데, 중력은 물체들이 직선으로부터 이탈하도록 만든다. 제2법칙은 제1법칙을 양화시켜, 수학적 형식을 입는다: f = ma. 여기서 "f"는 대상 물체와 상호작용하는 힘이고, "m"은 질량이고, "a"는 가속도이다. 특정 방향으로 물체를 움직이는데 요구되는 힘을 계산하려면 단지 그 질량과 그의 가속도 값을 곱하면 된다. 이 제2법칙을 사용하여 이제 위성을 궤도에 올려놓는데 요구되는 힘의 양을 양화시키는 일이 가능해졌다(이는 뉴턴이 상상했던 가능성이다). 제3법칙은 처음 두 법칙들의 함축성으로서 어떻게 물체들이 공간과 시간 내에서 상호작용해야만 하는지를 보여준다.

달을 쳐다보면서 뉴턴은 바로 중력의 힘이, 만일 지구가 거기에 없었다면, 직선운동이었을 궤도로부터 달을 벗어나게 만들었다는 결론에 이르렀다. 그래서 달은 엄밀한 수학적 원리들에 따라서 지구를 향해 추락하고 있다고 그는 정당하게 결론을 내렸다. 그의 미적분학은 어떻게 타원들이 그 중심점들 중 하나에서 거대한 질량을 지닌 물체와 함께 작용하고 있는지를 보여주기 위해 발전된 것이다. 따라서 태양은 행성들이 여행하는 타원들의 중심점들에 자리를 잡고 있다. 행성이 그 여정에서 태양에 보다 가까워지면 그가 마주 대하는 중력의 양이 증가하기 때문에 그 운동이 가속화되는 반면, 태양으로부터 멀어지면 그 운동이 느려지게 된다. 뉴턴의 천재성은 지구상의 역학과 천체의 역학(운동의 학)을 하나의 수학적 구조 아래로 불러오는 길을 발견한 것이었다.

이 기본 법칙들로부터 뉴턴은 타원에서 구심력의 역할과 곡선 도형들의 수학적 특성들과 같은 보다 복잡한 현상들을 추론하는 방향으로 나아갔다. (550쪽에 달하는 라틴어로 저술한 원본의) 전체 작업은 기본 법칙들로부터 추론한 일련의 공리들과 연역들로 구성되어 있는데, 그것들은 어떻게 물체가 중력과 관성과 구심력과 원심력이 작용하는 조건 하에서 움직일지를 보여주고자 한다. 데카르트의 신비한 소용돌이들은 아무런 역할을 하지 않으며 전체 개념 체계는 기존의 수학적 원리들에 따라서 작동하는 기계적인, 그럼에도 여전히 신적인, 우주를 가정한다.

제3권의 서두에서 뉴턴은 자연에 대한 과학적 연구에 부과되어야만 할 세 개의 일반적 철학원리들을 규정한다. 첫 번째 규칙은 특별히 흥미롭다. 왜냐하면 그 규칙은 뉴턴 안에서 잃어버린 모성을 향한 탐구로 간주되는 것에 대한 일단의 암시를 담지하고 있기 때문이다. 영원한 자궁처럼 자연은 단순하고 신뢰할 만하다:

> 자연 현상들을 설명하는데 진실 되고 충분한 것 그 이상으로 자연 사물들의 원인들이 용납되어서는 안 된다. 철학자들이 말한바: 자연은 어떤 것도 헛되게 하지 않고, 그래서 충분한 것 이상으로 많은 원인들은 헛되다. 왜냐하면 자연은 단순하고 그래서 과잉 원인들의 사치를 탐닉하지 않는다.[55]

마지막 구절은 뉴턴의 청교도적 뿌리를 상기시키는데 말하자면, 하나님의 수작품을 우리가 응시하여 꿰뚫어볼 수 있으려면 가능한 단순해야만 한다는 관점 말이다. 매뉴얼이 언급한바 뉴턴은 설명할 수 없는 것, 즉 철저히 씨름할 수 없는 어떤 것에도 심히 불편해했다. 강가에서 익명의 이방인과 씨름한 성서의 야곱 이야기를 당장 생각해 보게 된다. 야곱처럼 뉴턴은 자연이 그에게 비밀을 털어놓을 때까지 놓아주지 않을 것이고 그리고 그는 이 비밀이 "과잉 원인들" 없이 이해될 수 있는

---

55 *The Principia: Vol. II The System of the World* (Book III), by Sir Isaac Newton, 794.

것이라는 사실에 만족스러워 했을 것이다. 왜냐하면 그러한 원인들은 뉴턴의 세계의 범수학화pan-mathematicization의 힘으로 진압되어야 하지만 도리어 그들의 과묵함으로 계속해서 뉴턴을 조롱할 것이기 때문이다.

뉴턴이 아마도 무의식적으로, 스스로를 그리스도와 동일시했다는 화이트의 주장이 옳다면 그리고 그가 또한 야곱과 익명의 낯선 사람의 원형을 살아냈다는 나의 주장이 옳다면, 그렇다면 분명코『프린키피아』는 부재하는 아버지에 대한 그의 우주적 승리와 존재론적 어머니로의 그의 귀환에 대한 상징적 지표를 의미한다.(왜냐하면 그의 생물학적 어머니는 그가 추구하는 목적에 충분치 않거나 혹은 심지어 필수적이지 않기 때문이다.) 그는 아버지에게 음성을 부여했는데 이는 교육을 받지 못했던 자신의 생물학적 아버지와는 다른 인물이다. 그리고 또한 그는 그의 어머니를 자연의 양육하는 법칙들이라는 훨씬 신뢰할만한 형태로 되찾아왔다. 그리고 그의 중층적인 동기들에도 불구하고 그는 여전히 자연을 정돈했고 그리고 이는 다시 소위 정신 병리학은 일상적인 의식 상태보다 진리에 다가가는 보다 확실한 길일 수 있음을 우리에게 상기시켜야 할 것이다.

뉴턴의 저술들을 관통해 나아가는 흥미로운 하나의 하위 주제는 자신의 천체 역학과 원자 이론을 함께 묶어내려는 욕망인데, 원자 이론은 어떻게 자연의 미시적 구성요소들이 행성들과 위성들과 혜성들에 적용되는 인력과 척력이라는 동일한 원리들에 따라 작동하는지를 보여줄 것이라고 그는 기대했다. 학자들은 이것이 그의 연금술적 연구와 비슷한 구석이 있음을 지적해왔고 그리고 통일 이론을 향한 이 추구는 『프린키피아』 이후의 시기를 통해 뉴턴의 머리를 떠나지 않았다.

그러나 흔히 그렇듯이 그러한 조증 에너지의 결과는 보상적 성격의 우울증인데, 이는 시초의 조증이나 경조증이 들뜨게 하는 만큼 파괴적일 수 있다. 그는 어렵게 쟁취한 명성을 받아들이거나 대륙의 대화상 대자들과 대결을 벌이는데 아무런 어려움을 느끼지 않았다. 하지만 대륙의 사람들 일부는 뉴턴의 입자 이론과 그의 원거리 작용력action at a distance에 대한 호소 때문에 자신들이 고수하는 데카르트의 철학을 포기하기를 처음에 주저했었다. 무엇이 그의 붕괴를 야기한 것인가?

명백히 그러한 기념비적인 지적 노력은 언제나 대가를 치르는데 분명히 생리적으로 당연한 귀결들을 갖는 일종의 산후 우울증이다. 하지만 거기에는 또한 내적 그리고 외적 환경에 방아쇠 사건들trigger events이 존재하는데, 이 사건들은 소용돌이를 가속화 시킬 수 있다. 내적으로 뉴턴은 책이 인쇄중인 동안 이미 불안해했다. 그는 자신의 일부 계산들과 결론들을 불만족스럽다고 느꼈고, 그래서 즉각 수정 계획을 수립하느라 자신의 노트를 채워나가기 시작했다. 그의 강박신경증적 인격 장애와 관련된, 완벽을 향한 충동은 심지어 그렇게 높이 쌓아올려진 지적 성취에도 불구하고 그에게 휴식을 허락지 않았다. 외적으로 그의 광기의 시기에 가장 중요한 인자가 존재했었을 것 같은데, 이는 1693년에 절정에 달했다.

뉴턴은 개인적으로 강렬한 우정을 맺었던 기록이 없지만 그러나 그는 두 명과 매우 친밀한 관계를 맺었었는데, 이는 뉴턴이 방 동료 윗킨스 그리고 또한 화려하고 카리스마적인 독학자 니콜라스 파티오 디 딜리어Nicholas Fatio de Duillier와 동성애적 정사를 가졌다는 근거 있는 추론을 야기했다. 두 관계는 강렬했고 그리고 그 두 관계 모두 돌연히 그리고 어떤 지속적인 화해 없이 깨졌다. 윗킨스와의 관계에 대해서는 알려진 바가 거의 없지만 우리는 한편으로 뉴턴과 디 딜리어 사이에 오간 다수의 서신들을 갖고 있으며, 이 서신들은 나이든 뉴턴과 그보다 젊은 스위스의 과학자 사이에 최소한 강렬한 동성애적 애착관계를 나타내 주고 있다. 화이트는 이 관계를 중시해서 이 관계의 갑작스런 부상과 마찬가지로 급작스런 대단원은 1693년의 위기를 재촉했을 것이라고 주장한다. 화이트는 더 나아가 디 뒬리어는 조울증 환자로서 자신의 심기증을 활용하여 뉴턴을 조작하고 그리고 일종의 감정적 공갈행위를 자행했다고 주장한다.56

그래서 자신의 위대한 작품에 대한 내적인 회의감과 자신의 인생에서 가장 친밀하고 비밀스런 관계의 외적인 상실이 결합하여 그를 벼랑 끝으로 몰고 갔다. 그는 디 뒬리어와 자신의 가장 내밀한 연금술적 추론과 종교적인 추론을 공유했고 따라서 이 연결 관계의 상실을 통렬하게 느꼈음에 틀림없다. 이 때 이후 그는 세상을 향한 마음을 완악하게 먹기 시작했고 그리고 다른 사람들을 향해 냉혹한 잔혹성을 서서히 드러내기 시작했는데 이는 오직 새디스트적이라 불릴 수 있을 따름이다. 『프린키피아』이후와 캠브리지 이후의 삶에 대한 주요 특징들을 검토함으로써 뉴턴에 대한 사례연구를 끝내고자 한다.

뉴턴은 영국 조폐국 장관의 자리를 제안 받고 마침내 캠브리지에서 빠져 나올 수 있었는데 이 장관직을 1696년 53세의 나이에 수행하게 되었다. 그는 화폐주조와 연관된 모든 기능들을 완벽히 통제할 수 있다고 가정함으로써 조폐국장을 순식간에 경악케 했고 그리고 화폐위조자들을 찾아 기소하는 상당히 무자비한 캠페인에 착수하여 그들 중 몇몇을 교수대로 보냈다. 다시금 화이트의 말을 빌리자면:

자신의 새로운 열정을 추구할 수단을 그에게 제공했을 뿐만 아니라, ["자신의" 조폐국의 운영을 위한 자금을 찾아내려는] 이 내적인 전쟁은 그의 식욕을 자극했다. 고도의 재정과 경제 이론의 세계 속에 자신을

---

56 *Isaac Newton: The Last Socerer*, 244-246.

침잠하기 위해 학계와의 탯줄을 이미 잘라낸 그는 이제 새로운 역할로 도약했다. 사립탐정과 사립검사의 역할 말이다.[57]

그는 유죄선고를 받은 이들에게 전혀 자비를 보이지 않았고 심지어 악인들에게 책임을 묻기 위해 스파이들과 정보원들을 활용하는 데까지 나아갔다. 그는 자신의 신념에 대한 집착과 그를 집행하는 방법들 때문에 너무 악명이 높아져서 모든 이들로부터 공공의 적이 되고 말았는데, 이 모든 문제를 그는 자신의 부서를 정화하겠다는 외곬수의 추구 속에서 완전히 무시해 버리고 있었다.

지적으로 뉴턴은 광학 이론 연구에 바쁘게 보내고 있었고 그리고 왕립학회의 일로 바빴는데, 권력욕의 추구가 커지면서 뉴턴은 왕립학회를 넘겨받았다. 이때가 바로 라이프니쯔와의 악명 높은 투쟁이 일어났던 때였고, 이는 곧 (뒤늦게 알게 된 사실이지만) 그 자신과 왕립학회에 불명예를 안겨주었다. 그럼에도 불구하고 그는 또한 『프린키피아』수정본의 출판과 1704년의 『광학』(Opticks, 2차 수정본 출판은 1717년)의 출판과 더불어 새로운 과학 영토로 나아갔다. 『광학』은 독자들이 쉽게 다가설 수 있는 책이었음을 입증했고, 그래서 보다 대중적이었다. 캠브리지의 학생 시절부터 그는 광학적 현상들에 대한 연구를 계속해 왔고, 그 최종적인 출판은 그의 최대의 적 로버트 후크Robert Hooke의 사망 시까지 지연되긴 했지만, 그 연구들의 출판은 다시금 그를 영국과 대륙 과학의 선두에 서게 만들었다. 『프린키피아』의 출판과 더불어 뉴턴은 빛의 반사와 굴절에 대한 자신의 관점을 비판자들에 공격에 대항하여 필사적으로 변호하였다.

『광학』에서 뉴턴은 굴절의 복잡성을 조사했고 그리고 자신이 아직 캠브리지의 학생이었던 20대 시절에 수행했던 실험들을 상술했다. 그

---

57 *Isaac Newton: The Last Socerer*, 267.

의 기술들은 대부분 아주 읽기가 쉬웠는데 프리즘이 태양 빛을 어떻게 굴절시키는지에 대한 자신의 증거를 설명하는 탁월한 예가 된다:

창문을 닫은 어두운 실내에서 일 인치 넓이의 1/3 정도 되는 둥근 구멍에 유리 프리즘을 놓고, 그 구멍으로 태양 빛의 줄기를 쏘이면, 방 반대쪽 벽의 위쪽으로 빛이 굴절될 것이고 그리고 거기에 태양의 색상 이미지가 형성된다. 프리즘의 축은 (다시 말해서 굴절하는 각도의 끝에 평행해서 프리즘의 중앙을 한쪽 끝에서 다른 쪽 끝으로 지나가는 선은) 이 실험과 다음 실험에서 입사 광선들에 수직이었다. 이 축을 중심으로 프리즘을 서서히 돌렸더니 벽에 굴절된 빛 혹은 태양의 색상 이미지가 처음에는 하강하다가 다음에는 상승하는 것을 관찰할 수 있었다.[58]

그는 또한 굴절이 촛불과 어떻게 작용하는지 그리고 물이 프리즘에 접촉될 때는 어떤지를 상술했다. 처음부터 끝까지 거기에는 빛의 다양한 속성들에 대한 수학적 분석과 어떻게 빛이 "에테르적 영들aethereal spirits"과 관계할 수 있을런지를 이해하려는 관심이 존재한다.

『광학』의 결론부에서 뉴턴은 자신의 철학적 신학의 전반적 관점에 대한 일종의 최종 요약을 제시한다. 그는 원자주의에 대한 자신의 믿음과 또한 우주는 내적 논리와 신적 원인을 가져야만 한다는 믿음을 반복한다:

이제 이 원리들의 도움으로, 모든 물질 사물은 위에서 언급했던 딱딱하고 견고한 입자들로 구성된 것으로 생각되는데, 지적인 행위작인in-

---

58 *Opticks,* by Sir Isaac Newton (from 1730 posthumous edition) (New York: Dover Books, 1979), 26-28; 49

telligent agent의 계획을 따라 최초의 창조에 다양하게 참여한 입자들이다. 왜냐하면 그들을 질서정연하게 창조했던 것이 바로 그분이기 때문이다. 그리고 만일 그분이 그리했다면, 세계의 어느 다른 기원을 찾아보거나 혹은 [세계가] 단순한 자연법칙에 의해 혼돈으로부터 발생했을 수도 있다고 주장하는 것은 비철학적이다.59

그래서 그의 긴 과학적 철학적 여정의 끝에서 우리는 뉴턴이 여전히 자신의 청교도적 유산으로서 신앙을 확증하고 있는 모습을 보게 되는데, 이는 우주는 이해가능하고 그리고 그 우주의 기본 법칙들은 계몽된 사람의 주의 깊은 관찰로 확인가능하다는 믿음이다. 중력 법칙과 빛의 법칙은 단지 창조주의 영원한 정신의 일부에 불과한데, 그분은 무한한 세계를 움직여, 그 세계가 분명한 영광 속에 존재할 수 있도록 했다. 그리고 뉴턴은 그 비밀을 열어 인류에게 건네준 충직한 아들이었다.

그의 지적 에너지는 겨우 약간 희미해졌을 뿐이지만, 뉴턴은 1717년 3월20일 런던의 켄신턴 지구에서 병에 굴복하고 말았다. 아무런 나팔소리 없이 묻혔던 라이프니쯔와 달리, 뉴턴은 국장State Funeral에 등가하는 예우를 받았고 웨스트민스터 대수도원 가장 눈에 띄는 자리에 묻혔다. 사후 대수도원에 표지판이 세워졌는데 그의 긴 생애동안 이루었던 다양한 업적들을 기념비에 조각으로 부각해서 새겨 넣었다. 아리안주의 이단자, 연금술사, 비밀의 동성애자 그리고 조울증 과학자였던 그가 영국 성공회의 가장 성스러운 장소에 묻혔다. 그의 죽음 직후 그의 제자들은 순수한 지성의 신화, 즉 세상적인 야심이나 허영심을 결여한 사람의 신화를 만들어냈다. 학자들이 이 신화를 해체하고 이 남

---

59 *Opticks*, 402.

자의 모든 복잡성을 보는데 3백년의 시간이 걸렸다.

　부재하지만 미몽에 대항하여 절대 공간과 시간을 유지하는 아버지 신이 통치하는 천체 역학에서 여전히 모성적 토대의 힘을 추구하며 우뚝 솟았던 천재를 지금까지 살펴보았다. 절제되지 않는 분노로 주변의 많은 사람들에게 상처를 입히고 몇 사람은 교수대에서 죽음으로 보내 버렸던 남자를 살펴보았다. 젊은 시절 광학 실험 중 자신의 몸에 고통을 가하면서 자연에게 비밀을 실토하라고 강요하는 남자를 보았다. 자신의 연금술적 추론들과 자기만의 기독론을 통해 출현하는 자기-신격화 과정이 뉴턴 스스로를 자기-계시하는 우주의 중심에 정초하는 것을 보았다. 바빌론 창녀의 정복과 그리스도/뉴턴의 귀환을 가리키는 (우리에게) 놀라운 성서적 예언들을 찾아낼 수 있었던 한 사람의 정신을 간략하게 들여다보았다. 그리고 조울증으로 도움도 받고 저주도 받았던 남자가 우리 모두에게 우주에 대한 그림을 건네주는데 성공하는 모습도 보았는데 이 우주관은 20세기에 이르러 젊은 아인슈타인의 연구가 도래하기까지 수정되지 않았던 우주론이었다.

　그가 조울증을 겪지 않았다면 그의 유산은 지금보다 훨씬 덜 했을 것이라고 나는 확신하며 그리고 또한 그의 (조울증이라는) 병은 그 주변의 많은 사람들을 파괴하기도 또한 변혁하기도 했다는 사실도 분명하다. 그러한 모순 앞에서 그의 천재성이 무엇을 요구했고 그리고 무엇을 할 수 있었는지에 대한 단순한 비용-이득 분석을 시행하는 것은 불가능한 일이다. 프로이트의 심오한 개념을 사용하자면, 바로 이 양가성이 자연의 여전히 과묵한 근원으로부터의 이 분출을 계속해서 숙고해 감에 따라 우리와 언제나 함께 한다.

2) 스리 라마크리슈나: 신적 에너지

고등학교 시절부터 나는 인도의 현자들에 매력을 느껴왔는데, 이는 나의 다소 직접적인 감리교적 훈련이 보여줄 리 없었던 전망들을 그들이 열어주었다고 느꼈기 때문만이 아니라, 그 현자들은 또한 정신적 병리와 성인스러움sainthood이 교차하는 꼭지점에 살았던 창조물이었기 때문이다. 천재와 정신적 병리 사이의 상관성이 진부한 상투어이긴 하지만, 사고 장애 혹은 기분 장애와 성인의 상관성은 그보다 덜 탐구된채 남아있는 영역이다. 나의 첫 번째 구루guru는 파라마한사 요가난다Paramahansa Yogananda였다고 생각한다. 그의 베스트셀링 책인 『한 요가 수행자의 자서전』은 내게 내적인 인도(의 세계)가 살아나도록 만들어 주었다. 물론 그렇다 하더라도 나는 그때나 지금이나 그가 기술하는 마술적 생각이나 기적들에 대해서는 온전히 다 받아들일 수 없다. 그러나 바로 여기에 (무언가를) **보았던**seen 한 사람이 있는데, 그는 세계의 근거와 심연을 뚫고 들어가, 그것이 혼돈과 무지라기 보다는 오히려 "실존, 의식 그리고 축복"임을 발견했다.

그러나 나의 사유가 진화해가면서, 인도로부터 멀어져 유럽적 혹은 유럽-미국적 사유 속으로 뛰어들었다. 나는 대학시절 인도가 자신의 영적인 고향이라고 결단했던 가장 친한 친구와 감정적으로 고통스런 대화를 나누었던 기억을 생생히 갖고 있다. 그는 내가 단순 소박한 "교수들"의 마법에 걸렸다고 비난했는데, 그가 말하는 교수들이란 책들을 저술하긴 하지만 그러나 신성godhead을 직접적으로 맛보지는 못했던 이들을 가리킨다. 그는 인도를 향해 떠났고 나는 대학원을 향해 떠났다. 그리고 그때 이후로 우리의 길은 결코 교차한 적이 없었다. 그가 말하던 "교수들" 중 한 사람이 된지 20여 년이 지난 후 오래 전에 버려

두고 떠났던 인도로 내 마음이 돌아가고 있음을 보게 되는 것은 역설인 것 같다. 하지만 그 빚은 부분적으로 지불되었다. 나는 인도 남부에두 번 다녀왔고 그리고 내 영적 삶의 새로운 중심을 발견하였다.

그러나 내가 얼마나 노력을 했든 간에 이제 다른 렌즈를 통해 여과된인도로 돌아간 것인데, 그 인도는 정신분석과 심층 심리학에 대한 나의심취에 의해 깊이 색깔이 덧입혀진 인도였다. 이어지는 부분들에서 독자들은 이 렌즈를 존중하면서 동시에 그것을 초월하려는 나의 계속적인 분투를 보게 될 것인데, 이는 곧 나의 렌즈와는 다른 어떤 것이 나에게 말하도록 하려는 노력이다. 독일 철학자 가다머Gadamer는 이를 아주간결하게 표현하였다: 당신은 텍스트 혹은 낯선 지평이 당신을 붙잡도록 해서 그래서 당신을 의문시하게 만들어야만 한다. 그 반대는 아니다.바로 이것이 필자가 스리 라마크리슈나의 복잡하고 다층적인 삶과 씨름하면서 노력해야 할 일인데, 스리 라마크리슈나의 내적 여행은 인도의 다른 어떤 현자들보다 훨씬 더 강력하고 "조증적manic"이었다.

문헌들 속에서 거듭 거듭 되풀이해서 일어나는 가장 두드러진 사실들 중 하나는 스리 라마크리슈나의 소년기 시절 이름은 (직장60mace를받는 사람을 의미하는) 가다하르Gadadhar였는데, 곧 신의 화신avatar 혹은육화incarnation로 간주되었다. 그는 브라만 계급으로 태어났고 따라서가족과 공동체로부터 부여되는 높은 기대감을 감내해야 했다. 그가 태어나기 전에 그의 아버지 슌디람Kshundiram은 자신의 종교 전통을 부활시킬 비쉬누 신의 특별한 화신의 부모가 될 것이라는 환상을 보았다.61 그는 벵갈 지역 캘커타 외곽의 작은 마음에서 1836년 2월 18일

---

60 직장(職杖, mace)는 고위 공직자가 권위의 상징으로 들고 다니는 장식용 지팡이를 의미한다. 〈역자주〉

61 *Sri Ramakrishna: The Great Master*, by Swami Saradananda(a direct disciple of Sri Ramakrishna), translated by Swami Jagadananda(Mylapore, India: Sri

태어났다. 세상을 걸어 돌아다닐만한 때부터 그는 꿈같은 풍모를 입고 깨어날 수 없을 것 같은 최면 속으로 빠져 들어가곤 했다. 마을의 여성들은 그에게 특별한 이끌림을 느꼈으며, 그는 대부분의 시간을 그녀들과 보내면서 종종 여성들의 옷을 입고 "여성적feminine"으로 행동했다. 이는 생애 후반까지 이어지는 그의 수행이었는데, 이것이 상당한 이목을 끌었다. 비록 인도의 많은 종교적 성인들이 동일한 행동을 했지만 말이다. 그는 이성의 옷을 입고 신성한 여성의 역할을 감당할 때 가장 편안해했다.

과학자들이나 수학자들이 조숙하다는 것과 동일한 의미에서 신비가들이 조숙하다고 말할 수 있다면, 그렇다면 스리 라마크리슈나는 바로 그 범주에 들어가는 인물이었다. 스와미 니키라난다Swami Nikhilananda는 1840년 대 그의 생애 초기 어느 시점에 일어난 중추적인 사건을 다음과 같이 기술한다:

6세 혹은 7세 때 가다하르는 영적 무아지경spiritual ecstasy의 첫 경험을 했다. 6월 혹은 7월 어느 날, 논밭들 사이의 좁은 길을 따라 걸어가면서, 바구니에 지고 가는 튀긴 쌀을 먹고 있을 때, 그는 하늘을 쳐다보았고, 아름답고 어두운 천둥-구름을 보았다. 그 구름이 퍼지면서 이내 전체 하늘을 덮었는데, 눈처럼 하얀 두루미들이 그 앞을 날아서 지나갔다. 그 대조되는 아름다움이 소년을 압도해 버렸다. 그는 땅에 쓰러져 무의식 상태가 되었고, 튀긴 쌀은 천지사방으로 흩어져 버렸다. 마을 사람들 누군가가 그를 발견하고는 팔로 안아 집으로 데려갔다. 가다하르는 후에 그 상태에서 자신은 형용할 수 없는 기쁨을 경험했다고 말했다.[62]

Ramakrishna Math, 1946), 36-38.

62 *The Gospel of Sri Ramakrishna*, translated by Swami Nikhilananda (New York:

얼마나 두드러지는 시각적 이미지인가! 어린, 어느 정도 글을 읽고 쓸 줄 아는 브라만 계급의 어린 소년이 들판을 가로질러 걷는데, 날아가는 새들과 머리 위에 둥지치고 있는 구름의 극명한 대조를 보았다. 그의 감각들에 걸린 과부하가 너무 커서, 그는 무의식 상태로 떨어지고 말았다. 이는 그의 생애 내내 거듭 거듭해서 등장하는 독특한 특징인데, 말하자면, 어떤 외적 혹은 내적 경험이 너무 엄청나서 그는 그 존재의 힘을 그저 견뎌낼 수 없었고, 그래서 그는 그를 감당할 수 있는 상태로 자신의 의식 상태를 변경해야만 했다. 그의 신비의 길이 성숙하게 열려감에 따라, 그는 문자적으로 의식을 잃지 않고 그러한 경험들을 통합해낼 수 있었다. 그 대신 그는 의식의 다른 차원으로 전환했다.

가다하르가 7살 때, 그의 아버지가 예기치 못하게 죽자 그는 깊은 충격을 받았다. 천재들이 어린 시절에 부모를 잃는 경우가 얼마나 자주 있는지를 독자들은 다시금 상기하게 되는데, 이 상실감이 그들을 앞으로 몰아가, (그 상실로 인해) 열려진 틈에 대한 어떤 대체물을 찾게 된다. 그의 어머니는 소년이 이제 더 많은 책임의 짐을 짊어져야 한다고 생각하고, 그가 아버지의 사업을 이어가야 한다고 분명하게 말했다.

그의 어머니는 소년의 신비적 성향들을 전적으로 잘 알고 있었고, 그래서 브라만 계급의 정도로부터 그가 이탈하지 않도록 노심초사했다. 브라만 계급의 남성은 사회생활을 할 것으로 기대되는데, 아마도 모든 공무원 업무를 관할하던 영국 동인도 회사의 고용인이 되는 것이었을 것이다. 이를 염두에 두고 16세 나이에 가다하르는 캘커타로 보내졌는데, 거기서 그의 형 럼쿠마르Rumkumar는 산스크리트어를 가르치는 학교를 운영하고 있었다. 그러나 얼마나 노력했든지 간에 그의 형은 가다하르가 직업을 찾거나 성공에 필요한 훈련을 받는 등의 세속적

Ramakrishna-Vivekananda Center, 1942), 4.

문제들에 동생이 주의를 집중하도록 만들 수 없었다. 그는 극장에 취업하여 크리슈나, 라다, 하누만 혹은 시바와 같은 힌두교 신들의 역할로 행세하기를 더 좋아했다. 그는 대사를 말할 수 없는 역할을 맡으면, 얼굴을 떨군 채 무대 위에서 눈물을 흘리고 서있었을 것이며 그리고는 다시 영적 무아지경에 떨어졌을 것이다.

럼쿠마르의 산스크리트 학교는 실패했지만, 그러나 가다하르의 형제는 캘커타 외곽에 다쿠쉬네스와르Dakshineswar라는 마을의 칼리 사원의 사제 자리를 제안 받았다. 가다하르는 주저하며 따라갔지만, 그러나 형이 수행하도록 요청받았던 사제의 의무들은 의도적으로 멀리했다. 아마도 칼리 여신에게 너무 가까이 다가가는 것은 위험할 것이라는 타고난 두려움 때문에 그리고 사원의 예배에 참여하는 것은, 특별히 이 경우 자신보다 낮은 계급의 여인이 소유한 사원의 예배에 참여하는 것은 부정한 일일 수 있다고 느끼게 만드는 브라만적 감수성 때문이었을 것이다. 칼리 여신은 흔히 서양에서 검은 피부의 사람을 게걸스럽게 잡아먹는 잔인한 거인의 끔찍한 측면으로만 간주되는데, 이때 여신의 몸은 인간 두개골들로 장식이 둘러져 있고, 여신의 입은 희생자들의 핏방울을 흘리고 있다. 힌두교에 대한 기독교인의 풍자들에서는 칼리가 힌두교 신앙체계에서 잘못된 것이 무엇인지를 증명하는 최고의 예증으로 분리되어 재현된다. 그러나 실제 (종교적) 실천에선 칼리는 그보다 훨씬 복잡한 신이다. 그 여신은 분명히 현현하는 사물들의 세계를 집어삼키는 신으로서의 측면을 갖고 있지만, 그러나 그 여신은 또한 위대한 대모大母, the Great Mother로서, 자신의 자녀들의 유지자이고 보호자이다. 칼리를 이해하는 것은 곧 모든 사물의 필연적인 파괴와 세계의 영원한 재생 사이의 영원한 놀이를 이해하는 것이다. 칼리 여신은 또한 위대한 힘 **샥티**Shakti[63]의 체현인데, 이 힘은 모든 사물을 관통하여 흘러가는 신성한 에너지로서 정의될 수 있으며, 티벳 불교의 **드랄라**drala64와 다르지 않다. 그러한 에너지는 보편적이고 모든 사물의 바탕에 놓여있다. 아지뜨 무케르지Ajit Mookerjee의 말을 빌리자면:

샥티는 능력, 힘, 여성적 에너지를 의미한다. 왜냐하면 샥티는 우주의 바탕에 놓여있는 근원적인 창조 원리를 의미하기 때문이다. 샥티는 모든 신, 모든 존재 그리고 모든 사물에게 에너지를 부여하는 힘이다. 전체 우주는 샥티의 현현이다. 샥타Shakta 즉 샥타 예배의 추종자는 샥티를 최고의 실재로 간주한다.65

이미 독자들은 힌두교 개념들의 유동성에 대한 감을 익혔을 것이다. 궁극자the ultimate를 이야기하면서, 에너지 혹은 원리 혹은 신 혹은 환상에 호소할 수도 있다. 샥티의 힘은 여신으로 환생할 수 있거나 또는 그 스스로의 모습으로 현현할 수도 있지만 그러나 한 관점에서 볼 때, 존재하는 그리고 존재를 갖고 있는 모든 것은 그 중심에 있는 에너지에 의해 더 활발해지면서 역량을 얻는다.

서서히 가다하르는 사원의 소유주에 대한 자신의 카스트 혐오증을 극복했다. 형의 돌연한 죽음과 더불어, 가다하르는 수석 사제의 자리를 물려받도록 요청받았다. 사원의 중앙에는 칼리 여신의 조각상이 놓

---

63 샥티(Shakti) 혹은 샤크티는 '능력있는' 혹은 '할수 있는'을 의미하는 산스크리트어 "샥"으로부터 유래하는데 우주 전체를 관통해 흐르는 힘으로서 우주의 여성적 창조력을 가리킨다. 〈역자주〉

64 드랄라(drala)는 티벳어로 존재의 신비한 특성 혹은 본원적 지혜를 의미하는데 문자적으로는 적을 초월하고 뛰어넘는 것을 가리킨다. 〈역자주〉

65 *Kali: The Feminine Force*, by Ajit Mookerjee (Rochester, VT: Destiny Books, 1988), 11.

여 있는데, 매일의 기도와 예배의 초점이었을 것이다. 힌두교의 믿음 체계 속에서 그 조각상은 그 신의 육화肉化incarnation이며 그래서 그 신을 대하듯이 그 상을 대해야 마땅하다. 이를 원시적 애니미즘으로 볼 수도 있고 혹은 그의 보다 심층적인 논리에 대한 감수성을 가지고 신자와 그 신 사이의 **연관성**connection을 수립하는 강력한 수단으로 볼 수도 있을 것이다. 그의 신앙심이 촉진되어감에 따라 스리 라마크리슈나의 신비적 단계들은 점점 더 강렬하고 광란적으로 되어갔다. 왜냐하면 그는 위대한 대모를 흘끗 보지만, 겨우 그녀가 다시 사라져가는 모습만 확인하기 때문이다. 그의 비통함이 너무 커져서 그는 땅 바닥으로 몸을 던져 그의 얼굴을 흙먼지로 부비면서 "어머니, 어머니"라고 항상 울부짖는다.

그의 프랑스인 추종자 로맹 롤랑드Romain Rolland는 스리 라마크리슈나의 여전히 살아있던 직계 제자들 다수를 인터뷰하는 기회를 누렸는데 그는 위대한 대모에 대한 첫 번째 압도적인 경험의 서곡이 되는 비통의 시간에 대한 생생한 기술을 해주고 있다:

그 여신을 접촉하기 위해, 그 여신을 끌어안기 위해, 그 여신으로부터 생명의 한 신호를 얻어내기 위해 한 표정, 한 탄식, 한 미소가 그의 실존의 유일한 대상이 된다. 그는 정원의 야생적인 정글 같은 부분으로 몸을 던진 채, 명상하고 기도한다. 그는 모든 옷들을 찢어내는데, 심지어 그 어떤 브라만 계급의 사람도 팽개치지 못한 성스러운 끈조차도 집어던 졌다; 그러나 대모大母, the Mother를 향한 사랑은 그에게 계시하기를, 그의 모든 선입견들을 벗어내지 않는 한, 그 누구도 신God을 관조할 수 없다. 울부짖다 정신을 잃은 아이처럼 그는 그녀의 모습을 보여 달라고 대모에게 애원한다.[66]

기독교로의 개종에 앞서 성 어거스틴을 대면했던 비통을 독자들은 떠올린다. 이미 수년 전에 지적인 개종을 했지만 그러나 그의 마음은 여전히 그가 찾는 보다 깊은 실재들에 닫혀있었다. 어느 날 정원에서 어거스틴은 누군가 "집어 들어 읽어라"고 말하는 것을 듣고 그리고 그의 죄스런 조건에 대하여 말하는 성경 구절로 눈을 돌리는데, 이때 그는 태아형 자세로 바닥으로 쓰러지고 그리고 그의 진정한 심층적 개종 depth-conversion을 하게 된다. 가다하르에게 그의 회심의 전조가 되는 그 혼란은 심지어, 보다 고통스럽고 그리고 도저히 진정될 수 없는 엄청난, 그러면서 급상승하는 갈망으로 더 가득 차 있었다. 그의 비통을 목격한 사람들은 그가 미쳤다고 확신했고, 그래서 심지어 전문가들을 사원으로 데려와, 그가 미친 것인지 아니면 신의 진정한 화신육화인지를 알아보고자 하였다. 데려온 모든 학자들은 지금은 스리 라마크리슈나로 불리는 가다하르가 실로 화신avatar이며, 그의 이상한 조증적 행동은 그가 인간의 형상으로 살아가는 신으로서 겪는 어려움의 신호라고 판정했다.

스리 라마크리슈나는 대모를 온전히 끌어안지 못하게 방해하는 벽들을 밀어내고 부딪쳤다. 그는 소리 지르고, 울고, 바닥을 구르고, 칼리의 상에 탄원하고, 명상하고, 시를 암송하고 그리고 환상의 베일 너머로 뚫고 나가기 위해 자신의 힘으로 할 수 있는 모든 것을 다했다. 마침내 그 모든 것이 정점에 이르게 되었다. 그는 자신의 말로 무엇이 일어났는지를 기술한다:

어느 날 감내할 수 없는 비통함에 나는 갈갈이 찢어졌다. 걸레를 쥐어짜

---

66 *The Life of Ramakrishna*, by Rolland, trans. by E.F. Malcolm-Smith(Calcutta: Advaita Ashram, 1997), 14.

내듯, 내 마음도 비틀려 쥐어짜지는 것 같았다. 나는 고통에 시달렸다. 나는 결코 신성한 환상으로 축복받지 못할 것이라는 생각에 끔찍한 광분이 나를 사로잡았다. 나는 그렇다면 이것으로 충분하다고 생각했다! 칼리의 성소에 검이 매달려 있었다. 거기에 내 눈이 사로잡혔고 그리고 번개의 번쩍임처럼 내 머리 속으로 다음과 같은 생각이 달려 들어왔다. "그 검이 나를 도와 끝내줄 것이다." 나는 검으로 달려가, 미친 사람처럼 그것을 붙잡았다. … 그리고는 아! 전체 풍경, 즉 문들, 창문들, 사원 자체가 그저 사라졌다. 그 어떤 것도 더 이상 존재하지 않는 것 같았다. 그 대신 나는 영의 대양을 보았는데, 그저 경계가 없고 눈부셨다. 어느 방향으로 몸을 돌리든, 거대한 어둠 속에 빛나는 파도가 올라오고 있었다. 그 파도들은 마치 나를 집어삼킬 듯이 엄청나게 으르렁거리면서 나를 향해 돌진해 왔다. 한 순간 그 파도들이 내 위에 있었다. 그 파도들은 내 위로 부딪쳐, 나를 에워싸고, 나는 질식당했다. … 내가 어떻게 그 날과 다음 날을 지났는지 나는 알지 못한다. 말할 수 없는 기쁨의 대양이 나를 굴리는데, 그러한 것을 이전에는 결코 경험하지 못했다. 그리고 내 안에 대모이신 그 빛에 대한 즉각적인 지식이 있었다.[67]

오직 가장 천박한 상상력만이 이를 보다 깊은 실재에 대한 환상이 아니라 정신병적 상태의 본보기로 간주하겠지만, 그러나 거기에는 성찰을 위해 걸음을 멈추지 않을 수 없도록 하는 특징들이 존재한다. 거기에는 압도적인 비통함의 상태가 있는데, 이것이 시원적인 어떤 것의 상실, 즉 경험의 가장자리에서 희미하게 감지되는 어떤 것의 상실에 대해 말한다. 이전에 라마 크리슈나는 그러한 성스러운 접층들sacred

---

67 *Sri Ramakrishna, A Prophet for the New Age,* by Richard Schiffman(New York: Paragon House, 1989), 39에서 인용.

folds을 대면했었는데 이 접층들은 작은 계시적 출현들epiphanies로서 (어두운 구름을 배경으로 날아가는 두루미처럼) 세계 속에 보다 심층적인 어떤 것을 가리킨다. 여기서 그는 이름과 형상에 대한 모든 감각들, 즉 삼차원적 실재와의 모든 연관성을 버렸다. 아마 프로이트주의자는 이를 죽음 충동의 작동, 즉 대양적 즉자성oceanic immediacy으로 귀환하려는 그래서 너무나 많은 것을 요구하는 에고의 속박을 풀어내려는 요구의 완벽한 예로서 간주할 수도 있을 것이다.

그러나 라마크리슈나가 그 운명적인 날에 가졌던 경험들의 콤플렉스는 여러 방향을 가리키고 있다. 어떤 대리물, 즉 비록 쫓겨났지만, 종교적 환상을 통해 그가 그의 잃어버린 아버지를 대치하려고 노력하고 있었다고 말한다 해도 잘못된 말은 전혀 아니다. 결국 위대한 신비적 환상을 힌두교에서는 **삼매**三昧 사마디 samadhi라 하는데, 그 환상은 한 번에 여러 가지 것들을 할 수 있어서, 개인의 무의식적 콤플렉스들을 가지고 씨름하는 일부터, 사회적이고 관계적인 문제들을 해결하는 일, 세상적 책무들로부터 도피하는 일, 브라만 혹은 신에 대한 진정한 환상을 여는 일 등 다양하다. 특별히 인상적인 것은 세상이 빛과 소리와 축복 속으로 해소되어지는 방식이다. 대모는 자신의 온전한 힘과 역량을 가지고 되돌아와서, 에고 의식의 구조들을 폭파시킨다.

신비적 상태들은 그것들을 둘러싼 종교적 관념들에 의해서 이해되어져야 한다는 생각에 모두가 편안해 하는 것은 아니다. 스리 라마크리슈나에 대한 가장 날카로운 비판자들 중 한 사람이 벵갈인 학자 나라싱하 실Narasingha P. Sil인데, 그는 정신분석을 보다 환원적인 방식으로 사용하여 라마크리슈나의 사마디 상태들을 형성하는 아동기 외상trauma의 역할을 탐구했다. 그는 깊이 뿌리내려 있는 여성혐오 때문에 그 현자를 몹시 비판한다. 라마크리슈나의 여성혐오증은 세상의 여성들과 그들이 상징한다고 생각하는 모든 것들에 대한 자신의 실재적인 비하적 외면abjection를 승화시키기 위해 대모大母 the Great Mother에 관해서만 말하는 식으로 드러난다. 내가 진정한 화신avatar이나 최소한 신을 주입받은god-infused 신비가를 더욱 더 보고 싶어 하는 자리에서 실sil은 정신분열증 환자를 본다:

> 심리학자들의 용어로 그는 "알려지지 않은 정신병 환자"였을 가능성이 상당히 높다. 왜냐하면 그는 외적으로는 정상적인 개인으로 머물러 있었지만, 자신의 아동기 경험들과 외상들을 "잊거나" 혹은 "억압"하고 있었고 그 후 심각한 신경증을 앓는 사람으로 성장하여, 신비적 상태mad-hura bhava에서 스스로를 신의 신부로서—크리스나의 신부 라다로서—생각했고, 이는 그가 스스로를 "다르다고other", 유일무이하다고 그러므로 "신적divine"이라고 확신하는 데로 나아갔다.[68]

실sil은 (스리 라마크리슈나의 다양한 언술들과 같은) 원초적 소재에 대한 철저한 지식을 갖고 있었고 그래서 아주 주의 깊게 자신의 논제를 통해 연구를 진행해 나갔다. 필자는 스리 라마크리슈나의 정신병적 특징들을 보는 한편으로 그 특징들은 정신분열증이나 혹은 심지어 유년기 성적 외상들과 같은 형식보다는 오히려 조울증후군manic-depressive syndrome과 결부되었다고 믿는다. 힌두신들의 역할로 빠져들어 갈 수 있는 그의 사춘기 때 능력은 후대의 삶에도 이어지는 과정이지만 이는 그가 강건히 직관적인 유형임을 알려주며 이 유형의 사람들은 내적인 방식으로 외적인 소재들을 다시 만들어낼 수 있다.

---

68 *Rmakrishna Revisited: A New Biography*, by Narashingha P. Sil(Lanham, MD: University Press of America, 1998), 53.

스리 라마크리슈나는 강력한 감성 기능을 지닌 내향적인 직관자였다고 나는 느끼는데 이는 곧 그의 외향적 감각 기능이 미발달 상태였다는 것을 의미한다. 뉴턴과 달리 그는 판단 유형이라기보다는 오히려 훨씬 더 지각하는 유형이었고 그리고 이는 다른 종교들을 그 종교들의 용어로 이해할 수 있는 그의 놀라운 능력으로 인해 입증된다. 그는 이슬람을 최소한 그의 신비적 형태로 강하게 직관적으로 파악했고 그리고 예수와의 (간략한) 관계도 발전시켰다. 그의 감각 기능이 활성화되었을 때 그는 이것이 너무 혼란스럽다고 생각해서 그 감각기능의 엄습으로부터 후퇴해야만 했을 것이다. 제프리 크리팔Jeffrey J. Kripal은 이 특징을 주목하는데, "라마크리슈나는 과도하게 연상적인hyperassociative 사람으로 기술될 수도 있을 것이다. 그가 보거나 들은 거의 모든 것은 흔히 그를 압도하는 강력한 입을 일깨울 수 있었다."[69]

"과도하게 연상적인 것hyperassociative"은 조울증적인manic-depressive 것과 동일한 것인가? 특별히 번개불과 같은 (급속한) 연상들에 대한 취약성은 조울증의 강력한 특징이고 그리고 스리 마라크리슈나는 특별히 그러한 침입들에 열려져 있었다는 강력한 논증을 전개할 수 있다고 생각한다. 우리는 검은 뇌운을 배경으로 하얀 두루미들을 보게 된 것이 어떻게 말 그대로 그를 무의식으로 만들었는지를 보았고 그리고 우리는 칼리의 검에 대한 그의 환상이 어떻게 그를 그 자신의 3차원적 에고 세계 바깥으로 내쫓아 순수하게 물결치는 빛의 영역으로 몰아갔는지를 보았다. 조증mania이나 경조증hypo-mania이 사람을 외향성으로 몰아가고 그리고 하위 기능의 앙등을 초래한다는 나의 주장이 옳다면, 그렇다면 스리 라마크리슈나는 그의 외향적인 감각 기능으로 내몰려서,

---

69 *Kali's Child: The Mystical and the Erotic in the Life and Teachings of Ramakrishna,* Second Edition (Chicago: University f Chicago Press, 1995), 66.

이는 차례로 그를 압도하여 합선되게 만들어버리고 말았다. 그의 신학적 성찰 속에는 **박티 요가**|bhakti yoga 혹은 사랑, 헌신 그리고 열렬한 경배의 요가라 불리는 것과 **즈나나 요가**|jnana yoga 혹은 박티 요가 수행자들이 경배하는 신 혹은 여신을 넘어 (진정한) 신을 추구하는 추구하며 침묵적이고 명상적이며 철학적인 요가 사이의 긴장이 존재한다. 박티 수행자들은 구체적인 것the particular을 추구하고 그리고 어떤 형태적인 것으로 신이 육화된 것을 경배하는데 예를 들면, 스리 라마크리슈나는 칼리 여신의 육화로 숭배되었다.[70] 철학적 혹은 베단타적(불이不二론적인) 요가는 모든 이름과 형상을 넘어서 신성한 것을 추구한다. 스리 라마크리슈나는 현대의 불이론적 베단타 운동을 창안한 한편으로, 심정적으로는 박티 경배자에 더 가까웠고 크리팔이 주장하는바, 심지어는 비밀스런 탄트라[71] 수행자였다는 사실은 흥미롭다. 탄트라 요가수행자는 신성한 샥티shakti를 육체적인 에너지와 결합시키려고 노력하는 사람을 말하는데, 이 수행이 "왼손잡이left handed" 학파에서는 성적이고, 오른손잡이right handed 학파에서는 승화적이라고 알려져 있다.

그의 구체적인 것을 향한 사랑과 3차원적 우주를 넘어서 모든 것을 에워싸는 궁극자the ultimate에 대한 그의 감각 사이의 긴장은 언제나 남아있었다. 이 변증법을 리차드 쉬피만Richard Schiffman은 잘 포착해 주고 있는데, 쉬피만은 스리 라마크리슈나가 겪었던 투쟁들에 대해 실sil보다 훨씬 더 분별력 있는 태도를 보여준다:

---

70 박티의 예배형식에 대한 철저하고 간결한 연구를 위해 *The Embodiment of Bhakti*, by Karen Pechilis Prentiss(New York: Oxford University Press, 1999)를 참고하라.
71 탄트라는 밀교 혹은 밀교수행법을 가리키는데, 기본적으로는 샥티 신앙과 시바 신앙에 기초를 두고 있지만, 대중들을 위한 종교라기보다는 소수의 각성자들을 위한 밀교의 형식을 갖추고 있는 힌두교나 불교 혹은 자이나교의 분파를 가리킨다. 〈역자주〉

스리 라마크리슈나는 신성의 화신들avatars에 대한 궁극적인 감별사였다. 그는 화신들 각각을 신선한 발견으로부터 도래하는 전율로 음미했고, 그 화신들이 그에게 드러낸 그 절대the Absolute의 사랑compassion, 능력, 불가해함 그리고 변덕스런 희롱 모두에 경이로워했다. 그는 신을 세계들의 예술가로 숭배했고 그리고 많은 색들의 물감으로 무대 뒤에서 활동하고 있는 그 신을 쳐다보았다. 만일 그대로 내버려두었다면, 그는 상대적 의식의 경계에 놓인 이 특권적이고 황홀한 관점으로부터 결코 흔들리지 않았을 것이다. 바로 거기서 영원의 하얀 빛이 그의 모든 경이로운 완전 속에서 퍼져 나오기 때문이다.[72]

이는 존재 자체의 근거에 대한 환상을 보았던 사람들을 마주하는 유명한 딜레마를 표현한다. 상대적 의식의 세계로 돌아가서 이 **삼매**三昧 사마디 samadhi의 상태로 다른 사람들을 데려와야 하는가 아니면 그저 완전히 감싸인 채로 시간과 공간 바깥에 머물러야 할 것인가? (이 후자의 상태가 어떻게 이해되든지간에 말이다.) 스리 라마크리슈나는 **카르마 요가**karma yoga[73]의 영역 즉 공적 활동들을 촉진하는 경향은 아니었지만, 그러나 신적 에너지의 점점 더 복잡한 경험들을 파내기 위해 자신의 정신을 고갈시켰다. 어떤 의미로 그는 대모를 향한 추구 속에서 모든 방법들을 다 동원했고, 마치 굶주린 배우처럼, 자신에게 제시된 어떤 역할이든 감당할 의지를 가지고 있었다. 특별히 그것이 신성의 주입을 동반한다면 말이다.

그러나 스리 라마크리슈나가 진정으로 신성이 주입되었다는 나의

---

72 *Sri Ramakrishna: A Prophet for the New Age*, 57.
73 카르마 요가는 공로 혹은 활동 혹은 공적 활동을 통해 해탈에 이르려는 요가로서, 보상을 멀리하고 일에 열중하기를 도모한다. 〈역자주〉

단언과 그는 또한 조울증적 정신병에 시달리고 있었다는 관점은 모순되지 않는다. 환각과 착각의 베일을 꿰뚫는 환상 사이에 어디에 선을 그어야 할지는 누구도 확신할 수 없다. 스와미 니키라난다Swami Nikhilananda는 일련의 환각으로 간주하고 지나갔을만한 것을 다음과 같이 기술해주고 있다:

> 그가 명상을 위해 앉았을 때, 그는 자신의 다리 관절들로부터 이상한 찰칵 소리를 듣곤 했는데, 마치 누군가 그가 움직이지 못하도록 다리들을 하나씩 잠그는 것 같았다; 그리고 명상이 끝날 즈음 그는 다시금 똑같은 소리를 듣곤 했는데, 이번에는 다리를 풀어 자유롭게 돌아다닐 수 있도록 해주는 것 같았다. 그는 눈앞을 날아다니는 반딧불 무리와 같은 불빛들이나 혹은 녹아내린 은이 발광하는 파도와 더불어 그를 둘러싼 짙은 안개의 바다를 보았을 것이다. 다시 반투명한 안개의 바다로부터 그는 대모大母가 일어나는 모습을 보았을 것인데, 처음에는 그녀의 발, 그 다음은 허리, 몸, 얼굴 그리고 머리 그리고 마지막에는 그녀의 전체 모습을 바라보곤 했다; 그는 그녀의 숨결을 느끼고 목소리를 들었을 것이다.[74]

이 불빛들은 아마도 명상에 의해 야기되었을, 일종의 투사된 내적 심상 즉 신체적 부인과 완전한 기진맥진의 상태가 야기하는 일종의 임의적인 시각적 소음일까 아니면 그 불빛들은 세계의 또 다른 차원으로의 대문일까? 대모의 등장을 위해 일어나 일소clearing를 제공하는 안개는 콤플렉스의 존재에 전적으로 무관심한 세계로 투사된 슬쩍 위장된 콤플렉스인가?

---

74 *The Gospel of Sri Ramakrishna*, 14.

나는 특별히 조울증 환자가 겪는 순전히 신비적인 상태와 환각 사이에는 차이가 있다고 결론 내렸다. 다음의 두 가지 특징들이 내게는 중요하게 다가온다: 1) 순전히 신비적 상태는 그 상태의 후폭풍이 지나간 뒤 자아의 재통합을 동반한다는 것 그리고 2) 편집증적 특징들이 부재하다는 것. 아마도 순전한 신비적 상태가 일어나는 동안 에고ego의 지위가 다소 문제의 여지가 있고, 이는 아마도 서구학자들의 관심사일 것이다. 종교적 혹은 영적인 개별화individuation에 대한 서구적 개념들은 의식 장의 중심으로서 에고가 주요한 종교적 경험 이전과 이후 그리고 (아마도) 그 동안에도 전적으로 손상되지 않은 채, 실재 지향적으로 머물러 있다고 주장하는 반면, 힌두교의 맥락에서 에고는 보다 심층적인 **자아**아트만atman이며, 그것은 바로 **브라만**Brahman이라는 사실을 깨닫는데 장애로 간주된다. 에고와 그의 외적 감각들이 부서져 내릴 때, 신성한 **샤티**Shakti가 전 인격을 철저하게 변혁시킬 수 있다. 에고에 집착하고 매달리는 것은 신을 잃는 것이다.

스리 라마크리슈나는 그를 둘러싼 위대한 **샤티** 에너지의 근원을 계속해서 탐구했다. 그의 명성이 높아감에 따라, 다른 현자들과 고행자들이 다크쉬네스와르의 사원에 나타나기 시작했다. 한 여성 새신도가 그에게 오른손잡이적 탄트라 수행법을 소개했는데, 이를 그는 놀랄 만큼 짧은 시간에 숙달했다. 그러나 구체적인 것에 대한 그의 헌신이 보편적 **브라만**에 대한 그의 깨달음보다 여전히 더 강했다. 아마도 가장 이상한 방문자이면서 선생이었던 사람은 방랑 승려 토타 푸리Tota Puri 였을 것인데, 그는 "하늘을 입은" 상태로 알려진, 즉 옷을 하나도 안 걸친 채 다녔다. 바로 이 토타 푸리가 그를 비밀리에 아드바이타 베단타Advaita Vedanta 즉 불이론적 힌두교의 진리들로 입회시켰고 그리고 그가 궁극자에 대한 감각을 찾고 확보하는데 도움을 주었다. 이 복잡하고 중요한 관계에 관해서 더 언급하기에 앞서, 나는 브라만이 파악될 수 있는 두 가지 방식들에 대하여 약간 서술하고자 한다.

서구의 힌두교 학자 엘리엇 도이치Eliot Deutsch는 인도 종교의 가장 고등한 형태 즉 베단타 종교로 유입되어온 역사적이고 개념적인 계통들을 분석하였다. 궁극자the ultimate를 이해하는 두 방식들이 분명하게 개괄된다:

따라서 아드바이타 베단타는 브라만의 두 측면들 혹은 양식들을 구별하는데, **니르구나**nirguna와 **사구나**saguna가 그것들이다. **니르구나** 브라만— 즉 속성들을 갖지 않는 브라만—은 그저 초월적이고 불확정적인 존재 상태로서, 그에 관해서 어떤 것도 단언될 수 없다. **사구나** 브라만—속성들을 지닌 브라만—은 정신의 필연적으로 제한된 관점으로부터 해석되고 주장된 브라만이다; 그것은 바로 그에 관해서 어떤 것을 말해 줄 수 있는 브라만이다. 그리고 또한 이 사구나 브라만은 일종의 영적 경험이다.75

우리가 전혀 영적인 한에서, 우리들 대부분은 사구나 브라만에 대한, 즉 이름과 형상과 속성들을 지닌 신에 대한 일견들을 얻는다. 궁극자를 그의 현현된 형태로 축소시키는 정신적 활동을 지칭하는 기술적 용어로 "중합重合 superimposition"이라는 용어가 있는데, 이는 인간적 특징을 지니지 않은 대상에 인간적 특징들을 우리가 부여하는 것을 가리킨다. 중합 행위는 무의식적이고 그래서 마야maya 혹은 환상illusion으로부터 자유롭기 위한 영웅적 노력들이 취해질 때까지는 그렇다고 조차 알려

---

75 *Advaita Vedanta: A Philosophical Reconstruction,* by Eliot Deutsch(Honolulu: University of Hawaii Press, 1969), 12.

지지 않는다. **아드바이타** 베단타 종교의 관점에서 단지 사구나 브라만만이 환상illusion인 것이 아니라, 현현한 전체 우주도 역시 환상이다. 비록 그 환상조차도 신이라고 주장되기는 하지만 말이다.

스리 라마크리슈나가 토타 푸리의 지도하에 왔을 때, 그는 여전히 자신의 중합을 통해 수련해야 했고 그리고 칼리를 떠남으로서 그는 궁극자의 두 차원들을 분리해 낼 수 있었다. 그러나 자신의 스승과는 달리 스리 라마크리슈나는 진정으로 종교적인 천재였고 그래서 겨우 3일간의 집중적인 노력만으로 **니르구나** 브라만으로 돌파해 나갈 수 있었는데, 토타 푸리는 이를 이루는데 (자신의 계산으로) 40년이 걸렸다. 스리 라마크리슈나가 토타 푸리의 가르침 하에서 자신의 각성Ilumination을 어떻게 기술하는지를 여기 인용한다:

벌거벗은 사람, 토타 푸리는 모든 대상들로부터 내 마음을 떼어내어, 아트만의 핵심으로 그 마음을 밀어 넣으라고 가르쳤다. 그러나 내 모든 노력들에도 불구하고 나는 이름과 형상의 영역을 건너, 내 영을 무제약자의 상태the Unconditional state로 이끌어갈 수 없었다. 모든 대상들로부터 내 마음을 떼어내는 것은 어렵지 않았지만, 예외가 있었다. 나에게 너무 익숙한 형상 즉 빛나는 대모의 형상 말이다. 그녀는 순수한 지식의 본질로서 내 앞에 살아있는 실재로서 나타났다. 대모는 그 너머로 나아가는 길을 막았다. 나는 여러 번 아드바이타 베단타의 지각대상들에 내 마음을 집중하고자 노력했다; 그러나 매번 대모大母의 형상이 간섭했다. 나는 토트 푸리에게 절망 속에서 말했다: "소용없습니다. 나는 결코 내 영을 무제약자의 상태로 들어올려, 아트만과 얼굴 대 얼굴로 바라보는데 성공할 수 없을 것 같습니다." 선생은 엄하게 대꾸했다: "뭐라고! 할 수 없다고 말했는가? 해야만 한다!" 주위를 살펴보다가, 선생은 한 조각의 유리를 발견했다. 선생은 그것을 집어 들어 내 두 눈 사이의 점에 끼워 넣고는 말했다: "이 점에 네 마음을 집중하거라." 그런 후 내 모든 힘을 다하여 명상하기 시작했고 그리고 신성한 대모의 은혜스러운 형상이 출현하자마자, 나는 나의 분별력을 검으로 사용하여, 그녀를 둘로 쪼겠다. 마지막 장벽이 무너지고 그리고 나의 영은 "조건적인 것"의 평면을 넘어 즉각 스스로를 촉발시켰고 그리고 나는 스스로를 잊고 삼매에 빠져들었다.[76]

하지만 스리 라마크리슈나는 그 자신만이 가르쳐 줄 수 있는 교훈 몇 가지를 갖고 있었다! 그는 토타 푸리가 대모에 대해서 또한 배워야 하고 그리고 모든 사물들 속에서 그녀를 보아야 한다고 고집을 부렸다. 비록 대모가 궁극자가 아니라도 말이다. 자신의 능력의 하등함에 대한 어떤 절망감 속에서 토타 푸리는 그 아쉬람 옆을 흐르는 갠지스 강에 빠져 죽기로 결심했다. 그는 물을 헤치고 나아갔지만 그러나 무척이나 실망스럽게도 이 계절의 물은 자신을 온전히 물속에 담그기에 충분치 않았다. 그는 몸을 돌려 사원을 되돌아보면서, 그 역시 신비적 각성을 가졌는데, 이번에는 위대한 대모the Great Mother의 깨달음으로서, 그에게 심지어 가장 고등한 불이적 베단타도 **사구나** 브라만을 필요로 한다는 사실을 보여주었다. 이 상호적인 환상의 공유는 두 현자에게 분기점이 되었고 그리고 우리가 알고 있는바, 그때부터 자신들의 삶을 각각 색칠해 나갔다.

　이 시기에 앞서 스리 라마크리슈나는 가족의 전통을 따라 어린 아내를 취했다. 그 결혼은 결코 완료되지 못했고 그리고 그의 아내는 나중에 그의 제자가 되었다(이는 그 자체로 분석해 볼 문제이다). 토타 푸리

---

76 *The Life of Ramakrishna*, by Romain Rolland, 31-32에서 인용되었다.

가 행한 스리 라마크리슈나의 입회의식은 비밀스럽게 치러져야했다. 왜냐하면 그는 포기자 즉 독신자가 되도록 라마크리슈나에게 요청함으로서 혼인서약을 위반하도록 했기 때문이다. 스리 라마크리슈나는 이것을 비밀로 남겨두기를 원했고, 그래서 그 아쉬람암자에 살고 있었던 그의 어머니의 심기를 해치지 않기를 원했다. 어머니의 분노에 대한 두려움과 아내의 요구들에 대한 무관심은 실sil의 논제 즉 스리 라마크리슈나는 여성적인 힘과 성sexuality를 다루는데 심히 곤란을 겪었다는 주장에 증거의 무게를 실어주고 있다.

대부분의 조울증 환자들처럼, 스리 라마크리슈나는 아주 강한 색정적인erotic 충동들을 갖고 있었는데, 이를 그는 동성애, 복장도착cross dressing 그리고 모/자 관계의 강력한 동일시를 수반하는 정교한 틀구조 속에서 승화시켜 나갔다. 그의 모/자 관계는 그가 제자들에게 어머니의 역할을 하는 것을 의미하는데, 주목할 것은 그 제자들 대부분이 남성들이었다는 사실이다. 그가 이 역동성들을 정신분석적 용어들과 같은 어떤 것으로 이해하지 못했다는 것은 분명하며 그렇기에 이 배역을 크리슈나 신을 향한 라다[77]의 사랑과 같은 힌두교 신화의 위대한 역할들을 가장하여 수행하였다. 그는 크리슈나와 통합되어 궁극자와 하나가 되기 위하여 그 신의 연인the divine lover의 역할을 했을 것이다. 동시에 그는 그의 "소년들" 혹은 제자들을 향한 갈망을 경험했었던 것 같고, 이는 (일부 학자들에게) 명확한 동성애적 측면을 드러내 주고 있다. 여성the feminine은 형이상학적 원리이지, 결코 구체적인 인격이 아니다. 스리 라마크리슈나는 이점을 그의 제자들에게 분명히 했다:

남자는 한 여인을 통해 마야의 세계 속에 얽매이게 되면 신God을 잊는

---

77 라다(Radha)는 크리슈나의 연인이 되었던 목장 아가씨의 이름이다. 〈역자주〉

다. 그것은 바로 우주의 어머니가 마야의 형상 즉 여인의 형상을 입고 가장하기 때문이다. 이를 올바로 아는 사람은 세계 안에서 마야의 삶을 살고 싶어 하지 않는다. 그러나 모든 여인들은 신성한 대모the Divine Mother 의 현현이라는 사실을 진심으로 깨달은 자는 세상 속에서 영적인 삶을 살아갈 수 있을 것이다. 신을 깨닫지 못한다면, 여인이 무엇인지를 결코 진실로 알 수 없을 것이다.[78]

아마도 경조증 상태에 시달릴 때, 스리 라마크리슈나는 스스로 유혹의 대상과 거리를 둘 필요가 있었는데, 이를 위해 그는 그 대상을 신학화 했다. 다시 말하자면, 그 대상을 훨씬 덜 위험한 어떤 것으로 전환해 서, 성적인 근본 에너지가 어떤 다른 곳에 집중될 수 있도록 했다. 이는 전통적인 전략이면서 또한 그의 세계 안에 있는 실제 여성들에게는 부정의injustice였다. 그러나 모든 주요 종교들의 금욕적 실천이 담지한 장구하고 풍성한 역사 때문에 이를 언급하면서 상당히 두렵다. 그럼에도 불구하고, 구도자the seeker가 신성을 향하여 더욱 달려갈 수 있도록 의도된 이 수행들은 성적 역할에 대해서 강력하고 부정적인 함축성들을 갖고 있고 그리고 성sexuality과 더불어 살아가는 보다 통합적인 삶의 패턴이 요청된다는 사실에 설득력이 있다고 생각한다. 몸의 성적인 에너지를 부정하는 대신에 구도자는 그러한 에너지를 종교적인 길의 일부로서 받아들이고 통전하는 법을 배워야 할 것이다.

우리는 그의 초기 시절, 즉 10대 후반에서 20대로 넘어가는 시기에 그가 어떻게 바닥을 구르면서 "어머니, 어머니" 하고 외쳤는지를 언급 했다. 생애 후반에 추종자들을 끌어 모았을 때, 그는 종종 사원 지붕을 타고 올라가 비통 가운데 그의 소년들을 그에게 나오도록 즉 그의 현

---

78 *The Gospel of Sri Ramakrishna*, 965.

존 앞으로 나아오도록 외치곤 했다. 이 관계들의 어떤 것도 성적인 행위로 완결되었다고 생각하지는 않지만, 그러나 이 관계들은 중층적으로 결정되어 있는 듯이 보이고 그래서 세상과 일종의 에로틱한 연관관계를 만족시키고 있는 것처럼 보인다.

아쉬람에 등장한 가장 중요한 제자는 젊고 학문적으로 명민하고 힌두교와 서양적 개념들에 자신감 충만한 학자였던 나렌드라나트 두따Narendranath Dutta인데, 나중에 그가 유명세를 타면서 스와미 비베카난다Swami Vivekananda라는 이름이 주어졌다. 그는 재능 있는 가수였고 그리고 그는 스리 라마크리슈나가 정신없이 빠져들도록 만들어 버렸다고 말할 수 있다. 스리 라마크리슈나는 비베카난다가 신적인 존재로서, 이 세상에 육화되기 전에 하늘의 평원에서 그와 자신은 교감하고 있었다는 생각에 사로 잡혔다. 비베카난다는 처음에 자신을 주목하고 있는 시선을 몹시 혼란스러워했고 그래서 스리 라마크리슈나의 다소 끈덕진 달라붙음으로부터 떨어지고자 노력했다. 그러나 이 모든 것이 다소 극적으로 바뀌었다:

두 번째로 스승을 방문하는 동안에 나렌드라는 심지어 보다 이상한 경험을 했다. 1분 혹은 2분 정도 경과 후 스리 라마크리슈나는 탈자적 기분ecstatic mood 속에서 그에게 다가와 무슨 말들을 중얼거리면서, 눈을 고정한 채 쳐다보며, 그의 오른쪽 발을 나렌의 몸 위에 올렸다. 이 접촉에서 나렌은 눈을 뜬 채, 벽들과 방, 사원의 정원―아니, 전 세계―이 사라지고 심지어 그 자신조차 하나의 공空void으로 모습을 감추고 있었다. 그는 죽음을 마주하고 있다고 분명하게 느꼈다. 그는 경악하며 외쳤다: "선생님 내게 무엇을 하고 계시는 겁니까? 전 내 부모와 형제와 자매들이 집에 있습니다."[79]

이 경험은 칼리의 검을 집어 들었을 때 스리 라마크리슈나를 덮쳤던 경험의 모든 전형적 특징들을 갖고 있다. 정신분석적 관점에서, 이 경험은 역전이countertransference를 점화시키고 의식상의 급작스럽고 파국적인 변화를 초래하는 전이transference의 힘을 가리키고 있다. 힌두교의 고전적인 관점에서, 이 경험은 단순한 접촉으로 (소위 샥티파트shaktipat를 통해) 제자에게 신적인 에너지를 주입할 수 있는 신의 화신인 구루guru의 능력을 보여준다. 이 시점부터 스와미 비베카난다는 그 자신의 신비여행을 시작했는데, 그의 선생의 여행보다 훨씬 더 외향적이고 공적이었다.

스와미 비베카난다는 시카고에서 열린 세계만국종교박람회에 힌두교의 비공식 대표로 참석한 1893년을 기점으로 서양에서 유명해졌다. 그의 멋들어진 풍채, 잘생긴 외모 그리고 완벽한 영어구사능력이 청중들을 사로잡았다. 그는 서구 유일신론들과 그들의 끝없는 상호파괴적 투쟁들에 대한 해독제로서 스리 라마크리슈나의 보편종교를 제시했다. 스와미 비베카난다를 보면서 스리 라마크리슈나는 베단타를 세계무대에 올려, 범지구적 운동으로 만들 인물을 본 것이다.

필자가 논증을 했듯이, 많은 조울증 환자들처럼, 스리 라마크리슈나는 또 다른 사람의 마음이나 관점으로 들어가는데 천재성을 지니고 있었다. 그는 통상적으로 다른 종교들에 대해 너그러운 태도를 갖고 있었다. 비록 여러 가지 많은 측면에서 상당히 보수적이고 정통적인 브라만계급 사람이었다고 할지라도 말이다. 한 대화 속에서 그는 자신의 종교적 지평이 얼마나 넓어졌는지에 대한 지표를 드러낸다:

어머니, 어머니, 어머니! 신실한 기독교인들과 그들의 교회에 들어가

---

79 *Vivekananda: A Biography*, by Swami Nikhilananda(New York: Ramakrishna-Vivekananda Center 1953), 13.

함께 기도하기를 얼마나 갈망했던가. 그리고 헌신적인 이슬람들과 그들의 모스크에 들어가 함께 절을 하고 엎드리기를 얼마나 갈망했던가! 모든 종교들은 영예롭다! 그러나 만약 내가 너무나 많은 자유를 보여준다면, 모든 종교 공동체들은 나에게 화를 낼 것이다. 심지어 당신의 사원에 다시 들어가는 것을 금지당할 수도 있다, 오 복 주시는 칼리여. 그러므로 나를 예외 없이 모든 전통의 성소로 비밀리에 데려 가다오, 그러면 나는 모든 인류와 더불어 밤낮으로 쉬지 않고 예배할 것이다.[80]

조울증의 맥락에서 두 주제가 나에게 흥미롭게 다가온다: 1) 보편성을 향한 충동 그리고 2) 비밀의 필요성. 이 두 주제 모두 뉴턴과 스리 라마크리슈나의 삶 속에 강하게 현재한다. 뉴턴의 유니테리언 기독교는 진정으로 보편적이고 합리적인 반면, 그것은 또한 그의 연금술적 사변과 더불어 비밀로 남아있어야 했다. 그리고 스리 라마크리슈나의 신비주의적 실험들은 또한 세계 종교적 의식을 잉태할 수 있는 범-힌두교주의를 지향하여 나아갔다. 그는 통제적 장치로서가 아니라 보다 심층적인 가르침들을 소화할 준비가 되어 있는 이들을 위해 예비하는 방식으로서 내부집단의 비밀을 지켰다.

스리 라마크리슈나는 스스로 저술한 적이 없었지만, 그러나 그의 대담들의 다수가 본래 벵갈어 그대로 기록되었다. 그는 자신의 보즈웰 **Boswell**,[81] 즉 충실한 전기 작가를 데리고 있었는데, 우리에게는 단순한 이름 "M"으로 전해져 내려왔다. "M"은 "스승"과 제자들 사이의 무수한

---

80 *Great Swan: Meetings with Ramakrishna*, by Lex Hixon(Burdett, NY: Larson Publications, 1992), 15-16.

81 제임스 보즈웰(James Boswell, 1740-95)은 본래 새무얼 존슨의 전기를 쓴 영국작가의 이름이지만, 그의 충실한 전기기록을 존중하는 의미로 통상 '충실하고 성실한 전기작가'를 지칭할 때 일반적으로 쓰이기도 한다. 〈역자주〉

대화들을 기록했고 그리고 이 기록은 스리 라마크리슈나가 그 자신의 극단적인 무드스윙들과 (그가 "금과 여인들"의 영역이라 불렀던) 세상의 유혹들에 맞서 싸울 때의 내적 투쟁들에 대한 정보의 보고이다. "M"에 의해 기록된 바, 생애 말기를 향해 가면서 스리 라마크리슈나는 점점 더 세상으로부터 초탈한 상태가 되었고 그리고 자신의 임박한 죽음을 강하게 감지하고 있었다(그는 50세에 식도암으로 죽어야 했다). 한 제자와의 대화 가운데 그는 다음과 같은 조언을 제시해 주고 있다:

> 세상적인 대화를 모두 포기하여라. 신God을 제외한 그 어떤 것에 관하여도 묻지 말아라. 만일 세상적인 사람이 너의 근처로 다가오고 있음을 보게 된다면, 그가 도착하기 전에 그 자리를 떠나라. 너는 너의 전 인생을 세상 속에서 소비했다. 그것의 공허함을 너는 보았다. 그렇지 않은가? 신만이 실체Substance이고 그리고 그 외 모든 것은 신기루일 뿐이다. 신만이 실재하시고 그리고 그 외 다른 것은 오직 이틀 동안만 존재할 수 있을 뿐이다. 세상 속에는 무엇이 있는가? 세상은 소금 간에 절인 호그 플럼hog plum과 같다: 그것을 갈망한다. 그러나 호그 플럼 속에는 무엇이 들어있는가? 오직 껍질과 씨뿐이다. 그래서 그것을 먹는다면 결장結腸을 앓을 것이다.[82]

세계는 사람을 병들게 만들고 그렇기 때문에 무슨 대가를 치르더라도 회피해야 한다. 스리 라마크리슈나는 성애적인 문제들에서 극심한 갈등을 겪는 상태로 있었고, 결코 자신의 강력한 리비도와 동성애와 맞붙지 못했으며 육체를 지닌 현실의 여성들에 대한 두려움은 말할 것도 없다. 그는 육체를 담지한 현실의 여성을 칼리의 육화로 이상화하거나

---

82 *The Gospel of Sir Ramakrishna*, 911.

아니면 탐욕과 유혹의 현현들로 악마화하였다. 그는 특별히 음식에 관하여 육체적인 식욕이 강했지만, 그러나 그의 단식 속에서 그는 (다른 사람들 보기에) 남성 식욕부진자로 간주될 법도 했다. 여성과 더불어 음식도 '마야'maya의 유혹을 의미하는데, 이는 즐거움을 주는 속성들에도 불구하고 극복되어져야만 한다. 적어도 음식의 경우만이라도 그렇다.

스리 라마크리슈나는 심히 분열된 영혼, 즉 매우 성애화된 구체적인 사물들 (그의 "소년들"과 대모大母)가 **니르구나** 브라만의 심연 사이에서 앞뒤로 흔들리는 사람이었다. 크리팔Kripal같은 일부 학자들은 아동기 성적인 외상의 결과인 분열성 의식을 거기서 본다.[83] 이들의 해석에 따르면, 스리 라마크리슈나는 감추어진 위반들과 비밀스런 죄책감으로부터 스스로를 분리하는 방식의 하나로서 신비적 상태들로 돌입한다. 나의 독해는 다른 방향으로 전개되는데, 그의 **사마디**samadhi,삼매 경험들은 심지어 그의 모순된 성 이해와 더불어 그리고 그에 반하여 전일성wholeness을 발견하려는 진정한 시도들이었다고 가정한다. 그의 경조증 상태들은 강력한 성적이고 시각적인 내용들로 과부하가 걸려 있어서 보다 자연적인 내향적 기능을 향한 반대방향으로 그를 몰아간다. 그러나 이 과정에서 그는 사실상 신성the divine 그 자체를 탐구하고 있었고, 단지 그 자신의 투사된 내용으로 공허를 채우고 있었던 것이 아니다.

다크쉬네스와르의 조울증 현자, 스리 라마크리슈나는 최종적으로 식도암으로 인해 1886년 8월 15일 사망했다. 로맹 롤랑드는 제자들, 특별히 그의 선택받은 계승자 스와미 비베카난다와 더불어, 제자들이 그를 빙 둘러싸고 있었던 마지막 순간들을 다음과 같이 기술한다:

---

83 Kripal, *Kali's Child*, 298-299를 참고하라.

오후에 순교당한 식도에도 불구하고 그는 여전히 제자들에게 2시간 동안 말을 할 수 있는 거의 기적적인 에너지를 갖고 있었다. 해질 무렵 그는 무의식이 되었다. 제자들은 그가 죽었다고 믿었지만, 그러나 한밤중 무렵 그는 소생했다. 체구가 작은 제자, 라마크리슈나난다Ramakrishnaanda 의 몸으로 떠받친 5-6개의 베개에 기대어, 그는 사랑하는 제자 나렌 Naren과 마지막 순간까지 이야기하면서, 그에게 낮은 목소리로 마지막 조언을 주었다. 그런 후 낭랑한 음색으로 그는 그가 삶으로 사랑했던 이름, 신성한 어머니 칼리를 세 번 외치고, 반듯이 누웠다. 마지막 탈자의 신비체험ecstasy이 시작되었다. 그는 반시간 정도 그 상태로 있다 정오 경 죽었다. 그 자신의 신앙의 언어로 표현하자면: "그는 한 방으로부터 다른 방으로 건너갔다."84

그의 시신은 사원 바닥에서 화장되었고, 그 재는 조심스럽게 모아져서 단지에 담겼다. 이 단지는 후일 그를 기리기 위해 지어진 작은 사원에 매장되었는데 이 사원은 오늘날까지 남아있다. 남아있던 제자들은 북미와 인도 전역에 있는 기존 아쉬람들과 교육센터들에 그의 메시지를 전달할 뿐만 아니라 세계로 가져가는 과정에 착수했다.

신을 주입받은god-infused 사람이면서 조울증 환자였던 이 종교적 성인의 삶을 통해 우리는 무엇을 만들어내고자 하는가? 우리는 그가 청소년기 초기부터 얼마나 종교적 신비체험ecstasy에 취약했는지를 그리고 그가 전통 문화의 다양한 수련들(박티, 탄트라 그리고 베단타)을 얼마나 급속히 소화시켜 낼 수 있는지를 보았다. 동시에, 직관적 천재로서 그는 유능한 배우였을 뿐만 아니라, 사람들의 영혼들을 읽어내는 능력 있는 독자였다. 그의 이 직관은 그로 하여금 기독교와 이슬람의 영적

---

84 *The Life of Ramakrishna*, by Romain Rolland, 214.

세계들로 진입할 수 있도록 해주었다. 그의 외향적 극 놀이에서 언제나 강력하게 나타났던 경조증적 성애sexuality는 비하적 외면들abjections, 여성혐오 그리고 동성애적 환상의 형태로 그를 괴롭혔다. 하지만 심지어 여기서도 그는 이 지원적 에너지를 취하여, 이것을 진정으로 승화된 혹은 오른손잡이의 탄트라적 관례 속에서 우주적 샥티로 엮어들어 갔다. 그가 경험했던 환상들visions은 이 내적 압력들로 인해 가능했고 그리고 그는 이 명랑하고 놀라운 에너지를 취하여, 궁극적인 **사마디**samadhi, 삼매로 지향할 수 있었는데, 이는 다른 사람들을 위한 규범이 될 수 있었다.

스리 라마크리슈나의 제자들이 인도와 북미에 많이 존재하는데, 그들이 스승에 대한 지나친 찬사를 위주로 하는 성인전(진영)과 정신성애적 환원주의들과 함께 하는 병리학적 전기biopathography 진영으로 분열되어 있는 듯이 보이는 일은 수치스런 일이다.[85] 분명히 그는 그의 강력한 리비도를 온전히 통합하지 못한 사람이었다. 그러나 그는 또한 (다음 장에서 보다 온전히 검토할 개념들이지만) 성스러운 접층들과 그것들을 잠잠케 하는 간격들의 현존에 특별한 감수성을 갖고 있었던 사람이었다. 그는 신성한 에너지들과 그것이 성적 에너지와 갖는 잠재적 상관성에 대한 우리의 이해를 진일보시켰다.

이 두 사례연구들의 결론을 맺으면서 나는 마지막 물음 하나를 묻고자 한다: 조울증 천재와 (또한 마찬가지로 천재일) 조울증 종교 성인을 구별하는 특성은 무엇인가? 몇 가지 가능성들이 자체로 이미 제시되었지만, 그것들을 이제 보다 직설적인 방식으로 드러내 놓고자 한다.

---

85 제프리 크리팔(Jeffrey J. Kripal)은 이 두 극단들 사이에서 보다 균형있는 입장을 유지하기 위해 아주 힘든 노력을 경주했다고 생각한다. 그의 책 *Kali's Child*는 아주 설득력있게 읽혀진다.

나는 다섯 개의 대조적인 짝들을 본다: 1) 천재는 공적인 공간에서 일련의 생산물들을 만들어내기를 원하는 반면, 성인은 전집이나 일군의 작품들에 상당히 덜 관심을 갖는다. 2) 천재는 창조적 활동이 이루어지는 장소인 "이름과 형상"의 영역에 굳건히 머무르려고 분투하는 반면, 성인은 공간과 시간의 구체적인 것들을 넘어서 세계의 궁극적 근거와 심연 속으로 밀고 나간다. 3) 천재는 어떤 근본적인 방식으로 타자들을 지배하고 형성하려는 충동을 통해 전일성을 향한 탐구를 표현하는 반면, 성인은 그 자신의 내적 환상들visions을 지배하고자 노력한다. 4) 천재는 작업 자체의 영웅적 특성 때문에 계속적인 피드백과 외적인 증강을 고집하는 반면, 성인은 내적인 수단들을 통하여 피드백을 이끌어낸다. 그리고 마지막으로 5) 천재는 자신의 작품을 (우울한 경우를 제외하면) 비꼬듯이 혹은 업신여기면서 자신의 작품을 쳐다보는 법이 거의 없는 반면, 성인은 그 자신의 삶으로부터 나오는 것이 그 무엇이든지 간에 무관심할 수 있다. 지금까지 사례 연구들을 통해 다섯 개의 대조적인 요점들을 짚어 보았고 그리고 나는 이 대조적 특징들이 각 인간 유형에 상당히 보편적 특징임을 주장한다. 물론, (예를 들면, 어거스틴처럼) 천재이면서 또한 종교적 환상가인 해당 개인들에게 이 대립적인 쌍들은 복잡한 방식으로 뒤섞일 수 있다. 하지만 그들은 또한 서로 세로로 가로질러 영향을 미칠 수 있다. 여기서 우리는 신비 경험을 갖고 난 후, 자신의 권위를 상징하는 『신학대전』(Summa Theologica)의 모든 작업을 내려놓았던 토마스 아퀴나스St. Thomas Aquinas를 생각해 볼 수 있다. 그 경험을 한 날 이후부터 그는 자신의 방대한 저작들을 단순히 "지푸라기"로 부르면서 다시는 펜을 집어 들지 않았다.

4장

전일성의 암시들

전일성은 정적이거나static 불변하는 상태로 경험될 수 있는 어떤 것이 아니다. 그것은 운동의 과정으로서 그 안에서 정신적 드라마 속의 다양한 배우들이 감당할 구체적인 배역을 받아야만 하고 그리고 각 배우는 불가피하게 다른 배우들과 갈등관계로 진입하게 될 것이다. 이 심리적 힘들을 의인화하는 것이 대개 도움이 된다. 왜냐하면 그것들은 어느 정도의 자율성을 갖고 있어서 자아 내 대립적 힘들의 균형을 찾는데 성공하려면 존중되어야 하기 때문이다. 언급한 바, 융은 우리의 삶을 형성하는 무의식을 콤플렉스들complexes이라 불렀는데, 이 콤플렉스라는 개념은 이제 공적인 어휘로 진입한 개념이다. 무의식의 콤플렉스들은 자신의 중력체계와 강력한 자기장을 지닌 행성체계들 같아서 자신들의 영향권 안으로 들어오는 그 어떤 것에나 영향을 미칠 수 있다. 자율적인 힘으로서 그들을 생각하지 못하는 것은 그 영향력의 수동적 희생자가 될 위험을 감수하는 것이다.

조울증은 전일성에 대한 추구를 극단적으로 복잡하게 만드는데, 조울증이 심적 구조와 역동성을 경험의 극단들에 이르기까지 밀어붙이기 때문이다. 자아the self의 구조적 통전성의 일부인 의식과 무의식의 경계는 우울증과 조증 모두에 의해 절충된다. 심적 에너지는 조증 상태에서는 가속되고 강화되며, 우울증 상태에서는 무의식으로 완전히 물러난다. 의식과 무의식 간의 정상적인 균형비가 그리고 심적 에너지의 상승 운동과 하강 운동 사이의 균형비가 붕괴되고 그리고 주요 사고장애나 기분장애를 붙들고 씨름하는 이들 안에서 언제나 유약하게 존재하는 에고the ego는 끝없이 다양한 방식으로 분열되고 그리고 재구성된다. 심적 전일성이라는 낭만적인 비전은 조울증이라는 바람의 말을 타야하는 사람들에게 조롱인 듯이 보인다.

전일성wholeness에 대한 추구는 인간 정신psyche에 내장된 것일 뿐만 아니라, 또한 그것은 정신병리학의 극단적 상태들에서조차 나타난다는 사실을 나는 이하에서 분명히 밝히고자 한다. 그래서 정신병리학적 상태에서 에너지의 급상승들과 그것들의 관념적 내용들 사이의 균형을 성취할 수 있는 가느다란 희망이 있는 것처럼 보인다. 인간 과정은 그렇게 할 수 있는 지지 조건들이 파괴되거나 부재할 때조차도 의미를 만들어내는 섬뜩한 능력을 갖고 있다. 조울증 연구에서 얻을 수 있는 가장 중요한 통찰들 중 하나는 거세게 휘도는 강물의 나무 한 조각처럼 유한한 에고ego를 실어가는 불안정한 느낌의 전이들 속에 의미들이 내장되어 있다는 것이다. 당장 강물 위를 표류하는 나무 조각의 조망에서 강둑은 소용돌이치는 물에 둘러 싸여 보이지 않지만, 그럼에도 불구하고 강둑은 거기에 있다. 즉 강둑은 구획된 한계 내에서 물과 나무 조각의 전체적인 움직임을 담지하는 영구적 구조이다. 우리의 목표는 우리의 유한한 실존의 관점에서 이 같은 영구적 구조에 접근하는 길을 찾는 것이다.

바람의 말의 이미지는 휘몰아치는 강의 이미지와 부합한다. 특히 조울증의 직접적인 주변 환경에 초점을 맞추었을 때 그러하다. 당신이 맹렬히 몰아치는 기류의 이미지를 선호하든 휘몰아치는 강물 속 소용돌이의 이미지를 선호하든 간에, 결론은 동일하다. 말하자면, 에고ego

는 자기-신격화의 난파가 야기하는 양극단을 헤치고 자신의 길을 빠져나가야 하는 영웅적 투쟁에 들어간다는 사실이다. 우울증 상태에서 심적 에너지psychic energy는 무의식으로 다시 물러나는데, 그 무의식에서 심적 에너지는 의식과 그것이 당면한 생존 요구들에 무용해진다. 조증이나 경조증 상태에서, 심적 에너지는 에고를 폭발시켜, 무의식의 내용들을 의식으로 가져와, 모든 경계선들을 위반하는 심적 팽창psychic inflation을 만들어낸다. 우울증과 조증 사이의 차분한 상태가 찾아오면, 에고the ego는 일종의 통전성과 도덕적 일관성을 다시 획득하기 위해 분투한다.

이 맥락에서 나에게 가장 와 닿는 언어는 유한 에너지와 무한 에너지 그리고 의미 사이의 변증법을 기술하는 언어이다. 에고the ego와 그를 담는 "그릇container"으로서 의식은 심히 유한하고 관점 의존적이어서, 언제나 개인의 역사와 인종, 계급, 젠더 그리고 언어와 같은 태생 조건들에 얽매여 있다. "당신은 누구인가?"와 같은 단순한 질문을 받을 때 대부분의 사람들은 언제나 그들의 특정한 태생 조건들로 대답할 것이다. 예를 들어, 당신은 영어를 모국어로 사용하는 북미 출신의 여성이라고 대답할 수도 있다. 우리의 에고 구조는 결코 바위나 식탁의 테이블처럼 고정된 것이 아니다. 에고의 구조는 이 태생 조건들에 얽매여 있다. 태생 조건들은 세계 내적 유한한 위치를 의미하고 말해지고 행해지고 만들어지는 모든 것에 대한 자신의 관점을 형성한다. 심각한 정서 장애나 사고 장애를 겪지 않은 사람들에게 태생 구조들과 에고의 통전성은 문제가 되지 않는다. 그들의 정체성은 삶의 우여곡절을 통해 구축하는 방식에 의존할 수 있다. 정서 장애나 사고 장애를 겪고 있는 사람들에게 유한한 에고의 구조는 심히 애매모호하고 그래서 변화하는 지형에 기반한다.

자기the self 속을 흐르는 무한한 에너지는 매우 파괴적이거나 치유적이거나 혹은, 보다 일반적인 경우 동시적일 수 있다. 바로 이 마지막 가능성, 즉 파괴와 치유가 동시적일 가능성에 대해서 나는 초점을 맞추고자 한다. 물음의 형식으로 표현해 보자면: 사방에서 의식을 몰아붙이면서도 여전히 자신의 에고의 전일성뿐만 아니라 전체 자아의 전일성까지 담지하는 무한한 에너지를 조울증을 갖고 있는 사람은 어떻게 맞붙어 싸워나가는 방법을 터득하게 되는가? 우리는 이 에너지의 영향력을 뉴턴과 라마크리슈나의 삶에서 보았고 그리고 그 에너지가 그들에게 그리고 이 병을 갖고 있는 이들에게 만들어내는 도덕적 애매모호성들을 살펴보았다. 그리고 우리는 이 무한한 에너지가 (자아라는) 유한한 용기로 흐를 때, (맨 정신의 눈으로 보면) 많은 무의미한 파편들을 남겨 놓기도 하지만 동시에 보다 심오한 무언가를 남겨 놓기도 한다는 사실을 살펴보았다.

신학자 폴 틸리히는 1920년대의 초기 저술들 속에서 "궁극적 의미ultimate import(gehalt)"라는 개념을 발전시키면서 모든 위대한 예술 작품과 문화의 핵심에 놓인 종교적 의미를 가리켜 주었다. 그에게 종교적 의미는 교리나 전통적 차원에서 "종교적"일 필요는 없었다. 오히려 그가 말하는 종교적 의미는 문화적 유산들에 안에 존재하는 은총-충만한 심연의 특성을 가리키는데, 이는 우리가 그 은총의 중심축으로 들어가고자 할 때 참여할 수 있는 심연을 가리킨다. 그러므로 무한은 그 어떤 유한한 대상에게서도 발견될 수 있고 이 유한한 대상은 동시에 궁극적 의미를 가리키고 참여한다. 대부분의 사람들은 죽음이나 비존재와의 만남과 같은 변혁적인 사건을 경험하기 전까지 이 심연에 눈이 먼 채로 살아간다. 조울증 환자에게 궁극적인 혹은 무한한 의미와의 만남은 너무나 무의식의 내용들로 가득 차 있다. 다시 말해서 너무나 과도하게 중층화되이 그래서 에고와의 유대관계들을 해체할 것처럼 위협을 가한다.

나의 논점은, 인식하든 인식하지 못하든 간에, 조울증 환자들은 초일상적인 수단을 통해 궁극적 의미의 영역을 어쩔 수 없이 탐구하게 된다는 것이다. 바로 그렇기 때문에 조울증 환자들에게서 다수의 종교적 관념들을 보게 되는 것은 드문 일이 아니다. 물론 그 관념들 중 일부는 명백히 망상적이기도 하다. 그러나 일부 정신의학 전문가들이 가정하는 것과는 반대로 모든 종교적 관념들이 병리적이거나 망상적이라는 사실이 이로부터 추론되지는 않는다. 그러한 추론은 통전성의 수준에 달려 있는데, 이 통전성의 수준에 따라 무한의 충동들이 시간이 흐르면서 에고의 구조로 엮여지게 된다. 라마크리슈나의 경우 힌두교의 강력하고 잘 서술된 개념들을 사용하여, 자신의 신비적 경험들을 구체화시켜 형성하고 또한 다른 이들에게 그 경험들을 전달할 수 있었음을 보게 된다. 그의 에고가 작동하지 못할 경우에 그의 종교적인 틀구조가 의미-충만한 게슈탈트를 제공하여, 그를 완전한 붕괴로부터 보호해 주었다. 이 과정에서 그는 당시 소멸 직전에 처하여 기독교로부터 공격당하고 있던 자신의 고유한 전통을 되살렸을 뿐만 아니라 더 넓은 세상으로 적용할 수 있는 구조를 제공했다.

우리는 신비체험의 상태들에 대한 정신분석학의 고전적 개념이 내가 제시하고 있는 개념과 어떻게 조화할 수 없는지 살펴보았다. 프로이트에게 그러한 경험들은 일종의 원초적 나르시시즘을 대표하는데, 이 원초적 나르시시즘은 어머니의 자궁으로 회귀하고자 하는 욕망이자 청소년기와 성인기의 오이디푸스 콤플렉스적 갈등 이전의 상태로 돌아가고자 하는 욕망이다. 프로이트는 이 상태를 "대양적 느낌oceanic feeling"을 담지하고 있는 것으로 기술했는데, 이것은 마치 어머니의 따

뜻한 양수 안에서 부유하고 있는 것과 유사하다고 볼 수 있다. 1923년
부터 1936년 사이에 쓰인 일련의 편지들에서 프로이트는 로맹 롤랑
Romain Rolland과의 대화 중에 신비주의에 대한 그의 개념들을 고안해냈
다(로맹 롤랑은 라마크리슈나에 대한 논의에서 잠시 언급되었던 인물이다). 롤
랑은 프로이트에게 그가 저술한 라마크리슈나와 비베카난다의 전기
를 보내면서, 신비적 상태는 진실로 이 세계를 넘어선 또 다른 세계의
경험이라는 자신의 생각을 프로이트에게 고집했다. 그러나 프로이트
는 편지를 통해 롤랑의 생각에 분명한 반대의 견해를 드러낸다. 그 편
지는 1930년 1월 30일에 작성되었다:

> 직관에 부여한 역할에 대해 우리는 다소 상당히 갈라지는 듯합니다. 당
> 신이 언급하는 신비가들은 우주의 수수께끼를 푸는 법을 가르치기 위
> 하여 직관에 의존합니다; 직관은 우리에게 원시적이고 본능적인 충동
> 들과 태도들 외에 그 어떤 것을 드러낼 수 없다고 생각합니다. 이 충동
> 들과 태도들은 올바르게 해석되었을 경우 영혼의 발생학에 아주 가치
> 있는 것들이지만 낯선 외부 세계에서의 방향성을 찾는 데에는 소용이
> 없습니다.[1]

프로이트가, 융이 그랬듯이, 그 신비적 상태들을 통해 도달할 미래의
통전 상태를 지향하여 목적론적으로 조망하기 보다는 오히려 신비적
상태들을 "영혼의 발생학"으로 소급하는 그의 전형적인 뒤-돌아보기

---

1 다음에서 재인용하였다: *The Enigma of the Oceanic Feeling: Provisioning the
Psychonalytic Theory of Mysticism*, by William B. Parsons(Oxford: Oxford
University Press, 1999), 177. 파슨스(Parsons)는 주장하기를, 정신분석은 비환원적
인 방식으로 신비적 상태들을 기술하는 방향으로 재편되어, 신비 경험의 진정성을 탐구할
수 있다. 나도 여기에 공감한다.

전략을 취했다는 사실은 흥미롭다. 같은 편지의 앞 부분에서 프로이트는 "… 수년째 우리 편이 아니었던"[2] 그래서 지금은 경멸받는 융에게 썼던 동일한 수법을 롤랑에게 사용했다. 프로이트에게 롤랑의 라마크리슈나와 비베카난다의 전기들은 오이디푸스 이전 단계로의 퇴행과 갈망에 대한 사례연구에 지나지 않았다.

보다 포괄적인 정신분석적 모델은 신비적 상태를 죽음 충동이나 모성으로의 회귀에 대한 갈망과 전적으로 다르다는 점을 부각시키면서 신비적 상태를 정의하기 위해 분투할 것이다. 이러한 모델은 신비적 경험들이 깊이 몸담고 있는 종교 전통들에 민감하다. 동시에 보다 포괄적인 정신분석은 신비적 상태가 표현하는 것으로 보이는 전일성을 향한 운동에 개방적일 것이다. 나는 프로이트의 융을 향한 역전이countertransference가 종교성의 긍정적인 측면들과 무한성과 접촉하고자 하는 인간의 욕구를 탐구하지 못하도록 만들었다고 생각한다. 윌리엄 파슨스William B. Parsons가 주장하였듯이 프로이트는 롤랑을 융 학파의 이단과 등가하여 롤랑의 신비를 긍정하는 모델을 진정한 정신분석적 과학의 범위에서 배제하였다.

프로이트를 넘어서서 이제 무한은 선악 너머에 존재하고, 그렇기 때문에 무한이 우리의 도덕적 갈망들과 열망들을 만족하는지를 묻는 것은 의미가 없다고 말할 수 있다. 서구의 유일신교들은 궁극적인 것에 도덕적 술어들을 부여하여 그것을 인간적인 너무나 인간적인 형태로 만들어 버림으로써 무한에 대한 접근을 제약하는 잘못을 저질러 왔다고 생각한다. 무한은 유한을 통하여 투과되어져야만 하지만, 또한 무한은 우리 자신의 용어들로가 아니라 그 자신의 용어로 존중되어야만 한다. 우리는 우리가 타는 바람의 말들에게 어떤 이름을 취할지 혹은

---

2 *The Enigma of the Oceanic Feeling*, 176.

그 바람의 말들이 어떤 모양을 취했으면 좋을지를 지시할 수 없다.

우리의 에고ego의 관점에서 보면, 우리의 무의식적 콤플렉스들 또한 무한한 것으로 보인다. 다시 말해 그것들은 의식과 그의 의도적 행위들과 계획들보다 거대한 것처럼 보인다. 콤플렉스는 활성화될 때마다 의식을 붕괴시키고, 폐위시킨다. 조울증과 더불어 살아가는 하나의 지혜는 이러한 콤플렉스들이 기분장애가 없는 사람들보다 있는 사람들에게 더 큰 힘을 발휘한다는 사실을 인지하는 것이다. 콤플렉스들에 이름을 부여하고 콤플렉스들을 활성화시키는 외부적 방아쇠 사건들을 이해할 때 치유에 도움이 될 수 있다. 방아쇠 사건들은 진공에서 작동하지 않는다. 그 방아쇠 사건들은 언제나 특정한 측면에서 특정 콤플렉스들과 연결되어 있다. 예를 들어, 내가 엄마 콤플렉스를 가지고 있다는 것을 안다면, 그렇다면 나는 특별히 내 콤플렉스를 유발할 수도 있는 여성들을 상대할 때 특별히 주의를 기울일 것이다. 왜냐하면 그 사람들은 그러한 콤플렉스의 손에 놀아나는데 무고하기 때문이다(물론 필연적으로 그런 것은 아니다). 그리고 나의 엄마 콤플렉스가 또한 조증이나 우울증에 의해 강화된다면, 나는 내 무의식을 통해 반향들을 일으킬 상황들을 회피하는데 보다 주의를 기울여야만 한다.

무한의 내용이 의식에 흘러넘칠 때 심적 팽창psychic inflation과 자기 신격화self-divinization가 일어난다. 그러나 이것은 단지 이야기의 일부일 뿐이다. 왜냐하면 거기에는 더 심층적이고 섬뜩한 논리가 작동하고 있는데, 그 논리는 전일성에 대한 탐구를 수반하고 그래서 궁극적인 중요성을 내포하고 있기 때문이다. 조울증 환자는 이 이치를 절반만 알아듣는다. 에고ego는 스스로 유한한 존재이고 문화적으로 각인된 산물이라는 사실을 깨달을 필요가 있고, 이로부터 자신이 처한 무한한 배경을 인식하게 되어야만 한다는 사실이 추론된다. 문제는 무한이 너무 강력하고 직접적이어서, 에고ego를 지탱하고 이상화시킬 수 없다는 사실이다. 에고ego는 무한한 에너지와 유한한 삶의 수단들 사이의 올바른 균형을 찾을 기회를 거의 갖지 못한다.

바로 그렇기 때문에 약물 치료는 전일성을 향한 영적 탐구에 절대적으로 중요하다. 두뇌에 적절한 화학 성분들을 재조정함으로써, 무한의 힘들을 견뎌내고 그리고 궁극적으로 받아들일 수 있는 힘을 에고ego에게 더 부여할 수 있다. 하지만 여기에 딜레마가 등장한다. 리듐이나 항우울제 혹은 항경련제를 처방받아 왔던 우리 같은 사람들에게는 이전에 겪었던 것에 대한 두려움, 즉 처음에 너무나 파괴적이었던 그 무한에 대한 깊이 뿌리박힌 두려움이 남아있다. 약물치료를 시작하고 난 후 이 두려움의 영적 측면과 종교적 삶을 향한 그의 함축성들을 생각했던 사람들은 거의 없거나 극소수라고 생각한다. 내가 여기서 하고자 하는 일은 특별히 조울증과 전일성을 향한 추구와 관련하여 내 자신의 영적인 삶의 개념을 펼쳐 보이는 것이다.

1. 영성, 성스러운 접층들 그리고 간격들

인간이라는 동물은 근본적으로 종교적이라는 사실이 설득력이 있다고 생각한다. 비록 이 종교성은 거의 언제나 가부장적 통제 시스템을 대표하는 교리들과 틀구조로 탈선한다는 사실을 또한 주장하지만 말이다. 궁극적으로 중요한 운동은 근원적으로 반체계적이고, 이 사실을 가장 존중하는 변증가는 바로 모든 유한한 표현들은 결코 담겨질 수 없는 것을 일시적으로 담는 수단에 불과하다는 사실을 인식하는 사람이다. 중국의 도교는 이 사실을 존중하면서 간결하게 표현하고 있다: "이름할 수 있는 도는 진정한 도가 아니다." 이 통찰은 힌두교에서도 유사한 방식으로 언급된다: "브라만은 이름과 형상을 넘어서 존재한다." 하지만 우리가 출생 조건들에 매인 유한한 피조물들로서 다른 사람들과 함께 하는 공동체에 들어가고자 한다면 그리고 형태가 없어서 두려움으로 다가올 수 있는 것에 형태를 부여하고자 한다면, 이름들과 형상들이 필요하다.

몇 년 동안 나는 무한/유한 변증법과 그 변증법이 자아the self와 맺는 관계의 보다 구체적인 측면들을 설명할 수 있는 적절한 언어를 찾아왔다. 나는 우리 종 안에서 볼 수 있는 종교적 경험의 무한한 다양성들에 열려있는 단순한 언어를 사용하기로 결정했다. 종교적 혹은 영적인 경험 대상을 지칭하기 위해 내가 선호하는 용어는 "성스러운 접층the sacred fold"이라는 용어이다. 접층 개념은 파국이론을 다루는 수학에서 유래하는데, 기본적인 생각은 바로 자연의 특정 형태들은 기본적인 형태들이나 접층들의 집합으로 축소될 수 있다는 것이다. 나에게 접층 개념은 자연 안에서 발생하는 의미의 접힘an infolding of meaning을 가리키는데, 예를 들어, 성스러운 숲이나 흔치 않게 인상적인 풍경을 들 수 있다. 이것은 마치 의미들이 계속해서 포개져서, 그 대상에 추가적으로 의미의 깊이를 부여하는 것과 같다.

우리는 이러한 성스러운 접층들을 무수한 방식들로 접한다. 우리가 그러고 있다는 사실을 의식적으로 알지 못하더라도 말이다. 아마도 상호간의 무의식적 콤플렉스에 의해 활성화 되었을 강렬한 우정 관계에서 우리는 하나의 성스러운 접층을 만난다. 위대한 음악 작품에서 우리는 성스러운 접층을 만난다. 뉴턴의 만유인력의 법칙과 같은 혁신적인 아이디어 속에서 우리는 성스러운 접층을 만난다. 몸의 움직임들 속에서도 우리는 성스러운 접층을 만날 수 있다. 이와 같은 모든 예시들에서 핵심은 바로 어떤 대상들을 통해서 궁극적으로 중요한 것이 현시되고, 그 성스러운 접층은 우리 자신의 무의식에 내재한 어떤 콤플렉스와 상호작용한다는 것이다. 우리는 그 성스러움에 참여한다. 비록 우리가 그렇다는 사실을 겨우 희미하게만 알고 있더라도 말이다. 우리는 무의식을 여러 사물들 가운데 하나의 거대하고 말이 없는 감식 시스템으로 이해할 수 있는데, 그 시스템은 성스러운 접층들을 조명하고, 어떤 수단을 통해서든 그것들을 의식의 차원으로 데려온다.

성스러운 접층과 무의식의 콤플렉스를 연결하는 것은 전이관계인데, 이 관계는 분석적 상황(즉 피분석자에 대한 분석자의 관계) 바깥에서 작동할 수 있다. 사실 정신분석에서 핵심적 역할을 수행하는 전이는 어디에서나 발생할 수 있는 현상으로서, 심적 삶에서 다양한 방식들로 나타난다. 전이는 그 핵심에서 종교적이며, 그의 초점을 붙들어 맬 성스러운 접층을 찾기까지 가만히 있지 못한다. 의식적으로 접근할 수 있든 없든 간에, 긍정적 전이 관계 속에서 성스러운 접층은 그의 함축된 내용을 전개하고, 과한 방식으로 모습을 드러내는 것이 허용된다. 부정적 전이 관계에서 성스러운 접층은 왜곡되어 보다 심층적인 의미의 단순한 유사물로 변질되지만, 그럼에도 불구하고 그 성스러운 접층은 여전히 자아the self에 매여 있다. 그리고 바로 그 동일한 사람이 그/녀의 "선택된" 성스러운 대상들과 긍정적인 전이 관계를 맺을 것이고 그리고 다른 대상들의 성스러운 접층들에 잠재적인 혹은 분명한 부정적 전이 관계를 가질 것이다. 흔히 있는 일이지만 심적 성장의 가장 중요한 문제는 보통 부정적 전이와 그의 대상들을 면밀히 탐구하는데서 비롯된다.

조울증은 성스러운 접층들을 경험하고 이해하는 능력을 고조시킨다. 경조증 상태에서 전 세계는 성스러운 접층들로 넘쳐나는데, 접층들 각각은 약동하면서 주의를 끈다. 경조증이 조증으로 폭발하게 되면 성스러운 접층들의 과부하가 즉각적으로 일어나 세계는 너무나 많은 성스러움numinosity과 너무나 많은 의미 그리고 너무나 많은 전망들이 손짓하는 세계가 되어 버린다. 이 순전한 성스러움의 포괄적 지평은 유한한 의미 즉 성스럽지 않은 것을 위한 여지를 갖고 있지 않다. 분별력 있는 에고ego에게 남겨진 것은 순수하게 물결치는 빛 속으로 흘러 들어가는데, 이는 특수성particularity에 매이기를 거절하는 조증적 신비주의이다. 가장 병적인 형태로 발전하게 되면, 자아는 신divine, 즉 우주의 중심이 된다. 이러한 경험은 오랜 시간이 지난 뒤에도 깊고 잊히지 않는 흔적을 남긴다.

자살성 우울증이라는 반대 극단에서는 성스러움의 모든 흔적들이 용해된다. 앞에서 나는 이 상태를 설명하기 위해 천문학의 블랙홀의 이미지를 사용했다. 블랙홀은 너무나도 강력한 중력을 갖고 있어서 모든 빛을 그 속으로 끌어당긴다. 사실상 그 사건 지평에 도달하는 어떤 것도 파괴되어 안으로 빨려 들어간다. 위압적인 우울증이 에고ego의 그 모든 적응 구조들을 빼앗아가고, 의식에게는 의미 진공을 남겨 놓는데 이 상태는 그것을 겪어본 사람들만이 이해할 수 있다. 정상적인 삶에서 겪는 어떤 경험도 심지어는 신경증을 안고 살아가는 삶의 경험도 한 사람의 의미 구조가 하나씩 붕괴되어 증발하는 것을 보는 경험에 비교될 수가 없다. 몸은 납덩어리가 되어 생명을 부여하는 모든 에너지를 상실하고 마음은 이전에 존재했던 충만함에 대한 희미한 암시들만으로 둘러싸인 채, 천천히 바닥을 긴다. 잠재적 자살자에게는 오직 스스로 시작한 죽음만이 의미를 가질 수 있다. 거기에 있었던 우리들 중 자살시도자들에게는 이 진술이 불행하게도 완벽하게 맞아 떨어진다. 왜냐하면 의미는 반드시 획득되어져야만 하는데 만일 외부에서 의미를 얻을 수 없다면 그땐 내부의 영웅적 행위가 유일한 대안으로 여거지기 때문이나. 이것은 마치 자살자가 "나의 파편이 되어 흩어진 에고ego는 여전히 존재와 비존재를 조정할 수 있는데, 나는 비존재를 선택한다"라고 말하는 것과 같다.

자살 충동의 상태에서 회복하면 삶은 그만큼 더 사랑스러워 질것이라고 말하는 것은 충분치 않다. 조울증의 내적인 간교함이 그렇게 간단했으면 좋겠다. 기억상실은 조울증의 지속적인 동반자이다. 경조증들을 추구하는 행위는 분명히 어떤 중독적 행위의 형태인데, 이 행위 속에서 우울증들과 그 결과들이 잊힌다. 자신의 발아래 놓인 심연이 무시되면서 인위적으로 고양된 의미들의 개방적이고 빛나는 세계가 유혹한다. 그렇게 도래하는 달콤함은 당뇨병의 높은 혈당과 같아서 희미하게 기억하고 있는 이전의 참사보다 더 나쁜 사고나 참사를 예감케 한다. 그리고 보다 섬뜩한 것은 그 고조된 상태들의 보다 파괴적인 효과들이 그 자체로 잊힌다는 사실이다. 망각은 조울증의 양 극단을 표시하는 지표이다.

그러나 대체로 비극적인 이 변증법 속에서 성스러운 접층들은 어디에서 활동을 시작하는가? 나의 주장은 조울증 환자는 영적 탐구의 여정에 있다는 것이 나의 주장이다. 물론 다른 사람들로부터 논박을 받게 될 테지만 말이다. 문제는 그들이 그 탐구를 위해 갖고 있는 도구들이 서투르고 투박하다는 것이다. 그러나 그것들이 수중에 있는 유일한 도구들이다. 약물 치료를 하고 있어도, 감정기복들moodswings은 성스러운 접층들을 만나는 방식들을 중층적으로 결정할 것이고 그리고 성스러운 접층들을 빼앗긴 삶은 아무리 "평탄flat"해도 삶이 아니다. 우리에게 다음의 물음은 결정적인 물음이 된다: 일반 사람들은 결코 겪을 수 없는 그러한 절정의 경험을 희생하지 않으면서, 동시에 무의미와 잠재적 죽음의 심연으로 좌초되지 않고, 우리는 어떻게 전일성을 향한 추구로 나아갈 수 있을까?

성스러운 접층들은 스스로 발생하지 않는다. 이것은 자연의 성스러운 차원들이 담지한 단지 하나의 측면일 뿐이다. 각 접층은 내가 "간격interval"이라 부르는 것에 둘러싸여 있는데 이 '간격'은 접층이 지닌 조증 에너지를 펼쳐내, 그 에너지 중 일부를 빼내는 청산clearing 과정이다. 극장에서 간격(즉 '휴식시간' interval)은 관객이 강렬한 극으로부터 한 걸음 물러나 창조적으로 거리를 두고 그리고 휴식 시간 이후에 새로운 만남을 준비하는 시간이다. 옥스퍼드 영어 사전은 내가 말하고 있는 것을 다음과 같이 정의하고 있다: "두 열의 발작들 사이에 혹은 질병의 발작들 혹은 주기들 사이에 개입하는 시간의 자리(1634년 용법)." 이 17세기의 정의는 유기체를 중단시킬 수 있는 발작들을 둘러싼 공간을 가리킨다. 이때 휴식기는 유기체에게 다시 힘을 북돋워주어, 어떤 파괴적이거나 혁신적인 것과의 새로운 만남을 가능케 해주는 시간이다.

또 다른 이미지가 (이해하는데) 도움을 줄 수 있는데, 바로 변압기 이미지이다. 변압기는 집에 공급되기 전에 전류의 전압을 감소시켜준다. 간격The interval은 이 변압기와 같은데 말하자면, 성스러운 접층의 보다 과한 조증 에너지를 취하여 이 에너지가 정신의 집을 압도하지 않도록 하는 것이다. 그것이 사람이든, 사건이든, 물리적 장소든, 예술 작품이든, 예배 대상이든, 혹은 신성한 어떤 것이든 간에 각각의 성스러운 접층은 그 자신의 간격을 지니고 있다. 예를 들어, 종교 의례의 단어들의 역할을 생각해보면, 그것들은 그리스도의 피로서 포도주를 마시는 것과 같은 성스러운 행위를 둘러싸는 종교적 예식의 말들이 담지한 기능을 담지하고 있다. 컵과 그 내용물들은 기독교인들에게 성스러운 접층을 상징하지만 그러나 (**매개하는**) 중재 없이 그 자체만으로는 그것들은 너무 강력하고 그래서 그 원형적 힘이 너무 강하게 다가올 것이다. 따라서 성스러운 접층을 배치하고 그래서 그것을 보다 감당하기 용이하게 만들어주는, 즉 정신적 삶의 나머지 부분과 보다 연계될 수 있도록 만들어주는 잘 알려진 주변 조건들이 존재한다. 찬송들, 설교 그리고 예전의 말들 모두 성스러운 접층의 압도적인 힘으로부터 자아the self를 보호하는 간격들intervals로서 기여한다. 이것은 성찬을 받는 사람들이 이 논리를 인식하고 있다는 것을 의미하지 않지만, 그러나 이는 핵심적인 성스러운 접층을 유지하는 필연적 실재의 일부이다.

힌두교는 성스러운 접층들과 그 간격들 사이의 필연적인 변증법을 보여주는 놀라운 신화를 가지고 있다. 많은 이들은 불꽃을 뿜어내는 거대한 원으로 둘러싸여 있는 춤추는 시바 신의 상에 익숙할 것이다. 시바는 무지를 의미하는 신상이면서 또한 영원토록 우주적 춤을 추는 인물로 우뚝 서 있다. 그의 머리카락은 머리를 빙 둘러 야성적인 가닥들로 뻗쳐 나와 사방으로 뻗쳐있다. 그의 머리카락의 힘은 사실 에너지가 흩어져 나가도록 돕는 간격으로서 가능하다. 신화에 따르면, 거대한 우주적 에너지는 맹렬히 흐르는 강물의 형태로 땅으로 내려오기를 원했지만 시바는 치유를 의도했던 이 에너지가 실상은 걷잡을 수 없이 모든 것을 파괴할 것이라는 사실을 깨닫게 되었다. 이 에너지를 분산시켜 좀 더 다루기 쉽게 하기 위하여, 시바는 자신의 긴 머리카락을 통해 흐르도록 명령했고 그래서 여러 흐름들을 타고 흘러내리면서 그의 이 조증적 에너지가 감소되도록 했다. 우주적 에너지가 마침내 지상에 도달했을 때 그 에너지는 겐지스강과 같은 인도의 성스러운 강들의 형태를 취할 수 있었다. 그리하여 시바의 머리카락은 신적인 샥티Shakti를 위한 간격으로서 역할을 하는데, 그렇지 않았다면, 그 에너지는 땅이 감당하기에 너무 강력했을 것이다.

성스러운 접층들과 그 간격들은 자연사a natural history를 지니고 있으며 따라서 엔트로피에 종속되어 있다. 이는 곧 이것들이 영원히 지속되지 않으며 시간이 흘러감에 따라 그 의미의 상실에 종속되어 있다는 것을 의미한다. 내가 아무리 노력한다 해도 나는 고대의 그리스 세계를 되살릴 수 없다. 설령 내가 델피로 가서 제우스와 그의 독수리들에게 모습을 드러내도록 간청하더라도 말이다. 이 성스러운 접층이 오랫동안 잔존하는 현존을 온전히 갖고 있었다 해도, 이제는 거의 알아볼 수 없을 만큼 희미해졌다. 혹은 나는 그저 앉아서 의지적 행위로 성스러운 접층과 그 간격을 창조해 낼 수도 없다. 성스러운 접층들은 그들 자신만의 방식과 논리로 출현하는데, 이는 무의식적인 (아마도 집단적인) 흐름들과 깊이 연관되어 있다. 접층과 간격은 자율적인 실존을 갖고 있는 듯하고 인간의 유한한 전망에서 보자면, 그에 관해서 말할 수 있는 것이 거의 없다.

이 모든 것이 합리적으로 들릴지도 모르겠지만, 그러나 이내 다음과 같은 물음이 일어난다: 현실적으로 말해서, 나는 어떻게 이 성스러운 접층들 사이에서 협상을 하고, 그것들을 누그러뜨릴 간격들intervals을 발견하여, 그 모든 풍요로움 안에서 창조적인 인생을 살아갈 수 있을 것인가? 성스러운 접층의 개념을 이해하는 것이 그 간격interval의 개념을 이해하는 것보다 훨씬 더 쉽다. 결국, 성스러운 접층은 우리를 사로잡아 절대적으로 분명한 방식으로 우리를 변화시키지만, 그러나 그 간격은 너무나도 미묘하여 그것을 보고 측정하기가 너무나 어렵게 느껴진다. 아마도 한 비유가 (이해하는데) 도움을 줄 것이다. 망원경이나 성능 좋은 쌍안경으로 밤하늘을 바라볼 때면 우리는 가끔 "먼 우주 공간의 물체a deep space object"라 불리는 것을 우연히 마주칠 때가 있는데, 이 "먼 우주 공간의 물체"는 우리의 은하수 너머에 존재하는 어떤 것이다. 그중 가장 유명한 것은 M 31로 알려진 안드로메다 은하일 것이다. 이 은하는 직접 쳐다볼 경우 너무나도 희미해서 보기 어렵다. 그러나 만약 초점을 이동하여 곁눈질로 본다면 독특한 성운 형태로 시야에 들어오게 된다. 눈 가에는 빛에 보다 민감한 간상체들과 추상체들이 있는데, 이 (광수용체) 세포들은 보다 희미하게 반짝이는 물체들을 볼 수 있다. 이 같은 종류의 특별한 곁눈질이 간격들intervals을 볼 수 있도록 도와줄 것이라고 나는 생각한다.

그러나 접층들과 그 간격들intervals 모두를 보기 위해 우리가 심리적으로 할 수 있는 구체적인 것들이 있을까? 이는 까탈스런 영역이다. 왜냐하면 우리는 자연의 영적인 차원이 지닌 신비들을 면밀히 탐구하기 시작했고, 이 차원과 우리의 만남을 가능케 만드는 자연적 은총natural grace의 형태와 함께 하고 있기 때문이다. 그렇다면 어떻게 기술technique과 은총을 결합시킬 것인가? 우리는 교착상태에 빠진 것처럼 보인다. 만일 우리가 의식적인 기술을 사용한다면, 우리는 은총의 역할을 빼앗는 꼴이 되고, 반면에 우리가 은총을 그저 빈둥거리며 기다리기만 한다면, 우리는 우리에게 주어진 진정한 인간적 도구들을 활용하지 못하게 될 것이다. 그러나 이 역설은 보이는 것만큼 당혹스럽지는 않다. 왜냐하면 그 자체로 은총으로 가득 찬 기술들이 존재하기 때문이다. 이 기술들은 의식과 그의 의도적인 행위들보다 더 거대한 어떤 것에 의해 지원을 받고 있기 때문에 그들이 지닌 힘을 발휘하고 있다. 이것은 악순환이 아니라 창조적인 변증법으로서, 기술은 은총의 중심축으로 우리가 진입하도록 도와주고 그리고 은총은 우리가 기술을 숙달하여 확보할 수 있도록 돕는다. 다음에서 우리는 이 변증법의 작용을 보게 될 것이다.

2. 창조적 거리 두기 그리고 공동체적 테스트

만일 바람의 말이 타는 바람을 제거하는 것이 불가능하다면, 그렇다면 유일한 대안은 그 바람을 타고, 갈등하고 압도하는 에너지들을 헤치고 조종해 나아갈 올바른 길을 찾는 것이다. 이 에너지들은 에고의 외부로부터 도래하기에 제어될 필요가 있다. 나는 결코 나의 감정기복moodswings을 통제할 수 없었다는 사실과 나는 언제나 나의 콤플렉스들과 술에 대한 갈망에 종속되어 있을 것이라는 사실을 깨닫게 되었다. 치유를 계속하면서 맨 정신으로 있어야 할 필요성을 느껴왔지만, 그러나 또한 내가 의존할 수 있는 영적 에너지들을 이해하는 것이 중요한데 아마도 이것이 더 중요할 것이다. 그 영적 에너지들을 이해하는 일은 저주인 것만큼 선물이며, 따라서 그 악마들과 천사들과 함께 살아가기 위해 의존할 토대들인 것이다. 나는 건강하길 원하지만 그러나 보다 심층적이고 보다 긴장이 가득 찬 전일성을 희생해서 건강을 얻기를 바라지는 않는다. 오히려 전일성을 지탱하기 위해 보다 더 큰 노력을 들여야 할 것이다.

『우파니샤드』에 표현된 고전 힌두교의 보다 보편적 형태로서 베단타로부터 무한the infinite이, 비록 인격이나 도덕적 행위주체는 아닐지라도, 생명을 변혁시키는 에너지의 원천이라는 사실을 배웠다. 내가 분열과 좌절의 위험에 극도로 빠져들 때마다 나는 『우파니샤드』라는 대작에 대한 독해로 돌아왔고 그리고 이 작품들은 아마도 지금까지 쓰인 종교적 텍스트들 가운데 가장 위대한 것으로 보게 되었다. 이 작품들 안에서 신적 에너지를 대면하고 더불어 살아가는 방법과 관련하여 우리 (인간) 종의 가장 심오한 지혜를 발견하게 되는데, 그 신성한 에너지는 내게 여성적 얼굴을 가진 **샥티**shakti였다. 그 작품들은 (1장에서 토로한) 나의 죽음이라는 이름의 어머니를 세계의 보존자인 위대한 대모 the Great Mother로 변혁시켜 줌으로써 내가 죽음이라는 이름의 어머니를 다룰 수 있는 수단을 제공해 주었다. 동시에 그 작품들은 내 질병의 애매모호한 열매들로부터 "창조적 거리 두기"라 부르는 교훈을 가르쳐 주었다. 얼마나 빈약한 형식으로 가르쳐주었든지 간에 말이다.

아마도 서력 기원전 1,200년부터 서력 500년 사이에 구성되었을 『우파니샤드』에서 목표는 아트만Atman이라 불리는 진정한 심층적-자아depth-self를 모든 이름이나 형상을 넘어서 존재하는 궁극자, 즉 (스리 라마크리슈나에 대한 논의에서 보았던 개념) 브라만Brahman이라 불리는 궁극자와 통합하는 것이다. 저 유명한 『문다카 우파니샤드』의 2장에는 이 통찰이 제시되어 있다:

> 빛나는 브라만이 마음의 동굴에 살고 있다, 거기서 나가라는 말을 듣는다. 브라만은 모든 만물의 위대한 지주이다; 왜냐하면 그 안에 움직이고, 숨 쉬고 그리고 눈 깜박이는 모든 것이 집중되어 있기 때문이다. 오 제자들이여 너의 (큰) 자아Atman가 되기 위해 그것을 알아라. 총체적이면서 세밀한 그 브라만, 사랑스럽고 궁극적이며, 피조물들의 이해를 넘어서 존재하는 그것.[3]

자아는 신처럼 총체적이고 세밀한데, 이는 자아가 공간과 몸에서는 현현된 형태를 갖고 그리고 형태와 이름과 재질 혹은 속성들 너머에서는 현현되지 않은 형태를 갖는다는 것을 의미한다. 동시에 자아는 브라만이고 그리고 이름과 형상으로 이루어진 세계의 신성한 근원이다. 그러

---

3 *The Upanishades*, Volume One, translated with commentary by Swami Nikhilananda (New York: Ramakrishna-Vivekananda Center, 1949), 288.

나 바로 이점이 절대적으로 결정적인 요점인데, 『우파니샤드』에서 자아와 신의 동일시는 조울증 환자들이 조병 상태에서 갖는 병리적인 자기-신격화self-divinization와는 아무런 상관이 없다. 이 두 경험들 사이의 근본적인 차이는 바로 순전히 종교적인 경험은 다음과 같은 사실을 동반한다는 것이다. 즉 종교적 자아는 자신의 콤플렉스들과 무의식적 힘들을 창조적 거리 두기를 통해 이미 다룬다는 것 그리고 그럼으로써 자아를 보호하는 간격들을 대면한다는 것 말이다. 다른 한편으로, 조증 상태에서 자아는 여전히 신성으로부터 자신을 부분적으로 떼어놓는 타성들의 희생자이다.

신학적으로, 힌두교는 (예를 들어, 칼리 여신에 대한 스리 라마크리슈나의 집착처럼) 신들과 여신들의 구체성을 위한 자리와 심지어 존재와 비존재마저도 우선하여 조용히 방사하는 절대적 근거를 위한 자리 모두를 마련하는 출중한 변증법에 도달했다. 현대의 힌두교 학자 라이문도 파니카Raimundo Panikkar는 심지어 신들과 여신들마저 사라지는 궁극적 심연을 잘 기술해 주고 있다:

> 그들은 [즉 『우파시샤드』의 저자들은] 따라서 어둠에 덮힌 어둠으로, 즉 다시는 돌아올 수 없는 저 너머the Beyond로, 그 어떤 유형의 피조물도 사라지는 즉 여행자 자신이 증발하는 실존의 서막the Prelude of Existence으로 잠겨 들어간다.4

자아로부터 브라만의 심연으로 나아감은 순수한 방사를 향한 구심적 운동으로 특징지을 수 있는데, 이 운동 속에서 자아의 다양한 입장들

---

4 *The Vedic Experience*, by Raimundo Panikkar (Delhi: Motital Banarsidaas Publishers, 1977), 50.

이 창조적으로 다시 엮여져 조화롭게 되어 진다. 조증 경험은 원심성 운동으로 간주될 수 있는데, 그 안에서 자아의 파편들이 혼돈스런 거대한 호弧속으로 내던져진다. 혼돈의 호는 중심도 원주도 없고, 오로지 통합되지 않은 의미들의 중층적인 박동일 뿐이다. 더 나아가 순전한 종교적 경험과는 달리 조증 경험은 재빠르게 편집증으로 퇴행해 들어가고 그리고는 그를 통해서 나오는 무한한 에너지들을 두려워하게 된다. 창조적 거리 두기에서 무한한 에너지는 신성한 은혜와 영의 힘이 제공하는 도움으로 작용한다. 성스러운 접층들과 간격들은 서로 올바른 척도를 성취하고, 자아를 비파괴적인 방식들로 에워싼다.

단순한 거리 두기, 단순한 초연함은 무한으로부터 자아를 보호하려는 노력 가운데 생명 에너지들의 약화, 즉 세계의 근거와 심연에 대한 외면을 수반한다. 다른 한편으로, 창조적 거리 두기는 존재와 비존재, 성스러움과 악마적인 것의 변증법을 포용하지만, 그러나 그 힘들과 전적으로 동일시하지는 않는다. 창조적 거리 두기란 거리 두기의 한 방법으로서 동시에 복잡한 무의식적 소재 안에서 그것을 통하여 작용한다. 왜냐하면 그것이 에고ego를 타격하고 그리고 해체의 위협을 가하기 때문이다. 자신의 기분들moods과 콤플렉스들로부터 창조적으로 거리를 둔다는 것은 자신의 삶 속에서 그들의 필연적 존재를 여전히 존중하고 그리고 그것들을 표현할 수단을 찾는 것이다.

이 과정은 프로이트가 승화sublimation라는 개념으로 의미하는 것과는 다른데, 승화 속에서는 성적 심리psychosexual 에너지가 보다 안전한 어떤 것으로 돌려진다(즉 집중된다). 성적 심리 에너지는 성적 심리 에너지로서 역할을 인정받지만, 그러나 다른 형태들의 에너지도 또한 창조적 모체 속으로 데려온다. 바람의 말이 타는 바람은 많은 형태를 갖고 있고 그리고, 프로이트가 했던 것처럼, 환원주의자들은 한 형태가 모든 측면에서 궁극적이라고 가정하는 습벽을 갖는다.

문제는 그 에너지로 돌아가는 것인데, 약물치료가 자아를 그 에너지로부터 부분적으로 자유롭게 해주었기 때문이다. 분명히 성적 에너지는 가장 문제가 심각한데 경조증 상태나 조증 상태에서 성적으로 행동을 옮기는 조울증 환자에게 특별히 심각하다. 이 외견상 무한한 힘을 제어하는데 실패한 파급효과들은 너무나 커서, 가족이나 공동체의 구조를 찢어 놓을 수 있다. 조울증 환자들이 보다 안정적인 상태에 있을 때는 샥티의 신체적 형식을 비하적으로 외면하거나 부인하는 것이 흔한 일이다. 이 문제가 우리 삶에 중심에 놓여 있다는 사실을 인식하기 위해 프로이트 식의 이상적 해결책을 받아들일 필요는 없다. 그러나 치명적인 초연함은 답이 아니다.

창조적 거리 두기에서 신체적 성적 에너지를 다시 강화하여 그의 표현을 위한 올바른 초점들을 찾아내는 것은 가능하다. 우리의 동반자는 압도적인 조증 에너지를 방출하는 수단을 넘어서 자신 안에서 목적으로 간주될 수 있다. 그것은 몸과 그의 필요성으로부터 초연하게 되는 것이 아니라, 궁극적인 의미가 안식하고 표현을 찾는 자리들 중 하나가 몸이라는 사실을 인식하는 것을 의미한다. 그것은 비극이었다. 그리고 이 점에서 나는 라이히Reich에 동의하는데, 주요 종교의 거의 모든 사람들은 영성과 성sexuality 사이의 가름막을 움직이면서, 정신이 말짱한 상태에서 그 어떤 것도 존중하지 않는 무수한 병리적 형태들을 만들어내 왔다. 문제는 영성화된 성spiritualizing sexuality의 문제이지만, 아마도 그보다 더 중요한 것은 성화된 영성sexualizing spirituality일 것이다.

성sexuality의 강력한 흐름들이 몸속을 흐를 때, 성적 에너지가 의미를 강화하고 또 다른 자아의 심연들에 분명히 참여하게 된다면, 에고ego는 그의 힘과 온전성을 다시금 얻는다. 이는 성적 에너지가 중층적으로 결정되어 있고 그리고 조증적 팽창의 위험을 대표하는 조울증 환자의 경우에 특별히 어려운 일이 아니라서, 진부한 뻔한 소리로 들릴 것이다. 일부 환자들에게는 약물치료가 성적 에너지의 흐름을 지연시킬 수도 있고, 그래서 이 사실은 전일성을 향한 추구의 문제로 통합될 필요가 있다. 창조적 거리 두기의 행위 속에서 대타자the Other의 접촉과 느낌은 유한과 무한의 올바른 상관관계로 나아가는 출입구가 될 수 있다.

사회적 상호작용은 조울증 환자에게 또 다른 기만적인 영역인데, 여기에서 창조적 작업의 애매모호한 선물에 대한 공적 평가public validation라는 문제가 남아있다. 이전 장에서 천재의 생산물과 그러한 생산물을 유지할 수 있는 공동체적 삶의 본성 사이의 관계를 설명하였다. 여기서 나는 개별 창착자가 사회적 구조들과 교차하는 법을 어떻게 배우게 되는지 검토하고자 한다. 왜냐하면 사회적 구조들은 그들에게 대개 너무나 당혹스럽고, 반항적이거나 혹은 외견상 도착적으로 보이기 때문이다. 인지 시험이라는 전략은 정신 내부적 작업과 상호주체성의 영역에서 가장 도움이 되는 전략들 중 하나이다.

인지 치료에서 목표는 주어진 시간에 접근 가능한 만큼의 실재에 반하여 환자의 사고 작용과 느낌들을 시험하는 작업을 마치는 것이다. 예를 들어, 기분장애를 갖고 있는 사람들은 잠에서 깨어났을 때 가장 우울하고, 그래서 임박한 날들에 대한 자신의 즉각적인 평가가 우울증으로 인해 암울해진다는 사실을 보게 되는 것은 공통적인 경험이다. 현재 어렴풋이 다가오고 있는 과제들은 대개 압도적이고, 그래서 사람들은 자기-혐오를 느낄 수도 있다. 이러한, 거의 일상적인 공통의 경험 속에서 내가 하는 첫 번째 일은 내 마음속으로 해야만 할 일들의 목록을 열거하고, 내가 소중하게 지켜낸 에너지의 얼마만큼을 소비하고, 얼마만큼을 남겨놓고 그리고 얼마만큼을 내 공동체를 위해 사용할 것인지에 대한 비용-이익 분석을 실행하는 것이다. 나는 각 선택의 비중을 재어보고, 나에게 그리고 자신의 일을 나에게 의존하고 있는 이들에게 가장 긍정적인 결과를 갖게 될 선택사항을 이행한다. 만일 어떤 일이 거의 아무런 노력 없이 해결될 수 있다면, 나는 그것을 첫 번째 과제로 선택한다. 동시에 나는 나의 에너지 흐름들이 그날 어떻게 움직였는지를 알고 그래서 가장 중요한 일을 위해 내가 일할 수 있는 최선의 시간을 남겨둔다.

우리가 비용-이익 분석의 감정적인 측면들을 다룰 때 사태는 보다 중층화된다. 대부분의 조울증 환자들처럼 나는 언제나 보다 유익한 추구들로 에너지가 흘러가는 것을 방해할 그 어떤 방아쇠trigger 사건들도 최소화하는데 주의를 기울이고 있다. 물론 나는 모든 스트레스 요인들을 회피하지는 못하지만, 그러나 내 마음속으로 주어진 상황에서 일어날 수 있는 최악의 국면들을 다루어 나감으로써 그것들의 영향력을 최소화할 수는 있다. 그러나 요점은 바로, 나는 이것을 정확히 사회적 상호작용에 대한 불필요한 두려움들을 제거하는 방식으로, 즉 편집증적 방식이 아니라 **현실적인**realistic 방식으로 한다는 것이다. 신뢰할 수 있는 동료들과 더불어 나는 심지어 나의 두려움을 나눌 수 있는 정도가 되었는데, 이는 특별히 그들이 나의 질병을 알고 있는 경우에 그렇다. 그리고 그들을 통해 더 나아가 현실 검사reality testing를 할 수도 있다.

따라서 인지 치료는 그날을 위한 다양한 시나리오들을 구성하여, 신뢰할 수 있는 의미 있는 조건들이 출현하도록 하는 개인적이고 사회적인 수단이다. 만일 상황이 너무 긴장감 팽배하게 진행된다면 난 스스로 자리를 떠나는 법을 익혔다. 비록 그로 인해 나 없이 주어진 과제를 완수해야만 하는 이들에게는 가외의 부담을 더 지우게 되지만 말이다. 그런데 이는 내가 감정기복들과 잠복된 혹은 현시된 형태의 편집증을 배겨내야 하는 경우 도움이 되지 않는다. 특별히 그러한 것들은 약물치료에도 불구하고 여전히 지속되기 때문이다. 거기에는 창조적 거리 두기에 동반되는 보다 고차원적인 이기심의 종류가 존재하는데, 그 이기심이 내가 외부 실재와 내적인 부정적인 음성들을 극복해 나아가면서 나를 둘러싼 미묘한 보호의 그림자를 보장하기 때문이다.

개인과 공동체 간의 관계는 언제나 복잡한데, 의식적으로 알고 있든 모르고 있든 간에, 모든 개인 안에는 무수한 공동체들이 내장되어 있기 때문에 그렇다. 나는 내가 알지 못하는, 외적으로는 아주 거리가 있는 공동체와 무의식적 동일성을 갖고 있을 수 있는데, 불현듯 외상적인 혹은 변용적 사건이 일어나 문득 생각지 못했던 무수한 방식으로 내가 그 공동체에 속해있음을 보여줄 수 있다. 1장에서 토론한 바, 남아프리카에서 사업을 하고 있는 회사들에 반대하여 투자회수 캠페인에 참여하기로 한 나의 결정은 그러한 예 중의 하나를 보여준다. 그때 나는 어떤 예언적 목소리 때문에 즉 투투 대주교의 목소리와 같은 음성 때문에 수천 마일 떨어진 세계와 교차하게 되었는데, 그 음성은 나 혼자에게만 홀로 말하는 것 같았다.

개인을 중력을 지닌 물체 주변의 수많은 타원궤도들처럼 무수한 공동체들이 교차하는 자리로 보는 것이 도움이 된다. 조울증 환자들에게는 이 공동체들의 현실적 궤적들을 찾아내는 것이 극단적으로 어렵다. 왜냐하면 조증 투사나 우울증의 비하적 외면abjection의 힘이 너무 강하기 때문이다. 하지만 지속적인 내적 사회적 인지 치료와 더불어 그 타원들의 잡아당김을 느낄 수 있는 길을 찾는 것이 가능하다. 왜냐하면 그 당김들은 자아를 풍성하게 하기도 하고 도전하기도 하기 때문이다.

창조적 거리 두기, 보다 고차적인 이기심 그리고 인지치료 모두는 조울증 환자들이 세계 내에서 일종의 지속적인 안정성을 찾기 위해 사용할 수 있는 도구들이다. 그 지속적 안정성은 그들이 그토록 잡을 수 없다고 느꼈던 바로 그것이다. 하지만 이 모든 유한한 전략들은, 그들을 뒷받침하고 안내하는 보다 심층적인 것이 존재하지 않는다면, 거의 아무런 힘을 발휘하지 못하거나 자아를 단단히 붙들어줄 충분한 힘을 갖지 못할 것이다. 나의 마지막 성찰들에서 나는 이 심층-구조들과 힘을 탐구하고자 하는데, 조울증 환자들이 어떤 전일성의 느낌을 향하여 나아가도록 해주기 때문이다. 그리고 이는 강력한 감정기복들에 종속되지 않은 이들을 위한 개별화의 모델을 제공해 주는 일이 될 것이다.

3. 개별화individuation와 영들

모든 심오한 영성은 잃어버린 대상을 애도한다는 의미에서 멜랑콜리[5]의 경험에서 시작한다는 것이 나의 믿음이다. 이 잃어버린 대상은 의식의 가장자리 주변에서 여전히 희미하게 기억되고 있다. 가장 단순한 차원에서, 이것은 엄마라는 생물학적 기원조건들을 향한 상실감이다. 왜냐하면 그녀의 자궁으로부터 우리는 고통과 혼돈의 세계 속으로 떨어져 나왔기 때문이다. 이는 거의 문자적으로 낙원으로부터의 타락이다. 하지만 보다 심층적인 차원에서 그것은 신적인 의미, 기원으로부터의 타락인데, 그 의미기원은 내가 시간이전적이라고 부르는 영역으로부터 우리를 보고 손짓한다. 그것은 시간을 공간을 통해 나아가는 운동으로 간주하는(뉴턴의 관점) 우리 3차원 세계의 시간 흐름 바깥에

---

5 멜랑콜리(melancholy)는 '우울감' 혹은 우울한 기분으로 번역될 수 있을 것인데, '멜랑콜리'로 음역하는 이유는 본서 내내 depression을 우울증으로 번역해 온 내력 때문이다. 우울증으로서 depression은 하나의 병리학적 증상을 가리키는 반면, 멜랑콜리는 우울한 정서 상태 그 자체를 가리키며, 병리학적인 증상으로 발전되지 않은 상태를 넓게 가리킨다는 점에서 구별할 필요성이 있었다. 〈역자주〉

존재한다. 시간이선the pretemporal은 모든 만물의 영원한 자궁(플라톤이 코라chora라고 부르는)으로서 자연의 영역 혹은 차원이다. 이는 무의식적 수준에서 우리가 거기 있다고 알고 있는 영역이다. 비록 우리가 원한다 해도 그것을 언어로 표현할 수단을 전혀 갖고 있지는 못하지만 말이다. 하지만 그것은 그럼에도 불구하고 그의 섬뜩한 현존재를 발휘한다.

그렇게 경악스럽고 비경험적인 것처럼 보이는 주장을 할 정도로 나는 충분히 알면서 말하고 있는 것인가? 결국, 조울증 환자들은 조병이 진행될 때 흔히 그러한 종교적 공상으로의 도약을 하는 것 때문에 비난받는다. 그리고 종교 혹은 영성의 개념 자체가 낡아빠진 사고방식의 이월로 혹은, 더 심하게 말해서, 망상적 자기-변호의 형태로 간주된다면, 유서 깊은『우파니샤드』의 고대 텍스트를 단지 인용하는 것만으로는 분명히 충분치 않다. 그렇다면 자아 안에서 보일 수 있는 이 궁극적 근거와 심연의 표지들 혹은 흔적들은 무엇인가? 다르게 물어보자: 멜랑콜리는 정신적 삶을 지지하는 숨겨진 조건들에 관하여 사실상 무엇을 드러내주고 있는가?

해야만 할 첫 번째 일은 바로 사유와 경험이 실재the real 그 자체의 리듬 속으로 진입할 수 있도록 충분히 오랫동안 속도를 늦추도록 하는 것이다. 철학의 기술적 언어에는 20세기 독일에서 발전된 **현상학**이라 불리는 전략이 있는데, 그의 단순한 좌우명은 바로 "사물들 그 자체로 To the things themselves"이다. 여전히 생동력 있고 그리고 진화하고 있는 이 운동의 창시자는 에드문드 훗설Edmund Husserl이고, 내 자신의 사유도 이 운동에 속해 있는데, 훗설은 철학자들이란 잘 준비 되어 있기 때문에 자신들의 작업에 전제들을 도입하여, 세계에게 그것이 보여야만 하는 방식을 지시할 수 있는 이들이 아니라고 주장했다. 이 다소 거만한 입장에 대한 맞대응으로서 대상이 그들 **자신의** 모습으로 의식에게 나타나도록 할 수 있는 방식들을 주의 깊게 검토할 시간을 갖자고 훗설은 제안했다. "현상phenomenon"이라는 바로 그 단어는 자기-보여줌의 행위를 의미하는데, 이는 대상이 우리에게 다가오는 방식을 의미한다. 그리고 이 "대상object"은 사물로부터 사유, 느낌, 가능성 혹은 성스러운 접촉에 이르기까지 그 어떤 것도 될 수 있다. 내가 제안하고자 하는 것은 바로 정의상 안정적이고 궁극적인 의미들을 찾고 있는 조울증 환자들에게 현상학의 방법은 매우 귀중하다는 것이다(비록 그렇게 이름 지어지지는 않았지만 말이다).

그럼 멜랑콜리 현상을 살펴보고 그리고 거기에 의미의 근거와 심연을 가리킬 수 있는 자기-보여줌의 고유한 형태와 관련된 어떤 것이 있는지 보도록 하자. 우리 모두가 심지어 조용한 형태로라도 경험했던 이 현상이 우리의 인식으로 진입하도록 하여, 어떻게 움직이는지를 추적하고 그리고 우리를 이끌어가는 곳으로 따라갈 필요가 있다. 우리는 멜랑콜리란 이런 것이라고 **생각**하는 전제들과 이론들을 모두 내려놓고, **멜랑콜리**가 우리의 조사를 앞에서 이끌어 가도록 해야만 한다.

멜랑콜리로 주의를 돌리면서 우리가 주목하는 첫 번째는 그것이 **만연해**all-pervasive 있다는 것이다. 그것은 이런 저런 특정한 것에 대한 하나의 기분a mood이 아니라, 모든 특정한 것들에 대한 것, 즉 전체로서의 세계에 대한 것이다. 멜랑콜리의 경험 속에서 세계는 자아 위에 드리운 그리고 자아에 대립된 하나의 전체로서 비추어지는데, 이 전체성은 그의 조명 속에서 불투명하게 드러난다. 이는 하나의 역설이다. 한편으로 멜랑콜리는 세계를 밝힌다. 말하자면, 세계가 특정한 방식으로 하나의 전체성으로 현현하게 만들지만 다른 한편으로 또한 그것은 세계를 어둠으로 가리운다. 멜랑콜리한 사람의 세계는 동시에 현시하고/비현시하고, 숨겨지고/드러난다. 멜랑콜리의 순전한 힘은 바로 그것이 전체로서의 세계의 의미상실을 조명한다는 것이다.

멜랑콜리에 관해서 우리가 주목하는 두 번째는 다시 한번 말하자면, 바로 그것이 이런 저런 특정한 것에 대한 것이 아니라 전체로서의 세계에 대한 **상실감**sense of loss을 짊어지고 간다는 것이다. 전체로서의 세계의 의미가 상실되었다; 그것은 심연으로 물러나는데, 그 심연은 인식의 가장자리에서 희미하게 감지될 뿐이다. 거기에는 멜랑콜리와 동행하는 어떤 '더-이상-아닌no longer'의 의미가 있다. 예전에 존재했던 것은 더 이상 존재하지 않고 그리고 자아는 세계의 중심에서 섬뜩한 부재absence를 느낀다. 물론 이것은 또 하나의 역설이다. 말하자면, 부재하는 것은 그저 부재하는 **것으로서** 현재한다. 이 역설을 이해하는 것은 그다지 어렵지 않다. 우리 모두는 우리에게 부재하는 누군가를 그리워하는 경험을 갖고 있다. 그러나 우리가 그/그녀를 그리워한다는 사실은 하나의 현존, 즉 우리가 현재에 느낄 수 있는 어떤 것이다. 처음의 두 가지 현상학적 관찰들을 결합하여 우리는 다음과 같이 말할 수 있다: 멜랑콜리의 기분은 전체로서의 세계가 의미를 상실했고 그리고 그 부재를 그의 상실감과 더불어 그리고 약화된 현존과 더불어 기이하게 혼합했다는 사실을 우리에게 드러낸다는 것이다.

멜랑콜리 현상에 관하여 우리가 주목하는 세 번째는 그것이 그 중심에 불안restlessness의 씨앗을 담고 있다는 것이다. 말하자면, 멜랑콜리는 앞으로 나아가거나 뒤로 물러가기를 원한다. 즉 그 스스로부터 어떤 방향으로든 떨어지기를 원한다는 것이다. 자살성 사고suicidal ideation에서 멜랑콜리는 죽음을 통하여 그 스스로부터 자아를 구원하고자 한다. 그러나 그보다 시원적인 사실은 바로 이 자살적 사고가 하나의 '일어남stirring'으로서, 저 위대한 '더-이상-아닌the great no longer'으로부터 보다 위대한 '아직a greater not yet'으로 나아가기를 원한다는 것이다. 여기서 저 '아직'은 의미가 이런 저런 특정한 것을 위해서가 아니라 전체로서의 세계를 위해 다시금 출현할 수 있는 열려진 세계를 의미한다.

잠재적 자살자란 멜랑콜리가 취할 수 있는 두 방향들 사이의 변증법에 사로잡힌 누군가로서 이해해야 한다는 사실은 결정적으로 중요하다. 한 수준에는 모든 의미의 갑작스런, 전체적인 그리고 완전한 멸종으로 나아가는 방향이 있는 반면, 또 다른 층위에서는 '저 아직the not yet'으로의 느린 열림으로 나아가는 방향이 있다. 여기서 관건이 되는 것은 의미의 전체성이며, 이런 저런 관계성이나, 이런 저런 경제적인 딜레마나 혹은 이런 저런 후회의 문제가 아니다. 그리고 전일성을 향한 추구는 바로 이 연결에서 침몰하거나 성공한다.

바로 여기 멜랑콜리의 경험 내에 분열splitting이 있다. 한 길은 궁극적 종결ultimate closure로 아래를 향하여 나 있고 그리고 다른 길은 막 피어나는 희망으로 나 있다. 멜랑콜리에 관해서 우리가 주목하는 네 번째는 바로 이 저 아직the not yet으로 나 있는 **열려진 잠재성**opening potential이다. 멜랑콜리의 불안의 바로 그 중심에는 의미가 다시 돌아와, 멜랑콜리를 희망으로 변용하리라는 가능성이 놓여있다. 우리는 이것을 어떻게 구체적인 형식으로 경험할까?

만일 멜랑콜리가 전체로서의 세계 내에서 의미의 상실을 전체화하는 경험이라면 그리고 만일 멜랑콜리가 또한 잃어버린 대상에 대한 애도 속에 있다면, 그렇다면 멜랑콜리의 움직임은 방향을 바꾸어, '더-이상-아닌the no longer' 속에서가 아니라 (즉 과거 속에서가 아니라) 어떤 다른 곳에서 잃어버린 대상을 찾아야만 할 것이다. 다시금 우리는 하나의 역설을 보게 된다. 저 '더-이상-아닌'으로 돌아가려는 시도는 자아를 종결과 죽음으로 끌어당길 것이다. 그 차원에서 잃어버린 대상은 진실로 잃어버린 것이고 그리고 결코 돌아올 수 없다. 그러나 멜랑콜리와 관련하여 가장 섬뜩한 것은 바로 그 잃어버린 대상이 정확히 반대 방향으로부터 말하자면, 열려진 미래로부터 돌아올 수 있다는 사실이다. 그 열려진 미래 속에서 의미는 하나의 전체로서의 세계로 다시 돌아온다. 나는 나의 존재의 힘에 대한 감각과 무의미에 대한 의미의 우월성이라는 감각을 다시 회복하게 되는데 말하자면, 수리 불가할 정도로 소실된 것으로 여겨졌던 관계의 부활 속에서 회복하게 된다.

멜랑콜리와 관련하여 우리가 주목하는 다섯 번째 그리고 마지막 요점은 바로 멜랑콜리는 그 자체 안에 저 '더-이상-아닌' 안에서 **의미의 복귀**의 씨앗을 담고 있다는 사실이다. 이 의미는 어떻게 일어나게 되는가? 만일 우리가 멜랑콜리에 이론적 구조를 부과하는 대신에 그것이 우리에게 말하고 있는 것에 주의 깊게 귀 기울인다면, 우리는 멜랑콜리가 전통적으로 영the spirit이라 불려왔던 에너지와 교차하고 있다는 사실을 알게 된다는 것이 나의 직감이다. 그렇다면 멜랑콜리의 중심 속에 잠자고 있는 영이란 무엇인가? 그리고 우리는 어떻게 그것이 현재하다는 것을 아는가?

전통 기독교에서 영은 부활의 드라마가 일어난 후 역사 속에서 그리스도의 사역을 완수하는 준準-인격quasi-person으로 간주되었다. 영은 그것이 가고 싶은 대로 불어가고 그리고 그 어떤 인간의 손길이나 대행주체에 의해 길들여질 수 없다. 이러한 의미에서 그것은 내가 서문에서 언급한 **드랄라**drala나 힌두교의 맥락에서 언급한 **샥티**Shakti와 같다. 영은 인간보다 큰 그리고 다양한 방식으로 인간과 교차할 수 있는 에너지이다. 바로 그 에너지가 저 거대한 사이 공간들 (즉 간격들) 속에서 작용하고, 그 사이 공간들에서 의미들은 열려져 나와 자아에게 활용가능하게 된다.

멜랑콜리의 불안한 중심에서 영이 보일 수 있는데, 왜냐하면 영이 의미를 다시 세계의 불투명한 전체성으로 초대하는 움직이는 흔적이나 청산clearing을 남겨놓기 때문이다. 영은 명사가 아니라 동사로서 아직the not yet의 출현을 열고 기다리는 운동이다. 다시 반복하자면 이는 예를 들어, 대화가 갑자기 극적으로 새로운 방향으로 전개되면서 우리와 말하고 있는 사람의 보다 심층적인 의미를 열어줄 때 혹은 반복되는 일상의 상황에서 신적 현현epiphany이 있을 때 우리 모두가 느꼈던 경험이다. 예전에 닫혔던 것이 이제는 열려지고 예전에 불투명했던 것이 갑자기 새로운 광휘를 입는다.

그러나 내가 참으로 영the spirit에 관해서 이야기하고 있다면, 왜 이번 장의 부제에 "영들spirits"이라는 복수를 사용하고 있는가? 의식 안에서 그리고 의식으로부터 소용돌이치는 온갖 에너지들과 마술적 힘의 자리로 세계를 간주하는 어떤 원시적 형태의 애니미즘으로 나는 퇴행하고 있는 것인가? 혹은 여기에서 또 다른 논리가 작동하고 있는 것인가? 경험 내의 차이와 불연속에 그토록 많은 주의를 쏟고 있는 포스트모던의 시대에 '영the spirit'에 관해서 이야기하는 것이 점점 힘들다고 느껴왔다. 그리고 비록 포스트모더니즘과 함께 하는 모든 철학적 전제들을 공유하지는 않더라도 우리는 인류사의 전환점에 와 있고, 여기서 이제 우리는 보다 고차원적인 에너지나 힘이 취할 수 있는 다양한 겉모습들을 존중하는 것이 필연적이라는 주장에 나는 동의한다. 부분적으로 이는 나의 AA[6]의 초기 경험으로부터 유래하고 또한 부분적으로 이는 베단타 사상가들이 보편과 특수의 변증법에 관하여 옳았다는 나의 판단으로부터 유래하고 그리고 또한 부분적으로 이는, 우리가 무엇을 하고 있다고 생각하는지 상관없이 우리 모두는 극히 사적인 방식들

---

6 코링턴은 AA 즉 알코올중독자 자주치료협회(Alcoholics Anonymous)에 참여하여 알코올중독치료를 받았었다. 〈역자주〉

로 우리의 영들을 이름한다는 나의 단순한 실용주의로부터 유래한다.

조울증 환자에게는 특별히 멜랑콜리의 손아귀에 사로잡혔을 때 세계가 소멸하는 기분의 불안감으로부터 유래하는 보다 고차적인 에너지에 대한 암시들이 존재한다. 그러나 이 에너지는 인격적이고 개인적 지평 즉 개인적 의미 중심에 예속되어 있다. 유대교 모세오경의 혼돈의 소용돌이치는 심연 즉 심연the deep의 얼굴을 가로질러 유희하는 영the spirit은 개인의 중심에서 빛으로 등장하여, 열려진 미래에서 의미를 약속한다. 만일 보편적 영이 존재한다면, 그것은 인격적 형태들로 현현할 것이고 그리고 이 인격적 현현은 그의 진정한 존재의 일부이다.

융이 치밀하게 서술한 바대로 개별화 과정individuation process은 어떻게 이름 짓든지 간에 자신의 개인적 영과의 대면을 수반한다. 바로 그 선물, 즉 은총의 현현이 각 자아 속에서 특별히 심적 붕괴의 위협이 있을 때 찾아온다. 이는 곧 영의 선물이 약물치료와 화학적 간섭의 필요성을 제거할 수 있다는 것을 말하는 것인가? 분명히 아니다. 그렇게 말하는 것은 마술적 사유의 죄책감일 것이고 그리고 영의 활동을 위한 필연적인 지지 조건들 중 하나를 없애버리는 꼴이 될 것이다. 다시금 내가 힘겹게 배우게 된 통찰을 반복하자면, 올바른 약물치료가 없다면, 영적 갱신이나 개별화에 대한 모든 이야기는 공허하게 되고 그리고 사실상 상당히 위험한 이야기가 된다. 그리고 결국 인격적 영은 언제나 몸에 육화되는 것이지, 결코 어떤 자유롭게 떠다니는 유령이 아니다.

그렇다면, 우리들 각자는 극히 인격적인 영전 현존을 만난다. 그 영적 현존은 "이름과 형상"을 가정할 수 있지만 그러나 그러한 것들은 결코 궁극적인 것들이 아니다. 우리의 영인 그 영은 성스러운 접층들을 밝혀 주겠지만 그러나 또한 그 접층들로부터 우리를 보호하는 간격들을 현현케 할 것이다. 바람의 말은 영의 숨결을 타고 그리고 조건이 적합하다면, 성스러운 접층들과 간격들의 복잡한 상호작용으로 진입하여 영적 실존을 풍성케 해 줄 것이다. 그러나 마치 우리의 영이 감정 기복들을 통해 살아야 하는 것으로부터 도래하는 모든 딜레마들을 어떻든 해결해 줄 것처럼 이 과정을 낭만화하지는 말아야만 한다. 자연의 여느 다른 산물들처럼, 영들은 지극히 유한하다. 아마도 영들은 우리가 만나는 다른 사물들보다는 덜 유한하겠지만 그러나 그들은 분명히 전능하지 않다. 영들은 왜 나의 영이 어느 날은 모습을 드러내기로 "결심하고" 그리고 다음 날은 침묵으로 퇴거했는지에 관해서 언제나 일종의 신비로 남아 있다. 그리고 심지어 영이 모습을 드러내는 때에조차 그 영은 언제나 애매모호하고 단편적인 방식들로 그렇게 할 뿐이다. 애매모호성은 자연의 신비들의 핵심에 이르기까지 언제나 함께 가며, 이 냉정한 사실을 인식하지 않는 영에 대한 어떤 개념도 그 운명의 공격에 맞서 오랫동안 유지될 수 없다.

세계의 영들이 언제나 구원적이고, 나의 개인적 필요들에 깊이 관심을 갖고 있다고 가정하는 것은 분명히 매혹적이다. 그러나 다시 말하자면, 이는 일종의 마술적 생각인데, 불행히도 제도 종교들에 의해 부추겨지고 있다. 내 삶의 위대한 사이 공간들에서 만났던 영은 기호들을 읽는데, 즉 나를 잠식하는 기호들과 의미들의 대개 맹목적인 무리들 가운데에서 실재를 발견하는데 도움을 줄 수 있었고 그리고 그랬다. 그러나 그 영은 전능하지도 그리고 전지하지도 않았다. 다시 말해서 영은 영원한 진리들을 보관하고 있는 일종의 궁극적인 데이터 은행이 아니며, 그래서 내가 필요할 때 예치해둔 진리를 빼 갈수 있는 은행이 전혀 아니다. 영은 오히려 운동movement이나 청산clearing같은 것이어서 그 안에서 내가 구원적인 방식들로 사용**할 수** 있는 특정한 것들이 밝혀진다.

위에서 나는 (예를 들어, 창조적 거리 두기 혹은 인지치료 같은) 기술technique과 은총grace 사이의 변증법의 일부를 말하기 위해 "자연 은총"이라는 개념을 사용했었다. 접두어 "자연(적)natural"은 중요하다. 영들의 생명이라는 내 자신의 의미(구조) 속에서 은총은 초자연적 영역이나 초자연적 존재의 어떤 신적인 행위로부터 오는 어떤 것이 아니라, 자연 그 자체의 역량으로부터 오는 것이다. **탈자적 자연주의**ecstatic naturalism라는 나의 철학적 조망이 주장하는바, 자연과 불연속적인 것은 그 어떤 것도 존재하지 않으며, 자연과 그의 질서들 바깥에 서 있는 그 어떤 것도 존재하지 않는다. 이는 자연이 오로지 과학적 용어들로만 이해될 수 있다는 것을 의미하는 것이 아니며, 또한 교묘한 환원주의나 물질주의를 가정하지도 않는다. 그와 반대로 **탈자적**脫自的, ecstatic 자연주의는 신비와 성스러움을 아주 진지하게 대한다. 그러나 모든 신비들과 성스러움의 모든 현현은 완전히 충만한 자연 **안에** 현현들이고 그리고 자연**의** 현현들이라는 사실은 중요한 단서이다(본서의 부록을 참조하라).

결과적으로 은총은 **자연적** 은총, 즉 우리를 둘러싼 세계의 질서들 내에서 찾아볼 수 있는 은총이어야만 한다. 바로 그 은총이 비존재nonbeing에 맞서 우리의 생명을 안전하게 하는 은총인데, 우리의 유약한 에고ego에 구멍을 내는 힘들을 극복할 수 있도록 우리 자신의 존재의 힘에 새로운 의미를 부여해주는 은총이다. 나의 개인적 영은 그 자연적 은총을 활발하게 할 수 있으며, 그럴 때에만 우리는 영의 은혜에 대하여 말할 수 있는 자격을 부여받는다. 그러나 다시 한 번 말하자면, 만일 우리가 그것을 두 번째 특별한 형식으로 보고자 한다면, 이 은총은 전적으로 자연적인 은총으로서—나의 개인적 영만큼이나 자연적이어서—언제나 고집스럽고 애매모호한 물物과 함께 그리고 그것에 맞서서 작용해야만 한다.

마치 수사법과 좋은 느낌이 조울증이라는 강력한 정신병과 투쟁해 나가는데 도움을 줄 수 있듯이 조울증 환자가 필요로 하는 마지막 것은 일종의 희석되고 비현실적인 형태의 영성이라는 주장에 여전히 설득력이 있다고 생각한다. 우리의 영성은 현실적realisic이고, 냉정하고, 애매모호성을 인식하고 그리고 실패들이 있을 것이라는 가능성과 영의 에너지가 물러날 수도 있다는 가능성에 열려 있어야만 한다. 랄프 왈도 에머슨Ralph Waldo Emerson은 비록 조울증 환자는 아니었지만 영이 갑자기 사라질 때 자아를 압도해 오는 느낌들에 대하여 말했는데 이때 그는 그의 많은 독자들이 깨달은 것보다 훨씬 더 심각했다:

우리는 어디서 우리 자신을 찾을까? 끝들을 알 수 없는 연속들 속에서, 그것은 어떤 끝도 갖고 있지 않다는 걸 믿어라. 우리는 깨어나서 계단에 앉아있는 자신을 발견한다; 우리 아래에 계단들이 이어져 있는데, 우리는 거기서 올라온 것처럼 보인다; 우리 위로도 계단이 있는데, 똑같은 모양이 수없이 이어지며, 위로 올라가는데, 끝이 보이지 않는다. 그러나 낡은 믿음에 따르면 우리가 들어가는 문에 수호신the Genius이 서 있는데, 우리가 그 어떤 이야기도 하지 못하도록 우리에게 망각의 강물을 마시라고 주면서, 컵의 물을 아주 힘차게 섞어 건네고 그리고 우리는 이제 정오의 무기력을 떨쳐내지 못한다. … 귀신처럼 우리는 자연을 미끄러져 나아가고 그리고 다시는 우리의 자리를 알지 못해야 한다. … 우리는 위에 있는 공장들이 물을 고갈시켰을 때, 마치 개울 하류에 있는 방앗간들의 처지와 같다. 상류의 사람들이 댐의 수위를 높였을 것이라고 우리는 역시 상상한다.7

---

7 *Emerson: Essays and Lectures*, by Ralph Waldo Emerson(The Library of America, 1983), 471.

에머슨은 극심한 우울증에 시달렸고 그리고 신학대학원생 시절 전환 히스테리conversion hysteria8 형태를 경험했다(부분적으로 장님이었다). 그는 자아의 내외로 스스로를 엮어가는 기분들의 이상한 궤적들에 대해서 잘 알고 있었고 그래서 유럽적이고 미국적인 전통에서 교육받은 이들이 그러듯이 그 기분들을 연대순으로 기록했다. 여기서 그의 심상은 정확히 영적 에너지가 배경으로 멀어질 때 느껴지는 것과 같은 것을 연상시키고 그리고 우리에게는 의식의 수차를 돌릴 충분한 성스러운 물이 남겨져 있지 않다. 그 어떤 량의 긍정적인 생각도, 그 어떤 수사적 힘의 연출도 그리고 그 어떤 량의 자기-달램도, 만일 영의 물들이 계속 댐의 수위를 높이고 있기로 결정했다면, 그 영의 물이 돌아오도록 강요할 수 없다. 심지어 기술을 지니고 있어도 우리는 때론 기다림을 배워야 한다. 즉 경고 없이 도래할 수 있는 건조기를 견뎌내는 법을 배워야만 한다.

내가 요청하는 영성은 전일성을 향한 추구가 자아와 공동체 모두에게 치러야 할 대가를 전적으로 잘 알고 있는 영성이다. 전일성wholeness은 선행하는 상태도 아니고 전적인 완결의 상태도 아니다. 우리는 단지 이 상태가 무엇과 같을지에 대한 암시들만 갖고 있을 뿐인데, 우리가 추정하는 상태 속에서는 우리의 정신적 장애가 담지한 맹렬한 마그마와 오싹한 심연들이 일종의 긴장감 가득한 조화의 형태로 모아진다. 그러나 이 투쟁 속에서 우리는 혼자가 아니다. 우리는 약물치료의 힘과 치유의 식견들을 갖고 있다. 우리는 또한 성스러운 접층들과 간격들 안에서 또한 그것들을 통하여 순환하는 힘들을 갖고 있으며, 우리

---

8 전환 히스테리는 어떤 신체적 증상들이 심인(心因)에 의해 일어나는 경우로서, 서거나 걷지 못하고 지각마비나 발작 혹은 실성 등의 증세가 나타나는데, 억압된 욕구나 심적 외상이 무의식적 과정을 통해 신체적 증상으로 '전환'되어 나타나기 때문에 전환 히스테리라고 부른다. 〈역자주〉

자신의 삶의 경쟁하는 힘들 사이에서 올바른 형태의 조치들을 찾을 수 있도록 도와줄 영의 역량을 갖고 있다. 물론 아주 분명히 말해서, 이 힘들의 대다수는 우리 자신이 만들어 낸 것들을 물들이고 형성하는, 즉 우리가 마주치는 성스러운 접층들이 무엇이든지 간에 물들이고 형성하는 투사와 전이적 갈망들의 결과물들이다.

만일 우리가 역전이countertransference9 개념을 자연의 성스러운 접층들에 적용한다면 어떨까 나는 궁금했다. 이는 터무니없는 생각처럼 들릴 것이다. 특별히 왜냐하면 전이와 역전이 모두 세계에 대한 지극히 **인간적인** 반응들이라서, 세계가 의식 바깥에서 만들어 낼 수 있는 어떤 것이 아니기 때문이다. 나는 한 개념을 그 한계점까지 확장하는 중이지만 그러나 나는 우리가 조울증을 갖고 있든 아니든 모두에게 무척 중요한 의미의 집중지역들 가운데서 우리가 영적으로 살아갈 수 있도록 도와줄 추론을 시험해 보고자 한다.

나는 이제 내가 다른 사람과 어떻게 전이 관계를 가질 수 있는지 그리고 그 사람이 나와 어떻게 그런 관계를 가질 수 있는지 이해하게 되었다. 그리고 또한 나는 내가 『성서』나 『우파니샤드』와 같은 성스러운 텍스트와 전이관계를 가질 수 있는지 이해하게 되었다. 여기까지는 좋다. 그러나 이 후자 유형의 사물들이 나와 무슨 관계를 가질 수 있는가? 특별히 그것들은 사물이지 자아가 아니지 않은가? 그것들이 적어도 유비적으로 전이적이라 불릴 수 있는 종류의 압력을 내게 거꾸로 행사할 수 있는 것인가? 성스러운 접층은 심지어 내가 존재한다는 사실을, 즉 나의 투사된 내용으로 채워진 그 동일한 "내"가 그 접층의 내적 논리의 일부라는 사실을 인식할 수 있는가? 우리는 여기서 인간

---

9 역전이(countertransference)는 분석자가 피분석자에게 감정적 전이를 하게 되는 것을 가리킨다. 〈역자주〉

적 특징들을 자연에 도입하면서 신인동형론적anthropomorphic 덫에 말려들어가고 있는 것은 아닌가? 즉 이전에 궁극자에 관하여 이야기할 때 경고했던 바로 그 덫으로 말이다. 혹은 여기에 정신분석이 여태껏 확인하거나 이해하는데 실패했던 특별한 종류의 역전이가 존재하는 것인가?

성스러운 접층들과 그 간격들은 어떤 중요한 의미에서 우리의 가장 악명 높은 투사들projections에 저항하고 그리고 그 투사들을 옷 입기 거절하고 도리어 다시 우리에게 되던질 수 있다는 생각을 제안하고자 한다. 더 나아가 이것은 상당히 역전이逆轉移와 같은 것으로 기능하는 일종의 계속 진행 중인 에너지, 말하자면, 성스러운 접층에 의존하게 된 본래의 전이에 대한 (물론 의식적이지 않은) 개방성으로서 기능하는 에너지라고 말하고 싶다. 우리가 미술관에서 대면하는 그림들의 경우를 생각해 보자. 처음에 우리는 그림에 당혹스러울 수 있다. 특별히 그것이 비재현적이어서 이상한 형상들과 구조들을 사용할 경우에 말이다. 말하자면, 우리가 통상 뉴턴적인 3차원 공간과 그의 대상들을 통해 의미하는 관점으로부터 이상하게 보일 경우 말이다. 아마도 그 그림은 거대한 로르샤흐 반점Rorschah blot[10]처럼 기능하여, 우리의 입장에서 투사들을 이끌어낸다. 화가가 의도했든 안 했든지 간에 우리는 그 그림 위에 우리 자신의 무의식적인 콤플렉스들을 투사하지 않을 수 없다. 만일 그 그림이 진정으로 성스러운 접층이라면, 즉 위대한 힘과 범위를 담지한 작품이라면 그 그림의 사회사에는 무엇이 일어나는가?

나의 해석들은―얼마나 최소한이든지간에―일종의 공적 공간으로 진입해야만 한다. 나의 투사들은 다른 사람들의 투사들과 비교되거

---

10 로르샤흐 반점(Rorschah blot)은 로르샤흐 잉크블롯으로 불리기도 하는데, 좌우대치형의 잉크무늬인데, 자신의 심리상태에 따라서 두 가지의 그림이 엇갈려 보이는 것을 가리킨다. 〈역자주〉

나 혹은 나 혼자와의 내적인 대화에 참여하게 될 수도 있지만 그러나 그 두 구조들은 최소한의 의미에서 공동체적일 것이다. 이 대화들이 발생하는 공간이 사실상 그 그림을 둘러싼 간격이고 그리하여 그 그림의 순전한 힘이 유한한 방식들로 대면될 수 있는 청산clearing을 제공한다. 나의 논점은 바로 이것이다: 이 공간, 즉 이 둘러싸고 진동하는 청산이 바로 그 그림의 성스러운 접층을 만나기 위해 도래하는 전이들을 평가하고 도전하는 역전이의 자리라는 것이다. 바로 이 대응적 움직임이 어떤 해석들은 "격려"하고, 다른 해석들은 좌절시킬 것이다. 그러나 물론 의식적이고 의도적인 방식으로는 아니다. 그러나 간격The interval은 우리를 만나기 위해 도래하여 우리의 전이를 위한 장소를 제공한다.

나는 이 생각이 너무 중요하다고 생각하기 때문에 이 생각을 다른 축으로 선회하여, 더 나아가 어떻게 조명될 수 있는지 살펴보고자 한다. 성스러운 경전을 읽는다고 생각해 보자. 유대교 전통에서 그러한 읽기는 선포를 목적으로 하는 것이 아니라, 창조적 논증과 해석을 위한 읽기 즉 미드라쉬Midrash로 알려진 과정이다. 미드라쉬적 읽기는 텍스트와 그의 역사적 주석들을 전후로 왔다 갔다 하는 운동으로 진입하는 독법이다. 우리는 텍스트가 그의 위대한 해석자들을 통하여 매개되면서(사실상 그들의 주석들이 텍스트 주변에 등장하는데), 우리 자신의 갈망들과 투사들의 운동으로 진입하는 변증법에 몰입하기 위해서 텍스트를 읽는다. 그러나 텍스트와 주석들은 침묵의 무관심으로 단지 우리를 빤히 응시하지는 않는다. 텍스트와 주석들은 우리에게 대답하고, 도전하고 그리고 우리의 전이들을 의문에 처하게 한다. 그것들은 우리가 그것들에게 던지고자 하는 것에 "예"와 "아니오"를 말할 수 있고 그리고 예와 아니오를 말하는 이 과정이 역전이적 과정이라고 나는 말하고자 한다. 그것은 우리가 보낸 것에 대한 반응으로서, 우리의 특수성에 대한 즉 성스러운 접층들에 상륙하기 전까지 항상 불안한 콤플렉스들을 지닌 투사하는 존재들로서 우리의 즉자성에 대한 응답이다. 그리고 미드라쉬적 활동을 둘러싼 공간은 전이와 역전이를 함께 데려오는 간격The interval이다.

그렇다면 영 안에 살아간다는 것은 근원적으로 종교적일 수밖에 없는 우리 자신의 전이들 안에서, 그것들을 통하여 살아간다는 것을 의미하고, 더 나아가 우리의 투쟁하고 있는 자리로 우리를 만나기 위해 도래할 역전이의 기묘한 방식들 안에서 살아간다는 것을 의미한다. 조울증 환자에게 자연은 언제나 의미와 더불어 살아있을 것인데, 사실 대부분의 사람들이 아는 것 보다 더욱 많은 의미들로 살아있다. 보다 온화한 경조증들hypomanias 속에서 우리는 역전이가 작동하는 방식들을 이해할 수 있다. 대상들은 비록 『성서』에서 말하는 혀들로는 아니지만, 의식의 가장 으슥한 곳들에서 여전히 느낄 수 있는 방식들로 우리에게 말을 한다. 거기에는 일종의 세상과의 친밀감이 존재하는데 이는 조울증 환자에게 고유한 친밀감으로서 그 자신의 끔찍한 은총terrible grace이라는 형식들과의 친밀감이다.

그렇다면 조울증의 그 많은 곁길들을 통한 여행의 끝에서 우리는 무엇을 결론지을 수 있는 것인가? 나는 방아쇠trigger 사건들을 회피하기, 약물의 사용, 창조적 거리 두기, 공동체적 시험, 인지 치료, 약물남용을 회피하기, 삶의 전이와 역전이의 흐름들을 협상하기 그리고 신뢰의 관계들을 쌓아가기 등과 같은 실천적 전략들에 관하여 내가 할 수 있는 것들을 말했다. 나는 자기 자신의 악마들과 자신의 과거의 죄들 그리고 현재에서 변상하는 일에 정직할 필요성에 대해서 말했다(강력한 AA 원리들이다). 나는 뉴턴이나 스리 라마크리슈나와 같은 동료 고난자들의 눈으로 세계를 보고자 노력해 왔다. 그리고 진단-이후의 우주

속에서 내 자신을 다시 형성하도록 요구받아 오면서 내가 잃은 것과 내가 얻은 것을 인지하며, 나는 내 자신의 여행을 대부분 밝혔다.

부록

범재신론으로부터
범신론으로의 전이

미지의 바다를 가로질러 항해하는 철학적 항로 위에 있다는 것과 알려진 언덕들과 삼림들을 통과해 나아가는 오솔길 사이에는 차이가 존재한다. 후자의 경우, 그 여행의 출발지whence와 목적지whither를 나타내는 자연적이고 관습적인 이정표들을 알아보기 쉽지만 전자의 경우는 숨겨진 변증법이 작용하고 있다는 섬뜩한 깨달음이 존재한다: 말하자면, 목적지를 향한 항해에 숙고해서 승선하는 것과 표면과 깊이의 지형을 드러내지 않는 바다를 가로지르는 어떤 무언의 힘에 의해 내몰려 쫓기고 있다는 섬뜩한 느낌 사이의 차이 말이다. 그러한 외로운 여행의 숨겨진 출발지와 도착지에 대한 어떤 미묘한 종류의 명쾌함이 출현하기 시작하는 순간들이 철학적 질문들 속에 도래할 수도 있다. 비록 이 이해의 순간들이 곧 둘러싸고 있는 바다의 안개 속으로 다시 사라져가 버릴지라도 말이다.

그러한 순간에 이르게 되면서, 나는 1980년대 후반부터 1990년대 초 내 글들 속에서 형성되었던 서수적[1] 범재신론ordinal panentheism으로부

---

1 ordinal이란 용어는 코링턴의 저술들 속에서 번역하기가 가장 까다로운 용어들 중 하나이다. 통상 ordinal은 서수와 같이 순서가 정해진 질서를 가리키는데, 코링턴은 단지 그러한 서열적 질서만을 의미하는 것이 아니라, 세상의 무수한 도처는 '질서'로 구성되어 있다는 개념을 'ordinal'이라는 표현으로 담아내고 있다. 그럼에도 불구하고 '질서적'이라는 말로의 번역은 좀 과잉된 느낌이 있어서, '서수적'이라는 번역을 사용한다. 〈역자주〉

터 금세기에 이르러 보다 온전한 본연의 모습으로 이제 도래하고 있는 범신론적 탈자적 자연주의pantheistic ecstatic naturalism를 향하여 나아가는 경로의 지표로서 출현했던 것을 다시 안개가 돌아와 뒤덮어 버리기 전에 일단의 윤곽을 그려놓을 필요를 느꼈다. 초기의 작품들은 하나의 자연과 그의 무수한 질서들의 탈-유일신론적 이해를 향하여 나아가기를 노력했지만, 그러나 나의 신학적 표현들은 과정 사상으로부터 도래하는 20세기 범재신론의 형식들과 너무 긴밀한 관계를 맺고 있어서, 나의 사유 전반에 걸쳐 반복적으로 등장하는 주제로 지속적으로 작용해 왔던 **자연화하는 자연**nature naturing, 능산적 자연과 **자연화된 자연**nature natured, 소산적 자연이라는 심층-범주들을 진정으로 성찰할 수가 없었다.[2] 더 나아가서 알프레드 노스 화이트헤드Alfred North Whitehead와 찰스 하츠혼Charles Hartshorne의 범주적 유산들을 저스투스 버츨러Justus Buchler[3]의 서수적 형이상학의 도움으로 재사유하여 철학적 신학을, 범심론panpsychism의 외관상 반자연주의적 관점은 말할 것도 없이, 원자주의와 내적 관계론의 오점으로부터 해방시킬 것이라는 것이 나의 희망이었다.[4]

---

2 그 책들은 다음과 같다: *The Community of Interpreters*(Macon, GA: Mercer University Press, 1987, new edition with new Preface 1995); *Nature and Spirit*(New York: Fordham University Press, 1992); *An Introduction to C.S. Peirce* (Lanham, MD: Rowman & Littlefield, 1993); *Ecstatic Naturalism*(Bloomington, IN: Indiana University Press, 1994); Nature's Self (Lanham, MD: Rowman & Littlefield, 1996), *Nature's religion*(Lanham, MD: Rowman & Littlefield, 1997), *A Semiotic Theory of Theology and Philosophy*(『신학과 기호학』) (Cambridge, UK: Cambridge University Press, 2000 [이문출판사, 2007]); 그리고 *Wilhelm Reich: Psychoanalyst and Radical Naturalist*(New York: Farrer Straus & Giroux, 2003). 내 논문들 중 몇 가지가 이 글 속에서 언급될 것이다.

3 저스투스 버츨러(Justus Buchler)의 가증 중요한 근본적 작업은 *Metaphysics of Natural Complexes*, second expanded edition, edited by Kathleen Wallace, Armen Marsoobian, and Robert S. Corrington(Albany: SUNY Press, 1990)이다.

4 필자의 논문들, "Toward a Transformation of Neoclassical Theism," *International*

내가 부분적으로만 옳았다는 사실을 이제야 깨닫고 있다. 서수적 현상학[5]이라는 강력한 방법의 사용은 이따금 자유주의적 기독교로부터 유래하는 어떤 은근하고 무사유적인 초험적[6] 논증들에 의해 잘못된 길로 나아가곤 했다. 나의 부단한 사유의 관점에서 현상학적 기술들과 초험적 전략들 사이의 이 창조적 긴장은 불가피하게 남아있고 따라서 초험적인 논증들이 더 이상 필요치 않는 영역을 향한 바로 그 파악하기 어려운 자리를 향한 더 이상의 질문을 자극한다.

Philosophical Quarterly, Vol. XXVII, No.4, December 1987 393-408과 "Ordinality and the Divine Natures," in *Nature's Perspectives*, edited by Armen Marsoobian, Kathleen Wallace, and Robert S. Corrington(Albany: SUNY Press, 1991), 347-366을 참고하라.

5 초험적 전망이 서수적 자연주의(oridnal naturalism)에 의해 극복될 때, 현상학의 방법은 서수적(ordinal)이다. 서수적 자연주의 속에서 초점은 '과정-중에-있는 자아'(self-in-process)로 옮겨진다. 왜냐하면 자아는 대면하는 세계의 적합한 질서들 속에서 그리고 사이에서 그의 전망들을 회전시키기 때문이다. 현상들(혹은 적합성의 질서들)의 공간적 시간적 특성들은 더 이상 (예를 들어,) 사회적, 경제적, 역사적, 종교적 혹은 다른 특성들보다 특권을 부여받지 않는다. 이 사회 경제 역사 및 종교적 특성들은 그 현상 속에 스스로를 드러낸다(self-showing). 왜냐하면 그 현상이 그의 적절한 서수적 위치들을 통해 선회하기 때문이다. 에드문드 훗설의 에포케 개념, 즉 존재 주장들을 괄호 친다는 개념은 존재론적 동등성의 보다 심층적인 의미에 의해 불필요한 것으로 간주된다. *Wesensschau* (본질직관)라는 개념은 서수적 순환(ordinal rotation)이라는 개념으로 대치된다. 왜냐하면 그 개념은 특성들과 그것들의 하위적 특성들을 인식하기 때문이다. 초험적 (그리고 심지어 해석학적) 현상으로부터 서수적 현상학(ordinal phenomenology)으로의 이 전환과 관련해서는 *Pragmatism Considers Phenomenology*, ed. by Robert S. Corrington, Carl Hausman, and Thomas M. Seebohm(Center for Advanced Research in Phenomenology and University Press of America, 1987)에 나오는 필자의 "intro-duction," 1-35를 참고하라.

6 칸트의 용어인 'transcendental'은 통상 '선험적'이라는 표현으로 번역되어 왔는데, 'transcendent'(초월적)이라는 말이 가리키는 공간과는 다른 곳을 가리키기 때문에 그렇다. 하지만 최근 이 '선험적'이라는 표현이 본래 칸트의 의도를 희석시킨다는 주장에 따라 '초월적'이라는 말로 번역하기도 한다. 하지만 '초월적'이라는 번역과 '선험적'이라는 번역 모두 본래의 의도를 가리키지 못한다고 생각하여 '초험적'이라는 말로 일괄 번역한다. 〈역자주〉

분명히 과정 형이상학에는 진실되고 신화적인 어떤 것이 있는데, 이는 자유주의적 개신교 신학의 마지막 호흡이었다. 낙관주의적 우주론과 복잡성과 전일성을 향한 끝없는 성장의 배후에 이 신화가 은폐되어 있다. 서수적 형이상학의 보다 소박한 관점은 당시 현실적 계기들의 낙관적 우주론에 대한 올바른 해독제로 보였다. 왜냐하면 서수적 형이상학은 그 낙관적 우주론과는 대립되는 (맨 아래 수준에 이르기까지) 순전한 복잡성, 서수적 위치, 반-종말론 그리고 범-자연주의를 주장하고 있었기 때문이다. 하지만 이 역시 **자연화하는 자연**과 **자연화된 자연** 사이의 존재론적 차이의 함축성들을 충분히 깊이 탐구하는데 실패했는데 이 구별이 서수적 형이상학의 이면에서 너무나 조용한 방식으로 작동하고 있었기 때문이다.

자연주의적 비판가들은 내가 자연주의를 종교주의자들에게 팔아버렸다고 주장한다. 왜냐하면 자연이 존재론적으로 두터운 영을 (혹은 영들을) 위한 여지를 갖고 있다는 관점을 내가 확증하고 있다고 생각하기 때문이다. 다른 한편으로 나의 신학적 비판자들은 내가 겨우 반절의 과정 신학자라고 주장한다. 왜냐하면 나의 낡아빠진 자연주의가 범심론panpsychism(혹은 범경험주의panexperientialism)과 신성의 고유한 특성들을 온전히 표현하지 못하도록 억제하고 있다고 생각하기 때문이다. 이 양 진영의 비판가들은 신기하게도 맞지만 그러나 잘못된 이유들로 들어맞는 것은 아닌가? 분명히 그 양측의 비판가들은 (탈-유일신론적인 이상한 유일신론인) 서수적 범재신론을 전체적으로 파악하지 못했고 그리고 그들의 독해는 한정된 텍스트에 의존하고 있고, 심지어는 거두절미한 형태에 의존하는 한편, 이미 낡은 해석 관행들로 퇴행하고 있다. 그럼에도 불구하고 비판가들이 제시하듯이, 나의 관점이 지닌 내적인 개념적 문제의 가능성은 1990년대 로버트 네빌Robert Neville과의 대화를 통해서 내 자신에게 선명하게 드러나기 시작했다. 1992년 출판한 필자의 책 『자연과 영』(*Nature and Spirit*)에 대한 리뷰에서 네빌은 **자연화하는 자연**과 **자연화된 자연**의 구별을 탐구해 들어가는 나의 헌신이 그하나의 자연이 담지한 두 차원들을 서로 연결하는데 어떤 "중간자적인 신들middling gods, 혹은 신적 차원들"을 필요로 한다는 사실을 논리적으로 수반하지는 않는다고 주장했다. 특별히 그의 비평은 내 작품에 대한 정교한 독해로부터 유래하기 때문에 그리고 조심스럽게 그려낸 신성의 사중적 차원성은 아마도 특정 관점에서 상기적인 기능을 가지고 있지만, 그럼에도 불구하고 개념적으로 복잡하고 둔하며 비-현상학적이고 그리고 심지어 내 관점의 기저에 놓인 통찰들과 긴장관계에 놓이기도 한다는 사실 때문에 나는 이제 그가 옳았다는 사실을 보기 시작했다.

돌이켜 보면, 신성한 자연들에 대한 이 사중적 관점은 보다 온전한 자기-인식적, 탈자적 자연주의로 가는 항로의 중요한 중간기착지였다는 사실을 이제 나는 깨닫는다. 그 사중적 관점은 신인동형론적(그리고 가부장적) 특성들을 담지한 유신론을 보다 포괄적인 조망 속에, 즉 유니테리언적 보편적 영의 잠재성들이 서수적 자연 **내에서** 발생하는 것으로 상상하는 보다 포괄적인 관점 안에 정초하여 품는 것을 가능케 했다. 동시에 그 관점은 우리가 신성에게 요구하는 다양한 활동들 가운데 야기되는 일단의 긴장들을 도출시켜 온전히 열린 변증법적 전개 내에 그 긴장들을 배치하기 위해 분투한다. 더 나아가 그 신성의 사중적 표현은 유한과 무한의 특성들을 이전에는 생각해보지 못했던 방식으로 상관시키는 것을 가능케 해주었는데 이는 하나의 지시막대와 자극으로서 훨씬 더 본질적인 장점을 여전히 갖고 있는 방식이다. 마지막으로 서수적 구조변경은 자연에 대한 근본적 물음에 파멸을 의미했던 원자주의atomism와 범심주의 간의 연결고리를 부순다.

그러나 이 초기 관점이란 정확히 무엇인가? 나의 대화상대자들 대부분이 이해하는데 실패한 혹은 내가 그렇다고 계속해서 생각했던 그 관점 말이다. 그리고 그 안에서 무엇이 보다 폭넓은 관점으로 음역되어, 자연의 핵심에 대한 이 지속적인 탐구의 가장 심원한 원동력을 존중할 수 있을 것인가? 보다 정확히 표현해서 아마도 강박적인 그러나 숨겨진, 초월적 논증들이 어떻게 서수적 현상학의 훨씬 느린 과정의 진로를 바꾸어 굴절시킬 것인가? 얼마나 자유주의적이든지 간에, 기독교의 부족주의적 관점의 강력한 흔적들이 존재하여, 그것들이 자연의 모든 것에 대한 현상학적 통찰의 유적인7 순간들을 둔화시키도록 작동하는가? "하나님"(혹은 신)이라는 단어는 **자연화하는 자연**과 **자연화된 자연** 사이의 존재론적 심연에 대한 근본적인 탐문으로부터 추방되어야만 하는가? 그리고 나는 이제 그래야만 한다고 믿지만 만일 그래야 한다면, 탈자적 자연주의ecstatic naturalism의 당시 초기의 관점과 성스러움의 서수적 특성들에 대한 그의 탐구에 대한 현상학적인 주요 직관들을 우리는 여전히 존중할 수 있는가?

『자연과 영』(*Nature and Spirit*): 첫 번째 승선

작가는 자신이 가장 좋아하는 작품이 있는지를 자주 질문 받는다. 비록 자신의 관점이 수정의 필요성에 놓여 있다하더라도 말이다. 이 질문을 받을 때 나는 『자연과 영: 탈자적 자연주의에 관한 에세이』

---

7 generic은 유적(類的)이라는 뜻이지만, '일반적인' 혹은 '보편적인'이라는 의미를 담지한다. 포스트모더니즘의 시대 이후 보편적(universal)이라는 말을 회피하는 시류 속에서 코링턴은 보편적이라는 말 대신 'generic'이라는 말을 사용한다. 경우에 따라 '일반적' 혹은 '유적'이라는 말로 상호교환적으로 번역한다. 〈역자주〉

(*Nature and Spirit: An Essay in Ecstatic Naturalism*)를 저술하기에 앞서 겪어야만 했던 많은 싸움들과 구성에 대한 기억이 가장 강하게 남아있는 텍스트로 여전히 남아있다고 대답한다. 그 책은 탈자적 자연주의를 향하여 나아가는 길에서 이룩한 자기-발견의 텍스트이다. 즉 아마도 그 책의 부제가 너무 대담하게 그리고 미숙하게 선포한 형이상학적 헌신의 텍스트라 해야 할 것이다. 그 책은 여러 곳을 돌아다니며, 매우 다른 개인적 그리고 직업적 상황들 하에서 그리고 다수의 연관된 전통들과의 계속적인 변증법 속에서 저술되었다. 철학적 물음에 참여하는 나의 방식은 살아있는 혹은 고인이 된 대화상대자들과의 일련의 대화들을 통해서 이루어진다.

내 자신의 불완전한 자아-역사 속에서 나는 『자연과 영』의 저술로 이끌었던 관점을 나와 더불어 사유했던 6명의 인물들을 말할 수 있다: 마틴 하이데거Martin Heideggger, 찰스 샌더스 퍼어스Charles Sanders Peirce, 저스투스 버클러Justus Buchler, 칼 야스퍼스Karl Jaspers, 폴 틸리히Paul Tillich 그리고 찰스 하츠혼Charles Hartshorne이다. 이 여섯 명의 인물들 중 버클러와 하츠혼을 개인적으로 알고 함께 작업하는 영광을 누렸지만, 버클러와 하츠혼은 서로의 범주적 도식에 대해서 특별한 호감을 갖고 있지 않았다. 보다 압축적으로 표현하자면, 하이데거는 나에게 물러나는 근거 Ab-grund 안에서 그를 통하여 부단한 사유를 전개하는 솜씨의 절대적인 구속력을 가르쳤다고 말할 수 있다. 퍼어스로부터 나는 방대한 형이상학에 기반을 두었을 때 기호학이 발휘하는 힘에 관하여 배웠다. 버클러로부터 나는 유적으로generically 사유하는 해방적 힘을 배웠다. 사상가로서 버클러는 폭넓고 관대하며 거의 모든 종류의 부족주의(혹은 집단주의)로부터 자유로웠다. 야스퍼스로부터 나는 자아의 다른 차원들의 운동 속으로 진입하는 방법 그래서 그 차원들을 통하여 비쳐오는 포괄자the Encompassing를 감각하는 법을 배웠다. 틸리히를 통하여 나는 자유주의적 기독교 내에 아마도 적정한 기간보다 더 오래 머물러 있을 수도 있었지만, 그러나 또한 한 전통의 상징들을 가능한 가장 풍성한 방식으로 사용하는 법을 배우기도 했다. 마지막으로, 하츠혼으로부터 나는 낙관주의적 과정 형이상학의 강점들과 심각한 한계들을 배웠다. 퍼어스에 대한 그의 호감은 우리에게 시초의 접촉점을 제공해 주었는데, 그를 통하여 우리는 자연과 신성the divine의 측면들을 토론할 수 있었다.

그럼에도 불구하고 이 모든 사상가들은 우리 자신이기도 한 그the 자연과의 만남들의 핵심에서 내가 본능적으로 감지한 어떤 것으로부터 달아나고 있는 것처럼 보였다; **자연화된 자연**을 산란하고 그리고 멀어지는 **자연화하는 자연**의 분열diremption과의 대면 말이다. 심지어 틸리히는 자연의 핵심에 대한 보다 심층적인 관점을 덮어버리기 위한 수단으로서 존재의 근거와 심연이라는 개념을 사용하기도 했다. 그가 나의 다른 대화상대자들보다 더 가까이 이 깨달음을 포용하는데 근접해 갔다는 사실이 그를 영예로운 범주에 올려놓는다. 비록 그의 범주적 묘사들은 버틀러에 의해 발전된 묘사들보다 더 평범하고 표준적이긴 하지만 말이다. 다음과 같은 물음이 다시 되돌아온다:『자연과 영』에서 전개된 나의 사유는 자연의 핵심을 대면하면서 또한 설득력 있는 형이상학을 전개할 수 있었는가?

자연과 '그의' 질서들의 근원적이고 거듭 반복되는 특성들을 유적인 사유가 보여주기를 추구하는 한 "형이상학"이라는 용어는 여기서 그 어떤 것이든 유적으로 사유하는 기획을 가리키는 것이어야 한다. 이 정의에 따르면, 우리는 형이상학을 극복할 수 없다. 그것은 자연을 극복한다는 것과 같은 의미이기 때문이다. 형이상학으로서 그 자신의 소유권을 간직하든 안하든 간에, 각 형이상학적 관점은 자연의 길way

과 방법how 그리고 존재들whats에 관한 어떤 것을 말한다. 모양새를 얼마나 성공적으로 구성했든지 혹은 망쳤든지 간에 말이다. 자기 자신의 틀구조를 "반-형이상학적anti-metaphysical"이라고 부르는 것은 그와 대조적으로 보다 대담하고 포괄적인 개념적 운동을 감히 전개하고자 용기를 내려는 이들 앞에서 약하고 상처받은/상처를 주는 사이비-형이상학pseudo-metaphysics을 나르시스적으로 행진하는 것에 지나지 않는다. 이 문화적으로 확산되고 있는 익살극이 이제 완연히 상연되고 있고 그리고 그것은 이제 더 이상 순전한 사유의 기술을 관심하거나 질식시키지 않는다.

『자연과 영』에서 일차적인 관심은 초자연적인 영역이 존재하지 않는다는 관점을 확증하면서, 동시에 자연 내에는 신성과 같은 어떤 것이 작동하는 자리들이 존재한다는 관점을 확증하는 유적인 전망을 발전시키는 것이었다. 자연주의의 전망은 너무 자주 스스로를 일종의 유물론materialism에 한정해 왔고, 그래서 "물질matter"이란 말은 우선 논쟁적 가치 그 이상을 담지하고 있는 듯하다. 분명히 안정적이고 알려질 수 있는 일군의 특성들을 담지한 물질의 선하고 지속력 있으며 신뢰할만한 측면들에 대항할 수 없다는 말을 우리는 듣는다. 그러나 그것이 무엇으로 판단되든지 간에, 왜 우리는 물질에 특권을 부여하는가? 진실된 자연주의는 자연의 혹은 자연으로서 질서들에 대한 모든 관점들에 근본적인 것으로서 어떤 제일의 특성을 추구하거나 지명하지 않는다. 그 추정된 보편적 특성이 영, 물질, 단자들monads, 현실적 계기actual occasion, 잠재성, 가능성, 감각-자료, 형상, 혹은 단순한 물질stuff로 간주되든 아니든 상관없이 말이다. 사실 **이런** 의미에서 유적인 특성들을 지명하는 것이 철학의 과제가 아니라, 오히려 어떻게 다양한 종류들의 "무엇들"이 성립하는지 혹은 성립하는데 실패하는지에 대한 범주적 결산들clearings을 제공하는 작업이 아주 다른 의미에서 철학의 과제라고 생각한다. 보다 구체적인 무엇들의 본성을 결정하는 것은 하위 분야들에 속한 일이고, 각 하위 분야는 그 분야에 맞는 '무엇들whatnesses'을 각자의 방식으로 이름 지을 것이다. 그러므로 『자연과 영』의 과제는 무수한 형질들이 그 자신의 용어대로 출현할 수 있도록 하는 자연 내/자연으로서 그 입구들에 대한 접근을 제공하는 과제로 간주된다. 신적인 차원들이 이러한 자연적 특성들의 하나로 간주될 때 긴장감이 형성된다.

『자연과 영』의 셋째 장과 넷째 장에서 신성의 네 차원들이 진술되는데, 이 차원들은 '그들 자체로' 작동하고 (관계성으로부터 불가능한 때어냄) 또한 서로와 그리고 자연과 상관한다(이 차원들은 또한 하나인 자연의 전적인 일부이며, 그 자연에 대하여 단순히 "함께"의 관계를 구성하는 것이 결코 아님을 기억해야만 한다). 신의 처음 두 차원들은 (기독교적 용어로 "피조세계creation"인) **자연화된 자연**의 무수한 질서들 내에서 제한된 영역과 효과를 갖는 자연적 콤플렉스들natural complexes로 이해된다. 첫 번째 차원은 힘의 현현epiphanies of power으로 인간 과정에게 현시되는데, 이 힘의 현현은 일종의 경험의 축적을 향하여 나아가는 자아를 강화할 수도 혹은 때로 공격할 수도 있다. 이 신적 현현들은 자연의 기원적 조건들로부터 출현하는데 단편적이고 파악하기 어려워서 어떤 초자연적extra-natural 목적론적 질서나 모든 현현들의 현현을 통치하는 어떤 궁극적인 것 같은 일체의 어떤 것을 부정한다. 그 현현들은 자신들만의 숨겨진 논리를 따라 오가며 엔트로피에 종속되어 있고 그리고 개인적이든 집단적이든 간에 인간 무의식의 흐름들을 탄다.

두 번째 신적 차원은, 처음 차원과 마찬가지로 장대한 목적론적 구조를 갖고 있지 않지만 그러나 기원들의 영역과는 반대되는 영역으로부터 도래한다; 말하자면, 단편적이고 실재적인 유토피아적 기대들로부터 도래하는데 이 차원은 분투하고 있는 자아들과 그들의 공동체들에게 창조적인 아직not-yet을 열어준다. 이 처음의 두 차원들 간에는 갈등이 존재한다:

첫 번째 차원이 단편적인 기원으로부터 출현하는 반면, 두 번째 차원은 기대expectation의 파편화된 힘들로부터 등장한다. 이 두 번째 차원에서, 하나님God은 여전히 자연적 콤플렉스로 이해되어져야만 하고, 따라서 그의 복수성plurality과 단편적 속성을 담지한다. 신적 삶의 목표들은 파편화된다. 왜냐하면 그 목표들은 관성적이고 흔히 적대적인 세계의 배경막에 대항하여 작용해야만 하기 때문이다. 발달론적 목적론8 내의 구성요소들처럼, 유한한 목적들은 모든 목적들을 선행하는 습관들로 단순화시켜 보려고 하는 힘이 내부에서 그 힘에 대항하여 작용한다. 하나님God9은 창조적 변혁을 향한 자극들을 제공함으로써 개인적이고 사회적인 관성과 싸워나간다.10

나의 모든 의도들과 목적들에 반하여 그 자신의 전투적인 성향들을 대면해야만 하는 투쟁하는 신에 대한 이 언어는 전통적으로 욥과 같이 의인화된 사이비-신성을 자연의 핵심으로 들여놓는다. 그 외 다른 이

---

8 발달론적 목적론(developmental teleology)이라는 명칭은 마치 '목적론'을 다루는 신학이나 철학의 하부분야처럼 오해될 수 있는데, 사실은 생물 발달학의 용어로서, 수정된 개체가 생물학적으로 내장된 목적을 향하여 발달 전개되어가는 과정을 지칭하는 이름이다. 즉 남녀의 합체로 형성된 수정란은 처음부터 인간의 모습으로 발달해갈 목적론을 갖게 되는 셈이다. 〈역자주〉

9 대문자 God으로 표기한 것은 모두 '하나님'이라 번역하지만, 맥락상 '신'이라는 말과 같다. 하지만 본문 속에서 God과 god이 구별되게 사용되고 있는 것은 기독교적 신 개념의 뉘앙스를 갖고 있기에 기독교적 신의 이름으로 번역한다. 〈역자주〉

10 *Nature and Spirit*, 172-173.

유가 없다면, 완고한 자연주의는 그 어떤 신인동형론적 사유의 형태에도 강력하게 반대한다. 왜냐하면 신인동형론적 사유는 하나인 자연의 얼굴 위에 인간의 특성을 너무 많이 기재할 것이기 때문이다. 여기서 영이-주입된spirit-infused 인간적 특성과 무의식적으로 투사된 인간적 특성 사이의 긴장으로서 간주되어 왔던 것이 그보다 훨씬 거대한 신의 귀결적 본성이라는 과정(철학)적 개념에 대한 대항모델로 굳어지는데, 이 대항모델은 보다 유한하지만 그러나 지나쳐서 역겹다. 기원의 견인력과 기대의 견인력 사이의 변증법에 대한 나의 현상학적 직관은 견인하는 신성과 견인되는 신성의 범주적 가정들로 인해 굴절된다. 보다 작은, 흔히 고통의 지배를 당하는 신의 귀결적 본성을 보다 부드럽고 보다 폭넓은 과정(신학)적 형태로 대치하는 행위는 특성들의 현상학적 자기-드러냄self-showing이 그 자신의 길과 그 자신의 속도로 진행되어 나가도록 하는데 실패했다. 과정(철학의) 신화는 그에 반대되는 나의 수사학적 주장들에도 불구하고 아직 극복되지 못했다.

서수적 현상학에 보다 충실하기 위해서는 여기서 스스로를 보여주는 것의 구속력으로 진입하는 한편, 자연의 이 특이한 측면들을 미리 앞서서 이름 짓기를 거절하는 것이 필수적이었다. 그 측면들이 인간 과정과 그의 적절한 적합성의 질서들 속에 합생하는 한 특별히 더욱 그렇다. 더 나아가 관계적이고 그리고 '내적인' 특성들의 그러한 계속적인 순환은 자연의 무수한 특성들과 하위적 인간질서들 내에서 이 특성들에 특별한 지위를 부여할 영예로운 언어를 전적으로 회피할 것이다. "신god"이란 이름으로 일단의 매우 적절한 특성들의 인간-외적인extra-human, 그러나 결코 자연-외적인extra-natural은 아닌, 견인을 부르는 것은 곧 보다 불굴의 현상학적 노력이 요구될 때 초험적 논증을 방해하는 것이다. 초험적 논증 속에는 분명 개념적 게으름이 존재하는데,

왜냐하면 그 논증은 이 중차대한 시기에 유한한 경험 속에서 마주치는 것을 기술하기 위해 필연적이고, 보편적이고 그리고 숨겨진 조건을 부과하기 때문이다.

보다 공식적이고 그리고 잘 차려입은 포스트모던적 파리식 바람둥이[11]의 사촌인 엄격한 신-칸트주의자에게 그러한 초험적 논증은 필연적이고 그리고 심지어 환영받는다. 유한성에 내장된 한계들과, 이 한계들로부터, 얼마나 불안정하든지 간에, 탈피하기 위해 다양한 초험적 논증들을 사용하기 위한 요구사항들 사이에는 강력한 논리적 연결고리가 존재한다. 에르스트 카시러Ernst Cassirer와 (신-칸트주의를 파괴하는데 자신을 바친) 젊은 하이데거, 이 두 사람 모두에게 유한성이 자아의 '자연적' 조건이라는 전제의 희생물이 되었다. 비록 카시러는 수리 물리학과 객관적 정신을 의미하는 상징들의 올바른 사용을 통해 무한으로의 통로를 상상했다하더라도 말이다. 대서양의 이편에서는 존 듀이John Dewey, 프레더릭 우드브릿지Frederick Woodbridge, 존 헤르만 랜달 주니어John Herman Randall, Jr., 조지 산타야나George Santayana 그리고 버츨러Buchler와 같은 자연주의자들은 모두 어떤 자연a nature에 직면한 우리의 왜소함littleness을 확증했는데, 여기서 그 어떤 자연이란 인간의 목적들로 일부 변용될 수 있지만 그러나 언제나 최종결정권을 갖고 있는 자연의 모습을 가리킨다.[12]

---

11 postmodern *boulevardier*는 코링턴이 포스트모더니즘의 시조들과 추종자들이 프랑스적 인문정신에 경도되어 유래된다는 것을 풍자하는 표현이다. 〈역자주〉

12 미국 자연주의에 대한 가장 성공적이지 못했던 표현들 중 하나를 *Naturalism and the Human Spirit*, ed. by Yervant H. Krikorian(New York: Columbia University Press, 1944)에서 찾아볼 수 있다. 버츨러는 이 (자연과 인간정신의) 유비가 진정한 자연주의에 대한 "교조주의적이고 협소한" 관점을 대표할 뿐이라고 생각한다고 내게 말했다. 이 인용은 "A Conversation between Justus Buchler and Robert S. Corrington," *The Journal of Speculative Philosophy*, vol. III, no.4, 1989, 261에서 유래한다.

그러나 만일 인간의 유한성에 대한 20세기의 집착이 심각한 흠을 갖고 있어서, 이제 무한의 다양한 양태들에 보다 조율된 탈자적이고 범신론적인 자연주의와 같은 건전한 자연주의에 의한 면밀한 검토를 받아야한 한다면 어떨까? 만일 인간의 유한성에 관련된 생각되지 못한unthought 전제들이 공개되어 비-현상학적임이 드러난다면, 그렇다면 반쯤 눈먼 초험적 전략들의 추론적 사용 또한 심각한 의문에 처해져야 한다. 과정-중에-있는-자아self-in-process라는 다른 이해와 더불어, 유한한 껍질들을 통해 유한하지 않은 어떤 것으로 나아가는 인간의 항해들에 대한 아주 다른 의미들이 등장할 수 있지 않은가? 보다 공식적인 표현으로 물음을 던진다면: 서수적 현상학은 그 스스로의 동력을 지닌 또 다른 차원성에 길을 내줄 준비가 스스로 되어 있는가? 1806년 헤겔G.W.F. Hegel에 의해 처음 공개되었지만 서수성이라는 개념ordinality에 대한 온전한 이해를 가져오지는 못한 차원 말이다. 아마도 그렇다고 대답할 수 있을 것이다. 그리고 바로 이 "아마도"는 나의 최근 생각을 잘 조명하는 부표들 중 하나가 되었다. 그럼에도 불구하고, 『자연과 영』에서 명확히 표현된 신성의 다른 두 차원들은 무엇인가?

여기서 전망들은 약간 밝아진다. 신성의 처음 두 차원들이 유한하고 그리고 **자연화된 자연**의 주변 조건들에 종속되었다면, 세 번째와 네 번째 차원들은 보다 무한한 방식으로 성립한다. 정확히 말하자면, 그 차원들이 **자연화하는 자연**의 자기-타자화하는self-othering 잠재성에 밀접하게 연관되어 있기 때문인데, 그 자연화하는 자연은 우리가 이용할 수 있는 어떤 방법으로도 유한할 수 없다. 신성의 세 번째 차원은 세계의 무수한 질서들에 순전히 적합한 것으로 이해되는데, 이 차원에서 신God은 절대적 무존재에 대항하여 모든 질서들을 보존하는 것 이외의 어떤 다른 방식으로 어느 질서의 특성들을 변경하지 않는다. 그러나

이 유지하는 관계는 남성중심주의적인 그리고 인간중심주의적인 **무로부터의 창조**creatio ex nihilo 교리와는 아무런 관계가 없다. 왜냐하면 창조는 그의 무수한 겉모습들 속에서 자연 바깥에 정초될 수 있는 특성보다는 언제나 자연 내의 특성이었다. 일반적으로 어떤 특성을 자연의 바깥에 있는 특성으로 생각하는 것은 말이 되지 않는다. 왜냐하면 자연 바깥의 특성이란 자연의 어느 질서에도 그 어떤 종류의 적합성도 갖지 못할 것이기 때문이다. 분명하게 말해서 비자연적 특성들이나 질서들은 존재하지 않는다. 무로부터 창조하는 신은 전혀 신이 아니라, 비대칭적 의존관계 속에서 특정의 개인적 그리고 사회적 권력 구조들을 표현하고 확보하려는 언어적 농간으로서 단순히 기능할 따름이다.

세 번째 차원에서, 신성은 **자연화된 자연**nature natured의 모든 질서들과 공-연장적co-extensive이다. 하지만 신성은 **자연화하는 자연**nature naturing의 보다 거대한 무한과 결코 공-연장적이지 않다. 이 자연화하는 자연을 최근 나는 자연의 "지하의식underconscious"으로 표현했다.13 그러므로 이 세 번째 차원에서 신은 한 측면에서 무한하다. 즉 신은 항상 자연의 무수한 질서들만큼이나 넓은 영역을 갖고 있다는 측면에서 말이다. 반면 또 다른 측면에서 신은 자연의 지하의식보다는 덜 무한하다고 할 수 있는데, 자연의 지하의식이 신을 그의 유지하는 관계 **속으로** 쫓아냈기 때문이다. 신은 **자연화하는 자연**을 유지할 수 없지만, 신은 **자연화된 자연**의 질서들을 유지할 수 있고 그리고 유지한다. 그리고 여기서 우리는 네빌에 의해 처음 명확하게 표현되었던 중대한 지점the crunch point을 보게 된다. 왜 **자연화하는 자연**은 세계의 무수한 질서들을 유지하기 위해 그 대리로서 신적인 차원을 '필요로' 하는가? 세계와 비

---

13 *A Semiotic Theory of Theology and Philosophy*, 18. "지하의식"(underconscious)이라는 용어는 콜리지(Coleridge)로부터 빌려왔다.

교하여 그의 무한한 영역에도 불구하고, 신성의 이 차원은 자연의 유적 묘사 내에서 추정된 어떤 문제들을 해결하기 위해 인위적으로 부여되는 네빌의 "중간자적인 신middling god"과 등가되는 것인가? 예를 들면, 합생적 적합성을 수립하기 위한 화이트헤드의 영원한 대상들과 신의 시초적 목적과 같은 역할을 감당하는 신적 개념과 등가적인 개념인가? 되돌아보건대, 여기서 이 개념은 그러한 것처럼 보여야만 했다. 인간 과정들의 가장자리에서 감지되는 특성, 즉 비존재에 대항하여 확고하게 고수되는 존재의 특성은 다시금 신적인 측면으로 투사된 특성으로서, 그 자체로 단지 언어적 장치에 불과하다.

신성의 네 번째 차원은 또한 유한하고 그리고 무한한데, 다른 관점들에서 그렇다. 이 차원은 하츠혼과 나의 대화로부터 형성되었다. 신은 그보다 더 위대한 것을 생각할 수 없는 존재이지만 그러나 또한 자기-능가적self-surpassible이라고 주장하는 하츠혼의 능가성surpassibility 논제를 받아들이면서, 나는 질문을 던졌다: 무엇에 직면해서 능가할 수 없는가? 어디서 이 끝없이 진보하는 자기-능가가 일어나는가? 그것은 오직 포괄자에 직면해서만 일어날 수 있다는 것이 나의 대답이었는데, 포괄자는 **자연화하는 자연**이라는 보다 기술적인 용어에 대한 은유적 대치개념이다. 나는 다음과 같은 형식으로 구성된 또 다른 숨겨진 초험적 논증에 이끌려 이 개념적 전개에 이르렀다: 자기-능가성은 그 자체로 충족 이유를 갖고 있어야만 하고 그리고 생각의 줄기를 따라가자면 충족 이유는 신이 스스로 응답해야 하는 하나의 유혹이어야만 한다. 그렇지 않다면 왜 신은 심지어 '그보다 더 위대한 것을 생각할 수 없는 것'보다 더한 존재가 되기를 원할 것인가? 분명히 신은 어떤 의미로 불완전함에 틀림없다.

그러므로 오직 포괄자the encompassing만이 모두가 생각하는 경계들에서 심지어 신보다 더 큰 영역을 갖는 존재라는 사실이 추론되었다.[14] 각주 14번에 방금 인용되고 있는 서신에서 하츠혼은 거의 인식하지 못했던 플라톤과 나의 관계성을 가리켜준다는 점에서 예언적이었다. 이 예언이 이제 신-플라톤주의의 매우 계몽적인 전망을 통하여 플라톤에 대한 강력한 확증으로 만개하였다. 지금에야 깨닫는 것이지만, 나는 플로티누스에 의해 베일을 벗은 내적 빛을 향하여 움직여 나아가고 있었는데, 그 내적 빛은 **자연화하는 자연**의 핵심에 존재하는 빛이다.

신성의 네 개의 차원들 사이에 상관성들은 적합성relevnce과 정체성 identity 개념들의 시야 아래서 뿐만 아니라 유한과 무한 사이의 변증법에 의해서 작동된다:

---

14 그러나 과정 사상에 대한 나의 재구성은 내가 생각했던 것만큼 급진적이지는 못했다. 필자의 『자연과 영』에 대한 그 자신의 독해와 관련하여 내게 보낸 진지하고 심사숙고된 편지에서, 하츠혼(Hartshorne)은 다음과 같이 적고 있었다. "그(야스퍼스)의 포괄자와 그리고 왜 내가 정신이나 영은 모두 포괄하고 그리고 포괄되어야 하는지 그리고 정신을 결여한 단순한 물질이란 단순한 허구 혹은, 예를 들어, 동물 이하 그리고 세포 이하 차원을 가리키는, 즉 정신의 어떤 매우 낮은 그러나 편만한 형태들을 가리키는 단순한 단어에 불과하다는 사실에 관하여 몇 자 적었다. … 너의 기본적 입장은 나와 상당히 중첩된다. 너도 알겠지만… 플라톤의 신학은 그것이 화이트헤드에게 미쳤던 영향보다 내게 훨씬 더 많은 것을 의미한다. 화이트헤드는 전통적 기독교에 너무나 가까웠던 테일러(A.E. Taylor)가 그를 호도하도록 만들었고 그리고 신적인 정신(psyche)은 모든 다른 정신들처럼 **체현된** 정신(embodied mind)이자 자기-활동성 혹은 자유를 누린다는 플라톤의 관점을 받아들이지 않았다. 화이트헤드는 자유에 관하여 동의했었다. 겉보기로는 너는 네가 아는 것보다 더 플라톤에 가깝다. 우주는 신의 몸이다. 그러나 플라톤에게 신적 정신은 신적인 몸을 아우르고 그리고 너의 혹은 나의 정신은 우리의 몸을 아우른다. 이는 원칙상의 차이를 그리고 원칙 속에 유사성을 의미하는 하나의 유비이다. … 나는 (버틀러에 반대하여) 만일 콤플렉스(complex)가 선한 의미를 갖고 있다면, 그렇다면 단순자(the simple)도 그렇다고 말한다. 이것은 대조의 원리이다. 모든 것은 복잡하고(complex) 그리고 모든 것은 단순하다(simple). 거기에는 많은 종류들과 정도들의 복잡성이 존재한다." 1992년 10월30일.

신성the divine은 그의 처음 두 가지 본성들 속에서 단편적이고 불완전한 반면, 세 번째 차원에서 세계의 콤플렉스들을 위한 유지하는 근거로서 살아간다. 네 번째 차원에서 하나님God은 영원히 그 영역을 넘어 존재하는 것에 직면하여 그 스스로의 산고를 경험한다. 비록 다수가 신적 주입divine infusion에 저항하기 위해 남아 있는다 하더라도, 하나님은 세계 내 콤플렉스들과 상호작용하는 한편, 하나님은 포괄자에게 강력한 적합성을 갖지 않는다. 하나님과 포괄자 사이의 관계는 비대칭인데, 그 이유는 포괄자가 하나님에게 매우 적합한 한편, 하나님은 포괄자에 대해 강력한 적합성을 갖고 있지 못하다. 말하자면, 하나님은 특별히 포괄자 앞에 섰을 때, 그의 정체성과 통합의 변혁을 경험하지만, 반면 포괄자는, 정의 상, 자신에 대한 그 어떤 무엇의 영향력으로부터도 벗어나 있다. 포괄자는 신과 그 신의 산고를 인지하는가? 좋든 싫든 이 물음은 적어도 최소 인간 과정의 관점으로부터 대답될 수 없다. 포괄자를 대면할 때 서수적 조망은 겨우 부분적으로만 이해될 수 있는 궁극적인 신비를 인식해야만 하다.15

맥락적으로 이 논증들은 타당하고 호소력이 있지만, 그러나 또한 이것들은 성스러움의 자기-소여self-givenness에 대한 다소 성급하고 비-현상학적 사유의 결과인 듯이 보인다. 내가 하츠혼의 전망의 핵심에서 심각하게 생각해 본적이 없는 '결점'을 공개하는 한편으로 나는 신적 본성들의 사위일체quaternity를 형성해야 하는 내 자신의 필요성을 이해하는데 실패했었다. 이 신적 본성들의 사위일체는 우주적이고 인간적인 진보의 어떤 의미와 결합하여 상호함축적인 순환성을 갖게 될 것이다. 나는 (진화론적 종말론 속에서 읽혀지는) 역사의 종種에게 자연의 류

---

15 *Nature and Spirit*, 187-188.

(사실은 류-이전pre-genus)를 압도하도록 용납했다. 이 실수가 나로 하여금 10년 동안 한결같이 재사유를 하도록 만들었고, 그래서 이제는 그 반대편으로 이르게 되었다. 흥미롭게도, 앞으로 보게 되겠지만, 바로 앞 인용문단의 마지막 주장의 무게는 범재신론으로부터 범신론으로 나아가는 나의 항로에서 부분적으로 약화되었다.

정신분석, 기호현상 그리고 하이랜즈 연구소: 전격적인 변화

따라서 1990년대 중반 나는 자연화하는 자연을 향하여 나아가는 나의 항해 길에서 내가 생각한 것 보다 더 표류하고 있었다. 중간자적인 신들, 신인동형론적 투사들 그리고 다소 큰 소리로 떠들어대는 초험적 논증들이 나와 함께 승선하고 있었다. 그에 더하여 나는 지금은 진정한 대화상대자로 체현된 네빌Neville의 비평을 소화하고 통합해야 했다. 우리는 선장의 식탁에 앉아 우리 전망들 사이의 긴장들을 탐구할 수 있었다. 특별히 이 긴장들을 우주적 낙관주의 대 새롭게 출현하는 범신론적 슬픔의 구도 속에서 탐구하였는데, 후자는 감사하게도 이제 기분상 보다 탈자적ecstatic이다. 그러나 아주 애매모호한 메시지의 이 동료 승객들 사이의 좁은 공간에 한정되어 살아가는 것의 누적된 효과들이 기호학과 (최소한 그의 일부분인) 유럽 심층심리학의 토대들을 재작업하기 전까지는 느껴지지 않았다. 미국의 종교적 철학적 사유를 위한 하이랜즈 연구소The Highlands Institute for American Religious and Philosophical Thought와 함께 하는 작업은 철학과 종교적 사유(때로는 심지어 신학)를 통하여 유사한 궤도에 올라탄 동료 영혼들에게 귀를 기울이고 함께 말할 자리를 마련해 주었다. 어떤 종류의 자연주의(딱히 정의하기가 얼마나 다양한지!)에 대한 우리의 근본적인 헌신이 내 자신과는 다른 전망들을 마주할 수 있도록 해 주었지만 그러나 그 전망들과 시각들은 어떤 면에서 내 마음속에 여전히 웅크리고 있었던 범재신론과 그때 막 피어나기 시작한 범신론과 같은 성격의 것들이었다.

만일 자연이 거기 존재하는 모든 것이라고 한다면, "비-자연non-nature"이라는 개념이 절대적으로 무의미한 철학적 시각에서 우리는 "자연"이라는 말을 심지어 사용조차 할 수 있는 것인가? 1930년대 하이데거가 대면한 딜레마가 바로 이것이었는데, 그는 '존재-속에-있는-사물'things-in-being, Seinden과 대비되는 존재Sein 개념 속에 끈질기게 남아 있는 실체론적 함축성들을 뚫고 지나갈 길을 찾기 위해 모국어를 붙들고 씨름하고 있었다. 존재론적 차이가 의미하는 이 두 차원들(Sein과 Seinden) 간의 긴장은 또한 우리가 비존재das Nichts에 의해 사로잡힌다는 사실을, 이 긴장은 거의 언제나 순전한 존재의 발광發光이라는 첫 번째 시원적 차원이 **질서들 속으로** 붕괴하도록 만든다. 그 붕괴해 들어간 질서들 속에서 '빛의 반짝임'은 나타나지만, 동시에 또한 보다 음침한 방식으로 멀어져간다. 하이데거는 묻는다: 존재론적 차이는 차이로서 열려 있지만 또한 비존재의 섬뜩한 현존/부재를 용납하도록 하는 것이 어떻게 가능한가? 이 물음 속에 두 번째 물음이 얽혀있다: 무엇이 존재론적 차이 자체를 가능하게 할 수 있을까? 첫 번째 물음에 답하려는 끊임없는 그리고 언제나 미완의 탐구일 수밖에 없는 시도 속에서 하이데거는 존재Sein을 가리키는 용어를 소환했는데, 말하자면, (17세기 영어의 being에 해당하는 용어인 beyng과 평행하는) 독일어 *Seyn*을 불러왔다. 이 약간의 아이콘적 전환을 어원학과 결합시키면서 하이데거는 존재being와 존재-안에-있는-사물들things-in-being 사이의 존재론적 차이를 대면하고 사유하는 습관적 경로들로부터 사유를 흔들 수 있기를 바랬다.

Seyn이라는 개념/개념이전을 Sein존재과 Seinden존재자들의 존재론적 차이에 덧붙임으로서 하이데거는 희랍세계에서 역사적 사유의 처음(혹은 시초 Primal) 시작으로 그가 불렀던 것에 의하여 Sein존재의 '중간' 개념/개념이전pre-concept을 재배치 할 수 있었다. (하이데거가 생각한) 희랍세계에서는 존재가 다음과 같이 표현되었다: 하나의-전체성으로서-존재들beings-as-a-totality 말하자면, 제일의 류first genus 아래 하나의 통일성으로서 표현되었다. 그러나 하이데거의 이 제안/처분이 그 문제적인-존재the being-problematic를 보다 심층적이고 선행적으로 증여하는 잠재성들의 영역들로부터 재사유하는 탈자적 자연주의에게 삼조체 triad가 존재한다는 의식의 점증과 등가될 수 있는가? 말하자면, 그 삼조체는 (Sein과 부적당하게 등가되는) **자연화하는 자연**과 (질서들의 영역인) **자연화된 자연**과 그리고 서수적 현상학의 주변부에 어떤 다른 것 something else이 있어야 구성되지 않는가? 이 "어떤 다른 것"은 하이데거의 두 번째 질문 즉 **자연화하는 자연**으로부터 **자연화된 자연**의 분출을 지원하는 어떤 손에 안 잡히는 제3의 것과 관련되지 않는가?(그러나 이 제3의 것은 구체적인 합리성으로서 퍼어스의 "3차성thirdness"의 의미와는 다르다).

탈자적 자연주의가 그 문제적인 존재와 대조적으로 그 **자신**의 진화하는 운동계기를 보여주면서 하이데거의 내장된 두 번째 물음이 그 삼조체 안에 치환된 방식으로 등장한다. 제3자the third는 **자연화하는 자연**과 **자연화된 자연** 사이에서 차이의 신비하고 방출적인 비근거화하는 근거the mysterious ejective nongrounding ground가 된다고 주장되는데, 탈자적 자연주의에게 제3자the third에 대한 물음은 다음과 같이 된다: 무엇이 (아마도 다수이지만 서수이전적preordinal인) 잠재성들과 그것들이 추후 세계의 무수한 질서들 속에 그리고 그 질서들로서 현현하는 것들에 (플로티

누스의 용어를 빌려서 사용하자면) "최우선자the Prior로서 존재하게 되는가? 이 물음은 더 이상 중간자적 신들로서 자연의 두 차원들을 연결하는 것에 적합한 물음이 아니라 소위 그 필요를 없애버릴 수 있는 어떤 것을 향하여 나아가는 것에 적합한 물음이라는 사실을 주목하자. 첫째, 범주적 해명이 이 시점에 적절할 것이라고 생각한다.

"세계"라는 개념은 현상학사에서 풍성한 개념이다. 그것은 인간 과정의 모든 실현된 그리고 가능한 의미지평들의 총합보다 항상 더 큰 것을 나타낸다. 더 나아가 그 세계 개념은 다양한 과학들이 탐구한 하위 세계들보다 항상 더 큰 것을 의미한다. 이렇게 확장된 개념 속에서 대폭발 이후의 세계는 여러 세계들 가운데 단지 하나의 세계일 따름인데, 그러한 여타 잠재적이거나 실현된 유아 우주들Baby Universes 가운데 하나일 뿐만 아니라 또한 그 무엇이든 어떤 종류의 세계든 그 세계들 가운데 하나일 따름이다. 형이상학은 그의 서술을 천문학에 세계에 국한해서는 안 되지만 그러나 예를 들어, 천문학의 우주가 그 시공간적 특성들에서 얼마나 방대하든지 간에 하나의 하위 세계subaltern world라는 사실을 이해해야만 한다. "세계성worldhood"이라는 유적 개념은 **자연화된 자연**의 무진장한 '영역들' 속에서 의미되거나 암시될 수 있는 여느 세계에도 유－이전적pregenus인 것이다. 그러므로 ("세계"와 동등하게 등가되는 것으로서) 세계성은 그 어떤 세계나 질서에도 궁극적인 가능 조건the ultimate enabling condition이지만 그러나 그것은 결코 **하나의** 세계는 아니다.

"잠재성"들의 개념은 분명히 표현하기가 보다 까탈스럽다. 자연의 지하의식underconscious은 그 잠재성들이 어떻든 존재하는 자연의 차원이지만 그러나 그 잠재성들은 또한 서수이전적(preordinal, 다시 말해서 이것들은 아직 특성들의 질서를 갖고 있지 않다), 공간이전적 그리고 시간이전적이라고 나는 부정적으로 말해왔다. 그러나 세계성의 현상처럼 (혹은 현상이전적 현상처럼), 잠재성들은 세계 안에 그리고 세계로서 현시되는 어떤 것이든 간에 그를 위한 가능조건들이다. 잠재성들은 현실성과 가능성으로부터 방출되는 것으로서, 가능성과 잠재성 사이에는 차이의 심연이 존재한다는 점을 기억하자. 가능성은 언제나 세계 내적intra-worldly이고 그리고 현실성들의 특정궤적들에 매여 있는 반면, 잠재성은 특별한 흔적들 (즉 기억심상들)을 통한 아주 간접적인 방식 이외에는 전혀 세상적 위치를 갖고 있지 않다.

"세계성" 개념과 "잠재성" 개념 사이의 평형들을 드러내는 것 또한 중요하다. 첫째, 자연의 그 어떤 측면도 셈하여지거나 합산되어질 수 없다. 말하자면, 그 양의 개념은 무한하지만 그러나 각각 다른 관점에서 그렇다. 둘째, 자연의 이 쌍둥이적 특징들은 무기한적으로 탐구 가능하지만 그러나 역시 각각 다른 관점에서 그렇다. 이 두 번째 평형관계는 범신론적 지혜가 무한개념들의 재배치를 통하여 잠재성들에 대한 일부 결산들clearings을 열어주게 되면서 내게는 보다 더 분명하게 다가오게 되었다. 마지막으로, 세계성과 잠재성이 성립하는 방식들 사이에 평형관계가 존재하는데 그 세계성과 잠재성 모두 전개unfolding와 감싸기enfolding의 변증법으로 모아지기 때문에 그렇다. 이 글의 마지막 부분에서 탐구될 지배적 변증법이다.

따라서 잠재성들의 지하의식 차원은 **자연화된 자연**을 구성하는 무수한 세계들과 그들의 하위 질서들에 선행한다는 의미가 성립한다 (그러나 이것은 시간이전적pretemporal이므로, 시간적 의미에서 선행한다는 뜻은 아니다). 이는 독특한 류의 우선성priority이며, 이는 모든 결과에는 충분 이성적인 그리고 인과적으로 선행하는 것이 존재한다는 것을 확증하는 충분 이성의 원리를 수반하지 않는다. 충분 이성 개념은 **자연화하는 자연**과 **자연화된 자연** 사이의 이 심연에서 허우적거리다 찢겨 터져버린다. 그러나 충분 이성 원리의 난파에 관해서 말하는 것만으로는 충분치 않다. 왜 이 외견상 결코 가라앉지 않을 것 같은 배가 자연화된 존재론적 차이의 갈라짐과 증여에서 산산조각 나버렸는지가 조명되어져야만 한다.

물음은 그러나 다시금 내면으로 향한다. 충분 이성의 난파는 바다의 표면적 드라마에 의해 필요해진 것인가 아니면 자연의 바다/모판보다 훨씬 더 깊은, 즉 자신의 지하의식 차원보다도 더 깊은 곳에 있는 저류undercurrent의한 것인가? 여기가 바로 탈자적 자연주의가 **자연화하는 자연**의 (이제는 두 번째) 우선성에 우선할 수도 있는 것에 대한 접근 수단을 발견하기 위하여 스스로 구조 조정된 기호학 속에 체현된 것으로서 재배치된 무한 개념의 도움에 호소해야만 하는 자리이다. 무한이란 무엇이고 그리고 그것은 얼마나 많은 양태들을 갖고 있는가? 그리고 어떤 측면들에서 이 양태들이 기호적인가? 즉 기호들 속에서 그리고 기호들을 통하여 가용 가능한 것인가?

퍼어스는 단지 부분적으로만 옳았다. 그의 3원론적 기호학은 그의 모든 힘과 정교함과 더불어 자연화된 자연의 무수한 영역들에 제한된 채 그리고, 그의 "일차성firstness" 개념을 통하여 간접적으로, **자연화하는 자연**의 표면적 현시들에 한정된 채 머물러 있었다. 그는 기호학의 아이작 뉴턴으로 간주될 수도 있다. 그의 다소 제한된 의미화 조건들 내에서 그의 작업을 조명하는 한에서 이는 옳다. 그러나 자연의 무궁무진함과 무한성 안에서 자연의 보다 근본적인 **방식how**에 관해서는 틀렸다. 더 나아가 퍼어스는 일차성과 도상성iconicity의 심층-의미에 대한 비하적 외면abjection, 욕망, 두려움 그리고 부인 속에 살았고 그래서 기호학을 자아와 자연의 지하의식의 리듬들로부터 단절시켰는데 탈자적 범신론이 추구하는 모든 우선성들의 최우선자the Prior는 말할 것도 없다.16

퍼어스에 대한 현대의 맹종적 헌신은 자신의 선구조들과 힘들을 향하여 나아가는 기호학의 운동을 심각하게 무디게 만들고 심지어는 고갈시켜 버리기조차 하고 있다. 우리는 과연 어디로 가서 탈-뉴턴적 기호현상_{semiosis}를 찾을 것인가?

내게 그에 대한 대답은 퍼어스에 대한 책을 저술하고 있던 때에 동시에 도래했는데, 그때 나는 퍼어스가 자신의 형이상학과 기호학에서 미처 나아가지 못했던 곳이 어디인지를 막 깨달았다. 무엇인가가 적절하지 않다는 나의 첫 번째 징표는 퍼어스가 기호현상을 위한 가능조건에 대해 가장 협소한 이해만을 갖고 있었다는 사실과 그의 근거 관계 ground relation 개념이 그의 3원성 개념을 넘어 즉 기호, 대상 그리고 해석체의 존재론적 3원성을 넘어 어떤 형태의 의미화를 가능케 하는 것에 대해 단순한 암시에 불과하다는 것을 깨달았을 때 일어났는데, 이때의 암시는 심지어 나쁜 암시에 불과했다. 나는 그가 내 스스로 해석체들의 "현실적 무한"이라 부르는 것을 파악했다는 것을 알고 있었지만 그러나 그는 또한 기호들 사이에서 스스로를 엮고 그리고 그것들을 다른 방식들로 드러내는 무한의 다른 형태들에 대해서는 아무 생각이 없다는 것도 알게 되었다. 퍼어스의 실패에 대한 이해가 심화되어 가면서 나는 무수한 다른 동기들 가운데 나의 네 번째 책『탈자적 자연주의: 세계의 기호들』(*Ecstatic Natrualism: Signs of the World*)을 저술하게 되었는데, 3부작의 첫 번째 책으로 구상되었다. 그 3부작은『자연의 자아』(*Nature's Self*)와『자연의 종교』(*Nature's Religion*)로 완결되었다.『탈자

---

16 여기서 퍼어스의 실패라는 논점에 관해서는 필자의 글들, "Peirce's Abjected Unconscious: A Psychoanalytic Profile," *Semiotics 1992*, ed. by John Deely (Lanham, MD: University Press of America, 1993), 91-103과 "Nature's God and the Return of the Material Maternal," *American Journal of Semiotics*, Vol.10, No. 1-2, 1993, 115-132를 참고하라.

적 자연주의』에서 나는 무한의 네 가지 형태들을 그려냈다(그리고 이를
『신학과 기호학』(*A SEmiotic Theolory of Theology and Philosophy*)에서는 새로운
방식으로 이끌어 나갔다).[17]

간결히 서술하자면 무한성infinity의 네 가지 형태들은 다음과 같다:
1) 여느 주어진 시간에 존재하는 모든 세계들 안에서 실현된 모든 기
호들의 '총합'으로서 **현실적 무한**the actual infinite, 2) 주어진 세계들 내에
서 존재하는 기호 시리즈들을 위한 가능 조건enabling condition으로서 **과정
적 무한**the processive infinite, 3) 여느 주어진 기호를 둘러싼 개별화의 원리
로서 존재하는 **개방적 무한**the open infinite 그리고 4) 여느 가능한 혹은 현
실적 시간에 현실적이고 잠재적인 의미화의 모든 형태들의 전적인 편
만함으로 존재하는 **지속적 무한**the sustaining infinite. 필자는『신학과 기호학
』에서 "암면 조각들Petroglyphs"이라 제목을 붙인 항목에서 스톤헨지 현
상에 대한 현상학적 분석을 시도하는데, 바로 거기에서 이 무한의 네
형태들의 방식에 대한 상세한 현상학적 기술을 시도하였다. 흥미가 있
는 독자들은 그 부분을 살펴보기를 권한다. 퍼어스는 오직 첫 번째 형
태의 무한만을 이해했고, (그의 근거 관계를 통하여) 세 번째 형태를 제한
된 시각으로 보았지만, 그러나 공emptiness의 원리보다 충만plenitude 원리
를 특권화했기 때문에 무한의 과정적 형태와 지속적 형태를 전혀 파악
하지 못했다는 것이 나의 주장이다. 퍼어스는 강한 의미의 사이between-
ness 개념을 갖고 있었지만 (이는『탈자적 자연주의: 세계의 기호들』3장에서

---

17 『탈자적 자연주의: 세계의 기호들』의 본래 제목은 사실『세계의 기호들』이었지만, 인디
애나 출판사의 편집자는 3부작의 구상에서 그 자리를 배치하는 형식으로 제목을 바꾸어
버렸다. 같은 방식으로『신학과 기호학』(*A Semiotic Theory of Theology and Philosophy*)의
본래 제목도 *Principia Semiotica* (『기호학 대원리』)였지만, 캠브리지 출판사는 아마도
뉴턴과 무어와 화이트헤드의 명백한 역사적 선례들을 의식하면서, 그보다 덜 장대하지
만 보다 더 다양한 독자층을 건드릴 수 있는 어떤 제목을 원했다. 추후의 판본들이 제작
될 수 있다면 내 본래 제목들로 되돌아 갈수 있기를 바래본다.

내가 전개한 개념이기도 하다), 그러나 여전히 그 개념을 발달적 3차성de-velopmental thirdness에 의존하게 만들어서, 그 개념이 그 핵심에서 어떻게 공空을 수반하는지를 보여주고자 했다.

무한의 네 양태들 그리고 분명히 기술되어져야 할 무수한 다른 양태들이 존재하겠지만, 그들 모두는 자연 속에 현시되는 무한성의 길들과 방법들과 범위의 형태들의 일부를 가리키고 있다. 이 양태들을 깨닫게 되면서 현상학적 방법에 대한 새로운 이해가 개발되어 무한성의 현상들이 그들 각각의 현존/부재 형식으로 등장하는 길들에 더 낮게 상호 반응해야만 한다는 생각이 보다 더 분명해진다. 서수적 현상학을 포기함 없이 나는 자연에 대한 현상학적 질문의 한계들과 잠재적 목표들에 대한 나의 이해를 재조정할 필요를 느끼게 되었다는 것은 분명하다. 그리고 바로 여기서 1806년의 헤겔이 내게 현상학적 운동의 **원-역사**ur-history를 상기시켜 준다.

20세기 판 변이들 속에서 현상학은 유한성의 전제에 매달리면서, 인간의 탐구와 동화에 가용할 수 있는 우세한 특성들을 표현하는 현상학적 과정에 하나의 제국주의적 개념을 역설적으로 부과하고 있다. 이 제국주의는 의미가 세계로 진입하려면 의식이나 현존재Dasein의 지성적noetic 활동들이 필수적 조건 그리고 심지어 충분조건이라는 생각에 대한 아집의 형태로 현시된다. 하지만 그러한 속단prejudgement, Vorurteil은 무한의 현상들이 아마도 현실적으로 자아의 한계parameters를 탐구하고 확장할 수도 있다는 사실을 파악하는데 실패한다. 헤겔이 보여주듯이 지금은 우리에게 더 이상 구속력을 발휘 못 하는 그리스도 중심적 관점에도 불구하고 무한의 각 전개는 자의식을 수반하는 형태를 넓히고 심화시킴 속에서 그리고 그것들을 통해서만 발생한다. 이 상호-함축하는 변증법은 시간성을 통한 그 궤적의 끝에 있는 (그리고, 여기에 하나 더 덧붙이자면, 주어진 화신의 종말에 있는) 자아의 인식 수준 말고는 달리 내장된 종착역을 갖고 있지 않다. 만일 무한이 그 자신의 양식으로 존재한다면, 그렇다면 우리가 서수적 형이상학ordinal phenomenology의 진로를 따라갈 때 자신의 길들과 현시들에 집중하고 둘러싸는 바로 그 행위는 우리를 점점 덜 유한하게 만든다고 추론할 수 있다. 이 통찰을 표시하기 위해 나는 이제 **무한화하는**infinitizing 서수적 현상학을 말한다. 서수적 현상학은 그 자체의 방식에서 "무한화"한다. 왜냐하면 그 현상학적 행위는 그것이 매여 있는 무한의 양식들의 확고한 전개에 의해 파악되고 형성되기 때문이다. 다르게 표현하자면 유한한 자아는 서서히 무한화되는데 그러나 이는 오직 그 유한 자아가 그의 심적 무장armoring을 뚫고 지나가는 한에서만 그렇다. 그리고 이 자리에서 그 무한화하는 과정들이 어떻게 좌절되고 (혹은) 가속화되는지를 보여주기 위해서 기호학과 정신분석이 정신기호현상psychosemiosis의 영역에서 수렴하게 된다.

정신기호현상 분야는 기호-사용자sign-user의 내적 조건들을 향하여 나아감으로써 기호적 의미 분석을 완결하는데, 바로 그 내적 조건들이 보다 큰 기호 범위와 밀도의 형질들traits에 대한 모든 현상학적 탐구로 진입하여 그것을 구현한다. 한 형질의 범위는 적합한 형질들의 (그리고 그의 하위형질들의) 포괄성 영역에 의해 측정되는 반면, 한 형질의 밀도는 그 형질이 의미 곱하기 힘의 공식을 최대화하는 정도에 따라 측정된다. 형질의 밀도가 증가함에 따라서 원형들에 대한 그의 적합성도 증가한다:

힘과 의미의 결합은 그 영the spirit을 위한 일종의 전문성을 대표하는 원형들 속에서 증대된다. 그것은 마치 힘과 의미의 결합을 위한 궁극적 원천으로서 영이 원형들을 사용하여 강화된 힘과 의미를 담지한 특정

중심들을 입는 것과 같다.[18]

이제 "자연"과 "영"의 결합이라는 두 번째 용어가 등장한다. 바로 이 영(the spirit - 2000년 이후 나는 영을 오직 복수로만 즉 '영들'로만 말한다)과의 현상학적 대면 속에서 기호현상, 자연주의 그리고 정신분석의 심층-연관관계가 등장한다. 어디에서도 나는 영들the spirits이 자연-외적인 extra-natural이라거나 혹은 영들이 고유한 종류의 성스러운 역사와 일종의 인격적 동일성을 갖고 있다고 말한 적이 없다. 오히려 자연 내에 등장하는 영들은 에너지와 집중의 접점들로서 전적으로 자연적인 기울기를 갖고 있어서 기호들과 우리의 만남을 생기 넘치게 만들어준다. 명백한 문제는 이것이다: 영적 현존의 어느 측면이 인간적인 너무나 인간적인 투사이고 어떤 측면이 그 자신의 유행 법칙과 형식들을 지닌 창발적인 것인지 우리는 어떻게 아는가? 이 물음에 답하기 위한 투쟁이 탈자적 자연주의를 정신기호학psychosemiotics으로 데려가는데, 이 영역은 언제나 탈자적 자연주의의 탐구영역들 중 하나인 형이상학에 속한다.

무한 그 자체에 의해 투명하게 표현되기에 앞서서 모든 현상학적 활동들은 그들의 네오마틱neomatic 상관물로서 해석체들을 수반하는데 해석체란 '본래의'original 기호/대상 관계성을 구성하는 선행 배치형태들로부터 해석된 기호들을 가리킨다. 기호 시리즈들은 사실상 (말하자면, 이미 수정되고/해석된 기호들인) 해석체들의 시리즈들이다. 왜냐하면 최초의 기호나 최종의 기호와 같은 그러한 것은 존재하지 않으며, 오직 상호 함축하는 시리즈들 속의 그리고 바로 그 한 가운데에 존재하는 기호들만 존재하기 때문이다. 드물고 희박한 경우에 힘과 의미는

---

18 *Ecstatic Naturalism: Signs of the World*, 191-192.

기호 시리즈들 내에 영적 현존을 현시하는 방식으로 배치되어 대개 자신의 역량 범위로 그 시리즈를 모으기도 한다. 기호를 사용하는 자아는 이 만남 속에 사로잡히게 되고 그래서 그 지하 지형을 빠져나가야만 하는데 이 지하 지형에서 투사들projections이 타당성 있는 신비한 질서들을 만난다.

이 만남에 대해 여러 해 동안 생각하다가 나는 다음과 같은 결론에 이르게 되었다. 현상학은 정의상 유한한 투사들이 주입된 영들의 합생을 다루는 방식을 발견하기 전까지는 그의 무한화하는 형태로 더 이상 나아갈 수 없다. 그러므로 무한화하는 운동과 (사실상 동일한 운동인) 그의 반동적 운동counter-movement 간의 변증법이 존재하여 투사들을 그의 네오마틱 상관물로부터 풀어낸다(혹은 그 심적-에너지의 집중을 해산한다). 헤겔에게 그 반동적 운동은 확고한 부정negation을 통하여 작동하는데 그 부정 속에서 자기-의식self-consciousness의 달성된 형태가 담지한 본질화하는 역동성이 그와 정반대의 에너지 장으로 휘돌아 들어가고 그래서 하나의 일방적 조망이 보다 고차적인 수준에서 보다 심층적인 재-집합에 앞서 균형을 잡게 된다. 하지만 (그의 변증법의 중추인) 이 형태의 부정성은 대개 어떤 불안정한 만남이 투사적 장들과 그들의 섬뜩한 논리와 맺는 친밀감을 결여한다. 투사들은 헤겔이 널리 알려진 범지학汎知學, pansophia[19]과 절대지絶對知, das absolute Wissen의 눈부신 형식에서 생각한 것보다 더 고립시켜 이해하기가 어렵다. 즉 의식적으로 표현하기가 어렵다. 그러나 투사들은 감히 바라건대, 무한화하는 서수적 현상학의 힘들 너머에 존재하지 않는다.

---

19 범지학(汎知學 pansophia)은 16-17 세기 유럽 문명의 전환기에 출현한 북방의 정신 운동으로서 신지학(神智學 theosophia)에 대립되는 개념으로서 일반적으로 '백과사전적 지식'을 가리킨다. 〈역자주〉

유적類 genus 투사의 가장 중요한 종種 species은 전이transference인데, 전이는 투사 과科 family 내의 야생아wild-child이다.[20] 모든 투사들은 정의상 무의식적이다. 이는 그 종과 구성원들 누구에게도 적용된다. 야생아인 전이는 날카롭고, 직접적이고 그리고 위협적인 힘을 가지고 노에마noema, 지향적 대상[21]로 들어가 그것을 원형의 색채나 질감으로 물들인다. 그 대상은 전이가 그렇다고 말하는 바로 그것이 된다. 해당 투사가 원형에 의해 활성화될 수도 있고 안 될 수도 있는 반면 전이는 언제나 그렇다. 그러므로 우리의 앞선 서술에 의하면 전이는 영들의 대행주체agent이다. 다르게 표현하자면: 전이가 없다면 영적 현존도 없고 그리고 원형이 없다면 영적 현존이나 전이도 있을 수 없다. 이 세 계기들은 함께 동일한 것에 속한다. 현상학은 바로 이 '삼-위-일-체'three-in-one로 모아져, 외부-지향의 유한한 전이와 그의 현재 무한화된 대상과 그리고 신비한numinous 원형의 복잡한 상호-엮임inter-weave을 존중한다.

그렇다면 이 3자 관계의 병리적 형태들을 해결하기 위해 행해져야 할 것이 무엇인가? 심층 심리학이 기호학적으로 재배치된 형태로서 정신기호학psychosemiotics은 거만한 전이들에, 그것들과 더불어 그리고 그것들에 반대하여 자신의 섬뜩한 논리를 작동시키는데 그렇지 않으면 이 전이들은 그에 부응하는 적합성의 질서를 그 자체로 그런 것보다 훨씬 더 "실재"적인 것으로 만든다. 전이의 경우, 그의 대상은 언제나 존재론적 우선성ontological priority의 수직적 구조 속에 정초되는데, 그 구조 속에서 전이의 특권적 대상-선택은 창백한 그의 경쟁자들의 선택보다 더 실재성reality을 갖고 있어야만 한다. 투사와 전이의 산물로서

---

20 이 문장에서 코링턴은 생물 분류법 체계의 용어인 "역(Dominium), 계(Regnum), 문(Phylum[동물] 혹은 Divisio[식물]), 강(Classis), 목(Ordo), 과(Familia), 속(Genus), 종(Species)"를 사용하고 있음을 주지하자. 〈역자주〉

21 현상학의 용어로 의식 작용과 의식의 대상을 가리키는 말이다. 〈역자주〉

존재론적 우선성의 원리는 자연을 서로 다른 정도의 실재성을 담지한 영역들로 번역한다. 철학은, 그 외 어떤 것도 성취하지 못할지라도, 자연의 어떤 일부를 다른 일부보다 더 실재적인 것으로 표현할 존재론적 우선성의 어떤 형태도 거듭 거듭 반복해서 허물어버리도록 작동해야만 한다. 모든 것을 우선성의 순서에 따라 배치하는 도식들을 존재론적 동등성이라는 보다 진정한 자연주의자의 형식으로 복귀시키는 외적 운동은 특정 질서들에 부당한 신비성numinosity을 주입하는 전이들을 찾아 해소시키는 '내적' 운동과 나란히 달려간다.

현상학적 실천에서 이 복선two-track 전략은 다음의 것들을 수반한다: 1) 무의식적이든 아니든 간에 어떤 형태의 존재론적 특권화를 수행하는 지적 행위들noetic acts을 찾아서 수축시키기, 2) 기호 시리즈를 그를 둘러싼 사이비-신비성pseudo-numinosity의 과잉된 장으로부터 풀어내기, 3) 기호-사용 자아를 그 자신의 욕망 구조들로 다시 밀어 넣어, 전이가 어떻게 그의 현상적 장을 왜곡해왔는지를 보여주기 그리고 4) (모든 것은 그것이 실재하는 방식대로 바로 그렇게 실재한다는 통찰을 의미하는) 존재론적 동등성에 대한 전념이 어떻게 존재론적 우선성의 합생들인 유한하고 무장한 (자아의) 껍데기들로부터 자아를 자유롭게 하는지를 온화하게 그러나 끈질기게 보여주는 것. 무장한 껍질의 각각은 근육질적이고, 감정적이고 그리고 개념적인 "마치 ~인 듯이"의 구조인데, 이 껍질은 세계의 광대한 차원들을 고립시킨 다음 기호사용 자아가, **자연화된 자연**의 지하적 흐름들undercurrents은 말할 것도 없고, **자연화된 자연**의 리듬에 열려지지 못하도록 한다. 정신기호학을 통한 정신분석과 형이상학의 접속conjunction은 그것이 돕는 무한화하는 과정들을 통해 온전한 전일성seamless whole을 생산하는데 이 온전한 전체성 속에서 (심리적) 무장이 해소되고 그래서 자연의 선물 속으로 모아진다.

자연은 거기 존재하는 모든 것임을 주장하는 자연주의와 인간적으로 사용되는 모든 기호들을 그들의 무의식적 투사 장들로 추적하는 정신기호학과 그리고 자연주의화된 현상학 모두는 범재신론panentheism의 어중간한 척도에 대한 거절로 수렴된다. 자연주의는 신적 존재a divine being와 자연 사이에 "내적이고 초월적인in and above" 관계성을 요구하지 않는다. 정신기호학은 기호를 사용하는 자아를 말하기 위해 의미화하는 자연 이외에 어떤 다른 것을 요구하지 않는다. 자연주의화된 현상학은 영들의 길들과 방법들을 정의하기 위해 그 어떤 자연-외적인extra-natural 대행주체를 요구하지 않는다. 따라서 자연 안에 그렇지만 어떻든 자연을 넘어서는 사중적이든 혹은 다른 식으로든, 어떤 신의 필요성이 존재하지 않는다.

범신론―헨카이판(Hen Kai Pan)[22]

자연은 시작도 끝도 없고, 중심도 주변도 없다. 자연은 장소를 갖고 있지 않으며 따라서 그 자체 바깥으로부터 이해될 수 없다. 그리고 여전히 우리의 무한화하는 현상학의 끝 가에는 전율적인 감각이 남아있다. 우리는 어떻든 어떤 무엇이 존재한다는 사실을 알고 있는데, 이것은 아마도 전적으로 자연적일수도 혹은 아닐 수도, 혹은 아주 이상한 반전을 가져다주는 방식으로 자연적일수도 있다. 이 독특한 감각이 우리를 섬세한 행복감의 요동으로 채워준다. 그것은 우리의 유한한 경계들로부터 자유를 가져다 줄 수 있는 흥겨운 힘으로 우리를 데리고 들

---

22 헨카이판(hen kai pan)은 고대 그리스의 철학자 크세노파네스가 처음 쓴 표현으로서 신은 만물을 품고 있으며, 그 품은 상태 그 자체로 하나이며 전체라고 했는데, 범신론 사상의 기원을 가리키는 말이다. 〈역자주〉

어간다는 점에서 행복감을 가져다주고, 그렇지만 동시에 그것은 근거 없음의 현기증—즉 탈-근거Ab-grund의 충격에 대한 경험—을 만들어 낸다는 점에서 요동한다.

우리는 원초적인 물음으로 한 바퀴를 돌아왔다: **자연화하는 자연과 자연화된 자연** 간의 차이를 가능케 만드는 것이 무엇인가?(자연화하는 자연에 앞선 최우선자the Prior는 무엇인가) 혹은 마치 존재론적 차이가 설명을 통해 생각된 것과는 훨씬 다른 어떤 것을 여전히 요구하는 듯이, 그러한 "가능케 만드는" 것이 심지어 있어야 할 필요조차 있는 것인가? 아주 말 많은 조카딸 같은 범재신론과는 달리, 범신론은 그보다 말이 많지 않아야 하고 그리고 그 기원과 합법성을 강권하려는 성향이 적어야하지 않을까? 그리고 다른 한편으로 유명한 사상가들 거의 모두가 범신론을 거절하지 않았는가? 심지어 그들이 범신론을 고수하고 있다는 혐의를 받을 때조차도 말이다. 심지어 그토록 치밀했던 범신론자 헤겔(그는 내 말을 믿을까?)조차 범신론은 철학적으로 적절하지 않다(Wissenschaftliche)고 말했다:

> 조직과 체계는 범신론에 완전히 낯설다. 현시의 형태로 등장하는 곳에서, 범신론은 소란스런 생명이고 바쿠스주의자[23]의 통찰이다. 왜냐하면 우주의 단일한 형태들이 서수적으로 출현하도록 하는 대신 범신론은 끊임없이 그것들을 보편자the universal로 우겨넣고, 숭고하고 괴물스러운 것으로 몰아간다. 여전히 이 직관은 모든 건강한 젖가슴Brust을 위한 자연적인 출발점이다. 특별히 청년기에 우리에게 그리고 우리에 관한 모든 것에 혼을 불어넣는 생명을 통하여 우리는 자연의 전일성에 친족 관계와 동정을 느끼고, 그러므로 우리는 세계-영혼World-Soul, 즉 영과 자

---

23 고대 바쿠스 신 축제에서 술 마시고 흥청거리는 모습을 표현하는 말. 〈역자주〉

연의 통일성, 다시 말해서 자연의 비물질성을 감각하게 된다.[24]

분명히 47세의 쭈글쭈글하게 늙은 헤겔은 자신이 (튀빙엔) 슈티프트에서 보냈던 20대를 되돌아보면서 우리에게 경고한다: 산만함과 혼돈의 끝없이 구역질나는 축제의 소동ein baccanalisches Anschauen으로 소란스러운 삶taumelndes Leben과는 다른 어떤 것을 우리는 욕망한다. 그 자체로 현상학에 의해서 가능한 과학적 철학의 온전한 체계만이 우리를 무한화하는 앎의 영역으로 데려다 줄 수 있다! 하지만 여기서 헤겔은 자신의 사유-세계에 충실하고 있는 것인가? 체계적 사유와 자연은 거기 존재하는 모든 것이라는 개념 사이에는 화해 불가능한 긴장이 존재하는가? 거의 그렇지 않다. 문제는 우리가 (즉자성의 사악한 얼룩으로 더러워진) 혼돈스런 직관들을 가졌느냐가 아니라, 철학이 하나로 존재하는 자연 내에서 직관과 범주적 기술 모두에 이바지하며 살아가고 있는가이다. 『범신론der Pantheismus』의 고대적 지혜는 사변 철학의 가장 초기이지만 가장 최신의 정점을 대표하는데 심지어 헤겔과는 반대로 그의 보다 냉정한 태도는 너무 쉽사리 공허한 정체성과 완전한 무관심으로 오해받는다고 하더라도 말이다.

진리의 스승들의 보이지 않은 교회를 공경하는 마지막 순간을 가져보자. 아써 쇼펜하우어 또한 장롱 속 범신론자였는데 그는 심지어 신과 자연을 등가시키는 것이 얼마나 불필요한지를 반복적으로 진술하면서 우리의 바다항해의 현재 구간에서 우리를 도와주고 있다. 그는 다음과 같은 말이 사유를 발전시킨다고 생각한다: "범신론에 반대해서 아무 것도 진술하지 않은 반대의견을 주로 견지해 왔다. 세계를 신

---

24 G.W.F. Hegel, *Philosophy of Subjective Spirit*, Vol.2, trans. by H.J. Petry(Dordrecht: D. Reidel, 1978), 9.

으로 부르는 것은 그것을 설명하는 것이 아니라, 단지 세계를 위한 과잉된 동의어로 세계라는 언어를 풍성하게 할 뿐이다. '세계는 신이다'고 하거나 '세계는 세계다'라고 하거나 결국 동일한 것에 이르게 된다."[25] 이 마지막 구절은 비록 동의어의 형식을 입고 있다 하더라도, 진정한 (혹은 탈자적?) 범신론자가 해야 할 유일한 진술이다. 그러나 루드비히 비트겐슈타인과는 반대로, 어떤 동의어들은 다른 동의어들보다 더 정보를 제공하는 측면이 있는데 말하자면, 중요한 동의어들은 후험적인 종합적 주장들을 뭉쳐놓는 즉 사유의 단순한 플레이스홀더[26] 이상의 어떤 것으로서 기여한다. "세계는 세계이다"라고 말하는 것은 또한 세계성이란 그 어떤 그리고 그 모든 세계들의 전개를 인정하는 것으로서 그를 넘어선 다른 세계나 존재(적합성의 질서)를 요구하지 않는 것이다. **자연화된** 자연의 차원에서 세계와 세계들은 거기에 존재하는 모든 것이다.

자연화하는 자연nature naturing은 나의 자연주의에서 상실된 물질적 모성lost material maternal으로서 이제 마지막으로 우리를 내면으로 이끌어간다. (인간적 조망에서) 이 시간이전적, 공간이전적, 기호이전적 그리고 서수이전적 잃어버린 대상은 멜랑콜리우울와 부인으로 물들여져 있다. 그의 지복bliss과 기쁨으로의 변용은 (크리스테바의 말로 쥬이상스jouissance 인데) 스스로로부터 멀어져 저 '더-이상-아님the no longer' 속으로 그리고 '저 아직the not yet'을 향하여 가정 되어진다. 여러 권의 책들에서 이미 주의 깊게 추적된 바지만 자아화selving 과정은 이 변증법 속으로 모두어진다:

25 Arther Schopenhauer, *Parega and Paralipomena*, Vol.II, trans. by E.F.J. Payne (Oxford: Oxford University Press, 2000), 99.

26 placeholder는 자리를 차지하고 있다는 뜻 보다는 무언가 빠져 있는 다른 것을 대신하는 기호나 텍스트의 일부를 가리키는 말이다. 〈역자주〉

그렇다면 우리는 어떻게 유한한 좌절로부터 전 세계를 의문시하는 일종의 시원적인 멜랑콜리로 나아가는가? 답은 간단하다: 우리는 전혀 움직이지 않는다. 대신 우리는 자신의 가장 소중한 선물들 중 하나인 멜랑콜리를 우리에게 주는 영에 의해 움직여**진다**. 유한한 실망으로부터 멜랑콜리의 무한한 힘으로의 전이는 **자연화된 자연**이나 그의 속한 어느 질서의 산물이 아니다. 바로 이 영의 선물이 세계에 대한 절대적 의존성으로부터 우리를 해방시키기 위해 움직이고, 그래서 우리는 자연화된 자연의 심연을 헤아리기 시작한다.27

멜랑콜리는 우리를 저 위대한 "더-이상-아님the great no longer" 즉 우리 존재의 숨겨진 출처로 잡아당기는 반면, 탈자 즉 엑스타시ecstasy는 영the spirit으로 그리고 (그 영에 의해 이끌리는) 저 '아직the not yet'으로 잡아끈다. 그런데 왜 나는 계속 숨겨진 **출처**whence와 연기된 **목적지**whither를 이야기해야만 하는가? 무한화하는 현상학이 우리를 무한의 위대한 지금now과 그의 양태로 데려간다고 한다면, 왜 그렇게 이야기를 해야만 하는 걸까? 참으로 왜 그런 걸까?

『자연의 자아』의, 즉 물질적 모성의 잃어버린 위대한 대상은 **자연화하는 자연**을 위한 또 다른 은유로서 기여한다. 그러나 포괄자의 은유와는 달리, 잃어버린 대상에 대한 나의 이미지는, 당시 낸시 프랑켄베리Nancy Frankenberry가 언급한바 있듯이 비하되고 왜곡된 모성의 흔적들을 담고 있다. 자아화 과정의 배설하고 거절하는 물질적 모성의 근거는 **이빨달린 질**vagina dentate28로 의미하게 빛을 내고 있으며 끊임없이 떠오

---

27 *Nature's Self*, 160.
28 프로이트 정신분석에서 성욕장애 원인으로 지목되는 것인데, 질 즉 여성의 성기가 이빨

르는 현존/부재이다. 이빨달린 질은, 얼마나 해방적이라고 주장되든 지 간에, 가부장적 의식 속에서 게걸스럽게 작동하는 거세하는 힘을 가리킨다. 저 아직the not yet의 종말론은 이빨을 가진 질의 두려움에 대한 무의식적 반응이었을까? 이빨을 가진 질이 자신의 영웅 신화를 현재의 탈자들ecstasies의 세계로 엮어내는 탕자의 사지를 잘라버리겠다고 위협하기 때문에?

나는 정신기호현상의 과정을 통하여 이것이 정확히 그렇다는 것을 보게 되었다. 정신기호현상은 확고하게 사유자the thinker를 그의 언어와 전치들displacements의 동기부여의 경제로 데려간다. 거세불안이라는 인간적인-너무나-인간적인 (심리적) 무장이 자연의 심연들이 전개하는 힘에 대한 현상학적 탐구를 맹점화시켜 버렸다. 위대한 모성the great maternal은 그가 지닌 많은 얼굴들 중 하나만을 보여주었을 뿐이다. 또 다른 그러면서도 보다 심층적이고 보다 폭넓은 얼굴이 스스로를 드러낸 후에야 탈자적 범신론의 은유와 범주적 서술들이 선행하는 보다 강력한 비하적이고 유한한 물物의 어떤 것으로부터 자유롭게 될 수 있을 것이다. 모든 기호현상의 가장자리들에서 오직 변모하는 경험만이 이 전이를 가능케 할 수 있었을 것이다. 이 사유작업의 필연적으로 가장 임박한 정점을 경유하여 나는 이 경험에 관하여 어떤 것을 말할 것이고 그리고 아주 잠정적인 형식으로 어떻게 이 경험이 자연의 전개하고/에워싸는 변증법을 인식하게 되는 무한화하는 과정을 촉진해왔는지를 서술할 것이다.

모성적 물material maternal의 다른 얼굴, 즉 세계성의 위대한 지하적 토대와 나의 만남은 2001년 1월 인도 마두라이의 시바 신을 섬기는 고대

을 갖고 있어서 만일 성 행위를 시도하면 자신의 성기가 그 이빨에 물려 절단될 것이라는 심리적으로 무의식적인 믿음을 가리킨다. 〈역자주〉

미나크쉬 사원에서 일어났다. 명상 중에 훈훈하고 하얀 빛이 내 가슴의 차크라[29]로부터 나를 갑자기 사로잡았다. 이 빛으로부터 하나의 현현이 등장하는데, 말은 한 마디도 하지 않았지만, 어떻든 이미지와 관념들과 유사한 어떤 것을 전달해 주었다. 이 전개들의 중심은 위대한 대모大母 the Great Mother의 선명한 현존이었는데, 그녀는 자연 내에, 자연 아래에 그리고 자연 도처에 영원히 현재한다. 투사와 제멋대로 변덕스러운 전이들을 통해 이 현존에 덧씌운 가면은 이 시간이전적 '음성'에 의해 즉시로 없어져 버렸고 그 목소리는 잃어버린 대상이란 결코 존재한 적이 없고 그리고 "더-이상-아님the no longer"과 "아직the not yet"은 내가 생각한 것과는 다른 의미에서 실재적이라는 사실을 보여주었다(왜냐하면 심지어 마야Maya[30]조차도 그것이 실재하는 방식으로 실재하기 때문이다. 존재론적 동등성의 함축성이다). 더 나아가 시바/샥티의 지하적 토대는 경험의 표면 혹은 가장자리에 존재하는 게걸스런 엄마일 뿐, 그 게걸스런 엄마는 결코 중심이나 무한화하는 주변에 존재하지 않는다는 사실을 깨닫게 되었다. 수많은 다른 사람들처럼 나도 **눈크 스탄스**nunc stans, 멈추어 서있는 지금에 의해 발견되었는데, 그 멈추어선 지금의 시간 속에서 시간성의 세 차원들이 영원한 현재the eternal now 속으로 모아진다. 이 신적 현현epiphany은 **자연화하는 자연**의 잠재성들에 앞선 은총gifting에로 나아가는 길을 발견하는 문제를 해결해 주었다. 셸링이 주의 깊게 일깨웠듯이 잠재성들은 자기-타자화의 모든 활발한 순간들에 앞선 어떤 것에 스스로 기여하고 있다. 여기서 '자기-타자화'라는 모든 이

---

29 힌두교와 탄트라 불교에서 말하는 차크라(chakra)는 인간 신체 여러 곳에 있는 힘의 중심점들을 가리키는데, 가슴 부위의 차크라는 그중 가장 중요한 6곳들 중 하나이다. 〈역자주〉

30 불교에서는 우리가 감각적으로 느끼며 살아가는 이 세계를 '마야' 혹은 '환영'으로 이해한다. 〈역자주〉

종성 아래에 놓여있는 동종성의 국면을 가리킨다.

남아시아 사유에 대한 수십 년 간의 연구를 통해 준비된 것이 분명한 이 경험 이후에 나는 위대한 대모the Great Mother의 전개 리듬과 모든 선행들에 앞선 최우선자the Prior로부터 출현하는 감싸기에 보다 천천히 귀 기울여 왔다. 이 최우선자the Prior는 충분이성의 원리를 통하여 모든 귀결들을 설정하고 토대 짓는다는 의미에서 우선이 아니라는 점을 다시금 상기하자. 위대한 대모의 근거세우기는 부유하는, 그러나 온전히 실재적인, 근거들의 근거 없는 내어주기인데, 그 모두는 위대한 대모인 탈-근거the Ab-grund로부터 울려나온다.

그러나 우리는 이전과는 다른 위치에 즉 겨우 한 발걸음 뒤에 있는 것이 아닌가? "위대한 대모"에 대한 이 추정된 이야기는 단순히 진보 기독교라기보다는 오히려 미나크쉬 사원의 분위기에 의해 철저하게 각본 된 베단타의 초월적 논증의 결과가 아닌가? 아마도. 그러나 나는 이 "아마도"가 모든 다른 논증들과는 종류상 다른 것이라고 생각한다.

아마도 나는 탈-근거the Ab-grund의 이 은총gifting을 보다 분명한 용어로 대치해야 할 것이다. 그래야 한다면, 나는 결코 감싸거나 접혀지지 않는 위대한 전개the Great Unfolding에 대해서 말해야 할 것이다. 이는 무한화하는 현상학을 통해 그리고 그와 더불어 자연화하는 자연의 잠재성으로부터 자연화된 자연의 감싸인 질서들로 그리고 다시 헨카이판hen kai pan 즉 위대한 하나이면서 전체에게로 되돌아오는 여정을 따라 우리에게 도움을 줄 것인가? 아마도 어떤 다른 곳으로 나아가기 전에 한 순간 더 길게 이 잠잠한 수면들 위에 머무르는 것이 최선일 것이다. 왜냐하면 사유는 너무 빨라서 그 지평이 다시금 선명해지기 전에 움직이지 못할 것이기 때문이다.

참고문헌

General

Badham, Roger A. 1999. "Windows on the Ecstatic: Reflections upon Robert Corrington's Ecstatic Naturalism." *Soundings*, Vol. 82, No. 3-4, Fall/Winter.

Bartusiak, Marcia. 1993. *Through a Universe Darkly: A Cosmic Tale of Ancient Ethers, Dark Matter, and the Fate of the Universe.* New York: Harper Collins.

Buchler, Justus. 1990. *Metaphysics of Natural Compl exes. second expanded edition.* edited by Kathleen Wallace, Annen Marsoobian, and Robert S. Corrington. Albany: SUNY Press.

Corrington, Robert S. 1987. *The Community of Interpreters: On the Hermeneutics of Nature and the Bible in the American Philosophical Tradition.* Macon, GA: Mercer University Press.

_____. 1987. "Toward a Transformation of Neoclassical Theism." *International Philosophical Quarterly.* Vol. XXVII, No. 4, December.

_____. 1989. "A Conversation between Justus Buchler and Robert S. Corrington." *The Journal of Speculative Philosophy.* Vol. III , No. 4.

_____. 1992. *Nature and Spirit: An Essay in Ecstatic Naturalism.* New York: Fordham University Press.

_____. 1993. *An Introduction to C. S. Peirce: Philosopher, Semiotician, and Ecstatic Naturalist.* Lanham, MD: Rowman & Littlefield , Pub.

_____. 1993. "Peirce's Abjected Unconscious: A Psychoanalytic Profile." in *Semiotics 1992.* ed. John Deely. Lanham, MD: University Press of America.

_____. 1993. "Nature's God and the Return of the Material Maternal."

American Journal of Semiotics. Vol. 10, Nos. 1-2, pp. 115-132.

_____. 1994. *Ecstatic Naturalism: Signs of the World, Advances in Semiotics*. Bloomington, IN: Indiana University Press.

_____. 1996. *Nature's Self: Our Journey from Origin to Spirit*. Lanham, MD: Rowman & Littlefield, Pub.

_____. 1997. Natures' Reiglgion. Lanham, MD: Rowman & Littlefield.

_____. 2000. A Semiotic Theory of Theology and Philosophy. Cambridge: Cambridge University Press.

_____. 2003. *Wilhelm Reich: Psychoanalyst and Radical Naturalist*. New York: Farrar, Straus & Giroux.

Corrington Robert S., Carl Hausman, and Thomas M. Seebohm. ed. *Pragmatism Considers Phenomenology*. Center for Advanced Research in Phenomenology and University Press of America.

Driskill, Todd A. 1994. "Beyond the Text: Ecstatic Naturalism and American Pragmatism." *American Journal of Theology and Philosophy*. Vol. 15, No. 3, September.

Eco, Umberto. 1976. *A Theory of Semiotics*. Bloomington, IN: Indiana University Press.

_____. 1990. *The Limits of Interpretation*. Bloomington, IN: Indiana University Press.

Eliade, Mircea. 1978. A History of Religious Ideas, Vol. I. Chicago: Chicago University Press.

Emerson Ralph Waldo. 1983. Emerson: *Essays and Lectures*. The Library of America.

Krikorian, Yervant H. ed. 1944. *Naturalism and the Human Spirit*. New York: Columbia University Press.

Marsoobian, Armen, Kathleen Wallace, and Robert S. Corrington. ed. 1991. *Nature's Perspectives*. Albany: SUNY Press.

Meisner, Sanford and Dennis Longwell. 1987. *Sanford Meisner on Acting*. with an Introduction by Sydney Pollack. New York:

Vintage, 1987.

Nguyen, Nam T. 2002. *Nature's Primal Self: An Ecstatic Naturalist Critique of the Anthropocenirism of Peirce's Pragmaticism and Jaspers' Existentialism*, Doctoral Dissertation at Drew University.

Panikkar, Raimundo. 1977. *The Vedic Experience*. Delhi: Motital Banarsidass Publishers.

Parsons, William B. 1999. *The Enigma of the Oceanic Feeling: Provisioning the Psychoanalytic Theory of Mysticism*. Oxford: Oxford University Press.

Plato, Lon. from *The Collected Dialogues of Plato*. ed. by Edith Hamilton and Huntington Cairns. Princeton: Princeton University Press. 1961.

Tillich, Paul. 1967. *Systematic Theology*. Vols I-III. Chicago: University of Chicago Press.

Trungpa, Chŏgyam. 1988. *Shambhala: The Sacred Path of the Warrior*. ed. by Carolyn Rose Gimian. Boston: Shambhala Publications.

Manic Depression

Barclay, R.M. 1976. *Manic-Depressive Insanity and Paranoia*. ed. G.M. Robertson. Edinburgh: E. & S Livingston, 1921; reprinted by New York: Amo Press.

Barondes, Samuel H. 1998. *Mood Genes: Hunting for Origins of Mania and Depression*. New York: W.H. Freeman and Company.

Copeland, Mary Ellen. 1992. *The Depression Workbook: A Guide for Living With Depression and Manic-Depression*. Oakland, CA: New Harbinger Publications.

Custance, John. 1952. *Wisdom, Madness and Folly.*, New York.

Diagnostic and Statistical Manual of Mental Disorders. Fourth Edition. Washington, DC: American Psychiatric Association. 1994.

Diane and Lisa Berger. 1991. *We Heard the Angels of Madness*. New York:

Quil.

Duke, Patty and Gloria Hochman. 1992. *A Brilliant Madness: Living with Manic-Depressive Illness*. New York: Bantam Books.

Fieve, Ronald R. 1989. *Moodswing*. Revised and Expanded Edition. New York: Bantam.

Freud, Sigmund. 1952. *On Dreams*, by Sigmund Freud, translated by James Strachey from the Standard Edition. New York: Norton.

_____. 1999. *The Interpretation of Dreams*. translated by Joyce Crick with a introduction by Ritchie Robertson. Oxford: Oxford University Press; based on the original 1899 edition.

Goodwin, Frederick K and Kay Redfield Jamison. 1990. *Manic-Depressive Illness*. New York: Oxford University Press.

Jamison, Kay Redfield. 1993. *Touched With Fire: Manic-Depressive Illness and the Artistic Temperament*. New York: Free Press.

_____. 1995. *An Unquiet Mind: A Memoir an Moods and Madness*. New York: Knopf.

_____. 1999. *Night Falls Fast: Understanding Suicide*. New York: Alfred A. Knopf.

Jung, C.G. 1961. *Memories, Dreams, Reflections*. New York: Random House.

_____. 1971. *Psychological Types*. Volume 6 of the Collected Works. Princeton: Bollingen.

_____. 1976. *The Symbolic Life: Miscellaneous Writings*. Volume 18 of the Collected Works of C.G. Jung. Princeton: Bollingen.

Keirsey, David and Marilyn Bates. 1984. *Please Understand Me: Character & Temperament Types*. Fourth Edition. Del Mar, CA: Prometheus Nemesis Book Company.

Kramer, Peter D. 1993. *Listening to Prozac*. New York: Viking.

Miklowitz, David J. and Michael J. Goldstein. 1997. *Bipolar Disorder: A Family Focused Approach*. New York: The Guilford Press.

Mondimore, Francis Mark. 1999. *Bipolar Disorder: A Guide for Patients and Families.* Baltimore: The John Hopkins University Press.

Padgett, Abigail. 1993. *Child of Silence.* New York: Mystery Press.

_____. 1994. *Strawgirl.* New York: Mystery Press.

Practice Guideline for Treatment of Patients With Bipolar Disorder. Washington: American Psychiatric Association, 1995.

Torrey, Bowler, Taylor, and Gottesan. 1994. *Schizophrenia and Manic-D epressive Disorder.* New York: Basic Books.

Whitmon, Edward C & Sylvia Brinton Perera. 1989. *Dreams, A Portal to the Source.* New York: Routledge.

Whybrow, Peter C. 1997. *A Mood Apart: Depression, Mania, and Other Afflictions of the Self.* New York: Basic Books.

Sir Isaac Newton

Hall, Rupert. 1992. *Isaac Newton: Adventurer int Thought.* Oxford: Blackwell Publishers.

Manuel, Frank. 1990. *A Portrait of Isaac Newton.* New York: Da Capo Press; origina edition by Harvard University Press in 1968.

Newton, Sir Isaac. 1979. *Opticks.* from 1730 posthumous edition. New York: Dover Books.

_____. 1999. *The Principia: Vol. I The Motion of Bodies.* translated by I Bernard Cohen and Anne Whitman Berkeley: University of California Press; originally published in 1934.

_____. *The Principia: Vol. II The System of the World* (Book III).

Westfall, Richard S. 1993. *The Life of Isaac Newton.* Cambridge: Cambridge University Press.

White, Michael. 1997. *Isaac Newton: The Last Sorcerer.* Reading, MA: Addison-Wesley.

Sir Ramakrishna

Deutsch, Eliot. 1969. *Advaita Vedanta: A Philosophical Reconstruction.* Honolulu: University of Hawaii Press.

Hixon, Lex. 1992. *Great Swan: Meeting with Ramakrishna.* Burdett, NY: Larson Publications.

Kripal, Jeffrey J. 1995. *Kali's Child: The Mystical and the Erotic in the Life and Teachings of Ramakrishna.* Second Edition. Chicago: University of Chicago Press.

Mookerjee, Ajit. 1988. *Kali: The Feminine Force.* Rochester, VT: Destiny Books.

Nikhilanada, Swami. tr. 1942. *The Gospel of Sri Ramakrishna.* New York: Ramakrishna-Vivelananda Center.

_____. tr. 1949. *The Upanishads, Volume One.* with commentary. New York: Ramakrishana-Vivekananda Center.

_____. 1953. *Vivekananda: A Biography.* New York: Ramakrishna-Vivekananda Center.

Prentiss, Karen Pechilis. 1999. *The Embodiment of Bhakti.* New York: Oxford University Press.

Rolland, Romain. 1997. *The Life of Ramakrishna.* trans. by E.F. Malcolm-Smith. Calcutta: Advaita Ashram.

Saradananda, Swami. 1946. *Sri Ramakrishna: The Great Master.* translated by Swami Jagdananda. Mylapore, India: Sri Ramakrishna Math.

Schiffman. Richard. 1989. *Sri Ramakrishan: A Prophet for the New Age.* New York: Paragon House.

Sil, Narasingha P. 1998. *Ramakrishna Revisited: A New Biography.* Lanham, MD: University Press of America.

Genius and Creativity

Bloch, Ernst. 1986. *The Principle of Hope.* Vols. I-III. trans. Neville

Place, Stephen Plaice, and Paul Knight. Cambridge: The MIT Press; translated from the 1959 edition, *Das Prinzip Hoffnung*. Frankfurt am Main: suhrkamp Verlag.

Corrington, Robert S. 1993. "Peirce's Abjected Unconscious: A Psychoanalytic Profile." in *Semiotics 1992.* ed. by John Deely. Lanham, MD: University Press of America.

Corrington, Robert S. and John Deely. ed. 1995. "Peirce's Abjection of the Maternal." In *Semiotics 1993.* New York: Peter Lang.

Eysenck, Hans. 1995. *Genius: The Natural History of Creativity.* Cambridge: Cambridge University Press.

Gardner, Howard. 1993. *Creating Minds.* New York: Basic Books.

Hershman, D. Jablow and Julian Lieb, M.D. 1998. *The Key to Genius: Manic-Depression and the Creative Life.* Buffalo: Prometheus Books, 1988, second edition with a new epilogue.

Kristeva, Julia. 1982. *Power of Horror: An Essay an Abjection.* New York: Columbia University Press.

_____. 1989. *Black Sun: Depression and Melancholia.* trans. by Leon S. Roudiez. New York: Columbia University Press.

Marek. George R. 1969. *Beethoven: Biography of a Genius.* New York: Funk & Wagnalls.

Miller, Alice. 1990. *The Drama of the Gifted Child: The Search for the True Self* trans. by Ruth Ward. New York: Basic Books.

Monk, Ray. 1990. *The Duty of Genius.* New York: Free Press.

Murray, Penelope. ed. 1989. *Genius: The History of an Idea.* Oxford: Basil Blackwell.

Pickover Clifford A. 1998. *Strange Brains and Genius: The Secret Livers of Eccentric Scientists and Madment.* New York: Plenum Trade.

Rorty, Richard. 1979. *Philosophy and he Mirror of Nature.* Princeton: Princeton University Press.

Simonton Dean Keith. 1999. *Origins of Genius: Darwinian Perspectives on*

Creativity. Oxford: Oxford University Press.

_____. 1999. *Night Falls Fast: Understanding Suicide*. New York: Alfred A. Knopf.

Jung, C.G. 1961. *Memories, Dreams , Reflections*. New York: Random House.

_____. 1971. *Psychological Types*. Volume 6 of the Collected Works. Princeton: Bollingen.

_____. 1976. *The Symbolic life: Miscellaneous Writings*. Volume 18 of the Collected Works of C. G. Jung. Princeton: Bollingen.

Keirsey, David and Marilyn Bates. 1984. *Please Understand Me: Character & Temperament Types*. Fourth Edition. Del Mar, CA: Prometheus Nemesis Book Company.

Kramer, Peter D. 1993. *Listening to Prozac*. New York: Viking.

Miklowitz, David J. and Michael J. Goldstein. 1997. *Bipolar Disorder: A Family Focused Approach*. New York: The Guilford Press.

Mondimore, Francis Mark. 1999. *Bipolar Disorder: A Guide for Patients and Families*. Baltimore: The Johns Hopkins University Press.

Padgett, Abigail. 1993. *Child of Silence*. New York: Mystery Press.

_____. 1994. *Strawgirl*. New York: Mystery Press.

Practice Guideline for Treatment of Patients With Bipolar Disorder. Washington: American Psychiatric Association, 1995.

Torrey, Bowler, Taylor, and Gottesman. 1994. *Schizophrenia and Manic-Depressive Disorder*. New York: Basic Books.

Torrey, E. Fuller and Michael B. Knable. 2002. *Surviving Manic Depression*. New York: Basic Books.

Whitmon, Edward C & Sylvia Brinton Perera. 1989. *Dreams, A Portal to the Source*. New York: Routledge .

Whybrow, Peter C. 1997. *A Mood Apart: Depression, Mania, and Other Afflictions of the Self*. New York: Basic Books.

Sir Isaac Newton

Hall, Rupert. 1992. *Isaac Newton: Adventurer in Thought*. Oxford: Blackwell Publishers.

Manuel, Frank. 1990. *A Portrait of Isaac Newton*. New York: Da Capo Press; original edition by Harvard University Press in 1968.

Newton, Sir Issac. 1979. *Opticks*. from 1730 posthumous edition. New York: Dover Books.

———. 1999. *The Principia: Vol. I The Motion of Bodies*. translated by I Bernard Cohen and Anne Whitman Berkeley: University of California Press; originally published in 1934.

———. *The Principia: Vol. II The System of the World* (Book III).

Westfall, Richard S. 1993. *The Life of Isaac Newton*. Cambridge: Cambridge University Press.

White, Michael. 1997. *Isaac Newton: The Last Sorcerer*. Reading, MA: Addison-Wesley.

Sir Ramakrishna

Deutsch, Eliot. 1969. *Advaita Vedan ta: A Philosophical Reconstruction*. Honolulu: University of Hawaii Press.

Hixon, Lex. 1992. *Great Swan: Meetings with Ramakrishna*. Burdett, NY: Larson Publications.

Kripal, Jeffrey J. 1995. *Kali's Child: The Mystical and the Erotic in the Life and Teachings of Rama krishna*. Second Edition. Chicago: University of Chicago Press.

Mookerjee, Ajit. 1988. *Kali: The Feminine Force*. Rochester, VT: Destiny Books.

Nikhilanada, Swami. tr. 1942. *The Gospel of Sri Ramakrishna*. New York: Ramakrishna-Vivekananda Center.

———. tr. 1949. *The Upanishads, Volume One*. with commentary. New York: Ramakrishna-Vivekananda Center.

_____. 1953. *Vivekananda: A Biography.* New York: Ramakrishna-Vivekananda Center.

Prentiss, Karen Pechilis. 1999. *The Embodiment of Bhakti.* New York: Oxford University Press.

Rolland, Romain. 1997. *The Life of Ramakrishna.* trans. by E. F. Malcolm- Smith. Calcutta: Advaita Ashram.

Saradananda, Swami. 1946. *Sri Ramakrishna: The Great Master.* translated by Swami Jagadananda. Mylapore, India: Sri Ramakrishna Math.

Schiffinan, Richard. 1989. *Sri Ramakrishna: A Prophet for the New Age.* New York: Paragon House.

Sil, Narasingha P. 1998. *Ramakrishna Revisited: A New Biography.* Lanham, MD: University Press of America.

Genius and Creativity

Bloch, Ernst. 1986. *The Principle of Hope.* Vols. I-III. trans. Neville Place, Stephen Plaice, and Paul Knight. Cambridge: The MIT Press; translated from the 1959 edition, *Das Prinzip Hoffnung.* Frankfurt am Main: Suhrkamp Verlag.

Corrington, Robert S. 1993. "Peirce's Abjected Unconscious: A Psychoanalytic Profile." in *Semiotics 1992.* ed. by John Deely. Lanham, MD: University Press of America.

Corrington, Robert S. and John Deely. ed. 1995. "Peirce's Abjection of the Maternal." In *Semiotics 1993.* New York: Peter Lang.

Eysenck, Hans. 1995. *Genius: The Natural History of Creativity.* Cambridge: Cambridge University Press.

Gardner, Howard. 1993. *Creating Minds.* New York: Basic Books.

Hershman, D. Jablow and Julian Lieb, M.D. 1998. *The Key to Genius: Manic- Depression and the Creative Life.* Buffalo: Prometheus Books, 1988, second edition with a new epilogue.

Kristeva, Julia. 1982. *Powers of Horror: An Essay on Abjection.* New York: Columbia University Press.

_____. 1989. *Black Sun: Depression and Melancholia.* trans. by Leon S. Roudiez. New York: Columbia University Press.

Marek, George R. 1969. *Beethoven: Biography of a Genius.* New York: Funk & Wagnalls.

Miller, Alice. 1990. *The Drama of the Gifted Child: The Search for the True Self* trans. by Ruth Ward. New York: Basic Books.

Monk, Ray. 1990. *The Duty of Genius.* New York: Free Press.

Murray, Penelope. ed. 1989. *Genius: The History of an Idea.* Oxford: Basil Blackwell.

Pickover, Clifford A. 1998. *Strange Brains and Genius: The Secret Lives of Eccentric Scientists and Madmen.* New York: Plenum Trade.

Rorty, Richard. 1979. *Philosophy and the Mirror of Nature.* Princeton: Princeton University Press.

Simonton, Dean Keith. 1999. *Origins of Genius: Darwinian Perspectives on Creativity.* Oxford: Oxford University Press.

바람의 말을 타고
: 조울증의 철학 ― 조울증과 전일성의 추구

2018년 11월 11일 초판 1쇄 인쇄
2018년 11월 18일 초판 1쇄 발행

지은이 로버트 S. 코링턴
옮긴이 박일준
펴낸이 김영호
펴낸곳 도서출판 동연
등 록 제1-1383호(1992. 6. 12)
주 소 (03962) 서울시 마포구 월드컵로 163-3
전 화 (02)335-2630
전 송 (02)335-2640

ISBN 978-89-6447-469-3 93100